1000

Lektionen

Französisch

Harenberg Verlag

Copyright © Harenberg Kommunikation,
Dortmund 1994
Autoren Heinz Kippels, Françoise von Kuick
Zeichnungen Edward Lutczyn
Printed in Spain
ISBN 3-611-00441-3

Französisch lernen leichtgemacht

Nur Reisen ist leben" schrieb der deutsche Schriftsteller Jean Paul, doch der Genuß des Reisens entwickelt sich erst richtig, wenn es nicht beim Staunen und Schauen bleibt. Wer mit den Menschen in anderen Ländern in Kontakt treten, sie um Auskunft bitten oder mit ihnen ins Gespräch kommen will, der muß ihre Sprache sprechen.

Harenbergs „1000 Lektionen Französisch" sind jedoch nicht nur die ideale Vorbereitung für eine Reise ins französischsprachige Ausland, sondern auch ein kompaktes Werk für jeden, der mit überschaubarem Zeitaufwand vorhandene Sprachkenntnisse auffrischen oder erweitern will.

Kleine Geschichten, Rätsel, Dialoge und Übungen vermitteln neben wichtigen Vokabeln und grammatischen Grundkenntnissen auch Wissenswertes über Land und Leute: Zudem gibt es nützliche Tips und Hinweise auf Sitten und Gebräuche in französischsprachigen Ländern.

„1000 Lektionen Französisch" machen mit einem modernen Grundwortschatz vertraut, wie ihn kein traditionelles Lehrbuch bietet, und lassen auch den Kenner der Weltsprache noch viel Neues entdecken. Ganz gleich, ob fortgeschrittene Anfänger oder Könner: Sie alle werden an den amüsanten Geschichten und pfiffigen Illustrationen ihren Spaß haben und – je nach Bedarf und Situation – in selbstgewählten kleinen oder großen Schritten durch die Lektionen wandern.

Das Prinzip des Buches ist denkbar einfach: Auf jeder rechten Seite stehen jeweils zwei Lektionen, die in die Umgangssprache einführen, die französische Grammatik trainieren, idiomatische Ausdrücke und Redewendungen vorstellen. Zur Auflösung braucht man nur umzublättern: Auf der Rückseite finden sich Übersetzungen und Antworten zu den beiden Lektionen von vorn. So wird Sprachen lernen leichtgemacht: Lektion für Lektion wächst das Wissen über das moderne Französisch.

Als zusätzliche Hilfe wird zu allen neu vorgestellten Vokabeln die phonetische Umschrift angegeben, die sich an die Grundsätze der International Phonetic Association (IPA) anlehnt. Diese Lautschrift, die ausführlich auf den Seiten 1009 und 1010 erläutert wird, erleichtert das Verständnis und die praktische Ausspracheübung der einzelnen Wörter. Ein Register (S. 1011/1012) ermöglicht es, die Lektionen zu den wichtigsten grammatischen Themenbereichen gezielt aufzufinden.

Harenbergs „1000 Lektionen Französisch" basieren auf den erfolgreichen Berlitz Sprachkalendern des Harenberg Kalender Verlags, die in enger Zusammenarbeit mit erfahrenen Lehrern und Übersetzern der Berlitz Sprachschulen erarbeitet werden.

**Patience et longueur de temps
font plus que force ni que rage.**

Jean de Lan Fontaine

Viel mehr hat stets Geduld und Zeit
als roher Eifer ausgerichtet.

Jean de la Fontaine

<u>Au restaurant</u>

Garçon: *Qu'est-ce que vous prenez comme entrée?*
Client: *Comme entrée, nous prenons deux terrines forestières, et ensuite le canard au vin rouge.*
Garçon: *Et comme boisson?*
Client: *Un vin rouge, qu'est-ce que vous nous conseillez?*

<u>Au restaurant</u>

le garçon
commander
le pourboire
service compris
garçon, l'addition s.v.p.
le plat du jour
le couteau
la cuillère
la fourchette

Im Restaurant

Kellner:	Was nehmen Sie als Vorspeise?
Gast:	Als Vorspeise nehmen wir zweimal Leberpastete nach Jägerart, danach Ente in Rotwein.
Kellner:	Und was trinken Sie?
Gast:	Einen Rotwein, welchen empfehlen Sie uns?

l'entrée *(f)* [ɑ̃'tre]	*hier:* Vorspeise; *sonst:* Eingang
la terrine forestière [tɛ'riːn fɔrɛs'tjɛːr]	Leberpastete nach Jägerart
le canard [ka'naːr]	Ente
la boisson [bwa'sɔ̃]	Getränk

Im Restaurant

le garçon [gar'sɔ̃]	Ober, Kellner
commander qc à qn [kɔmɑ̃'de]	bei j-m etwas bestellen
le pourboire [pur'bwaːr]	Trinkgeld
service compris [sɛr'vis kɔ̃'pri]	Trinkgeld einbegriffen
garçon, l'addition (s.v.p.) [gar'sɔ̃ ladi'sjɔ̃]	Kellner, zahlen!
le plat du jour [pla dy ʒuːr]	Tagesgericht
le couteau [ku'to]	Messer
la cuillère [kɥi'jɛːr]	Löffel
la fourchette [fur'ʃɛt]	Gabel

EXERCICE

A votre santé (les boissons)

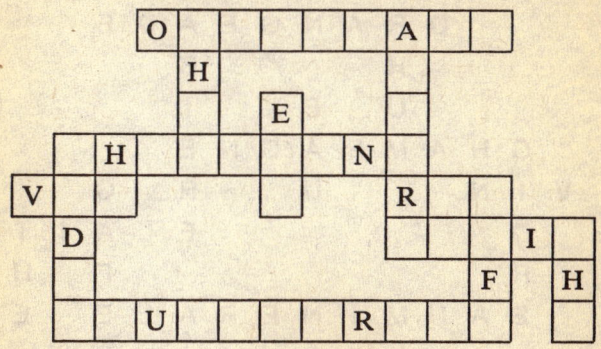

Le menu

Hors d'œuvres
Crêpes
aux champignons   19,50 F
Jambon de Parme   23,50 F
Foie Gras Truffé   49,70 F
Salade de Saison   9,90 F

Plats du jour
Choucroute Garnie   46,50 F
Escalope Petits Pois   49,50 F
Gigot d'Agneau
Flageolets   60,— F

Poissons
Moules Marinières   21,— F

Crevettes du Pays   30,50 F
Saumon Fumé   49,50 F
Gratin de Langouste   52,50 F

Dessert
Parfait Cassate   10,20 F
Crème Marron   11,50 F
Mousse au Chocolat   12,50 F
Fruits de Saison   11,60 F

ÜBUNG

Zum Wohl (Getränke)

```
        O R A N G E A D E
        H           B
        U   E       I
      C H A M P A G N E
    V I N     U     R   C
        D           E L A I T
        R               F   H
      E A U M I N E R A L E   E
```

Speisekarte

Vorspeisen

Champignon-Crêpe	19,50 F
Parmaschinken	23,50 F
Gänseleberpastete	
mit Trüffeln	49,70 F
Salat der Saison	9,90 F

Tagesgerichte

Sauerkraut mit Speck	
und Würstchen	46,50 F
Schnitzel m. Erbsen	49,50 F
Lammkeule mit zarten	
Böhnchen	60,— F

Fischgerichte

Seemuscheln	21,— F
Garnelen	30,50 F
Geräucherter Lachs	49,50 F
Gebackene	
Languste	52,50 F

Dessert

Cassata-Eis	10,20 F
Kastaniencreme	11,50 F
Schokoladen-	
schaumcreme	12,— F
Früchte der Saison	11,60 F

la moule marinière [mul mari'njɛːr]	Seemuschel
le gigot d'agneau [ʒi'go da'ɲo]	Lammkeule
la flageolet [flaʒɔ'lɛ]	zarte Böhnchen

─── EXERCICE ───

<u>Les nombres</u>

Ecrivez les nombres suivants:

13 – 59 – 28 – 79

105 – 66 – 41 – 14

537 – 98 – 1282

6

<u>Au garage</u>

M. Morin: *Je viens chercher ma voiture.*
Garagiste: *Voilà la facture, ça fait 1200 F. Nous avons changé les bougies, les patins de frein et fait la vidange.*

Die Zahlen

Schreiben Sie folgende Zahlen aus:

treize, cinquante-neuf, vingt-huit, soixante-dix-neuf,
cent-cinq, soixante-six, quarante et un, quatorze,
cinq-cent-trente-sept, quatre-vingt-dix-huit,
mille-deux-cent-quatre-vingt-deux.

DIE EXPERTENECKE

Les nombres ordinaux

1$^{er/ère}$	le premier/la première	2^e	le/la deuxième
5^e	le/la cinquième	8^e	le/la huitième
17^e	le/la dix-septième	23^e	le/la vingt-troisième
	72^e	le/la soixante-douzième	

In der Autowerkstatt

Herr Morin: Ich möchte mein Auto abholen.
Mechaniker: Hier ist die Rechnung, das macht 1200 F. Wir
haben die Kerzen und die Bremsklötze gewechselt und den Ölwechsel gemacht.

le garage [ga'raːʒ]	Garage/Werkstatt (Auto)
la voiture [vwa'tyːr]	Wagen/Auto
changer [ʃã'ʒe]	wechseln
la bougie [bu'ʒi]	Kerze (Wachs und Auto)
le patin de frein [pa'tɛ̃ də frɛ̃]	Bremsklotz
la vidange [vi'dãːʒ]	Ölwechsel

Une panne d'embrayage

M. Morin part en voyage d'affaires. Avec sa voiture qui vient d'être inspectée, il n'a rien à craindre. A un feu, que se passe-t-il?
Il n'arrive plus à mettre de vitesse, la voiture ne marche plus! C'est l'embrayage. M. Morin se fait remorquer dans le garage le plus proche et il prend une voiture de location.

«Les grandes pensées viennent du cœur.»

Vauvenargues

Eine Kupplungspanne

Herr Morin macht eine Geschäftsreise. Mit dem Auto, das aus der Inspektion kommt, fühlt er sich sicher. An einer Ampel: Was ist los? Er kann keinen Gang mehr einlegen, das Auto funktioniert nicht mehr. Es ist die Kupplung. Herr Morin läßt sich in die nächstgelegene Werkstatt abschleppen und nimmt einen Leihwagen.

craindre ['krɛ̃:drə]	fürchten/befürchten
le feu [fø]	*hier:* Ampel; *sonst:* Feuer
la vitesse [vi'tɛs]	*hier:* Gang;
	sonst: Geschwindigkeit
l'embrayage *m* [ãbrɛ'ja:ʒ]	Kupplung
remorquer [rəmɔr'ke]	abschleppen

8

„Die großen Gedanken kommen vom Herzen." – Vauvenargues (1715 – 1747), französischer Moralphilosoph

─── GRAMMATIK ───

Präsens der Hilfsverben

être (sein)	avoir (haben)
je suis	j'ai
tu es	tu as
il/elle est	il/elle a
nous sommes	nous avons
vous êtes	vous avez
ils/elles sont	ils/elles ont

Le temps, les saisons

Quelles saisons reconnaissez-vous dans ces phrases?
«C'est un jeudi du commencement de février, un
beau jeudi glacé où le
vent souffle.»
«Les saules nous abri-
taient des regards mais
non pas du soleil...»
«Il faisait du soleil
comme aux premiers
jours d'avril... plusieurs
oiseaux chantaient.»

10

––––––––––––– EXERCICE –––––––––––––

Le vocabulaire

Remplissez les cases vides:

1. FR3 est une chaîne de la _____
   française.

2. _____-moi, je suis en retard.

3. M. Lenoir reçoit une perceuse

   comme _____ d'anniversaire.

4. Sylvie fait les _____ au supermarché.

5. Marc étudie à _____

Das Wetter, die Jahreszeiten

Welche Jahreszeiten erkennen Sie in folgenden Sätzen?
„Es ist Donnerstag, Anfang Februar, ein schöner eisiger Donnerstag, an dem der Wind bläst": *Winter/l'hiver*
„Die Weiden schützten uns vor den Blicken, nicht aber vor der Sonne...": *Sommer /l'été*
„Die Sonne schien wie in den ersten Apriltagen... viele Vögel sangen": *Frühling/le printemps*

Der Text stammt von dem französischen Schriftsteller Alain Fournier (1886 – 1914).

le temps [tã]	*hier:* Wetter; *sonst:* Zeit
la saison [se'zɔ̃]	Jahreszeit
le vent [vã]	Wind
souffler [su'fle]	blasen
le saule [so:l]	Weide (Baum)
l'oiseau *m* [wa'zo]	Vogel

Wortschatz

Füllen Sie die Lücken aus:

1. FR3 est une chaîne de la **télévision** française (FR3 ist ein Programm des französischen **Fernsehens**).
2. Excusez-moi, je suis en retard (**Entschuldigen** Sie mich, ich habe mich verspätet).
3. M. Lenoir reçoit une perceuse comme **cadeau** d'anniversaire (Herr Lenoir bekommt eine Bohrmaschine zum Geburtstag).
4. Sylvie fait les **courses** au supermarché (Sylvie geht im Supermarkt **einkaufen**).
5. Marc étudie à **l'université** (Marc studiert an der **Universität**).

DIE EXPERTENECKE

Main/pied
Un coup de main bedeutet: eine hilfreiche Hand; aber un coup de pied ist ein Fußtritt!

La famille Lebrun

La famille Lebrun habite une maison de deux appartements dans le centre de Paris. M. Lebrun est cadre chez Citroën. Mme Lebrun est employée à mi-temps comme secrétaire dans un grand bureau. Ils ont deux enfants. Leur fils, Jean, a quatorze ans et va au collège. Leur fille, Marie-Claire, a dix-neuf ans. Elle est étudiante à l'université de Paris, la Sorbonne. Elle projette d'aller voir sa tante au Canada, et de passer quelque temps à l'université de Montréal.

Des expressions avec la «tête»:

> *faire la tête*
> *avoir la tête dure*
> *monter la tête à qn*
> *se payer la tête de qn*

Die Familie Lebrun

Die Familie Lebrun bewohnt ein Zweifamilienhaus im Zentrum von Paris. Herr Lebrun ist Geschäftsmann bei Citroën. Frau Lebrun arbeitet halbtags in einem großen Büro als Sekretärin. Sie haben zwei Kinder. Ihr Sohn, Jean, ist 14 Jahre alt und besucht das Gymnasium. Ihre Tochter, Marie-Claire, ist 19 Jahre alt. Sie ist Studentin an der Universität Paris, der Sorbonne. Sie plant, ihre Tante in Kanada zu besuchen und dort einige Zeit an der Universität Montreal zu verbringen.

employé à mi-temps [ãplwa'je a mi'tã]	halbtagsbeschäftigt
l'université (f.) [yniversi'te]	Universität
l'étudiant, -e [ety'djã]	Student, -in

Redewendungen mit dem „Kopf":

schmollen (wörtl.: einen Kopf machen)
schwer begreifen (wörtl.: einen harten Kopf haben)
jmd. aufhetzen (wörtl.: jmd. den Kopf richten)
sich über jmd. lustig machen (wörtl.: sich den Kopf von jmd. leisten)

―――――――――― GRAMMATIK ――――――――――

Reflexive Verben

Verben, die im Französischen reflexiv sind, nicht aber im Deutschen:

se lever [lə've]	aufstehen
se promener [prɔm'ne]	spazierengehen
s'endormir [ãdɔr'miːr]	einschlafen
se sauver [so've]	flüchten
s'échapper [eʃa'pe]	flüchten

La légende des Crêpes Suzettes

La légende dit que les Crêpes Suzettes auraient été composées à Paris, il y a environ cent ans, pour le Prince de Galles (Edouard VII). En son honneur le cuisinier les aurait appelées «Crêpes Prince de Galle». Le prince charmant aurait refusé avec un sourire et renvoyé à sa compagne, la midinette Suzette de Paris.

D'où vient le nom midinette?

Crèpes Suzettes

125 g de farine; 40 g de sucre; 1 zeste de citron râpé; 2 jaunes d'œufs; 1 œuf; 1/8 l de lait; 1/8 l de crème; 50 g de beurre; 50 g de beurre pour la cuisson. De la confiture d'oranges, du Grand Marnier et du Cognac.

Avec les ingrédients préparer une pâte à crêpes. Faire des crêpes très fines dans une poêle beurrée et chauffée. Etaler une fine couche de confiture sur les crêpes, les asperger de Grand Marnier, les rouler et les flamber avec du Cognac. Servir tout de suite. Bon appétit!

D'où vient le Cognac?

13

Die Legende der Crêpes Suzettes

Die Legende sagt, daß die Crêpes Suzettes in Paris vor etwa 100 Jahren für den Prinzen von Wales (Eduard VII.) kreiert worden sind. Ihm zu Ehren nannte der Koch sie „Crêpes Prince de Galles". Aber der charmante Prinz soll lächelnd abgewinkt und auf seine Begleiterin, die Pariser Midinette Suzette, verwiesen haben. Woher stammt der Name Midinette?

> *Midinette nannte man früher in Paris die in der Mode und Couture tätigen Arbeiterinnen.*

14

Crêpes Suzettes

125 g Mehl, 40 g Zucker, geriebene Schale einer Zitrone, 2 Eigelb, 1 Ei, 1/8 l Milch, 1/8 l Sahne, 50 g Butter, 50 g Butter zum Backen. Orangenmarmelade, Grand Marnier, Cognac.

Mit den Zutaten einen Crêpe-Teig zubereiten. Hauchdünne Crêpes in einer gefetteten, erhitzten Pfanne ausbacken. Die Crêpes dünn mit der Orangenmarmelade bestreichen, mit Grand Marnier beträufeln, rollen, mit Cognac flambieren. Sofort servieren. Guten Appetit!
Woher kommt der Cognac?

> *Aus Cognac*

Cognac ist eine Stadt im Süd-Westen Frankreichs, unweit des Atlantiks.

15

La famille Martin vous souhaite une «Bonne Année»

Monsieur Martin est le père de Céline et de Jean.
Madame Martin, sa femme, est la mère des enfants. La famille Martin a un chien Pilou, et un chat Minou. Demain, la famille va à l'aéroport chercher Silke, la nouvelle stagiaire, elle va travailler dans la banque de M. Martin.

16

--- EXERCICE ---

Les adjectifs: Complétez!

La table et les chaises sont . . . (blanc).
Dans cette rue il y a beaucoup de . . . (vieux) maisons.
Cette voiture est trop . . . (petit).
Derrière la maison, il y a un . . . (beau) jardin.
Les boissons sont . . . (froid).
C'est un . . . (petit) garçon.
Quand il pleut la rue est . . . (gris) et . . . (triste).

Die Familie Martin wünscht Ihnen ein „Gutes Neues Jahr"

Herr Martin ist der Vater von Céline und Jean. Frau Martin, seine Frau, ist die Mutter der Kinder. Die Familie Martin hat einen Hund Pilou und eine Katze Minou. Morgen fährt die Familie zum Flughafen, um Silke, die neue Praktikantin, abzuholen. Sie wird in der Bank von Herrn Martin arbeiten.

souhaiter [swɛ'te]	wünschen
le père [pɛːr]	Vater
la femme [fam]	Ehefrau
la mère [mɛːr]	Mutter
l'enfant *(m)* [ã'fã]	Kind
le chien [ʃjɛ̃]	Hund
le chat [ʃa]	Katze
l'aéroport *(m)* [aerɔ'pɔːr]	Flughafen
la stagiaire [sta'ʒjɛːr]	Praktikantin

──────── ÜBUNG ────────

Adjektive: Vervollständigen Sie!

La table et les chaises sont **blanches.**
Dans cette rue il y a beaucoup de **vieilles** maisons.
Cette voiture est trop **petite.**
Derrière la maison, il y a un **beau** jardin.
Les boissons sont **froides.**
C'est un **petit** garçon.
Quand il pleut la rue est **grise** et **triste.**

Der Tisch und die Stühle sind weiß.
In dieser Straße gibt es viele alte Häuser.
Dieses Auto ist zu klein.
Hinter dem Haus gibt es einen schönen Garten.
Die Getränke sind kalt.
Er ist ein kleiner Junge.
Wenn es regnet, ist die Straße grau und düster.

Une carte postale du Canada

Mes chers,
comment allez-vous? Je vous souhaite une bonne
nouvelle année à tous! Est-ce que Jacques a, une
fois de plus, décidé d'arrêter de fumer? Moi, je
n'ai pris aucune résolution pour cette année,
comme d'habitude. Est-ce que Marie-Claire a
déjà fait des projets pour son séjour au Canada?
Je connais une agence de voyages où l'on peut
acheter des billets bon marché.
Amicalement,   Françoise

La résolution pour le nouvel an

Mme Lebrun: *Jacques, tu as pris des résolutions*
            pour la nouvelle
            année?
M. Lebrun: *Oui, j'ai décidé*
            d'arrêter de
            fumer.
Mme Lebrun: *C'est une réso-*
            lution raisonna-
            ble. Je vais tout
            de suite ranger les
            cigarettes qui restent.

Eine Karte aus Kanada

Meine Lieben,
wie geht es Euch? Ich wünsche Euch allen ein frohes neues
Jahr. Hat Jacques wieder einmal beschlossen, das Rauchen
aufzugeben? Ich habe für dieses Jahr keine Vorsätze gefaßt,
wie gewöhnlich. Hat Marie-Claire schon Pläne gemacht
für ihren Aufenthalt in Kanada? Ich kenne ein Reisebüro, in
dem man billig Flugscheine kaufen kann.
Herzliche Grüße,

Françoise

la carte postale [kart pɔs'tal]	Postkarte
le séjour [se'ʒuːr]	Aufenthalt
l'agence (f.) de voyages [a'ʒɑ̃ːs də vwa'jaːʒ]	Reisebüro
le billet [bi'jɛ]	Flugschein
bon marché [bɔ̃ mar'ʃe]	billig

Der Vorsatz für das neue Jahr

Frau Lebrun: Jacques, hast du Vorsätze für das neue Jahr
gefaßt?
Herr Lebrun: Ja, ich habe beschlossen, das Rauchen aufzugeben.
Frau Lebrun: Das ist ein vernünftiger Vorsatz. Ich werde sofort
die Zigaretten, die noch übrig sind, wegräumen.

la résolution [rezɔly'sjɔ̃]	Vorsatz
arrêter de fumer [arɛ'te də fy'me]	das Rauchen aufgeben
la cigarette [siga'rɛt]	Zigarette
le cendrier [sɑ̃dri'e]	Aschenbecher

--- EXERCICE ---

Traduction

1. Die Besitzerin des Hauses ist verreist.
2. Der Journalist hat einen neuen Vertrag bekommen.
3. Die Pianistin hat noch kein Engagement.
4. Meine Zahnärztin hat diese Woche Urlaub.
5. Kennst du die Millionärin, der diese Villa gehört?

Un petit rhume

Sylvie: *Atchoum! Aaatchoum!*
Petra: *A ta santé!*
Sylvie: *Pourquoi dis-tu «A ta santé»? Nous ne sommes pas en train de boire!*
Petra: *Mais tu as éternué, alors on dit: «A ta santé»!*
Sylvie: *Mais non! En France on dit: «A tes souhaits»!*

Übersetzung

1. La propriétaire de cette maison est partie en voyage.
2. Le journaliste a obtenu un nouveau contrat.
3. La pianiste n'a pas encore d'engagement.
4. Ma dentiste est en congé cette semaine.
5. Connais-tu la millionnaire à qui appartient cette villa?

DIE EXPERTENECKE

Tenir la jambe à quelqu'un ist keineswegs ein Hinweis auf eine Unterstützung, sondern bedeutet: Jemandem auf den Wecker gehen. Wörtlich: Jemandem das Bein halten.

Eine kleine Erkältung

Sylvie: Hatschi! Haatschi!
Petra: A ta santé!
Sylvie: Warum sagst du: „A ta santé"? Wir trinken doch im Moment nichts!
Petra: Aber du hast geniest, da sagt man doch: „A ta santé!"
Sylvie: Aber nein! In Frankreich sagt man: „A tes souhaits!"

Atchoum [a'tʃum]	Hatschi
A ta santé [sã'te]	*Trinkspruch, etwa:* Zum Wohl
éternuer [etɛr'nɥe]	niesen
A tes souhaits [swɛ]	*entspricht im Deutschen:* „Gesundheit" *nach dem Niesen*

Les transformations

M. Lebrun: *Nous avons besoin d'une nouvelle clôture de jardin.*

Mme Lebrun: *Oui, c'est vrai. Et qu'est-ce que tu penserais d'une petite tonnelle? Elle pourrait aussi servir de remise en hiver.*

22

*«Les petits ruisseaux
font les grandes rivières.»*

Proverbe

Änderungen

Herr Lebrun: Wir brauchen einen neuen Gartenzaun.
Frau Lebrun: Ja, das ist wahr. Und was hältst du von einer kleinen Gartenlaube? Im Winter könnte sie uns außerdem als Lagerraum dienen.

la tonnelle [tɔ'nɛl]	Gartenlaube
en hiver [ãni've:r]	im Winter
servir de [sɛr'vi:r də]	dienen als
la remise [rə'mi:z]	Lagerraum

„Kleine Ursache, große Wirkung." (Die kleinen Bäche bilden die großen Flüsse.) — Französisches Sprichwort

───────────── GRAMMATIK ─────────────

Das Demonstrativpronomen
(dieser/diese/dieses)

Maskulinum Singular: **ce:** *ce monsieur*
vor Vokalen und stummem h **cet:** *cet homme, cet avion.*
Femininum Singular: **cette:** *cette dame*
Maskulinum und Femininum Plural **ces:** *ces avions, ces dames, ces hommes*

Une invitation au Canada

Marie-Claire: *Maman, tante Françoise m'a envoyé une lettre.*

Mme Lebrun: *Qu'est-ce qu'elle écrit?*

Marie-Claire: *Elle m'envoie un billet d'avion. Elle veut savoir mon jour d'arrivée.*

Mme Lebrun: *Mais tu n'as pas fait tes préparatifs de départ!*

Marie-Claire: *Oui, je dois commencer tout de suite. Je vais d'abord téléphoner à l'agence de voyage.*

Epiphanie

On nomme ce jour aussi «jour des Rois» en souvenir des Rois mages, Melchior, Gaspard et Balthazar, venus à la crèche avec des cadeaux, de l'encens, de la myrrhe et de l'or. En France, on mange «la galette des rois» dans laquelle est cachée une fève; celui qui la trouve est «le roi du jour».

Eine Einladung nach Kanada

Marie-Claire: Mutti, Tante Françoise hat mir einen Brief geschickt.

Frau Lebrun: Was schreibt sie?

Marie-Claire: Sie hat mir ein Flugticket geschickt. Sie möchte
meinen Ankunftstag wissen.

Frau Lebrun: Aber du hast noch keine Reisevorbereitungen
getroffen!

Marie-Claire: Ja, ich muß sofort anfangen. Zuerst werde ich
das Reisebüro anrufen.

envoyer [ãvwaˈje]	schicken, senden
le billet d'avion [biˈjɛ daˈvjɔ̃]	Flugschein
le jour d'arrivée [ʒuːr dariˈve]	Ankunftstag
faire des préparatifs de voyage	Reisevorbereitungen treffen
[fɛːr de preparaˈtif də vwaˈjaːʒ]	

Heilige Drei Könige

Man nennt diesen Tag auch „Tag der Könige", zum Andenken
an die weisen Könige Melchior, Kaspar und Balthasar, die mit
Geschenken, Weihrauch, Myrrhe und Gold, zur Krippe kamen.
In Frankreich ißt man den Königskuchen, in dem eine Bohne
versteckt ist. Wer die Bohne findet, ist der „König des Tages".

le roi [rwa]	König
le cadeau [kaˈdo]	Geschenk
l'encens *(m)* [ãˈsã]	Weihrauch
l'or *(m)* [ɔːr]	Gold
la galette [gaˈlɛt]	Kuchen *(rund und flach)*
la fève [fɛːv]	Bohne

La soupe à l'oignon

Ingrédients: *5 oignons, 25 g de margarine, 20 g de farine, 1,25 l d'eau, 50 g de gruyère râpé, pain grillé, sel, poivre.*

Hacher grossièrement les oignons, puis les faire brunir dans la margarine. Saupoudrer de farine et remuer. Ajouter l'eau, saler et poivrer. Laisser cuire pendant 15 minutes. Dans une soupière allant au four, disposer de minces tranches de pain grillé; verser le potage dessus; parsemer de gruyère râpé et faire gratiner au four.

Bon appétit!

«Et ceux qui ne font rien, ne se trompent jamais.»

Théodor de Banville

Die Zwiebelsuppe

Zutaten: *5 Zwiebeln, 25 g Margarine, 20 g Mehl, 1,25 l Wasser, 50 g geriebener Schweizer Käse, geröstete Brotscheiben, Salz, Pfeffer.*

Die Zwiebeln grob zerhacken, dann in der Margarine anbraten. Mit Mehl bestreuen und umrühren. Das Wasser sowie Salz und Pfeffer hinzufügen. 15 Minuten kochen lassen. In eine feuerfeste Suppenschüssel dünne geröstete Brotscheiben legen; die Suppe dazugießen, mit geriebenem Käse bestreuen und im Ofen gratinieren lassen.

Guten Appetit!

„Und diejenigen, die nichts tun, machen nie Fehler." — Théodor de Banville (1823 – 1891), französischer Dichter

---

GRAMMATIK

Präsens der regelmäßigen Verben

er-Endung	ir-Endung	re-Endung
chanter (singen)	finir (enden/beenden)	entendre (hören)
je chante	je finis	j'entends
tu chantes	tu finis	tu entends
il chante	il finit	il entend
nous chantons	nous finissons	nous entendons
vous chantez	vous finissez	vous entendez
ils chantent	ils finissent	ils entendent
ich singe	ich beende	ich höre
du singst	du beendest	du hörst
er singt	er beendet	er hört
wir singen	wir beenden	wir hören
ihr singt	ihr beendet	ihr hört
sie singen	sie beenden	sie hören

<u>Des préparatifs de départ</u>

Mme Lebrun: *Marie-Claire, tu as tout préparé pour le voyage?*

Marie-Claire: *Oui, j'ai acheté de nouvelles chaussettes, du dentifrice et un cadeau pour tante Françoise.*

Mme Lebrun: *Très bien! Commençons à faire les valises!*

<u>Comment placer l'argent?</u>

Céline a eu 10.000 francs de son grand-père pour ses 18 ans. Elle va à la banque pour s'informer comment placer cet argent. L'employé au guichet des placements lui conseille de le placer en bons du Trésor.

Reisevorbereitungen

Frau Lebrun: Marie-Claire, hast du alles für die Reise vorbe-
reitet?
Marie-Claire: Ja, ich habe neue Socken, Zahnpasta und ein
Geschenk für Tante Françoise gekauft.
Frau Lebrun: Sehr gut! Laß uns anfangen, die Koffer zu
packen!

le voyage [vwa'ja:ʒ]	Reise
le dentifrice [dɑ̃ti'fris]	Zahnpasta
le départ [de'pa:r]	Abreise, Abflug
le passeport [pɑs'pɔ:r]	Reisepaß
l'argent (m.) [ar'ʒɑ̃]	Geld, Silber
la valise [va'li:z]	Koffer
faire les valises	die Koffer packen

Wie das Geld anlegen?

Céline hat zu ihrem 18. Geburtstag 10.000 Franc von ihrem
Großvater bekommen. Sie geht zur Bank, um sich zu informie-
ren, wie sie dieses Geld anlegen kann. Der Angestellte am
Schalter für Geldanlagen rät ihr, es in Schatzbriefen anzulegen.

placer [pla'se]	*hier:* anlegen; *sonst:* stellen
l'argent *(m)* [ar'ʒɑ̃]	Geld
l'employé *(m)* [ɑ̃plwa'je]	Angestellter
le guichet [gi'ʃɛ]	Schalter
conseiller [kɔ̃sɛ'je]	raten/empfehlen
le bon du Trésor [bɔ̃ dy tre'zɔ:r]	Schatzbrief

EXERCICE

Traduction

1. Könntest du dich woanders hinsetzen?
2. Marc zieht sich in der Kabine um.
3. Herr Martin ruft ein Taxi.
4. Wie heißen Sie?
5. Wenn der Wecker klingelt, wache ich auf.
6. Die Mutter weckt die Kinder um 7 Uhr.

30

Michel de Nostredame

Médecin et astrologue, il a lancé ses premières prédic-
tions vers les années 1550. Jusqu'à sa mort, il publia
chaque année un almanach des prévisions qui lui
assura une gloire internationale. Il a inventé la météo-
rologie populaire; il a distribué ses pronostics aux
paysans soucieux de savoir sous quelle lune semer ou
tailler les arbres. De nos jours encore on cherche à
faire le rapprochement des événements aux allusions
faites par M. de Nostredame dans ses quatrains. Il
s'est donné un nom sous lequel il nous est connu.

Lequel?

Übersetzung

1. Pourrais-tu changer de place?
2. Marc se change dans la cabine.
3. M. Martin appelle un taxi.
4. Comment vous appelez-vous?
5. Quand le réveil sonne, je me réveille.
6. La mère réveille les enfants à sept heures.

DIE EXPERTENECKE

Etre dans le vent bedeutet nicht, daß man im Wind steht, sondern: Mit der Mode gehen, „in" sein. Wörtlich: Im Wind sein.

Michel de Nostredame

Der Mediziner und Astrologe veröffentlichte seine ersten Voraussagen gegen 1550. Bis zu seinem Tode publizierte er jährlich ein Almanach mit Vorhersagen, das ihm einen internationalen Ruf einbrachte. Er erfand die volkstümliche Wettervorhersage; er verteilte seine Voraussagen an die Bauern, die wissen wollten, bei welchem Mondstand sie säen oder die Bäume beschneiden konnten. Heutzutage noch versucht man, die Ereignisse mit den von M. de Nostredame in seinen Vierzeilern gemachten Andeutungen in Einklang zu bringen. Er gab sich einen Namen, unter dem wir ihn kennen, welchen?

Nostradamus

«Les idées de la veille
font les mœurs du lendemain.»

Anatole France

Une terrible tempête

Cette nuit, il y a une forte tempête. Toute la nuit il
pleut et fait beaucoup de vent. Le hêtre du jardin
tombe sur le garage.
C'est très ennuyeux, car le
toit est endommagé et il
faut le réparer. M. Lenoir
demande à la compagnie
d'assurance, si elle va
payer la réparation.
Mais on lui dit qu'une
assurance-incendie ne
couvre pas ce type
d'accident.

„Die Ideen von gestern werden die Sitten von morgen." —
Anatole France (1844 – 1924), französischer Schriftsteller,
Nobelpreis 1921

GRAMMATIK

Hervorhebung mit „c'est ... qui"
und „c'est ... que"

1. *C'est. . . .qui* betont das Subjekt:
   Est-ce que tu as fait ce beau dessin?
   Non, c'est mon frère qui l'a fait.
   Hast du das schöne Bild gemalt? Nein, (es ist) mein Bruder
   (der) hat es gemalt (es gemalt hat).
2. *C'est. . .que* betont das Objekt:
   Avons-nous déjà fait cet exercice?
   Non, c'est celui-ci que nous avons fait.
   Haben wir diese Übung schon gemacht? Nein, diese ist es,
   die wir gemacht haben.

Ein schrecklicher Sturm

In dieser Nacht stürmt es heftig. Die ganze Nacht lang regnet es,
und es weht ein starker Wind. Die Buche im Garten fällt auf die
Garage. Das ist sehr ärgerlich, weil das Dach beschädigt ist und
repariert werden muß. Herr Lenoir fragt bei der Versicherungs-
gesellschaft, ob sie für die Reparatur zahlt. Aber man sagt ihm,
daß eine Feuerversicherung Unfälle dieser Art nicht deckt.

la tempête [tã'pɛt]	Sturm
le hêtre ['etrə]	Buche
tomber [tɔ̃'be]	fallen
ennuyeux/-euse [ãnyi'jø]	ärgerlich, langweilig
le toit [twa]	Dach
endommagé/e [ãdɔma'ʒe]	beschädigt
la compagnie d'assurance [kɔ̃pa'ɲi dasy'rã:s]	Versicherungsgesellschaft
un incendie [ɛ̃sã'di]	Brand
couvrir [ku'vri:r]	decken, zudecken
un accident [aksi'dã]	Unfall

<u>La fête d'adieu</u>

Marie-Claire a invité tous ses amis pour fêter son départ. Ella sera au Canada pendant plusieurs mois. Ses amis lui ont apporté des cadeaux: un guide, un appareil photo et du papier à lettres. Ils lui souhaitent un bon séjour. Marie-Claire promet d'écrire beaucoup du Canada.

<u>Les boissons</u>

l'orangeade	le cidre
le rhum	l'eau
le champagne	la bière
l'eau minérale	le café
le lait	le thé

Die Abschiedsfeier

Marie-Claire hat alle ihre Freunde eingeladen. Sie feiern ihren Abschied. Mehrere Monate lang wird sie in Kanada sein. Ihre Freunde haben ihr Geschenke mitgebracht: einen Reiseführer, einen Fotoapparat und Briefpapier. Sie wünschen ihr einen schönen Aufenthalt. Marie-Claire verspricht, viele Briefe aus Kanada zu schreiben.

la fête d'adieu [fɛːt da'djø]	Abschiedsfeier
fêter [fɛ'te]	feiern
le guide [gid]	Reiseführer
l'appareil photo (m.) [apa'rɛj fɔ'to]	Fotoapparat
le papier à lettres [pa'pje a 'lɛtrə]	Briefpapier

Getränke

l'orangeade (f.) [ɔrɑ̃'ʒad]	Orangen-Limonade
le rhum [rɔm]	Rum
le champagne [ʃɑ̃'paɲ]	Sekt
l'eau minérale [o mine'ral]	Mineralwasser
le lait [lɛ]	Milch
le cidre ['sidrə]	Apfelwein
l'eau (f.) [o]	Wasser
la bière [bjɛːr]	Bier
le café [ka'fe]	Kaffee
le thé [te]	Tee

<u>Fontainebleau</u>

«La vraie demeure des rois, la maison des siècles» c'est ainsi que Napoléon a nommé le château de Fontainebleau. Cet ancien rendez-vous de chasse des rois de France est situé au cœur d'une forêt domaniale de 20 000 hectares. Autrefois lieu de distraction pour la noblesse, Fontainebleau perpetue aujourd'hui sa vocation touristique grâce à ses nombreux hôtels, ses concours hippiques nationaux, ses musées et manifestations au goût napoléonien.

Quand le château de Fontainebleau a-t-il été édifié?

<u>Une partie de tennis</u>

Comme c'est encore les vacances, Jean et ses amis ont beaucoup de temps libre, ils pratiquent divers sports. Aujourd'hui, ils ont réservé un court de tennis où ils vont jouer une partie à quatre. Les deux amis, Luc et Marc, ont eu une nouvelle raquette pour Noël. Fabrice joue avec celle de sa sœur.

Fontainebleau

„Der wirkliche Wohnsitz der Könige, das Haus der Jahrhunderte", so nannte Napoleon das Schloß von Fontainebleau.
Dieser einstige Jagdtreffpunkt der Könige von Frankreich liegt
im Herzen eines 20 000 Hektar großen Staatsforstes. Während
Fontainebleau ehemals Vergnügungsort der Adeligen war, ist
es heute Touristenattraktion, dank der zahlreichen Hotels, der
nationalen Pferderennen, der Museen und der Veranstaltungen im napoleonischen Stil. Wann wurde das Schloß Fontainebleau errichtet?

Im 12. Jahrhundert

Fontainebleau ist nicht nur ein prächtiges Schloß, sondern
auch eine Oase der Ruhe, ein Städtchen inmitten eines riesigen
Waldes. Es ist ratsam, sich ein Fahrrad zu besorgen, um so den
größtmöglichen Teil zu entdecken.

Eine Partie Tennis

Da noch Ferien sind, haben Jean und seine Freunde viel
Freizeit, sie treiben verschiedene Sportarten. Heute haben sie
einen Tennisplatz gebucht, wo sie eine Partie zu viert spielen
werden. Die beiden Freunde Luc und Marc haben neue
Schläger zu Weihnachten bekommen. Fabrice spielt mit dem
seiner Schwester.

les vacances *(f)* [vaˈkɑ̃:s]	Ferien
pratiquer [pratiˈke]	aus-/üben
divers *(adj.)* [diˈvɛːr]	verschieden
réserver [rezɛrˈve]	buchen/reservieren
le court de tennis [kuːr də tɛˈnis]	Tennisplatz
la raquette [raˈkɛt]	Schläger
Noël [nɔˈɛl]	Weihnachten
la sœur [sœːr]	Schwester

A l'agence de voyage

Marie-Claire: *Je pars au Canada. Ma tante m'a envoyé ce billet. Pourriez-vous me donner quelques informations?*

Employée: *Bien sûr. C'est un vol régulier d'Air France à destination de Montréal. Voici les heures d'arrivée et de départ. N'oubliez pas votre passeport et votre visa. Voici aussi des prospectus et un guide.*

EXERCICE

Traduction

1. Frau Lenoir hat einen neuen Kühlschrank.
2. Sie geht in das Gästezimmer.
3. Sylvie braucht einen Computer, um ihren Vortrag zu tippen.
4. Ich möchte ein Haus bauen.
5. Michel träumt von einem Motorrad.
6. Wir kaufen eine tiefgekühlte Pizza zum Abendessen.

Im Reisebüro

Marie-Claire: Ich mache eine Reise nach Kanada. Meine Tante
hat mir ein Ticket geschickt. Könnten Sie mir
Informationen geben?
Angestellte: Sicherlich. Es ist ein Linienflug der Air France
nach Montreal. Hier sind Ankunft- und Abflug-
zeit. Vergessen Sie nicht Ihren Reisepaß und Ihr
Visum. Hier sind noch Prospekte und ein Reiseführer.

le vol régulier [vɔl regy'lje]	Linienflug
à destination de [a dɛstina'sjɔ̃ də]	nach
la destination [dɛstina'sjɔ̃]	Bestimmungsort
le prospectus [prɔspɛk'tys]	Prospekt
le visa [vi'za]	Visum

Übersetzung

1. Mme Lenoir a un nouveau réfrigérateur.
2. Elle va dans la chambre d'amis.
3. Sylvie a besoin d'un ordinateur pour taper son exposé.
4. Je veux construire une maison.
5. Michel rêve d'une moto.
6. Nous achetons une pizza surgelée pour le dîner.

DIE EXPERTENECKE

C'est la fête!

faire la fête	feiern, ein Fest feiern
faire la java	schlemmern, feiern, prassen
s'amuser comme des fous	wörtl.: sich wie Irre amüsieren/ sich köstlich amüsieren
sabler le champagne	Champagner trinken

Gratin Dauphinois

Eplucher des pommes de terre et les couper en rondelles très fines. D'autre part mélanger un œuf battu, trois verres de lait et du fromage râpé; saler et poivrer; mettre les pommes de terre dans un plat beurré allant au four. Verser le lait et l'œuf battu dessus et recouvrir avec du fromage râpé et des petits morceaux de beurre. Faire cuire au four quarante minutes.

A la station de métro

Voyageur: *Un carnet de dix tickets s'il vous plaît.*
Employé: *De première ou de seconde?*
Voyageur: *De seconde.*
Employé: *Avez-vous de la monnaie?*
Voyageur: *Désolé, non.*

Kartoffeln Dauphinoise

Kartoffeln schälen und in sehr dünne Scheiben schneiden.
Daneben ein geschlagenes Ei, drei Gläser Milch und geriebenen Käse vermengen; salzen und pfeffern; die Kartoffeln in
einer gebutterten Schüssel in den Ofen stellen. Mit der Milch
und dem geschlagenen Ei übergießen und mit geriebenem
Käse und kleinen Butterstückchen bedecken. Vierzig Minuten
im Ofen backen lassen.

éplucher [eply'ʃe]	schälen
le four [fuːr]	Ofen
le morceau [mɔr'so]	Stück
couper [ku'pe]	schneiden
la rondelle [rɔ̃'dɛl]	runde Scheibe

In der Metro-Station

Fahrgast: Ein Zehner-Fahrscheinheft bitte.
Angestellter: Erste oder zweite Klasse?
Fahrgast: Zweite.
Angestellter: Haben Sie Kleingeld?
Fahrgast: Bedaure, nein.

le voyageur [vwaja'ʒœːr]	Fahrgast, Reisender
le carnet [kar'nɛ]	Heft
première [prə'mjɛːr]	erste, *hier:* erste Klasse
seconde [s(ə)'gɔ̃ːd]	zweite *(Klasse)*
la monnaie [mɔ'nɛ]	Kleingeld/Münze
désolé *(adj.)* [dezɔ'le]	*zum Ausdruck des Bedauerns gebraucht, wörtl.:* untröstlich

GRAMMAIRE

Le passé composé avec avoir

J'ai mangé une pomme.
Tu as regardé la télévision.
Il a travaillé.
Nous avons fumé une cigarette.
Vous avez joué au football.
Ils ont écouté la radio.

Une femme intelligente et sans scrupules

Née à Florence (1519 – 1589), elle a épousé Henri II (1519 – 1559), roi de France de 1547 à 1559. Elle est prête à tout pour sauver le trône à ses enfants, François II, Charles IX et Henri III. Elle cherche à trouver une solution politique du problème religieux entre catholiques et protestants. Elle est l'instigatrice du massacre de la Saint-Barthélemy (23/24 août 1572).

Qui est-ce?

Das Perfekt mit 'avoir'

Ich habe einen Apfel gegessen.
Du hast ferngesehen.
Er hat gearbeitet.
Wir haben eine Zigarette geraucht.
Ihr habt Fußball gespielt.
Sie haben Radio gehört.

Zusammengesetzte Formen mit 'avor' bilden
- *avoir und être selbst: J'ai eu froid. J'ai été malade.*
- *alle transitiven Verben, außer den reflexiven Verben (z. B. se taire): J'ai écrit à mon ami.*
- *die meisten intransitiven Verben: Nous avons dansé.*
  Dazu gehören die unpersönlichen Verben und einige Verben, die eine Bewegungsart (nicht eine Bewegungsrichtung) ausdrücken.

Eine intelligente und skrupellose Frau

In Florenz geboren (1519 – 1589), heiratete sie Heinrich II. (1519 – 1559), König von Frankreich von 1547 bis 1559. Sie ist zu allem bereit, um den Thron für ihre Kinder, François II., Charles IX. und Henri III., zu retten. Sie sucht nach politischen Lösungen für die Religionskonflikte zwischen Katholiken und Protestanten. Sie ist die Anstifterin des Massakers von St. Bartholomäus (23./24. August 1572). Wer ist das?

Es ist Katharina von Medici.

Während der Hochzeit des französischen Königs Heinrich von Navarra mit Margarete von Valois wurden in der Bartholomäusnacht die Anführer des Hugenottenadels sowie Tausende ihrer Glaubensgenossen ermordet.

Le départ

Marie-Claire et toute sa
famille sont à Roissy-
Charles-de-Gaulle, le principal aéroport de Paris. Marie-Claire va prendre son
baptême de l'air: Il n'y a
pas de quoi s'effrayer, mais
elle est tout de même un
peu anxieuse! Elle prend
l'ascenseur pour la salle
d'embarquement.

En avion

l'aéroport   s'écraser
voler   l'appareil
le vol   l'escale
le pilote   atterrir
le passager   décoller

Die Abreise

Marie-Claire und ihre ganze Familie befinden sich in Roissy-Charles-de-Gaulle, dem Hauptflughafen von Paris. Es ist der erste Flug von Marie-Claire: Es besteht kein Grund zur Beunruhigung, aber sie ist dennoch ein wenig ängstlich! Sie fährt mit dem Aufzug zur Abflughalle.

le baptême de l'air [ba'tɛm də lɛːr]	der erste Flug
le baptême [ba'tɛm]	Taufe
il n'y a pas de quoi [il nja pa dɛ kwa]	es besteht kein Grund
l'ascenseur (m.) [asɑ̃'sœːr]	Fahrstuhl
le tapis roulant [ta'pi ru'lɑ̃]	Fließband
monter à bord [mɔ̃'te a bɔːr]	an Bord gehen

Im Flugzeug

l'aéroport (m.) [aero'pɔːr]	Flughafen
voler [vɔ'le]	fliegen
le vol [vɔl]	Flug
le pilote [pi'lɔt]	Pilot
le passager [pasa'ʒe]	Passagier
s'écraser [sekra'ze]	abstürzen
l'appareil (m.) [apa'rɛj]	Maschine, Flugzeug
l'escale (f.) [ɛs'kal]	Zwischenlandung
atterrir [atɛ'riːr]	landen
décoller [dekɔ'le]	starten, abheben

Le journal: un deuxième abonnement

Chaque soir quand M. Morin veut lire le journal, il le trouve éparpillé dans toute la maison. Sa femme enlève la page avec l'horoscope et la météo, Sylvie celle avec le feuilleton et Didier pique les pages «Sports». Et chacun laisse traîner «ses pages» quelque part. C'est décidé, M. Morin va s'abonner encore à un autre journal: «son journal».

«Ce qui n'est pas clair,
n'est pas français.»

Antoine Rivarol

Die Zeitung: Ein zweites Abonnement

Jeden Abend, wenn Herr Morin die Zeitung lesen will, findet er sie im ganzen Haus verstreut. Seine Frau nimmt die Seite mit dem Horoskop und den Wettervorhersagen, Sylvie die Seite mit dem Fortsetzungsroman, und Didier stibitzt die Sportseiten. Und jeder läßt „seine Seiten" irgendwo herumliegen. Es ist beschlossen, Herr Morin abonniert noch eine Zeitung: „Seine Zeitung".

éparpiller [eparpi'je]	verstreuen
la météo/météorologie [meteɔ/meteɔrɔlɔ'ʒi]	Wettervorhersage
le feuilleton [fœj'tɔ̃]	Fortsetzungsroman
laisser traîner [lɛse trɛ'ne]	herumliegenlassen
quelque part ['kɛlkə paːr]	irgendwo
piquer [pi'ke]	stibitzen

„Was nicht klar ist, ist nicht französisch." — Antoine Rivarol (1753 – 1801), französischer Schriftsteller und Journalist

──────────── GRAMMATIK ────────────

Bestimmte Artikel

Maskulinum
le (le livre/das Buch)
l' (l'ami/der Freund)
les (les cahiers/die Hefte)

Femininum
la (la gomme/das Radiergummi)
l' (l'amie/die Freundin)
les (les feuilles/die Blätter)

Unbestimmte Artikel

Maskulinum	*Femininum*	
un	une	un ami/une amie
		ein Freund/eine Freundin
des	des	des amis/des amies
		Freunde/Freundinnen

Paris

La capitale française s'est développée à partir d'un noyau très ancien, l'île de la Cité et les rives de la Seine. Au XIXème siècle, d'importants travaux en ont transformé le paysage. Paris est maintenant le centre d'une gigantesque agglomération. Avec ses 8,7 millions d'habitants, elle est la 18ème métropole du monde.

Comment s'appelait Paris autrefois?

Au bistro

Beaucoup de Parisiens ont l'habitude, le matin avant de se rendre au travail, de prendre un café et un croissant au comptoir de «leur» bistro en lisant en vitesse les nouvelles dans le quotidien. Le patron du café connaît ses clients habituels et il les sert dès qu'ils entrent.

Paris

Die französische Hauptstadt entwickelte sich aus einem uralten Stadtkern: Ile de la Cité und Seine-Ufer. Im 19. Jahrhundert veränderten bedeutende Bauarbeiten das Stadtbild. Heute ist Paris das Zentrum eines riesigen Ballungsraumes. Mit ihren 8,7 Millionen Einwohnern ist sie die achtzehntgrößte Metropole der Welt. Wie hieß Paris früher?

Lutèce (Lutetia)

Der kleine Ort wurde von den Kelten gegründet; im Jahre 52 eroberten ihn die Römer.

Im Bistro

Viele Männer und Frauen in Paris haben die Gewohnheit, morgens, bevor sie zur Arbeit gehen, an der Theke „ihres" Bistros einen Kaffee und ein Croissant zu verzehren. Sie lesen dabei auf die Schnelle die Nachrichten in der Tageszeitung. Der Wirt kennt seine Stammgäste, und er bedient sie, sobald sie das Lokal betreten.

l'habitude *f* [abiˈtyd]	Gewohnheit
se rendre [ˈrãːdrə]	gehen zu…
le comptoir [kɔ̃ˈtwaːr]	Theke
en vitesse [viˈtɛs]	auf die Schnelle
le quotidien [kɔtiˈdjɛ̃]	Tageszeitung
dès que [dɛ kə]	sobald, wenn (in dem Moment)

───── EXERCICE ─────

12 mots relatifs à Paris

L	E	M	E	L	B	O	R	P
E	C	A	L	P	A	R	I	S
F	E	G	L	I	S	E	T	E
F	H	R	U	O	T	L	A	I
I	T	I	A	R	I	E	V	N
E	R	V	U	O	L	V	E	E
T	A	O	C	I	L	E	N	Q
A	R	L	E	E	E	S	U	M
T	C	I	T	E	R	U	E	S

Comment téléphoner de France

Décrocher le combiné; introduire la monnaie ou la télécarte dans la fente; attendre la tonalité; composer le 19 pour l'étranger, puis l'indicatif du pays — pour l'Allemagne: le 49. Ensuite composer l'indicatif de la ville sans le 0 et enfin le numéro du correspondant.

12 Wörter mit Bezug auf Paris

```
L E M E L B O R P
E C A L P A R I S
F E G L I S E T E
F H R U O T L A I
I T I A R I E V N
E R V U O L V E E
T A O C I L E N Q
A R L E E E S U M
T C I T E R U E S
```

Eiffel, Arc, Rivoli, Roi, Bastille, Seine, Paris, Eglise, Louvre, Musée, Cité, Rues

Wie man von Frankreich aus telefoniert

Den Hörer abnehmen, das Kleingeld oder die Telefonkarte in den Schlitz einführen, das Freizeichen abwarten, die 19 für das Ausland, dann die Vorwahl des Landes wählen — für Deutschland 49. Dann die Vorwahl der Stadt ohne die 0 und schließlich die Nummer des Teilnehmers wählen.

Es ist ratsam, sich in Frankreich eine „Télécarte" (Telefonkarte) zu besorgen, denn es gibt Städte, in denen man lange suchen muß, um einen Münzfernsprecher zu finden. Man bekommt sie in den „Bureaus de tabac" (Tabakläden) und in den Postämtern.

décrocher [dekrɔˈʃe]	abheben/aushängen
le combiné [kɔ̃biˈne]	Telefonhörer
la télécarte [teleˈkart]	Telefonkarte
la fente [fɑ̃:t]	Schlitz
la tonalité [tɔnaliˈte]	*hier:* Freizeichen; *sonst:* Ton/Zeichen
l'indicatif (m) [ɛ̃dikaˈtif]	Vorwahl
composer [kɔ̃poˈze]	*hier:* wählen; *sonst:* zusammenstellen

L'arrivée à Montréal

Marie-Claire arrive à l'aéroport de Montréal après environ huit heures de vol. Le voyage était si calme et si rapide qu'elle est un peu déçue. Atterrissage en douceur . . . et Marie-Claire pose le pied sur le sol canadien. Quelques longs couloirs et voici son premier contact avec l'administration canadienne. Mais elle doit d'abord retrouver ses bagages qui arrivent sur le tapis roulant.

«La plus perdue de toutes les journées est celle où l'on n'a pas ri.»

Nicolas de Chamfort

Ankunft in Montreal

Nach ungefähr acht Stunden Flug kommt Marie-Claire am
Flughafen Montreal an. Der Flug war so ruhig und so schnell,
daß sie ein wenig enttäuscht ist. Eine sanfte Landung . . . und
Marie-Claire setzt den Fuß auf kanadischen Boden. Ein paar
lange Gänge, und dann hat sie schon den ersten Kontakt
mit den kanadischen Behörden. Zunächst muß sie aber ihre
Koffer wiederfinden, die auf dem Gepäckband ankommen.

calme [kalm]	ruhig
déçu [de'sy]	enttäuscht
l'atterrissage (m.) [ateri'saːʒ]	Landung
le couloir [ku'lwaːr]	Flur, Gang
l'administration (f.) [administrɑ'sjɔ̃]	Behörde

„Der verlorenste aller Tage ist der, an dem man nicht gelacht
hat." — Nicolas de Chamfort (1741–1794), französischer
Schriftsteller

——————————— GRAMMATIK ———————————
Die weibliche Form der Adjektive

Die meisten Adjektive, die nicht schon auf **e** enden, bilden die
weibliche Form mit einem angefügten **e**.

le manteau gris	la robe grise
(der graue Mantel)	(das graue Kleid)
un petit village	une petite ville
(ein kleines Dorf)	(eine kleine Stadt)
aber: le manteau jaune	la robe jaune
(der gelbe Mantel)	(das gelbe Kleid)

Einige Ausnahmebildungen:

blanc	blanche (weiß)
frais	fraîche (frisch)
gros	grosse (dick)
faux	fausse (falsch)
doux	douce (mild)
bas	basse (niedrig)

Cher Monsieur Morin,

J'arrive vendredi, le 3 janvier à 14 h 30 à Orly-Ouest.
Pouvez-vous venir me chercher à l'aéroport?
Je vous remercie.

Bien cordialement

Petra

P. S. Mes parents me
chargent de vous trans-
mettre leurs meilleurs
vœux de bonne année
pour 1992.

Recyclage du verre

Sylvie: *Didier, peux-tu mettre ces bouteilles vides à la poubelle?*

Didier: *N'était-ce pas une des nos résolutions pue de contribuer â la protection de l'environnement?*

M. Morin: *En allant chercher Petra à l'aéroport, je passe devant un conteneur, j'y mettrai les bouteilles.*

Lieber Herr Morin,

ich komme am Freitag, den 3. Januar um 14.30 Uhr in Orly-West
an. Können Sie mich am Flughafen abholen? Ich danke Ihnen
im voraus.
Mit freundlichen Grüßen   Petra
P. S. Ich soll Ihnen von meinen Eltern die besten Wünsche für
das Jahr 1992 ausrichten.

*Petra kommt für ein Jahr als Praktikantin nach Frankreich. Sie
arbeitet in der Firma von Herrn Morin. Da er ein Geschäftsfreund ihres Vaters ist, kann sie auch bei der Familie Morin
wohnen.*

venir chercher qn [və'niːr ʃɛr'ʃe]	jmd. abholen
bien cordialement [bjɛ̃ kɔrdjal'mã]	herzlich
transmettre [trãs'mɛtrə]	übermitteln/ausrichten

Altglas-Recycling

Sylvie: Didier, kannst du diese leeren Flaschen in die
              Mülltonne bringen?
Didier: War es nicht einer unserer guten Vorsätze, einen
              Beitrag zum Umweltschutz zu leisten?
Herr Morin: Wenn ich Petra vom Flughafen abhole, komme ich
              an einem Container vorbei, ich werde die Flaschen
              hineinwerfen.

la bouteille [bu'tɛj]	Flasche
la poubelle [pu'bɛl]	Mülltonne
la résolution [rezɔly'sjõ]	Vorsatz
contribuer [kɔtri'bɥe]	beitragen
la protection [prɔtɛk'sjõ]	Schutz
l'environnement m [ãvirɔn'mã]	Umwelt
le conteneur [kõt'nœːr]	Container

Galettes bretonnes

Ingrédients: *150 g de sucre, 250 g de farine, 60 g de beurre, 1 œuf, 1/2 paquet de levure, 1 ou 2 cuillères de lait.*

Mettre dans une terrine: farine, sucre, levure. Faire une fontaine et y déposer beurre, œuf et lait. Mélanger doucement avec les doigts, pétrir jusqu'à ce que la pâte soit lisse. L'aplatir au rouleau et découper les galettes à l'aide d'un verre. Dorer le dessus des galettes avec du jaune d'œuf. Cuire à feu doux pendant 15/20 minutes.

Bon appétit!

—————— EXERCICE ——————

Etre ou avoir

Mettez le verbe qui convient:

1. Sylvie ___est___ Française.
2. Elle ___a___ vingt ans.
3. Nous ___sommes___ des étudiants.
4. M. Lenoir ___est___ ingénieur.
5. C' ___est___ le père de Marc et Sylvie.
6. Ils ___ont___ une belle maison.
7. Tu ___as___ beaucoup de travail.
8. J' ___ai___ faim.
9. Vous ___êtes___ mes amis.

Bretonische Plätzchen

Zutaten: *150 g Zucker, 250 g Mehl, 60 g Butter, 1 Ei, 1/2 Päckchen Backpulver, 1 oder 2 Löffel Milch.*

In eine Schale Mehl, Zucker und Backpulver geben. Mit dem Finger eine Vertiefung drücken; Butter, Ei und Milch hineingeben. Langsam mit den Händen vermengen, kneten, bis der Teig glatt ist. Mit einer Kuchenrolle ausrollen, dann die Plätzchen mit einem Glas ausstechen. Die Oberfläche der Plätzchen mit Eigelb bestreichen. Bei schwacher Hitze 15/20 Minuten lang backen.

Guten Appetit!

Etre oder avoir

Setzen Sie das passende Verb ein:

1. Sylvie **est** Française.
2. Elle **a** vingt ans.
3. Nous **sommes** des étudiants.
4. M. Lenoir **est** ingénieur.
5. C'**est** le père de Marc et Sylvie.
6. Ils **ont** une belle maison.
7. Tu **as** beaucoup de travail.
8. J'**ai** faim.
9. Vous **êtes** mes amis.

1. Sylvie **ist** Französin.
2. Sie **ist** 20 Jahre alt.
3. Wir **sind** Studenten.
4. Herr Lenoir **ist** Ingenieur.
5. Er **ist** der Vater von Marc und Sylvie.
6. Sie **haben** ein schönes Haus.
7. Du **hast** viel Arbeit
8. Ich **habe** Hunger.
9. Ihr **seid** meine Freunde

DIE EXPERTENECKE

Etre und avoir in der Umgangssprache

être tiré à quatre épingles – wie aus dem Ei gepellt (wörtlich: an vier Nadeln gezogen)

avoir la pêche – gut gelaunt sein (wörtlich: den Pfirsich haben)

A la douane

Douanier: *Bonjour, Mademoiselle. Montrez-moi votre passe-port, s'il vous plaît.*

Marie-Claire: *Le voici, monsieur.*

Douanier: *Avez-vous quelque chose à déclarer, des cigarettes?*

Marie-Claire: *Non, Monsieur. Rien du tout.*

Douanier: *Merci Mademoiselle, vous pouvez passer.*

A la sortie de l'aéroport

La sortie est au rez-de-chaussée. Comment Marie-Claire va-t-elle reconnaître sa tante parmi la foule de gens qui attendent de l'autre côté des barrières de la douane? Elle peut se la représenter grâce à la photo que sa tante lui a envoyée d'elle. Ah! La voilà là-bas. C'est bien sa tante, avec un chapeau blanc et une écharpe de soie blanche.

Am Zoll

Zöllner:	Guten Tag. Zeigen Sie mir bitte Ihren Paß.
Marie-Claire:	Hier ist er.
Zöllner:	Haben Sie etwas zu verzollen, Zigaretten?
Marie-Claire:	Nein, gar nichts.
Zöllner:	Dankeschön, Sie können weitergehen.

déclarer [dekla're]	verzollen
le douanier [dwa'nje]	Zöllner
la plupart du temps [la ply'part dy tã]	meistens

Am Ausgang des Flughafens

Der Ausgang ist im Erdgeschoß. Wie soll Marie-Claire ihre Tante wiedererkennen in der Menge der Leute, die auf der anderen Seite der Zollsperren warten? Sie kann sich eine Vorstellung von ihr machen, da ihr die Tante ein Photo von sich geschickt hat. Da ist sie, ja! Das ist ihre Tante, sie trägt einen weißen Hut und einen weißen Seidenschal.

le rez-de-chaussée [redʃo'se]	Erdgeschoß
la foule [ful]	Menge
la douane [dwan]	Zoll
l'écharpe (f.) [e'ʃarp]	Schal
la soie [swa]	Seide

A la fromagerie

Mme Martin: *Je voudrais du brie au lait cru, s'il vous plaît.*

Marchand: *Et avec ça, Madame?*

Mme Martin: *Du camembert bien fait et un morceau de bleu d'Auvergne.*

Marchand: *Voilà, Madame, c'est tout? Ça fait 64 francs.*

--- GRAMMAIRE ---

Avoir

le présent	l'imparfait	le futur simple
j'ai	j'avais	j'aurai
tu as	tu avais	tu auras
il a	il avait	il aura
nous avons	nous avions	nous aurons
vous avez	vous aviez	vous aurez
ils ont	ils avaient	ils auront

Im Käseladen

Frau Martin: Ich möchte Rohmilchbrie, bitte.
Händler: Sonst noch etwas?
Frau Martin: Etwas reifen Camembert und ein Stück Bleu d'Auvergne.
Händler: So, ist das alles? Das macht 64 Francs.

Die Auvergne liegt im Massif Central. Die Region ist bekannt für ihre Käsespezialitäten.

la fromagerie [frɔmaʒ'ri]	Käseladen
le lait cru [lɛ kry]	Rohmilch
le morceau [mɔr'so]	Stück
le bleu d'Auvergne [blø dovɛr'njə]	ein Edelpilzkäse aus der Region Auvergne

--- GRAMMATIK ---

Die Konjugation von avoir

ich habe	ich hatte	ich werde haben
du hast	du hattest	du wirst haben
er hat	er hatte	er wird haben
wir haben	wir hatten	wir werden haben
ihr habt	ihr hattet	ihr werdet haben
sie haben	sie hatten	sie werden haben

La présentation

Mme Martin: *Bonjour, Marie-Claire, ma chèrie, comment vas-tu? Tu as fait un bon voyage?*

Marie-Claire: *Excellent, merci. Mais je suis un peu fatiguée.*

Mme Martin: *Je te présente ton cousin Pascal.*

Pascal: *Bonjour, Marie-Claire. As-tu tous tes bagages?*

Marie-Claire: *Oui, j'ai seulement ces deux valises.*

Né sur une île, mort sur une île

Il est né en Corse le 15 août 1769. Avec son immense armée il a remporté des victoires glorieuses contre les Anglais, les Prussiens, les Autrichiens (Austerlitz), les Russes et d'autres nations européennes. En 1804 il se donna le titre d'Empereur des Français. En 1814 il a été exilé à l'île d'Elbe. Plus tard, il a perdu la grande bataille de Waterloo. Il a été déporté à Ste Hélène où il mourut en 1821.

Qui est-ce?

Die Vorstellung

Mme Martin: Guten Tag, Marie-Claire, meine Liebe. Wie geht es dir? Hattest du eine gute Reise?

Marie-Claire: Ausgezeichnet, danke. Aber ich bin ein bißchen müde.

Mme Martin: Ich möchte dir deinen Cousin Pascal vorstellen.

Pascal: Guten Tag, Marie-Claire. Hast du dein ganzes Gepäck?

Marie-Claire: Ja, ich habe nur diese beiden Koffer.

le voyage [vwa'jaːʒ]	Reise
les bagages (m.) [ba'gaːʒ]	Gepäck
fatigué [fati'ge]	müde
la valise [va'liːz]	Koffer

Auf einer Insel geboren, auf einer Insel gestorben

Er wurde am 15. August 1769 auf Korsika geboren. Mit seiner riesigen Armee errang er glorreiche Siege gegen die Engländer, die Preußen, die Österreicher (Austerlitz), die Russen und andere europäische Nationen. 1804 gab er sich den Titel „Kaiser der Franzosen". 1814 ging er ins Exil auf die Insel Elba. Später verlor er die große Schlacht von Waterloo. Er wurde auf die Insel St. Helena verbannt, wo er 1821 starb. Wer ist es?

Napoleon I.

EXERCICE

Les chiffres

Ecrivez les chiffres en toutes lettres.
De haut en bas vous lirez deux termes utiles:

9	N E U F
3	T R O I S
4	Q U A T R E
11	O N Z E
5	C I N Q

14	Q U A T O R Z E
13	T R E I Z E
20	V I N G T
16	S E I Z E
15	Q U I N Z E
8	H U I T

Mettre la table

Mme
Martin: *Silke, veux-tu m'aider à mettre la table? Il*
              faut mettre douze couverts.

Silke: *Des couverts?*
              On y met la lettre
              pour l'expédier.

Mme
Martin: *Non. C'est ainsi*
              que l'on appelle
              l'ensemble,
              couteau, four-
              chette et cuillère.

Die Zahlen

*Schreiben Sie die Zahlen aus. Von oben nach unten lesen Sie
zwei nützliche Begriffe:* Franc und argent (Geld)

```
 9  N E U F              14    Q U A T O R Z E
 3      T R O I S        13      T R E I Z E
 4    Q U A T R E        20  V I N G T
11      O N Z E          16      S E I Z E
 5        C I N Q        15  Q U I N Z E
                          8  H U I T
```

Den Tisch decken

Frau Martin:	Silke, willst du mir beim Tischdecken helfen? Es müssen zwölf Bestecke (couverts) aufgelegt werden.
Silke:	Couverts? Man steckt den Brief hinein, um ihn zu verschicken.
Frau Martin:	Nein. So nennt man das Besteck aus Messer, Gabel und Löffel.

mettre la table ['mɛtrə la 'tablə]	den Tisch decken
le couvert [ku'vɛr]	Besteck
l'enveloppe *(f)* [ɑ̃'vlɔp]	Briefumschlag
la lettre ['lɛtrə]	Brief
expédier [ɛkspe'dje]	versenden/verschicken
l'ensemble *(m)* [ɑ̃'sɑ̃:blə]	*hier im Sinne von:* Garnitur, Set
le couteau [ku'to]	Messer
la fourchette [fur'ʃɛt]	Gabel
la cuillère [kɥi'jɛ:r]	Löffel

A la poste

La machine à affranchir dans l'entreprise MORIN est en panne. Petra doit porter le courrier à la poste et l'y affranchir. Au guichet elle fait la queue. Quand c'est son tour, l'employé pèse ses lettres et donne les timbres à Petra qui les colle sur les enveloppes. Puis elle met les lettres dans la boîte aux lettres.

A la discothèque

Sylvie et Didier invitent Petra à la discothèque. Là, ils lui présentent leurs amis: Odile, Nicolas, Valérie et Jean. Petra constate qu'ici on passe beaucoup de disques d'interprètes français. En Allemagne on ne passe quasiment que des disques d'interprètes anglophones. Nicolas explique à Petra ce qu'on appelle un «tube».

Die Frankiermaschine der Firma MORIN ist defekt. Petra muß die Firmenpost zur Post bringen und sie dort frankieren. Am Schalter muß sie sich anstellen. Als sie an der Reihe ist, wiegt der Beamte ihre Briefe und gibt Petra die Briefmarken, die sie auf die Umschläge klebt. Danach wirft sie die Briefe in den Kasten.

la machine à affranchir [ma'ʃiːn a afrã'ʃiːr]	Frankiermaschine
l'entreprise f [ã:trə'priːz]	Unternehmen
en panne [ã pan]	defekt
être chargé [ʃar'ʒe]	beauftragt sein
le courrier [ku'rje]	Post (Briefe)
le guichet [gi'ʃɛ]	Schalter
faire la queue [fɛːr la kø]	sich anstellen
c'est son tour [sɛ sõ tuːr]	sie ist an der Reihe
peser [pə'ze]	wiegen
le timbre ['tɛ̃:brə]	Briefmarke
l'enveloppe f [ã'vlɔp]	Briefumschlag
la boîte aux lettres [bwat o 'lɛtrə]	Briefkasten

In der Diskothek

Sylvie und Didier laden Petra in die Diskothek ein. Dort stellen sie ihr ihre Freunde Odile, Nicolas, Valérie und Jean vor. Petra stellt fest, daß hier viele Platten französischer Interpreten gespielt werden. In Deutschland werden fast ausschließlich Platten englischsprachiger Interpreten gespielt. Nicolas erklärt Petra, was man unter „tube" versteht.

quasiment [kazi'mã]	fast
anglophone [ãglɔ'foːn]	englischsprachig
le tube [tyb]	hier: Hit; sonst: Rohr

Toast aux asperges

Ingrédients: *8 asperges cuites, 4 tranches de pain,
4 tranches de jambon, 4 tranches de fromage, sauce au
fromage (1/4 l de lait – 30 g de farine – 30 g de beurre –
50 g de fromage râpé).*

Sur les tranches de pain grillé, déposer le jambon et
les asperges coupés en longueur. Poser les toasts dans
un plat, couvrez de sauce au fromage et posez les
tranches de fromage par-dessus. Mettre au four chaud
jusqu'à ce qu'une croûte se forme.

Bon appétit!

EXERCICE

Traduction:

1. Das Buch ist unter den Tisch gefallen.

2. Nach dem Abendessen treffen wir uns bei Jean.

3. Hast du der Frau gesagt, daß ihr Hund hinter dem
   Haus ist?

4. Für wen sind diese Blumen?

5. Während der Ferien arbeitet er, um Taschengeld
   zu verdienen.

6. Ich komme vor Mitternacht zurück.

Spargeltoast

Zutaten: *8 Stangen gekochten Spargel, 4 Scheiben Brot, 4 Scheiben Schinken, 4 Scheiben Käse, Käsesoße (1/4 l Milch – 30 g Mehl – 30 g Butter – 50 g geriebener Käse).*

Auf die gerösteten Brotscheiben den Schinken legen und den der Länge nach geschnittenen Spargel. Die Toasts in eine Ofenschale legen, mit der Käsesoße begießen und die Käsescheiben darüberlegen. Im heißen Ofen backen, bis der Käse krustig ist.

Guten Appetit!

Übersetzung

1. Le livre est tombé sous la table.
2. Après le dîner, nous nous rencontrons chez Jean.
3. As-tu dit à la femme que son chien est derrière la maison?
4. Pour qui sont ces fleurs?
5. Pendant les vacances, il travaille afin de gagner de l'argent de poche.
6. Je reviens avant minuit.

DIE EXPERTENECKE

Une expression

avoir plusieurs cordes à son arc – mehrere Eisen im Feuer haben (mehrere Schnüre an seinem Bogen haben)

Le musée

Pascal: *Si tu n'es pas fatiguée demain, je pour-*
rais te montrer un musée intéressant.

Marie-Claire: *Oui, c'est une*
bonne idée.
Où est-ce?

Pascal: *Pas loin d'ici, à*
une douzaine de
kilomètres. On
peut y voir des
outils des pre-
miers colons.

EXERCICE

Des verbes irréguliers: Complétez

Je (vouloir) te voir. Tu (venir) demain?
Tu (répondre) jamais à mes questions.
Elle (rire) très souvent.
Nous (finir) ce match.
Vous (devoir) faire vos devoirs.
Ils (boire) trop.

Das Museum

Pascal: Wenn du morgen nicht müde bist, werde ich dir
ein interessantes Museum zeigen.
Marie-Claire: Das ist eine gute Idee. Wo befindet es sich?
Pascal: Nicht weit von hier, knapp zwölf Kilometer.
Man kann dort Werkzeuge der ersten Siedler
sehen.

une douzaine de [du'zɛːn də]	etwa zwölf
la peinture [pɛ̃'tyːr]	Gemälde
l'outil (m.) [u'ti]	Werkzeug
le colon [kɔ'lɔ̃]	Siedler

--- ÜBUNG ---

Unregelmäßige Verben: Vervollständigen Sie

Je **veux** te voir. Tu **viens** demain?
Tu **ne réponds** jamais à mes questions.
Elle **rit** très souvent.
Nous **finissons** ce match.
Vous **devez** faire vos devoirs.
Ils **boivent** trop.

Ich möchte dich sehen. Kommst du morgen?
Du antwortest niemals auf meine Fragen.
Sie lacht sehr oft.
Wir beenden dieses Spiel.
Ihr müßt eure Hausaufgaben machen.
Sie trinken zuviel.

Téléfax

Mme Barbier a dans son classeur le projet de contrat qu'elle aurait dû mettre dans la serviette de son chef. Il a pris l'avion ce matin pour rencontrer les chefs de la société ABC à Francfort. Heureusement les deux sociétés ont le téléfax et en quelques minutes ce projet va être transmis par télécopie à Francfort.

L'accent de Marseille

Après que la sœur de Mme Morin est retournée chez elle à Marseille, Petra fait la remarque à Sylvie: «Ta tante avait un drôle d'accent, mais je crois que pour un Allemand il serait plus facile d'apprendre le «Marseillais» que le français parlé à Paris». Peut-être, car les sons *on, an, in* sont prononcés comme s'il y avait un *g* par derrière.

Telefax

Frau Barbier hat in ihrem Ordner den Vertragsentwurf, den sie in den Aktenkoffer ihres Chefs hätte legen sollen. Er hat heute morgen das Flugzeug genommen, um die Chefs der Firma ABC in Frankfurt zu treffen. Glücklicherweise haben beide Firmen Telefax, so kann dieser Entwurf in ein paar Minuten per Fernkopie nach Frankfurt übermittelt werden.

le classeur [klɑ'sœːr]	Ordner
le projet [prɔ'ʒɛ]	*hier:* Entwurf; *sonst:* Plan
rencontrer [rãkɔ̃'tre]	treffen
transmettre [trãs'mɛtrə]	übermitteln
la télécopie [telekɔ'pi]	Fernkopie = Telefax

Der Akzent von Marseille

Nachdem die Schwester von Frau Morin nach Marseille zurückgekehrt ist, macht Petra gegenüber Sylvie die Bemerkung: „Deine Tante hatte einen komischen Akzent, aber ich glaube, daß es für einen Deutschen leichter wäre, den Marseiller Dialekt zu lernen, als das Französisch, das in Paris gesprochen wird". Vielleicht, denn die *on-, an-, in-* Töne werden so ausgesprochen, als ob ein *g* dahinter wäre.

la sœur [sœːr]	Schwester
la remarque [rə'mark]	Bemerkung
drôle *adj.* [droːl]	komisch, lustig
facile *adj.* [fa'sil]	leicht
prononcer [prɔnɔ̃'se]	aussprechen

La méprise

Mme Barbier: *Petra, vous avez vu sur le calendrier,*
c'est vendredi le 13.

Petra: *Je ne suis*
pas super-
stitieuse.

M. Morin: *Petra, tu*
as mis les
duplicata
des lettres
dans les
parapheurs.
Où sont les
originaux?

La Saint-Valentin

En France, comme dans beaucoup de pays, on fête
la Saint-Valentin. Le commerce offre toutes sortes
d'idées cadeaux faisant
allusion à l'amour, car la
Saint-Valentin, c'est la
fête des amoureux. Le
soir, M. Morin rentre
avec un énorme bouquet
de fleurs pour sa femme,
elle lui réserve comme
surprise un «café
d'amour».

Das Mißgeschick

Frau Barbier: Petra, haben Sie auf den Kalender gesehen?
Es ist Freitag der 13.
Petra: Ich bin nicht abergläubisch.
Herr Morin: Petra, du hast die Duplikate der Briefe zur
Unterschrift in die Unterschriftenmappe ge-
legt. Wo sind die Originale?

---

supersticieux/se *adj.* [sypɛrsti'sjø/ø:z]	abergläubisch
le duplicata (*unveränderlich*) [dyplika'ta]	Duplikat
le parapheur [para'fœ:r]	Unterschriftenmappe

Valentinstag

In Frankreich, wie in vielen Ländern, feiert man den Valentinstag. Der Handel bietet vielerlei Geschenkideen an, die auf die
Liebe anspielen, weil der Valentinstag der Tag der Verliebten
ist. Am Abend kommt Herr Morin mit einem riesigen Blumen-
strauß für seine Frau nach Hause. Sie hat als Überraschung für
ihn einen „Café d'amour".*

* Der „Café d'amour" ist eine Kaffeespezialität

---

fêter [fɛ'te]	feiern
le commerce [kɔ'mɛrs]	Handel
le cadeau [ka'do]	Geschenk
faire allusion [fɛ:r aly'zjɔ̃]	anspielen
l'allusion *f* [aly'zjɔ̃]	Anspielung
la surprise [syr'pri:z]	Überraschung

Coutume de la Saint-Valentin

Il y a des régions où il est de coutume que le soupirant reste anonyme quand il envoie des fleurs. Cela
peut entraîner des complications. On remercie la personne que l'on soupçonne être l'auteur de cet envoi
de fleurs, et on découvre que ce n'est pas elle mais
une autre... Ou par prudence, on préfère ne rien dire,
alors le soupirant pourrait penser qu'il n'était pas le
seul à avoir envoyé des fleurs. Que de complications!

*Savez-vous quel message vous transmettez avec un petit
bouquet de violettes?*

Madame Françoise Martin

Madame Martin est une sœur de la mère de
Marie-Claire. Il y a longtemps qu'elle a émigré au
Canada. Elle a environ soixante ans. Son mari,
qui était canadien, est mort il y a dix ans. Elle
habite une maison typiquement américaine dans
un faubourg de Montréal.

Sankt-Valentins-Brauch

In einigen Regionen ist es Brauch, daß der Verehrer, der Blumen schickt, anonym bleibt. Das kann Komplikationen mit sich bringen. Man bedankt sich bei der Person, die man für den Blumensender hält, und entdeckt, daß sie es nicht war, sondern eine andere … Oder aus Vorsicht zieht man vor, nichts zu sagen, dann könnte der Verehrer denken, daß er nicht der Einzige ist, der Blumen schickte. Sehr kompliziert. Wissen Sie, welche Botschaft Sie mit einem kleinen Strauß Veilchen übersenden?

Heimliche Liebe

Frau Françoise Martin

Frau Martin ist eine Schwester von Marie-Claires Mutter, und sie ist schon vor langer Zeit ausgewandert. Sie ist etwa sechzig Jahre alt. Ihr Mann, der Kanadier war, ist vor zehn Jahren gestorben. Sie wohnt in einem großen, typisch amerikanischen Haus in einem Vorort von Montreal.

émigrer [emi'gre]	auswandern
environ [ãvi'rɔ]	ungefähr
le faubourg [fo'buːr]	Vorort

84

*«La liberté consiste
à pouvoir faire tout ce
qui ne nuit pas à autrui...»*

Article IV de la Déclaration
des Droits de l'Homme
et du Citoyen (1789)

Un régime amaigrissant

7 commandements à respecter: 1. supprimer les calories inutiles; 2. boire beaucoup, mais de l'eau; 3. manger cinq petits repas au lieu de trois grands; 4. proscrire les matières grasses; 5. manger des féculents; 6. ne pas grignoter entre les repas; 7. eviter les écarts, sinon c'est peine perdue.

„Die Freiheit besteht darin, alles tun zu können, was anderen nicht schadet..." — Artikel IV der Deklaration der Menschen- und Bürgerrechte (1789)

GRAMMATIK

Die Präpositionen „à" und „de":

1. Paul est **à la** maison.
2. Luc vient **de la** discothèque.
3. Ils vont **à** l'école.
4. Le professeur parle **aux** élèves.
5. Jean est **au** restaurant.
6. Marie vient **du** cinéma.
7. Nous allons **à** l'opéra.
8. Ce cadeau vient **des** amis.

1. Paul ist zu Hause.
2. Luc kommt aus der Diskothek.
3. Sie gehen zur Schule.
4. Der Lehrer spricht zu den Schülern.
5. Jean ist im Restaurant.
6. Marie kommt aus dem Kino.
7. Wir gehen in die Oper.
8. Dieses Geschenk kommt von den Freunden.

Eine Schlankheitsdiät

7 Gebote, die man beachten muß: 1. Unnötige Kalorien weglassen; 2. viel trinken, aber nur Wasser; 3. fünf kleine statt drei große Mahlzeiten essen; 4. mit Fetten sparsam umgehen; 5. kohlenhydrathaltige Speisen essen; 6. nicht zwischen den Mahlzeiten knabbern; 7. Diätabweichungen vermeiden, sonst ist alle Mühe vergebens.

le commandement [kɔmãd'mã]	Gebot
proscrire [prɔ'skriːr]	*hier:* sparsam verwenden; *sonst:* verbieten
les féculents *m* [feky'lã]	*kohlenhydrathaltige Nahrungsmittel*
grignoter [griɲɔ'te]	knabbern
l'écart *m* [e'kaːr]	Abweichung

L'anniversaire

Sylvie fête ses 19 ans aujourd'hui. Dans le salon il y a un paquet joliment emballé. Sylvie le déballe et s'écrie: «Chouette, c'est le lecteur compact disc dont j'ai tant rêvé»! Ses amis lui téléphonent pour lui souhaiter un bon anniversaire, Sylvie les invite à une surprisepartie vendredi soir.

La surprise-partie

On sonne. Sylvie va ouvrir la porte, ce sont ses amis Odile, Valérie, Nicolas et Jean. Un peu plus tard, les autres invités arrivent.

Odile: *Quel superbe buffet froid, cela me met l'eau à la bouche.*

Sylvie: *Servez-vous, les boissons sont encore au frais, Didier va faire le service.*

Der Geburtstag

Sylvie feiert heute ihren 19. Geburtstag. Im Wohnzimmer liegt
ein hübsch verpacktes Paket. Sylvie packt es aus und ruft: „Toll,
das ist der CD-Player, von dem ich so sehr geträumt habe!" Ihre
Freunde rufen sie an, um ihr zum Geburtstag zu gratulieren,
Sylvie lädt sie zu einer Party am Freitagabend ein.

fêter [fɛ'te]	feiern
le salon [sa'lõ]	Wohnzimmer
joliment *adv.* [ʒɔli'mã]	hübsch
emballer [ãba'le]	verpacken/einpacken
le lecteur compact disc [lɛk'tœːr kõ'pakt disk]	CD-Player
souhaiter [swɛ'te]	wünschen
rêver [rɛ've]	träumen

Die Party

Es klingelt. Sylvie öffnet die Tür, es sind ihre Freunde Odile, Valérie, Nicolas und Jean. Etwas später kommen die anderen Gäste.
Odile: Welch ein herrliches kaltes Büffet, da läuft mir das
Wasser im Mund zusammen.
Sylvie: Bedient euch, die Getränke kühlen noch, Didier wird
sie reichen.

plus tard [ply taːr]	später
l'invité *m* [ẽvi'te]	Gast
superbe [sy'pɛrb]	herrlich
mettre l'eau à la bouche ['mɛtrə lo a la buʃ]	das Wasser im Munde zusammenlaufen lassen
la boisson [bwa'sõ]	Getränk
faire le service [fɛːr lə sɛr'vis]	Speisen/Getränke reichen

Clafoutis aux cerises

Mélanger quatre cuillères à soupe de farine avec quatre cuillères à soupe de sucre; ajouter quatre œufs battus; bien mélanger; verser un verre de lait petit à petit sur le mélange; laver les cerises; enlever les noyaux; mettre les cerises dans un plat beurré; verser le mélange dessus; poudrer avec un peu de sucre; faire cuire au four 30 min.

Savoir-vivre

Quelques fautes à ne pas faire lors d'un repas:
► Ne pas mordre à même un petit pain
  ou un morceau de baguette
► Ne pas couper le pain avec un couteau

Kirschkuchen

Vier Suppenlöffel Mehl mit vier Suppenlöffeln Zucker vermischen, vier geschlagene Eier hinzufügen; gut mischen; nach und nach ein Glas Milch auf die Mischung gießen; die Kirschen waschen; die Kerne entfernen; die Kirschen in eine gefettete Form legen; die Mischung über die Kirschen geben; mit ein wenig Zucker bedecken; dreißig Minuten im Ofen backen.

mélanger [melɑ̃:'ʒe]	mischen, vermischen
la farine [fa'rin]	Mehl
beurré [bœ're]	mit Butter bestrichen, gefettet
le four [fuːr]	Ofen
cuire [kɥiːr]	backen, braten, kochen

Savoir-vivre: Fehler, die bei einem Essen nicht gemacht werden sollten:

▶ Nicht direkt in das Brötchen oder in das Baguettestück beißen (Man bricht ein Stück Brot)
▶ Das Brot nicht mit dem Messer schneiden

────────── GRAMMATIK ──────────

Der Plural der Substantive auf "ou"

Der Plural der Substantive wird mit s gebildet:
le clou; les clous (Nagel)
le trou; les trous (Loch)
Ausnahmen: Bei folgenden Substantiven wird der Plural mit *x* gebildet: *le bijou; les bijoux* (Schmuck); *le caillou; les cailloux* (Stein); *le chou; les choux* (Kohl); *le genou; les genoux* (Knie); *le hibou; les hiboux* (Eule); *le joujou; les joujoux* (Spielzeug); *le pou; les poux* (Laus).

Une carte postale de Marie-Claire

Chers Maman et Papa,

comment allez-vous? Je me suis bien habituée ici et je trouve la vie à Montréal bien agréable. Tout le monde est très gentil, notamment Pascal et Françoise. A leur avis, j'ai déjà fait des progrès en Anglais. Vous avez raison de dire que le meilleur moyen pour apprendre une langue est de faire un séjour à l'étranger.
Je vous embrasse ainsi que Jean

Marie-Claire

EXERCICE

Traduction

1. Es hat eben geklingelt.
2. Der Briefträger hat gerade diesen Brief gebracht.
3. Soeben haben wir das Haus verlassen.
4. Ich bin gerade mit dem Frühstück fertig.
5. Hast du nicht soeben erst geraucht?

Eine Postkarte von Marie-Claire

Liebe Mutti und lieber Vati,

wie geht es Euch? Ich habe mich hier gut eingerichtet, und ich finde das Leben in Montreal sehr angenehm. Alle sind sehr nett zu mir, besonders Pascal und Françoise. Ihrer Meinung nach habe ich schon Fortschritte im Englischen gemacht. Ihr hattet recht, daß das beste Mittel, eine fremde Sprache zu lernen, ein Aufenthalt im Ausland ist.
Grüßt auch Jean von mir

Marie-Claire

agréable [agre'ablə]	angenehm
notamment [nɔta'mã]	besonders
l'avis (m.) [a'vi]	Meinung
le progrès [prɔ'grɛ]	Fortschritt
le moyen [mwa'jɛ̃]	Mittel

Übersetzung

1. On vient de sonner.
2. Le facteur vient d'apporter cette lettre.
3. Nous venons de quitter la maison.
4. Je viens de terminer le petit déjeuner.
5. Ne viens-tu pas de fumer?

DIE EXPERTENECKE

Sonner les cloches à quelqu'un heißt nicht bei jemandem läuten, sondern: Jemandem die Meinung sagen. Wörtlich: Jemandem die Glocken läuten.

Le bal de carnaval

Le club de tennis de
M. Martin a organisé
un bal de carnaval
pour ses membres. Le
déguisement est obli-
gatoire, le plus beau
costume obtiendra un
prix. M. et Mme Martin
ont décidé de se déguiser
en duc et duchesse style
XVIIIe siècle.

*«Les fautes des autres,
c'est toujours réjouissant.»*

André Gide

Der Karnevalsball

Der Tennisclub von Herrn Martin hat einen Karnevalsball für seine Mitglieder organisiert. Die Verkleidung ist Pflicht, das schönste Kostüm erhält einen Preis. Herr und Frau Martin haben beschlossen, sich als Graf und Gräfin im Stil des 18. Jahrhunderts zu verkleiden.

le membre ['mã:brə]	Mitglied
obligatoire *(adj.)* [ɔbliga'twa:r]	zwingend/verpflichtend
obtenir [ɔptə'ni:r]	erhalten/bekommen
le déguisement [degiz'mã]	Verkleidung
le duc, la duchesse [dyk, dy'ʃɛs]	Graf, Gräfin
le siècle ['sjɛklə]	Jahrhundert

„Die Fehler der anderen sind immer erfreulich." — André Gide (1869 – 1951), französischer Schriftsteller

---
GRAMMATIK

Die Grundzahlen von 20 bis 1000

20 = vingt	50 = cinquante
21 = vingt et un	60 = soixante
22 = vingt-deux	70 = soixante-dix
23 = vingt-trois	71 = soixante et onze
24 = vingt-quatre	72 = soixante-douze
25 = vingt-cinq	80 = quatre-vingts
26 = vingt-six	81 = quatre-vingt-un
27 = vingt-sept	90 = quatre-vingt-dix
28 = vingt-huit	91 = quatre-vingt-onze
29 = vingt-neuf	99 = quatre-vingt-dix-neuf
30 = trente	100 = cent
40 = quarante	1000 = mille

Au café

Pascal: *Je prends un café au lait. Et toi, qu'est-ce que tu prends?*

Marie-Claire: *Je ne sais pas encore. Si je bois du café, je ne vais pas pouvoir dormir ce soir. Que'est-ce que tu me recommandes?*

Pascal: *Ici, ils font de bons jus de fruits frais, avec des morceaux de fruits dedans; c'est délicieux.*

Grand-mère est une spécialiste

Sylvie: *Combien de laine faut-il pour tricoter un pull d'hiver?*

Grand-mère: *Prends dix pelotes de grosse laine.*

Sylvie: *Mais je veux un motif de torsades et un col roulé…*

Grand-mère: *Alors prends plutôt douze pelotes.*

Im Cafe

Pascal: Ich nehme einen Milchkaffee. Und du?
Marie-Claire: Ich weiß noch nicht. Wenn ich Kaffee trinke, werde ich heute abend nicht schlafen können. Was empfiehlst du mir?
Pascal: Hier machen sie gute Fruchtsäfte, mit Fruchtstückchen; das schmeckt ausgezeichnet.

le morceau [mɔr'so]	Stück
recommander [rəkɔmã'de]	empfehlen
le verre [vɛːr]	Glas
le vin rouge [vɛ̃' ruːʒ]	Rotwein
le jus de fruits [ʒy də frɥi]	Fruchtsaft

Großmutter ist eine Spezialistin

Sylvie: Wieviel Wolle braucht man, um einen Winterpullover zu stricken?
Großmutter: Nimm zehn Knäuel dicker Wolle.
Sylvie: Aber ich will ein Zopfmuster und einen Rollkragen...
Großmutter: Dann nimm eher zwölf Knäuel.

la grand-mère [grã'mɛːr]	Großmutter
combien [kɔ'bjɛ̃]	wieviel
la laine [lɛːn]	Wolle
tricoter [trikɔ'te]	stricken
la pelote [pə'lɔt]	Knäuel
la torsade [tɔr'sad]	Zopf
le col roulé [kɔl ru'le]	Rollkragen
plutôt [ply'to]	eher, vielmehr

L'Alpe-d'Huez

Sur ce prodigieux domaine skiable vous trouvez près
de 500 hectares de pistes passées à la chenillette jour
et nuit avec une toile d'araignée de remontées mécaniques à seulement 1 h en voiture de Grenoble. Il y a
des pistes pour le ski alpin et des pistes de «fond»
pour les sports d'hiver. Mais à l'Alpe-d'Huez, c'est du
sport toute l'année. En été on peut y pratiquer le ski
d'été, on y offre des stages de pilotage, de vol libre, de
tennis et des randonnées magnifiques.

Dans quel massif montagneux se situe l'Alpe-d'Huez?

A la montagne

M. et Mme Lebrun ont décidé d'aller à la montagne pour quelques jours. Il y a encore beaucoup
de neige. M. Lebrun a fait réserver une jolie
chambre dans un hôtel de montagne. Il n'a heureusement pas oublié les chaînes antidérapantes –
il y a beaucoup de neige!

L'Alpe-d'Huez

In diesem sagenhaften Skigebiet finden Sie annähernd 500 Hektar Pisten, die Tag und Nacht mit der Pistenraupe aufbereitet werden, mit einem ausgebauten Netz von Skiliften, die in nur 1 Autostunde von Grenoble zu erreichen sind. Es gibt Abfahrtspisten und Langlaufpisten für den Wintersport. Aber in L'Alpe-d'Huez gibt es das ganze Jahr über Sportmöglichkeiten. Im Sommer kann man Sommerski laufen, es werden Flugzeug- und Segelflugkurse, Tenniskurse und herrliche Wanderungen angeboten. In welchem Bergmassiv befindet sich L'Alpe-d'Huez?

In den Alpen

In den Bergen

Herr und Frau Lebrun haben beschlossen, einige Tage in die Berge zu fahren. Es liegt noch viel Schnee. Herr Lebrun hat ein hübsches Zimmer in einem Berghotel reserviert. Glücklicherweise hat er die Schneeketten nicht vergessen – es liegen dort Schneemassen!

la montagne [mɔ̃'taɲ]	Berg
aller à la montagne [a'le a la mɔ̃'taɲ]	in die Berge fahren
la neige [nɛːʒ]	Schnee
l'hôtel de montagne (m.) [o'tɛl də mɔ̃'taɲ]	Berghotel
la chaîne antidérapante [ʃɛn ɑ̃tidera'pɑ̃t]	Schneekette

Les sports d'hiver

faire du ski
le skieur
la piste
le téléski
le ski
la combinaison de ski
la crème solaire

GRAMMAIRE

Le passé composé avec être

Je suis sorti de la maison.
Tu es allé à Paris.
Il est parti pour Marseille.
Elle est venue de Madrid.
Nous sommes restés dans la chambre.
Vous êtes tombés malades.
Ils sont retournés à la maison.
Elles sont arrivées à la gare.

Wintersport

faire du ski [fɛːr dy ski]	Schi fahren
le skieur [skjœːr]	Schiläufer
la piste [pist]	Schipiste
le téléski [tele'ski]	Schilift
le ski [ski]	Schi
la combinaison de ski [kɔ̃binɛ'zɔ̃ də ski]	Schianzug
la crème solaire [krɛːm sɔ'lɛːr]	Sonnencreme

──────── GRAMMATIK ────────

Das Perfekt mit être

Ich habe das Haus verlassen.
Du bist nach Paris gefahren.
Er ist nach Marseille aufgebrochen.
Sie ist aus Madrid gekommen.
Wir sind im Zimmer geblieben.
Ihr seid krank geworden.
Sie sind nach Hause zurückgekehrt.
Sie sind am Bahnhof angekommen.

Im Französischen gibt es neben dem 'passé composé' mit 'avoir' auch die Form mit 'être'. Mit 'être' werden alle reflexiven Verben gebildet (z. B. se promener, se reposer, se lever etc.) sowie die sogenannten Verben der Bewegung (aller, entrer, venir, sortir, partir, rester, tomber, arriver, retourner, monter, descendre sowie mourir, décéder und naître).

Un soir à l'hôtel de montagne

Les Lebrun dînent à leur hôtel après une journée très agréable, mais aussi fatiguante. Ils ont rendez-vous ensuite avec un couple dont ils ont fait la connaissance le matin. Ils s'installent devant une cheminée et boivent du vin chaud. Mme Lebrun, qui n'a jamais fait de ski, raconte ce qu'elle a appris. A la fin de la soirée, tout le monde est un petit gai à cause du vin chaud.

Un amoureux de la France

Cet artiste espagnol extraordinaire alla vivre à Paris en 1904. Peintre passionné et infatigable, il créa le cubisme et joua un rôle majeur dans l'histoire de l'art moderne. En 1946, il s'installa sur la Côte d'Azur, où il s'intéressa à la céramique. Son œuvre, qui respire la joie de vivre, témoigne d'une liberté et d'une originalité exceptionnelles.

De quel artiste s'agit-il?

Ein Abend im Berghotel

Nach einem sehr angenehmen, aber auch anstrengenden Tag
essen die Lebruns in ihrem Hotel. Danach sind sie mit einem
Ehepaar verabredet, das sie morgens kennengelernt haben.
Sie setzen sich vor einen Kamin und trinken Glühwein. Frau
Lebrun, die noch niemals Schi gefahren ist, erzählt, was sie
gelernt hat. Am Schluß des Abends sind alle durch den Glühwein ein wenig angeheitert.

la cheminée [ʃ(ə)min'ne]	Kamin
le vin chaud [vɛ̃ ʃo]	Glühwein
fatigant [fati'gɑ̃]	anstrengend
apprendre [a'prɑ̃:drə]	lernen
gai [ge]	angeheitert

Ein Liebhaber Frankreichs

Dieser außergewöhnliche spanische Künstler zog 1904 nach
Paris. Als leidenschaftlicher und unermüdlicher Maler schuf
er den Kubismus und spielte eine wesentliche Rolle in der
Geschichte der modernen Kunst. 1946 ließ er sich an der Côte
d'Azur nieder und entdeckte sein Interesse für Töpferei. Sein
von Lebensfreude geprägtes Werk zeugt von einer einmaligen
Freiheitsliebe und Originalität. Um welchen Künstler handelt
es sich?

Pablo Picasso (* Malaga 1881, † Mougins 1973)

In Paris beginnt in Picassos Werkgeschichte die sogenannte
„Rosa Periode", in der zunächst Motive aus der Welt des Zirkus
im Mittelpunkt stehen.

Retrouvez les noms des nombres

T	E	S	E	P	T	O
R	A	D	I	X	Q	T
I	N	E	U	F	U	R
O	C	U	N	X	O	O
S	I	X	U	O	T	I
T	N	O	I	S	R	S
E	Q	I	H	U	I	T

Chez le docteur

Docteur: *Bonjour, Mademoiselle. Qu'est-ce qui ne va pas?*

Marie-Claire: *Je ne me sens pas bien. J'ai mal à la tête et à la gorge.*

Docteur: *Ce sont les symptômes de la grippe. Laissez-moi prendre votre température. Eh oui, vous avez de la fièvre. Je vous fais une ordonnance: Prenez ces médicaments et gardez le lit pendant quatre jours.*

Finden Sie die Namen der Zahlen

```
T  E  S  E  P  T  O
R  A  D  I  X  Q  T
I  N  E  U  F  U  R
O  C  U  N  X  O  O
S  I  X  U  O  T  I
T  N  O  I  S  R  S
E  Q  I  H  U  I  T
```

sept   — sieben
dix   — zehn
neuf   — neun
un   — eins
six   — sechs
huit   — acht
cinq   — fünf
deux   — zwei
trois — drei

DIE EXPERTENECKE

Il y a du pain sur la planche = Es gibt viel zu tun.
(Wörtl.: Es ist Brot auf dem Brett.)

Beim Doktor

Doktor: Guten Tag. Was fehlt Ihnen denn?
Marie-Claire: Ich fühle mich nicht wohl. Ich habe Kopf- und
                 Halsschmerzen.
Doktor: Das sind die Symptome einer Grippe. Lassen Sie
                 mich einmal Fieber messen. Oh ja, Sie haben
                 Fieber. Ich schreibe Ihnen ein Rezept aus:
                 Nehmen Sie diese Medikamente und hüten Sie
                 für vier Tage das Bett.

enrhumé [ɑ̃ry'me]	erkältet
la gorge [gɔrʒ]	Hals
le symptôme [sɛ̃'to:m]	Anzeichen, Symptom
l'ordonnance (f.) [ɔrdɔ'nɑ̃:s]	Rezept
le médicament [medika'mɑ̃]	Medikament

La promenade

M. Lebrun:	*Aujourd'hui on pourrait laisser les skis à l'hôtel et faire une promenade.*
Mme Lebrun:	*Oui. Il fait très beau et on aura certainement une vue magnifique.*
M. Lebrun:	*Je vais emporter mes jumelles.*
Mme Lebrun:	*Et moi, je vais prendre l'appareil photo et je vais faire beaucoup de photos.*

Un bain de soleil

Pour leur dernier jour à la montagne, les Lebrun veulent prendre un bain de soleil. Mme Lebrun met de la crème solaire. Ensuite les Lebrun se reposent au soleil sur des chaises longues. Le soir, Mme Lebrun a beaucoup bronzé, mais. M. Lebrun a attrapé un coup de soleil.

Der Spaziergang

Herr Lebrun: Heute könnte man die Schier im Hotel lassen und einen Spaziergang machen.
Frau Lebrun: Ja. Es ist schönes Wetter, und sicherlich hat man einen wunderbaren Ausblick.
Herr Lebrun: Ich werde mein Fernglas mitnehmen.
Frau Lebrun: Und ich werde den Fotoapparat mitnehmen. Ich werde viele Fotos machen.

la promenade [prɔm'nad]	Spaziergang
avoir une vue magnifique [a'vwɑːr yn vy maɲi'fik]	einen wunderbaren Ausblick haben
les jumelles (f. pl.) [ʒy'mɛl]	Fernglas
faire des photos [fɛːr de fɔ'to]	fotografieren

Ein Sonnenbad

Am letzten Tag in den Bergen beschließen die Lebruns, ein Sonnenbad zu nehmen. Frau Lebrun trägt Sonnencreme auf. Die Lebruns ruhen sich in der Sonne auf Liegestühlen aus. Am Abend ist Frau Lebrun sehr braun geworden, aber Herr Lebrun hat einen Sonnenbrand bekommen.

le bain de soleil [bɛ̃ də sɔ'lɛj]	Sonnenbad
bronzer [brɔ̃'ze]	bräunen
la chaise longue [ʃɛːz lɔ̃ːg]	Liegestuhl
le coup de soleil [ku də sɔ'lɛj]	Sonnenbrand

─────────── **EXERCICE** ───────────

Ecrivez les dates en toutes lettres

le 16 – 06 _____

le 25 – 12 _____

le 14 – 03 _____

le 28 – 11 _____

le 01 – 01 _____

100

L'anniversaire

Céline: *J'ai invité Mireille, Nadine et Julie à un goûter d'anniversaire.*

Madame Martin: *Je vous ferai une tarte aux fruits et bien sûr ton gâteau préféré, un gâteau marbré. Il y aura des boissons chaudes et des boissons froides.*

Schreiben Sie die Daten aus

le 16 – 06:   le seize juin
le 25 – 12:   le vingt-cinq décembre
le 14 – 03:   le quatorze mars
le 28 – 11:   le vingt-huit novembre
le 01 – 01:   le premier janvier

DIE EXPERTENECKE

Spricht der Deutsche von einer „Magenverstimmung", dann ist es für den Franzosen schon „une crise de foie" (wörtlich: eine Leberkrise).

Der Geburtstag

Céline:	Ich habe Mireille, Nadine und Julie zum Geburtstagskaffee eingeladen.
Frau Martin:	Ich werde euch eine Obsttorte machen und selbstverständlich auch deinen Lieblingskuchen, einen Marmorkuchen. Es wird warme und kalte Getränke geben.

l'anniversaire *(m)* [anivɛr'sɛːr]	Geburtstag
le goûter [gu'te]	Nachmittagskaffee
la tarte [tart]	Torte
le fruit [frɥi]	Obst/Frucht
le gâteau [gɑ'to]	Kuchen
préféré *(adj.)* [prefe're]	bevorzugt/Lieblings-
marbré *(adj.)* [mar'bre]	marmoriert
le marbre ['marbrə]	Marmor
la boisson [bwa'sɔ̃]	Getränk
chaud *(adj.)* [ʃo]	warm/heiß
froid *(adj.)* [frwa]	kalt

Réponse à tout

Représentant: *Bonjour Madame, je viens faire la collecte pour les aveugles. Regardez: vous pouvez acheter un balai, des serviettes, des savons...*

Mme Lenoir: *Non, excusez-moi, je suis trop fatiguée.*

Représentant: *J'ai aussi des cachets contre la fatigue; cela fait 5 francs!*

GRAMMAIRE

Verbes en -er et -ir

aimer	choisir
j'aime	je choisis
tu aimes	tu choisis
il aime	il choisit
nous aimons	nous choisissons
vous aimez	vous choisissez
ils aiment	ils choisissent

Immer eine Antwort parat

Vertreter: Guten Tag, ich sammle Spenden für die Blinden.
Sehen Sie: Sie können einen Besen, Handtücher,
Seifen kaufen...
Frau Lenoir: Nein, Entschuldigung, ich bin zu müde.
Vertreter: Ich habe auch Tabletten gegen Müdigkeit; das
macht 5 Francs!

le représentant [rəprezɑ̃'tɑ̃]	Vertreter
faire la collecte [fɛːr la kɔ'lɛkt]	Spenden sammeln
un aveugle [a'vœglə]	ein Blinder
acheter [aʃ'te]	kaufen
le balai [ba'lɛ]	Besen
la serviette [sɛr'vjɛt]	Handtuch
le savon [sa'vɔ̃]	Seife
fatigué/e [fati'ge]	müde
le cachet [ka'ʃɛ]	Tablette

--- GRAMMATIK ---

Verben auf -er und -ir

lieben	wählen
ich liebe	ich wähle
du liebst	du wählst
er liebt	er wählt
wir lieben	wir wählen
ihr liebt	ihr wählt
sie lieben	sie wählen

L'article

Complétez avec le, la, l', les

1. _____ famille Martin est dans _____ salle de séjour.
2. _____ père lit _____ journal, _____ mère
   écoute _____ radio.
3. _____ enfants font _____ devoirs.
4. _____ ami de Jean vient pour enregistrer _____
   cassette du groupe Gold.
5. _____ amie de Céline apporte _____ livre d'allemand.

104

Au téléphone

Marie-Claire: *Allô, papa, c'est moi, Marie-Claire.*
M. Lebrun: *Bonsoir, ma chérie, comment
vas-tu?*
Marie-Claire: *Pas mal maintenant, mais j'ai eu
la grippe.*
M. Lebrun: *Est-ce que tu as été chez le
docteur?*
Marie-Claire: *Bien sûr, il m'a prescrit des com-
primés et un sirop contre la toux.*

Der Artikel

Ergänzen Sie mit le, la, l', les

1. **La** famille Martin est dans **la** salle de séjour.
2. Le père lit **le** journal, **la** mère écoute **la** radio.
3. **Les** enfants font **les** devoirs.
4. L'ami de Jean vient pour enregistrer **la** cassette du groupe Gold.
5. L'amie de Céline apporte **le** livre d'allemand.

1. Die Familie Martin ist im Wohnzimmer.
2. Der Vater liest die Zeitung, die Mutter hört Radio.
3. Die Kinder machen die Hausaufgaben.
4. Der Freund von Jean kommt, um die Kassette von der Gruppe Gold aufzunehmen.
5. Die Freundin von Céline bringt das Deutschbuch.

Am Telefon

Marie-Claire: Hallo, Papa, ich bin es, Marie-Claire.
Herr Lebrun: Guten Abend, mein Schatz, wie geht's dir?
Marie-Claire: Im Moment nicht schlecht, aber ich hatte die Grippe.
Herr Lebrun: Bist du beim Arzt gewesen?
Marie-Claire: Sicherlich. Er hat mit Tabletten verschrieben und einen Hustensaft.

le médicament [medika'mã]	**Arznei**
le comprimé [kõpri'me]	**Tablette**
le sirop [si'ro]	**Saft**
la toux [tu]	**Husten**

«A la Chandeleur,
l'hiver se passe
ou prend vigueur.»

Proverbe

Une secrétaire maladroite

M. Lenoir: *Mademoiselle, est-ce que vous avez mon rapport?*

Secrétaire: *Je suis désolée, il n'est pas encore prêt…*

M. Lenoir: *Comment? je vous donne le manuscrit deux jours avant et vous n'avez pas encore fini?*

Secrétaire: *Euh… J'ai un problème avec l'ordinateur. Je ne sais pas imprimer le texte…*

„An Mariä Lichtmeß geht der Winter vorbei oder wird strenger."
— französisches Sprichwort

--------------------- GRAMMATIK ---------------------

Das Imperfekt

Das Imperfekt wird gebildet, indem man von der ersten Person Plural des Präsens die Endung "ons" wegstreicht und an den Stamm des Verbs die Imperfektendungen anhängt.

Nous finiss/**ons**	— je finiss**ais**	— ich beendete
nous dis/**ons**	— tu dis**ais**	— du sagtest
nous demand/**ons**	— il demand**ait**	— er bat
nous pren/**ons**	— nous pren**ions**	— wir nahmen
nous buv/**ons**	— vous buv**iez**	— ihr trankt
nous mett/**ons**	— ils mett**aient**	— sie legten/stellten

Eine ungeschickte Sekretärin

Herr Lenoir: Fräulein, haben Sie meinen Bericht?
Sekretärin: Ich bedaure, er ist noch nicht fertig...
Herr Lenoir: Wie? Ich gebe Ihnen das Manuskript zwei Tage vorher, und Sie sind noch nicht fertig?
Sekretärin: Ähm... Ich habe ein Problem mit dem Computer. Ich kann den Text nicht ausdrucken...

maladroit/e [mala'drwa]	ungeschickt
le rapport [ra'pɔːr]	Bericht
être désolé/e ['ɛːtrə dezɔ'le]	bedauern
prêt/e [prɛ]	fertig, bereit
le manuscrit [manys'kri]	Manuskript
avant [a'vɑ̃]	vorher
un ordinateur [ɔrdina'tœːr]	Computer
imprimer [ɛ̃pri'me]	drucken, ausdrucken

Une journée au collège

Le lundi à 8 h 30, Jean a un
cours de mathématiques.
Après, Jean et ses camarades
vont dans la cour pour jouer
au football. Ensuite il y a le
cours de français. A midi
Jean et ses amis déjeunent à
la cantine. A 2 h 15 de
l'après-midi, Jean a encore
deux heures de cours. C'est
dur!

Ici le vin est roi

Entre Strasbourg et Mulhouse, entre le Rhin et les
Vosges s'étend «la route des vins». Elle serpente à
travers les vignes, et tous les villages qu'elle traverse
sont des pays de vignerons. Visitez par ex. Dambach-
la-Ville, Ribeauvillé, Riquewihr pour n'en citer que
quelques-uns, vous serez enchantés!

Quel est le nom de la capitale commerciale du vin?

Ein Tag im Gymnasium

Montags um 8.30 Uhr hat Jean eine Mathematikstunde. Anschließend gehen Jean und seine Klassenkameraden in den Schulhof, um Fußball zu spielen. Danach findet die Französischstunde statt. Um zwölf Uhr mittags essen Jean und seine Freunde im Speisesaal. Um 2.15 Uhr nachmittags hat Jean noch zwei Stunden Unterricht. Das ist hart!

le cours [ku:r]	Kursus, Schulstunde
le camarade (de classe) [kama'rad]	Mitschüler
la cour [ku:r]	Hof
dans la cour [dã la ku:r]	auf dem Hof
la cantine [kã'tin]	Speisesaal

Hier ist der Wein König

Zwischen Straßburg und Mulhouse, zwischen Rhein und Vogesen liegt die „Weinstraße". Sie schlängelt sich durch die Weinberge, und alle Dörfer, die sie durchquert, sind Weingebiet. Besuchen Sie z. B. Dambach-la-Ville, Ribeauvillé, Riquewihr, um nur einige zu nennen. Sie werden begeistert sein! Wie heißt die Weinhandelsmetropole?

Colmar

Versäumen Sie es nicht, die zahlreichen heimischen Kellereien zu besichtigen, wo Sie den Gewürztraminer, Riesling, Pinot Noir und andere köstliche Weine zum Kosten bekommen, vielleicht mit einem echten Stück „Flammkuchen".

EXERCICE

Traduction

1. Der Lehrer trägt einen grauen Anzug und eine graue Krawatte.
2. Der kurze Rock paßt gut zu dem langen Pullover.
3. Die Martins haben ein großes Auto.
4. Der kleine Hund der Nachbarn kommt in den Garten.
5. Frau Martin mag die gelbe Farbe der Blumen nicht.

110

M. Lenoir est un gourmand

Marc: *Tu fais de la pâtisserie aujourd'hui?*

Mme Lenoir: *Oui, demain c'est l'anniversaire de ton père. Et il adore ma tarte au chocolat et aux amandes. Je vais mettre un peu de Cognac dans la crème.*

Marc: *Oui, oui... mon père est un grand gourmand!*

Übersetzung

1. Le professeur porte un costume gris et une cravatte grise.
2. La jupe courte va bien avec le pullover long.
3. Les Martin ont une grande voiture.
4. Le petit chien des voisins vient dans le jardin.
5. Madame Martin n'aime pas la couleur jaune des fleurs.

DIE EXPERTENECKE

Venir comme un chien dans un jeu de quilles. – Wörtlich: Wie ein Hund in ein Kegelspiel kommen; das
heißt: Ungelegen kommen.

Herr Lenoir ist ein Schleckermaul

Marc: Du backst heute Kuchen?
Frau Lenoir: Ja, morgen hat dein Vater Geburtstag. Und er
             liebt meine Mandelschokoladentorte über alles.
             Ich werde etwas Kognak in die Creme tun.
Marc: Ja, ja . . . mein Vater ist ein großes Schleckermaul!

le gourmand [gur'mã]	Schleckermaul
la pâtisserie [pɑtis'ri]	Feingebäck, Konditorei
faire de la pâtisserie [fɛːr də la pɑtis'ri]	Kuchen backen
adorer [adɔ're]	über alles lieben, anbeten
la tarte aux amandes [la tart o za'mãːd]	Mandeltorte

──────────── EXERCICE ────────────

Verbes en -er; complétez!

Les touristes (regarder) la Tour Eiffel.
Le professeur (corriger) les devoirs.
Nous (arriver) à neuf heures.
Tu me (donner) le journal?
Je (téléphoner) à Marie.
Vous (chercher) toujours vos clés.

112

Les nouveaux voisins

Jean:	*Aujourd'hui j'ai été chez nos nouveaux voisins. Leur fils – il s'appelle Stéphane – est dans la même classe que moi.*
Mme Lebrun:	*Est-ce qu'ils sont gentils?*
Jean:	*Oui, ils m'ont présenté toute la famille.*
Mme Lebrun:	*Comment s'appellent-ils?*
Jean:	*C'est la famille Dupont: M. et Mme Dupont et leur fils Stéphane.*

ÜBUNG

Verben auf -er

Les touristes **regardent** la Tour Eiffel.
Le professeur **corrige** les devoirs.
Nous **arrivons** à neuf heures.
Tu me **donnes** le journal?
Je **téléphone** à Marie.
Vous **cherchez** toujours vos clés.

Die Touristen betrachten den Eiffelturm.
Der Lehrer korrigiert die Aufgaben.
Wir kommen um 9 Uhr an.
Gibst du mir die Zeitung?
Ich rufe Marie an.
Ihr sucht immer eure Schlüssel.

112

Die neuen Nachbarn

Jean:	Heute war ich bei unseren neuen Nachbarn. Ihr Sohn – er heißt Stéphane – ist in derselben Klasse wie ich.
Frau Lebrun:	Sind sie nett?
Jean:	Ja, sie haben mir die ganze Familie vorgestellt.
Frau Lebrun:	Wie heißen sie?
Jean:	Es ist die Familie Dupont: Herr und Frau Dupont und ihr Sohn Stéphane.

---

le voisin [vwa'zɛ̃]	Nachbar
présenter qn [prezã'te]	jemanden vorstellen
le nom [nɔ̃]	Name
faire la connaissance de qn [fɛːr la kɔnɛ'sãːs]	mit j-m bekannt werden
inviter [ɛ̃vi'te]	einladen

120

Chez le marchand de vin

M. Lebrun: *Je voudrais deux bouteilles de beaujolais.*
Marchand: *Voulez-vous goûter à celui-ci?*
M. Lebrun: *Avec plaisir. Est-ce que je peux regarder l'étiquette?*
Marchand: *Bien sûr. L'étiquette vous indique l'année de la récolte et la région vinicole.*

Un coup de téléphone du Canada

Marie-Claire: *Salut papa! C'est moi, Marie-Claire!*
M. Lebrun: *Marie-Claire! Ça, c'est une surprise. Comment ça va?*
Marie-Claire: *Très bien. Je commence déjà à connaître beaucoup de jeunes. Je ne m'ennuie jamais.*
M. Lebrun: *Maman et Jean attendent. Ils veulent aussi te parler.*
Marie-Claire: *Je n'ai plus de monnaie. Je . . .*

Beim Weinhändler

Herr Lebrun: Ich hätte gerne 2 Flaschen Beaujolais.
Weinhändler: Möchten Sie diesen probieren?
Herr Lebrun: Gerne. Darf ich das Etikett lesen?
Weinhändler: Sicherlich. Das Etikett informiert Sie über das Erntejahr und das Weinbaugebiet.

le marchand de vin [mar'ʃɑ̃ də vɛ̃]	Weinhändler
le beaujolais [boʒɔ'lɛ]	Beaujolais (Wein)
la récolte [re'kɔlt]	Ernte

Ein Telefonanruf aus Kanada

Marie-Claire: Hallo Papa! Ich bin's, Marie-Claire!
Herr Lebrun: Marie-Claire! Das ist eine Überraschung. Wie geht's?
Marie-Claire: Sehr gut. Ich habe schon eine Menge junger Leute kennengelernt. Ich langweile mich nie.
Herr Lebrun: Mutti und Jean warten. Sie wollen auch mit dir sprechen.
Marie-Claire: Ich habe kein Kleingeld mehr. Ich . . .

le coup de téléphone [ku də tele'fɔn]	Telefonanruf
la surprise [syr'priːz]	Überraschung
s'ennuyer [sɑ̃nɥi'je]	sich langweilen
la monnaie [mɔ'nɛ]	Kleingeld

Soufflé aux épinards

Préparer une sauce béchamel. Quand elle est froide, ajouter trois jaunes d'œufs, trois cuillers de fromage râpé et trois blancs d'œufs battus en neige. Mélanger doucement la sauce avec des épinards cuits et hachés. Verser dans un moule à soufflé beurré et recouvrir de fromage râpé. Mettre au four chaud. Faire cuire vingt minutes à vingt-cinq minutes. Servir très chaud.

La nouvelle maison

Mme Martin: *Je ne sais pas mettre la nouvelle cuisinière en marche.*

M. Martin: *Donne-moi le mode d'emploi. Voyons …*

Mme Martin: *Alors ça marche?*

M. Martin: *Les appareils électro-ménagers ne sont pas branchés sur le circuit électrique.*

Spinatauflauf

Bereiten Sie eine Béchamelsoße vor. Wenn sie erkaltet ist,
geben Sie drei Eigelb hinzu, drei Löffel geriebenen Käse und
drei zu Eischnee geschlagene Eiweiß. Die Soße langsam mit
gekochtem und gehackten Spinat vermengen. In eine mit
Butter bestrichene Auflaufform gießen und mit geriebenem
Käse bedecken. In den heißen Ofen stellen. Zwanzig bis fünf-
undzwanzig Minuten backen lassen. Sehr heiß servieren.

la sauce béchamel [sos beʃa'mɛl]	weiße Sahnesoße
râpé [ra'pe]	gerieben
l'épinard (m.) [epi'naːr]	Spinat
le moule à soufflé [muɫ a su'fle]	Auflaufform

Das neue Haus

Frau Martin: Ich kann den neuen Herd nicht einschalten.
Herr Martin: Gib mir die Gebrauchsanweisung. Sehen wir
mal ...
Frau Martin: Funktioniert es?
Herr Martin: Die Küchengeräte sind nicht an den Strom ange-
schlossen.

la maison [mɛ'zɔ̃]	Haus
la cuisinière [kɥizi'njɛːr]	*hier:* Herd; *sonst:* Köchin
le mode d'emploi [mɔd dã'plwa]	Gebrauchsanweisung
l'appareil électro-ménager *(m)* [apa'rɛj elɛk'tro mena'ʒe]	Küchen-/Haushaltsgerät
brancher [brã'ʃe]	anschließen
le circuit électrique [sir'kɥi elɛk'trik]	Stromkreis

Au bureau

Mme Lebrun commence son travail le matin à huit heures. Dans
son service, il y a le chef de
bureau et une soixantaine
d'employées. La plupart
du temps, Mme Lebrun
tape du courrier. Elle doit
aussi fréquemment télé-
phoner à l'étranger.

Une soirée entre amis

Céline et Jean invitent leurs amis pour les présenter à
Silke.

Jean: *Silke, le rouquin
          là, c'est Luc, le
          beau blond, c'est
          Fabrice, et le petit
          gros, c'est Marc.*
Céline: *Voici Mireille,
          Nadine et Julie.*

Im Büro

Frau Lebrun beginnt ihre Arbeit um acht Uhr morgens. In ihrer Abteilung sind der Bürovorsteher und ungefähr 60 Büroange-stellte. Meistens tippt Frau Lebrun Briefe. Oftmals muß sie mit den Büros im Ausland telefonieren.

le travail [tra'vaj]	Arbeit
la section [sɛk'sjɔ̃]	Abteilung
le chef de bureau [ʃɛf də by'ro]	Bürovorsteher
l'employé de bureau [ãplwa'je də by'ro]	Büroangestellter
à l'étranger [etrã'ʒe]	im Ausland

Ein Abend unter Freunden

Céline und Jean laden ihre Freunde ein, um sie Silke vorzu-stellen.

Jean: Der Rothaarige dort, das ist Luc, der schöne Blonde ist Fabrice und der kleine Dicke, das ist Marc.

Céline: Hier sind Mireille, Nadine und Julie.

entre ['ã:trə]	unter/zwischen
le rouquin [ru'kɛ̃]	der Rothaarige *(umgangssprachl.)*
blond *(adj.)* [blɔ̃]	blond
beau *(adj.)* [bo]	schön
gros *(adj.)* [gro]	dick
voici [vwa'si]	hier ist/sind

Pas de panique!

Marc est très nerveux. Cet après-midi, il doit faire un exposé à l'université, dans un amphithéâtre avec 100 personnes. C'est la première fois pour lui. Pour se préparer, il va à la bibliothèque. Il ouvre son cartable et cherche son papier: catastrophe! il a oublié le texte à la maison.

Des tournures avec «aller»

J'y vais
On y va!
Cela va sans dire
Allons donc!
Allons-y!
Je ne fais que l'aller et retour
Tout va comme sur des roulettes

Keine Panik!

Marc ist sehr nervös. Heute nachmittag soll er einen Vortrag an der Universität halten, in einem Hörsaal mit 100 Personen. Es ist für ihn das erste Mal. Um sich vorzubereiten, geht er in die Bibliothek. Er öffnet seine Mappe und sucht seine Unterlagen: Oh Schreck, er hat den Text zu Hause vergessen.

nerveux/-euse [nɛrˈvø]	nervös
un après-midi [aprɛmiˈdi]	Nachmittag
faire un exposé [fɛːr œ̃ ɛkspoˈze]	einen Vortrag halten
un amphithéâtre [ɑ̃fiteˈɑːtrə]	Hörsaal, Arena
préparer [prepaˈre]	vorbereiten
le cartable [karˈtablə]	Schulmappe
oublier [ubliˈe]	vergessen

Redewendungen mit „aller"

Ich gehe
Gehen wir!
Das versteht sich von selbst
Na hör mal!
Los!
Ich bin gleich wieder da
Alles läuft wie am Schnürchen

Le château de Blois

Le château de Blois est d'une diversité telle que l'on peut lire dans ses pierres l'histoire de France. Edifié aux XIIIe et XIVe siècles comme château-fort, il a été modifié au XVe siècle par Louis XII. Au XVIe siècle, sous l'influence de François Ier, le style Renaissance marque la rénovation totale de l'époque. Au XVIIe siècle, sous le Roi Soleil, Gaston d'Orléans édifie une façade majestueuse dans un style inconnu jusqu'alors. Ce style a pris le nom du roi.

Lequel?

L'anniversaire de Mme Lebrun

Le 31 janvier, c'est l'anniversaire de Mme Lebrun. Elle a déjà reçu beaucoup de coups de téléphone avant d'aller au bureau. Sa famille et ses amis lui ont souhaité un bon anniversaire. Il y a aussi une petite fête pour elle au bureau. Elle apporte deux gâteaux et des boissons.

Das Schloß in Blois

Das Schloß von Blois ist von einer solchen Vielfalt, daß man in seinen Steinen die Geschichte Frankreichs lesen kann. Während des XIII. und XIV. Jahrhunderts als Festung erbaut, wurde es im XV. Jahrhundert von Ludwig XII. umgebaut. Im XVI. Jahrhundert, unter François I., bestimmt die Renaissance die totale Erneuerung der Epoche. Im XVII. Jahrhundert, zur Zeit des Sonnenkönigs, errichtet Gaston von Orléans eine majestätische Fassade in einem bis dahin unbekannten Stil. Dieser Stil wurde nach dem König benannt. Wie heißt er?

Dieser Stil wurde nach König Louis XIV. „Louis Quatorze" genannt.

Der Geburtstag von Frau Lebrun

Der 31. Januar ist der Geburtstag von Frau Lebrun. Bevor sie ins Büro ging, hat sie schon viele Telefonanrufe erhalten. Ihre Familie und ihre Freunde haben ihr alles Gute zum Geburtstag gewünscht. Auch im Büro findet eine kleine Feier für sie statt. Sie bringt Kuchen und Getränke mit.

recevoir [rəs'vwaːr]	empfangen
souhaiter un bon anniversaire à quelqu'un	jemandem zum
[swɛ'te œ̃ bɔ̃ anivɛr'sɛːr a kɛl'kœ̃]	Geburtstag gratulieren
le gâteau [gɑ'to]	Kuchen

123

*«Nous faisons cas du beau,
nous méprisons l'utile;
Et le beau souvent nous détruit.
Le cerf blâme ses pieds,
qui le rendent agile;
Il estime son bois qui lui nuit.»*

Jean de La Fontaine

124

Babysitter, un job facile?

Silke accepte de remplacer Mireille. La voilà chez le petit Claude pour le garder pendant que ses parents sont au théâtre. Mais la langue des petits n'est pas celle que l'on apprend à l'école! Silke ne comprend pas *«veux pas faire dodo»*, *«veux faire joujou»*. Elle est désespérée!

„Wir legen Wert auf das Schöne, wir wissen das Nützliche nicht zu schätzen; Und das Schöne zerstört uns oft. Der Hirsch schätzt seine Füße, die ihn flink machen, nicht; Er schätzt sein Geweih, das ihn behindert." — Jean de La Fontaine (1621 – 1695), französischer Dichter, aus der Fabel „Le cerf se voyant dans l'eau"

GRAMMATIK

Geschlecht der Ländernamen

Die Ländernamen, die auf **e** enden, sind weiblich:
la France, l'Allemagne (f), la Suisse, etc.
Ausnahmen: *le Mexique, le Zaïre*
Die Ländernamen, die nicht auf **e** enden, sind in der Regel männlich:
le Japon, le Maroc, le Portugal, etc.

Babysitter, ein leichter Job?

Silke ist damit einverstanden, Mireille zu vertreten. Nun ist sie bei dem kleinen Claude, um ihn zu beaufsichtigen, während seine Eltern im Theater sind. Aber die Kindersprache ist anders als die, die man in der Schule lernt. Silke versteht nicht, „veux pas faire dodo" (will nicht schlafen) oder „veux faire joujou" (will spielen). Sie ist verzweifelt.

accepter [aksɛp'te]	einverstanden sein/einwilligen
remplacer [rãpla'se]	vertreten/ersetzen
garder [gar'de]	beaufsichtigen/aufbewahren
les parents *(m)* [pa'rã]	Eltern
la langue [lã:g]	Sprache/Zunge
désespéré *(adj.)* [dezɛspe're]	verzweifelt

---------------- GRAMMAIRE ----------------

L'article des noms de pays: Complétez!

. . . *France*
. . . *Canada*
. . . *Pologne*
. . . *Allemagne*
. . . *Maroc*
. . . *Brésil*
. . . *Suisse*
. . . *Japon*
. . . *Italie*

126

---------------- EXERCICE ----------------

L'adjectif de nationalité

Mettez les adjectifs des nationalités:

1. Le Chianti est un vin _____ .

2. Le Roquefort est un fromage _____ .

3. La Mercedes est une voiture _____ .

4. Barcelone est une ville _____ .

5. La drachme est une unité de monnaie _____ .

GRAMMATIK

Der Artikel der Ländernamen

la France [frãs]	**Frankreich**
le Canada [kana'da]	**Kanada**
la Pologne [pɔ'lɔɲ]	**Polen**
l'Allemagne (f.) [al'maɲ]	**Deutschland**
le Maroc [ma'rɔk]	**Marokko**
le Brésil [bre'zil]	**Brasilien**
la Suisse [sɥis]	**Schweiz**
le Japon [ʒa'pɔ̃]	**Japan**
l'Italie (f.) [ita'li]	**Italien**

Das Nationalitätsadjektiv

Setzen Sie die Nationalitätsadjektive ein:

1. Le Chianti est un vin **italien.**
2. Le Roquefort est un fromage **français.**
3. La Mercedes est une voiture **allemande.**
4. Barcelone est une ville **espagnole.**
5. La drachme est une unité de monnaie **grecque.**

1. Der Chianti ist ein italienischer Wein.
2. Der Roquefort ist ein französischer Käse.
3. Der Mercedes ist ein deutsches Auto.
4. Barcelona ist eine spanische Stadt.
5. Die Drachme ist eine griechische Währungseinheit.

DIE EXPERTENECKE

Sagt jemand «Accordons nos violons», dann ist dies keine Aufforderung zum Musizieren, sondern bedeutet: Werden wir uns einig. Wörtlich: Stimmen wir unsere Geigen.

«L'automne faisait voler la grive
    à travers l'air atone,
Et le soleil dardait un rayon monotone
Sur le bois jaunissant où la bise détone.»

Paul Verlaine

Au restaurant marocain

Ce soir la famille Lebrun a décidé de manger au restaurant marocain. Toute la famille aime la cuisine marocaine. On mange du poulet, une excellente salade et, naturellement, du couscous. Jean aime beaucoup boire du thé à la menthe après le dîner. Marie-Claire préfère prendre des petits fours.

„Der Herbst ließ die Drossel durch die lautlose Luft fliegen/ Und die Sonne warf einen monotonen Strahl/Auf den gelb werdenden Wald, wo der Nordwind peitscht." — Paul Verlaine (1844 – 1896), französischer Dichter

---

GRAMMATIK

Nationalitätsadjektive

Nationalitätsadjektive für die 12 europäischen Länder:

Allemagne – allemand/e	Deutschland – deutsch
Belgique – belge	Belgien – belgisch
Danemark – danois/e	Dänemark – dänisch
Espagne – espagnol/e	Spanien – spanisch
France – français/e	Frankreich – französisch
Grande-Bretagne – britannique	Großbritannien– britisch
Hollande – hollandais/e	Holland – holländisch
Grèce – grec/grecque	Griechenland – griechisch
Irlande – irlandais/e	Irland – irisch
Italie – italien/ne	Italien – italienisch
Luxembourg – luxembourgeois/e	Luxemburg – luxemburgisch
Portugal – portugais/e	Portugal – portugiesisch

Im marokkanischen Restaurant

Heute abend hat die Familie Lebrun beschlossen, im marokkanischen Restaurant zu essen. Die ganze Familie liebt die marokkanische Küche. Sie essen Hühnchen, einen leckeren Salat und natürlich Kuskus. Jean mag nach dem Essen sehr gerne Pfefferminztee, Marie-Claire bevorzugt Petits Fours.

marocain [marɔ'kɛ̃]	marokkanisch
le couscous [kus'kus]	Kuskus (arab. Gericht)
le thé à la menthe [te a la mã:t]	Pfefferminztee
préférer [prefe're]	bevorzugen
petits fours (pl.) [pə'ti fuːr]	Zuckertörtchen

Entrée: poisson cru à la tahitienne

Ingrédients (par personne): *100 g de cabillaud,
1/2 banane, 1 citron, noix de coco râpée, sel, poivre.*

Couper le cabillaud en morceaux fins et mettre dans
un récipient; recouvrir complètement de jus de citron,
ajouter sel et poivre et parsemer de noix de coco
râpée. Laisser mariner 24 heures au frigo. Egoutter le
poisson, poser dans des assiettes et couvrir de noix de
coco râpée et de quelques rondelles de bananes.

Bon appétit!

─── GRAMMAIRE ───

Les adjectifs démonstratifs

masculin	féminin
ce dessin	cette rivière
cet arbre	cette auto
ces dessins	ces rivières
ces arbres	ces autos

Vorspeise: Roher Fisch „Tahiti"

Zutaten (pro Person): *100 g Kabeljau, 1/2 Banane, 1 Zitrone, geriebene Kokosnuß, Salz, Pfeffer.*

Den Kabeljau in feine Stücke schneiden und in ein Gefäß legen; vollständig mit Zitronensaft beträufeln, Salz und Pfeffer hinzufügen und mit geriebener Kokosnuß bestreuen. 24 Stunden lang im Kühlschrank marinieren lassen. Den Fisch abtropfen lassen und auf Tellern anrichten, mit geriebener Kokosnuß bestreuen und mit einigen Bananenscheiben verzieren.

Guten Appetit!

──────── GRAMMATIK ────────

Die Demonstrativpronomen

Ce, cette, cet und ces + Substantiv entsprechen dem deutschen dieser, diese, dieses, dies + Substantiv.
Zu beachten ist besonders die Form cet:
Cet steht nur vor vokalisch anlautenden männlichen Substantiven (z. B. autobus, arbre).

Le temps

Les prévisions météorologiques pour la semaine:
températures autour de 5° au nord de la Loire, pluie;
températures autour de
0° dans le Jura et les
Alpes, fortes chutes de
neige; températures plus
clémentes sur le littoral
méditerranéen, quelques
éclaircies.

───────── EXERCICE ─────────

Traduction

1. Ich kann heute nicht kommen.
2. Studiert Sylvie an der Universität?
3. Möchten Sie ein Glas Wein?
4. Herr Lenoir geht nicht zum Fußballspiel.
5. Hast du 5 Francs?
6. Ich kenne Sie nicht.

Das Wetter

Die Wettervorhersage für die Woche: Temperaturen um 5°
nördlich der Loire, Regen; Temperaturen um 0° im Jura und in
den Alpen, starke Schneefälle; Temperaturen etwas milder im
Mittelmeerküstengebiet, einige Aufheiterungen.

la prévision [previ'zjɔ̃]	Vorhersage
la pluie [plɥi]	Regen
la chute [ʃyt]	Fall
la neige [nɛːʒ]	Schnee
clément *adj.* [kle'mã]	mild (Klima)
le littoral [litɔ'ral]	Küstengebiet
l'éclaircie *f* [eklɛr'si]	Aufheiterung (Wetter)

Übersetzung

1. Je ne peux pas venir aujourd'hui.
2. Est-ce que Sylvie étudie à l'université?
3. Voulez-vous un verre de vin?
4. M. Lenoir ne va pas au match de foot.
5. Tu as 5 francs?
6. Je ne vous connais pas.

— DIE EXPERTENECKE —

Mauvais temps

Il fait un froid de canard.	— Es ist eiskalt.
Il pleut des cordes.	— Es gießt in Strömen.
Le temps est pourri!	— Ein Mistwetter!

«*Apprenez que tout flatteur
vit aux dépens de celui
qui l'écoute.*»

Jean de La Fontaine

Un cas d'urgence

Grand-mère a une ap-
pendicite; elle doit être
emmenée d'urgence à
l'hôpital. M. Lenoir a
appelé une ambulance
et l'ambulancier allonge
la vieille dame sur une
civière. Il lui dit qu'elle
ne doit pas s'inquiéter.
Au bout de dix minutes
elle arrive à l'hôpital.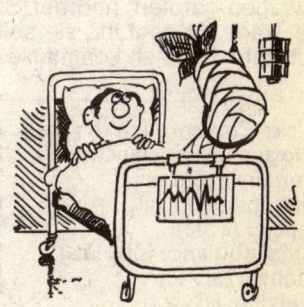

„Lernt, daß jeder Schmeichler auf Kosten desjenigen lebt, der ihm zuhört." („Ein jeder Schmeichler mästet sich/vom Fette des, der willig auf ihn hört.") — Jean de La Fontaine (1621 – 1695); aus „Der Rabe und der Fuchs"

GRAMMATIK

Konjugation einiger unregelmäßiger Verben

aller (gehen)	venir (kommen)	boire (trinken)
je vais	je viens	je bois
tu vas	tu viens	tu bois
il va	il vient	il boit
nous allons	nous venons	nous buvons
vous allez	vous venez	vous buvez
ils vont	ils viennent	ils boivent
ich gehe	ich komme	ich trinke
du gehst	du kommst	du trinkst
er geht	er kommt	er trinkt
wir gehen	wir kommen	wir trinken
ihr geht	ihr kommt	ihr trinkt
sie gehen	sie kommen	sie trinken

Ein Notfall

Großmutter hat eine Blinddarmentzündung; sie muß dringend ins Krankenhaus gebracht werden. Herr Lenoir hat einen Krankenwagen gerufen, und der Sanitäter legt die alte Dame auf eine Trage. Er sagt ihr, sie solle sich keine Sorgen machen. Nach zehn Minuten kommt sie am Krankenhaus an.

le cas d'urgence [ka dyrˈʒɑ̃s]	Notfall
une appendicite [apɛ̃diˈsit]	Blinddarmentzündung
emmener [ɑ̃mˈne]	bringen
un hôpital [opiˈtal]	Krankenhaus
appeler [aˈple]	rufen
une ambulance [ɑ̃byˈlɑ̃:s]	Krankenwagen
allonger [alɔ̃ˈʒe]	legen
la civière [siˈvjɛ:r]	Trage
s'inquiéter [sɛ̃kjeˈte]	sich Sorgen machen

Bonnes nouvelles

Mme Lenoir: *Allô docteur! l'opération s'est bien passée?*
Docteur: *Impeccable.*
Le chirurgien
a fait une
toute petite
entaille et
l'anesthésie
ne produit
aucune com-
plication.

Mme Lenoir: *Pouvons-nous*
lui rendre visite?
Docteur: *Oui, dès demain.*

Une gentille infirmière

Sylvie: *Bonjour Mémé; comment vas-tu?*
On s'occupe bien de toi?
Grand-mère: *Je vais bien…*
il y a une in-
firmière très
gentille.
Mais elle
m'oblige à
manger du
bouillon de
poulet et moi,
je n'aime pas
le bouillon!

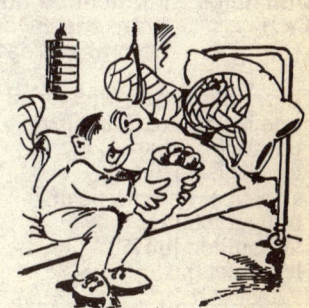

Gute Nachrichten

Frau Lenoir: Hallo, Herr Doktor! Ist die Operation gut verlaufen?
Doktor: Ausgezeichnet. Der Chirurg hat einen ganz kleinen Schnitt gemacht, und die Narkose zieht keine Komplikationen nach sich.
Frau Lenoir: Können wir sie besuchen?
Doktor: Ja, ab morgen.

se passer [sə pɑ'se]	sich ereignen, verlaufen
impeccable [ɛ̃pɛ'kablə]	perfekt, ausgezeichnet
une entaille [ɑ̃'tɑ:j]	Schnitt
une anesthésie [anɛste'zi]	Narkose
produire [prɔ'dɥi:r]	produzieren, bewirken
rendre visite ['rɑ̃:drə vi'zit]	besuchen

Eine nette Krankenschwester

Sylvie: Guten Tag, Oma. Wie geht es dir? Kümmert man sich gut um dich?
Großmutter: Mir geht es gut... es gibt hier eine sehr nette Krankenschwester. Aber sie zwingt mich, Hühnerbrühe zu essen, und ich mag gar keine Brühe!

une infirmière [ɛ̃fir'mjɛ:r]	Krankenschwester
Mémé [me'me]	Oma
gentil/le [ʒɑ̃'ti]	nett, lieb
s'occuper de [sɔky'pe də]	sich kümmern um
obliger [ɔbli'ʒe]	zwingen
le bouillon [bu'jɔ̃]	Brühe
le poulet [pu'lɛ]	Huhn

Le roi de plus célèbre de France

C'était Louis XIV. Il a vécu de 1638 à 1715. Dès l'âge de cinq ans il devint roi de France. Il régnait en souverain absolu et avait coutume de dire: «L'Etat, c'est moi». C'était lui qui a fait construire le château de Versailles d'une beauté sans égale. Son règne fut caractérisé par la restriction de la liberté individuelle.

Comment l'appelait-on encore?

La crêperie

Après l'école, Jean et quelques camarades de classe vont dans une crêperie. Il y a toutes sortes de crêpes: des crêpes farcies, des crêpes bretonnes, des crêpes Suzette et beaucoup d'autres. Jean prend une crêpe farcie avec du jambon. Stéphane prend une crêpe Suzette. Loïc ne mange rien; il est au régime.

Der berühmteste König Frankreichs

Es war Ludwig der XIV. Er lebte von 1638 bis 1715. Mit fünf Jahren wurde er König von Frankreich. Er regierte als Alleinherrscher und pflegte zu sagen: „Der Staat bin ich!" Er war es, der das einmalig schöne Schloß Versailles erbauen ließ. Seine Herrschaft wurde gekennzeichnet durch die Einschränkung der Freiheit des Einzelnen. Wie nannte man ihn außerdem?

Man nannte ihn auch: «Le Roi Soleil» = Der Sonnenkönig

Die Crêperie

Nach der Schule gehen Jean und einige Klassenkameraden in eine Crêperie. Dort gibt es alle Sorten Crêpes: gefüllte Crêpes, bretonische Crêpes, Crêpes Suzette und viele andere. Jean nimmt eine mit Schinken gefüllte Crêpe. Stéphane nimmt eine Crêpe Suzette. Loïc ißt nichts; er ist auf Diät.

farci [far'si]	gefüllt
toutes sortes de [tut sɔrt də]	allerlei, allerhand
le jambon [ʒɑ̃:'bɔ̃]	Schinken
être au régime ['ɛ:trə o re'ʒim]	eine Diät halten

Le séjour

Mme Lebrun: *Le papier de la salle de séjour ne me plaît plus du tout. Je vais téléphoner au peintre-tapissier.*

M. Lebrun: *Pourquoi dépenser tant d'argent? Je vais la tapisser moi-même.*

Mme Lebrun: *Toi? Enfin, oui, c'est une bonne idée.*

L'achat d'un tapis

Une fois la salle de séjour retapissée, M. et Mme Lebrun ont décidé de changer la moquette. Ils vont dans un grand magasin, qui propose un grand choix de moquettes. Mais aucune ne plait à Mme Lebrun.

Das Wohnzimmer

Frau Lebrun: Die Tapete in unserem Wohnzimmer gefällt mir
überhaupt nicht mehr. Ich rufe im Maler- und Ta-
pezierer-Geschäft an.
Herr Lebrun: Warum soviel Geld ausgeben? Ich werde es
selbst tapezieren.
Frau Lebrun: Du? Nun ja, das ist eine gute Idee.

le peintre [pɛ̃trə]	Maler
dépenser [depɑ̃'se]	ausgeben
tapisser [tapi'se]	tapezieren
le papier peint [pa'pje pɛ̃]	Tapete

Der Kauf eines Teppichs

Nachdem das Wohnzimmer neu tapeziert ist, haben Herr und
Frau Lebrun beschlossen, auch den Teppichboden auszu-
wechseln. Sie gehen in ein Kaufhaus, das eine große Auswahl
an Teppichböden bietet. Aber keiner gefällt Frau Lebrun.

tapisser [tapi'se]	tapezieren
la moquette [mɔ'kɛt]	Teppichboden
le nombre [nɔ̃:br]	(An-)Zahl
plaire [plɛːr]	gefallen

Ski de fond

Les Morin passent le weekend à Culoz dans le Jura.

Sylvie: *Participerons-nous à la grande randonnée de 25 km?*

Petra: *Je n'ai jamais fait de ski de fond.*

Didier: *Nous ferons la randonnée à ski, et toi Petra, tu la feras en traîneau tiré par des chiens polaires.*

Petra: *Tu te moques de moi?*

———— EXERCICE ————

L'adjectif possessif

Ecrivez: ma, mon, sa, son, leur

1. Est-ce que c'est votre chien? Oui, c'est _____ chien.

2. Est-ce que c'est votre voiture? Oui, c'est _____ voiture.

3. Est-ce la maison de M. Morin? Oui, c'est _____ maison.

4. Le mari de Mme Duval, est-il au bureau? Oui, _____ mari est au bureau.

5. La maison des Morin est à côté du bois. _____ maison est à côté du bois.

Skilanglauf

Die Familie Morin verbringt das Wochenende in Culoz im Jura.

Sylvie: Nehmen wir an der 25-km-Skiwanderung teil?
Petra: Ich habe noch nie Skilanglauf gemacht.
Didier: Wir werden an der Skiwanderung teilnehmen, und du, Petra, wirst eine Rundfahrt mit dem Schlitten machen, gezogen von Polarhunden.
Petra: Machst du dich über mich lustig?

le ski de fond [ski də fɔ̃]	Skilanglauf
la randonnée [rãdɔ'ne]	Wanderung
le traîneau [trɛ'no]	Schlitten
se moquer de qn [mɔ'ke]	sich über jmd. lustig machen

Das Possessivpronomen

1. Est-ce que c'est votre chien? Oui, c'est **mon** chien.
2. Est-ce que c'est votre voiture? Oui, c'est **ma** voiture.
3. Est-ce la maison de M. Morin? Oui, c'est **sa** maison.
4. Le mari de Mme Duval est-il au bureau? Oui, **son** mari est au bureau.
5. La maison des Morin est à côté du bois. **Leur** maison est à côté du bois.

1. *Ist das Ihr Hund? Ja, das ist mein Hund.*
2. *Ist das Ihr Auto? Ja, das ist mein Auto.*
3. *Ist das Herrn Morins Haus? Ja, das ist sein Haus.*
4. *Ist der Mann von Frau Duval im Büro? Ja, ihr Mann ist im Büro.*
5. *Das Haus der Morins steht am Wald. Ihr Haus steht am Wald.*

Le chaton abandonné

Céline:	*Maman, dans le garage il y a un petit chaton, il a dû se sauver de chez un voisin.*
Mme Martin:	*Il n'a pas l'air bien soigné, je crois plutôt qu'il a été abandonné. Je vais le signaler à la police.*

Au rayon zoologique

Céline étant presque sûre que personne ne cherche le chaton qu'elle a baptisé Patou, se rend dans un grand magasin pour acheter un bac à litière, une mangeoire et un griffoir.
Son chat Minou est jaloux et n'accepte pas que Patou s'approche de son domaine.

Das ausgesetzte Kätzchen

Céline: Mama, in der Garage ist ein kleines Kätzchen, es muß einem Nachbarn entlaufen sein.

Frau Martin: Es sieht nicht sehr gepflegt aus, ich glaube eher, es ist ausgesetzt worden. Ich werde es der Polizei melden.

le chaton [ʃaˈtõ]	Kätzchen
se sauver [sə soˈve]	entlaufen/entfliehen
le voisin [vwaˈzɛ̃]	Nachbar
avoir l'air [aˈvwaːr lɛːr]	scheinen/aussehen
soigné *(adj.)* [swaˈɲe]	gepflegt
croire [krwɑːr]	glauben
abandonné [abãdɔne]	*hier:* aussetzen; *sonst:* aufgeben
signaler [siɲaˈle]	melden

In der zoologischen Abteilung

Da Céline fast sicher ist, daß niemand das Kätzchen, das sie Patou getauft hat, sucht, geht sie in ein Kaufhaus, um eine Katzentoilette, einen Futternapf und einen Katzenbaum zu kaufen. Ihre Katze Minou ist eifersüchtig und duldet nicht, daß Patou sich ihrem Reich nähert.

le rayon [rɛˈjõ]	*hier:* Abteilung; *sonst:* Strahl
zoologique *(adj.)* [zɔɔlɔˈʒik]	zoologisch
personne [pɛrˈsɔn]	niemand
chercher [ʃɛrˈʃe]	suchen
baptiser [batiˈze]	taufen
se rendre [sə ˈrãːdrə]	gehen/sich begeben
le grand magasin [grã magaˈzɛ̃]	Kaufhaus
le bac à litière [bak a liˈtjɛːr]	Katzen-/Hundetoilette
la mangeoire [mãʒˈwaːr]	Futter-/Freßnapf
le griffoir [grifˈwaːr]	Katzenbaum
jaloux *(adj.)* [ʒaˈlu]	eifersüchtig
s'approcher [saprɔˈʃe]	sich nähern

Chez le vétérinaire

Docteur: *Il est bien maigre
ce petit chat.*

Céline: *Il a été abandonné,
nous le soignons
depuis une semaine.
J'aimerais le faire
vacciner.*

Docteur: *Je vais vous donner
aussi un produit
contre les para-
sites.*

A la gendarmerie

Céline: *Bonjour Monsieur
l'agent, nous avons
trouvé un chat
égaré.*

L'agent: *J'en prends note.
Est-ce que vous
vous occupez de
l'animal?*

Céline: *Oui, peut-être
pouvons-nous le
garder…*

Beim Tierarzt

Arzt: Diese kleine Katze ist sehr mager.
Céline: Sie wurde ausgesetzt, wir pflegen sie seit einer Woche. Ich möchte sie impfen lassen.
Arzt: Ich gebe Ihnen auch ein Mittel gegen Parasiten mit.

le vétérinaire [veteriˈnɛːr]	Tierarzt
la semaine [s(ə)ˈmɛːn]	Woche
depuis [dəˈpɥi]	seit
vacciner [vaksiˈne]	impfen
contre [ˈkɔ̃ːtrə]	gegen

Auf der Polizeiwache

Céline: Guten Tag Herr Wachtmeister, wir haben eine ver-irrte Katze gefunden.
Wacht-meister: Ich nehme es auf. Kümmern Sie sich um das Tier?
Céline: Ja, vielleicht können wir es behalten.

la gendarmerie [ʒɑ̃dɑrməˈri]	Polizei (Wache)
l'agent (m) [aˈʒɑ̃]	Polizeibeamter
égaré (adj.) [egaˈre]	verirrt
prendre note [ˈprɑ̃ːdrə nɔt]	zur Kenntnis nehmen/ aufnehmen
l'animal (m) [aniˈmal]	Tier
s'occuper de qc ou qn [sɔkyˈpe də]	sich um etwas oder jemanden kümmern

---

EXERCICE

Formez le passé composé des verbes suivants:

traverser (je)   lire (nous)
manger (tu)   acheter (vous)
être (il)   faire (ils)
raconter (elle)   avoir (elles)
croire (on)   parler (on)

La nouvelle bibliothèque

Le menuisier des Martin a installé la nouvelle bibliothèque dans le bureau de Monsieur Martin. Celui-ci
commence à ranger ses
livres. Il aimerait terminer
ce soir, pour pouvoir se
détendre le week-end.
Arrivé au 3ᵉ carton il doit
abandonner, les étagères
sont trop étroites de
trois centimètres!

Das Perfekt

j'ai traversé	ich habe durchquert
tu as mangé	du hast gegessen
il a été	er ist gewesen
elle a raconté	sie hat erzählt
on a cru	man hat geglaubt
nous avons lu	wir haben gelesen
vous avez acheté	ihr habt/Sie haben gekauft
ils ont fait	sie haben gemacht
elles ont eu	sie haben gehabt
on a parlé	wir haben gesprochen

Der neue Bücherschrank

Der Schreiner der Familie Martin hat den neuen Bücher-
schrank in das Arbeitszimmer von Herrn Martin eingebaut.
Dieser beginnt, seine Bücher einzuräumen. Er möchte heute
abend fertig werden, um sich am Wochenende entspannen zu
können. Beim 3. Karton angekommen, muß er aufgeben, die
Regale sind um drei Zentimeter zu schmal!

le menuisier [mənɥiˈzje]	Schreiner
installer [ɛ̃staˈle]	einbauen/anbringen
le bureau [byˈro]	*hier:* Arbeitszimmer; *sonst:* Büro
ranger [rɑ̃ˈʒe]	einräumen/ordnen
le livre [ˈliːvrə]	Buch
terminer [tɛrmiˈne]	beenden/zu Ende bringen
se détendre [sə deˈtɑ̃ːdrə]	sich entspannen
le carton [karˈtɔ̃]	Karton
abandonner [abɑ̃dɔˈne]	aufgeben
l'étagère *(f)* [eˈtaʒɛːr]	Regal
étroit *(adj.)* [eˈtrwa]	schmal, eng
trop *(adv.)* [tro]	zu …

Notre-Dame de Paris

C'est certainement le monument le plus célèbre de la capitale française. La construction de ce chef-d'œuvre de l'art gothique, situé sur l'île de la Cité, fut commencée en 1163 et achevée deux siècles plus tard. Beaucoup de touristes viennent admirer la cathédrale et les Parisiens ne manquent jamais de lui rendre visite. Pour célébrer le Nouvel An, la famille Lenoir va assister à la grand-messe de Notre-Dame. L'église Notre-Dame a inspiré un écrivain français;

lequel?

Quelle direction prendre?

Silke: *Pardon Madame, je me suis trompée de métro, je dois aller rue de Rennes.*

La dame: *Prenez la ligne 4 direction Montparnasse. Dirigez-vous vers la sortie Gare Montparnasse, là vous prenez la deuxième rue à votre droite.*

Notre-Dame de Paris

Sie ist bestimmt das berühmteste Monument der französischen Hauptstadt. Der Bau dieses Meisterwerks der Gotik, das sich auf der Ile de la Cité befindet, begann 1163 und wurde zwei Jahrhunderte später beendet. Viele Touristen kommen, um die Kathedrale zu bewundern, und die Pariser versäumen es nie, ihr einen Besuch abzustatten. Zur Feier des Neuen Jahres will die Familie Lenoir dem Festgottesdienst von Notre-Dame beiwohnen. Die Kirche Notre-Dame hat einen französischen Schriftsteller inspiriert; welchen?

Victor Hugo

Er schrieb den Roman „Notre-Dame de Paris". (Der Glöckner von Notre-Dame, 1831).

Welche Richtung nehmen?

Silke: Entschuldigen Sie. Ich habe die falsche Metro genommen, ich muß in die rue de Rennes.

Die Frau: Nehmen Sie die Linie 4 Richtung Montparnasse. Gehen Sie zum Ausgang Gare Montparnasse, dort nehmen Sie die zweite Straße rechts.

la direction [dirɛkˈsjõ]	Richtung
se tromper [sə trõˈpe]	sich irren
la rue [ry]	Straße
la ligne [liɲ]	Linie
la sortie [sɔrˈti]	Ausgang
à droite [drwat]	rechts

La Banque de France

La Banque de France, dont l'Etat est actionnaire à 100%, est le signe du désir affermi tout au long de l'histoire de France, d'un Etat centralisé, capable de contrôler efficacement la circulation des marchandises et de la monnaie sur son territoire.

Vive la télévision!

Mme Lenoir: *Marc, à table! Eteins la télévision!*

Marc: *Mais Maman, dans la cagnotte du jeu RTL, il y a 5000 francs à gagner ce soir!*

Sylvie: *Avec 5000 francs, nous allons dîner chez Maxim's. Le grand luxe!*

151

Die Banque de France

Die Banque de France, deren Aktionär zu 100% der Staat ist, verkörpert den im Laufe der Geschichte Frankreichs bestärkten Wunsch nach einem zentralisierten Staat, der in der Lage ist, wirksam den Güter- und Geldverkehr auf seinem Boden zu kontrollieren.

1981 wurden alle Banken verstaatlicht, mit Ausnahme der ausländischen und derjenigen, deren Gelddepots unter 1 Milliarde Franc lagen. 1986 wurde eine große Anzahl Banken reprivatisiert.

l'actionnaire *m* [aksjɔ'nɛːr]	Aktionär
le désir [de'ziːr]	Wunsch
affermi *adj.* [afɛr'mi]	be-/verstärkt
efficacement *adv.* [efikas'mã]	wirksam
la circulation [sirkyla'sjɔ̃]	Verkehr

152

Es lebe das Fernsehen!

Frau Lenoir: Marc, der Tisch ist gedeckt! Mach den Fernseher aus!
Marc: Aber Mutti, in der Spielkasse von RTL sind heute abend 5000 Francs zu gewinnen!
Sylvie: Mit 5000 Francs gehen wir zu Maxim's zum Abendessen. Der große Luxus!

la télévision [televi'zjɔ̃]	Fernsehen
la table ['tablə]	Tisch
éteindre [e'tɛ̃drə]	ausmachen, ausschalten
la cagnotte [ka'nɔt]	Spielkasse
gagner [ga'ne]	gewinnen
le soir [swaːr]	Abend
dîner [di'ne]	zu Abend essen

Les joies de la démocratie

«Star est la meilleure lessive...»

M. Lenoir: *Toujours ces publicités stupides! Où est la télécommande?*
Marc, coupe le son!

Marc: *D'accord Papa, je change de chaîne. Super! il y a un concert hard-rock sur FR3!*

Mme Lenoir: *Ah non! Je ne supporte pas ce vacarme. Je veux voir les variétés sur la 2!*

Pain perdu

Couper des tranches de pain ou de brioche, les tremper dans du lait sucré et puis dans trois œufs battus en omelette, faire dorer à la poêle dans du beurre chaud. Servir chaud.

Die Freuden der Demokratie

„Star ist das beste Waschpulver..."

Herr Lenoir:	Immer diese dumme Werbung! Wo ist die Fernbedienung? Marc, nimm den Ton weg!
Marc:	Einverstanden Vati, ich schalte um. Super! Auf FR3 gibt es ein Hard-Rock-Konzert!
Frau Lenoir:	Nein! Ich kann diesen Lärm nicht ertragen. Ich möchte die Show im 2. Programm sehen!

la lessive [lɛˈsiːv]	Waschmittel, -pulver
la publicité [pyblisiˈte]	Werbung
stupide [styˈpid]	dumm
la télécommande [telekɔˈmãːd]	Fernbedienung
couper le son [kuˈpe lə sɔ̃]	den Ton wegnehmen
la chaîne [ʃɛn]	Fernsehprogramm; eigentl. Kette
le vacarme [vaˈkarm]	Lärm
supporter [sypɔrˈte]	ertragen

Armer Ritter

Einige Scheiben Brot oder Brioche abschneiden, in gezuckerter Milch tränken und dann in drei geschlagenen Eiern wälzen. In der Pfanne mit heißer Butter goldbraun schmoren lassen. Heiß servieren.

couper [kuˈpe]	zerschneiden, abschneiden
la brioche [briˈɔʃ]	feines Hefegebäck
tremper [trãˈpe]	eintauchen, tunken
sucré [syˈkre]	gesüßt, gezuckert

*«Les lois de nos désirs
sont des dés sans loisir.»*

Robert Desnos

La réservation d'une table

M. Lebrun: *Il y a un nouveau restaurant italien
                pas loin d'ici. J'ai réser-
                vé une table.*

Mme Lebrun: *Bonne idée! Pour
                combien de per-
                sonnes?*

M. Lebrun: *J'ai réservé une
                table pour deux,
                pour huit heures.*

„Die Gesetze unserer Wünsche sind Würfel ohne Muße." –
Wortspiel; Robert Desnos (1900 – 1945) französischer Dichter

GRAMMATIK

Die Pluralbildung (Regelfälle)

Der Plural der Substantive und der Adjektive wird in der Regel
mit einem „**s**" am Wortende gebildet. Worte, die auf **s**, **x**, oder **z**
enden, werden nicht verändert.

Beispiele:	Singular	Plural
	la table	les tables (Tisch)
	le chien	les chiens (Hund)
	l'avion	les avions (Flugzeug)
	le nez	les nez (Nase)
	le prix,	les prix (Preis)
	Le sac est gris	les sacs sont gris. (Die Tasche ist grau, die Taschen sind grau)

Tischreservierung

Herr Lebrun: Es gibt ein neues italienisches Restaurant nicht
weit von hier. Ich habe einen Tisch reserviert.
Frau Lebrun: Gute Idee! Für wieviele Personen?
Herr Lebrun: Ich habe einen Tisch für zwei Personen bestellt,
für acht Uhr.

---

réserver [rezɛr've]	reservieren
italien [ita'ljɛ̃]	italienisch
nouveau [nu'vo]	neu
combien [kɔ̃bjɛ̃]	wieviel(e)

En France

1° Ne demandez surtout pas à un Français combien il gagne. C'est très impoli et indiscret.

2° N'offrez pas d'œillets à la maitresse de maison, ils portent malheur.

Pour téléphoner:

▶ On décroche le combiné.
▶ On compose l'indicatif du pays et de la ville du correspondant puis son numéro de téléphone.
▶ Après la conversation on raccroche le combiné.
Si on ne sait pas le numéro du correspondant, on consulte l'annuaire téléphonique ou on appelle les renseignements.

In Frankreich

1. Fragen Sie bloß keinen Franzosen, wieviel er verdient. Das ist sehr unhöflich und indiskret.

2. Überreichen Sie der Dame des Hauses niemals Nelken, sie bringen Unglück.

surtout pas [syr'tu pɑ]	bloß nicht
l'œillet (m.) [œ'jɛ]	Nelke
porter malheur (m.) [pɔr'te ma'lœːr]	Unglück bringen
impoli [ɛ̃po'li]	unhöflich

Zum Telefonieren:

► Hebt man den Hörer ab.
► Wählt man die Vorwahl des Landes und der Stadt, wo der Teilnehmer wohnt, dann wählt man seine Telefonnummer.
► Nach dem Gespräch legt man den Hörer auf. Weiß man die Nummer des Teilnehmers nicht, so sucht man sie im Telefonbuch, oder man ruft die Auskunft an.

décrocher [dekrɔ'ʃe]	*hier:* abheben; *sonst:* aushängen
le combiné [kõbi'ne]	Hörer
composer [kõpo'ze]	*hier:* wählen; *sonst:* zusammenstellen
l'indicatif *m* [ɛ̃dika'tif]	*hier:* Vorwahl; *sonst:* Kennzahl
raccrocher [rakrɔ'ʃe]	auflegen
l'annuaire *m* (téléphonique) [anɥ'ɛːr telefɔ'nik]	Telefonbuch
les renseignements *m* [rɑ̃sɛɲ'mɑ̃]	Auskunft

EXERCICE

Conjugaisons

Conjuguez au présent:

1. je	donner	7. je	choisir
2. tu	porter	8. tu	bâtir
3. il	demander	9. il	garnir
4. nous	fumer	10. nous	salir
5. vous	téléphoner	11. vous	grandir
6. ils	écouter	12. ils	punir

Le frigo est vide!

A minuit, Marc et Sylvie reviennent du cinéma.

Marc: *Qu'est-ce que j'ai faim! Et le réfrigérateur est vide!*

Sylvie: *Regarde dans le congélateur.*

Marc: *Oui, il y a de la pizza surgelée.*

Sylvie: *Bon, je vais la réchauffer dans le four à micro-ondes; nous pouvons manger dans dix minutes.*

Konjugation

Konjugieren Sie im Präsens:

1. je donne (ich gebe)
2. tu portes (du trägst)
3. il demande (er fragt)
4. nous fumons (wir rauchen)
5. vous téléphonez (ihr telefoniert/Sie telefonieren)
6. ils écoutent (sie hören)
7. je choisis (ich wähle)
8. tu bâtis (du baust)
9. il garnit (er garniert)
10. nous salissons (wir beschmutzen)
11. vous grandissez (ihr wachst/Sie wachsen)
12. ils punissent (sie strafen/bestrafen)

DIE EXPERTENECKE

Déménager à la cloche de bois. – Wörtlich: Mit der hölzernen Glocke ausziehen; heimlich ausziehen.

Der Kühlschrank ist leer!

Um Mitternacht kommen Marc und Sylvie aus dem Kino zurück.

Marc: Ich hab ja so'n Hunger! Und der Kühlschrank ist leer!
Sylvie: Schau mal ins Tiefkühlfach.
Marc: Ja, da ist tiefgefrorene Pizza.
Sylvie: Gut, ich werde sie im Mikrowellenofen aufwärmen; in zehn Minuten können wir essen.

le réfrigérateur/frigo [refriʒəraˈtœːr/friˈgo]	Kühlschrank
la faim [fɛ̃]	Hunger
vide [vid]	leer
le congélateur [kɔ̃ʒelaˈtœːr]	Tiefkühlfach, -truhe
surgelé/e [syrʒəˈle]	tiefgekühlt, -gefroren
four à micro-ondes [fuːr a mikroˈɔ̃ːd]	Mikrowellenofen
réchauffer [reʃoˈfe]	aufwärmen

La réparation de la tonnelle

Mme Lebrun: *Je voudrais bien que tu vérifies la tonnelle. Elle n'est pas en bon état. Tu as un jour de libre, n'est-ce pas?*

M. Lebrun: *Maintenant j'ai d'autres choses à faire. Je pourrais le faire cet après-midi.*

162

Menton, paradis sur terre?

Qui sait? La légende veut que: «Chassée avec Adam du Paradis terrestre, Eve réussit à emporter un fruit d'or. Adam redoutant la colère divine, voulait qu'elle le jette. Eve enfouit dans le sol de Menton le fruit d'or, qui fera plus tard la prospérité de Menton...».

De quel fruit s'agit-il?

Reparatur der Gartenlaube

Frau Lebrun: Ich möchte, daß du die Gartenlaube überprüfst.
Sie ist nicht in gutem Zustand. Du hast doch
heute einen freien Tag, nicht wahr?

Herr Lebrun: Ich habe im Moment andere Sachen zu erledigen. Ich könnte es heute nachmittag machen.

la tonnelle [tɔ'nɛl]	Gartenlaube
vérifier [veri'fje]	überprüfen
être en bon état ['ɛːtrə ɑ̃ bɔ̃ e'ta]	in gutem Zustand sein

Menton, Paradies auf Erden?

Wer weiß? Die Legende sagt, daß es Eva, die mit Adam aus
dem Paradies gejagt wurde, gelang, eine goldene Frucht mitzunehmen. Adam, der Gottes Zorn fürchtete, bat sie, sie fort-
zuwerfen. Eva vergrub die goldene Frucht in den Boden von
Menton, woraus später der Wohlstand von Menton entstand...". Um welche Frucht handelt es sich?

Die Zitrone

Alljährlich feiert Menton von Ende Januar bis Anfang Februar
das Internationale Fest der Zitrone. Die Anbauer von Zitrus-
früchten aus Menton und dem Umland verwenden etwa 100
Tonnen Zitronen, Mandarinen, Pampelmusen und Apfelsinen,
um riesige Motive zu gestalten und Wagen zu dekorieren, die
von Folkloregruppen eskortiert werden.

La soirée inaugurale

M. Legrand: *Mes félicitations, vous avez une jolie maison.*
M. Martin: *Merci, mon cher Legrand, il y a du champagne, vous prenez un verre?*
M. Legrand: *Volontiers. Où est votre femme? Nous voulons trinquer avec elle!*

L'éducation du goût

L'Institut Français du Goût, un organisme unique au monde, se trouve à Tours. Son président, un œnologue mondialement connu, Jacques Puissais, dit: «Un aliment n'est pas complet s'il n'apporte pas de plaisir». On peut apprendre à redévelopper ses sens, grâce à une méthode en dix séances de 1 h 30. Le programme débute par le rappel des cinq sens et des quatre saveurs, le salé, le sucré, l'amer et l'acide. Il se termine par un repas qui va les synthétiser.
Un saint fêté le 11 novembre était évêque de Tours.

Qui est-ce?

Die Einweihungsparty

Herr Legrand: Meine Glückwünsche, Sie haben ein hübsches Haus.
Herr Martin: Danke mein lieber Legrand, es gibt Champagner, nehmen Sie ein Glas?
Herr Legrand: Gerne. Wo ist Ihre Frau? Wir wollen mit ihr anstoßen.

la soirée [swaˈre]	*hier:* Party; *sonst:* Abend
inaugural *(adj.)* [inogyˈral]	Einweihungs-/Eröffnungs-
les félicitations *(f)* [felisitaˈsjõ]	Glückwünsche
joli *(adj.)* [ʒɔˈli]	hübsch
le verre [vɛːr]	Glas
volontiers *(adv.)* [vɔlõˈtje]	gern
trinquer [trɛ̃ˈke]	mit dem Glas anstoßen

Die Erziehung des Geschmacks

Das Institut Français du Goût, eine einzigartige Einrichtung in der Welt, befindet sich in Tours. Der Direktor, ein weltbekannter Weinfachmann, Jacques Puissais, sagt: „Eine Speise ist nicht vollendet, wenn sie keine Freude bereitet". Man kann lernen, seine Sinne auszubilden, nach einer Methode in zehn Sitzungen zu je 1 1/2 Stunden. Das Programm beginnt mit dem Erfassen der 5 Sinne und der 4 Geschmacksrichtungen, salzig, süß, bitter und sauer. Es endet mit einem Essen, welches diese in sich vereinigt.
Ein am 11. November gefeierter Heiliger war Bischof von Tours. Wer ist es?

Sankt Martin

Tours liegt an der Loire, süd-östlich von Paris.

165

«L'immortalité,
c'est de travailler
à une œuvre éternelle.»

Ernest Renan

166

EXERCICE

Conjugaison

Conjuguez les verbes suivants:

Exemple: parler (je) → je parle

apporter (elle): ______________________
manger (nous): ______________________
aimer (je): ______________________
demander (ils): ______________________
tomber (tu): ______________________
donner (vous): ______________________
trouver (on): ______________________
réparer (je): ______________________
inviter (tu): ______________________
acheter (nous): ______________________

„Unsterblichkeit heißt, an einem ewigen Werk arbeiten." —
Ernest Renan (1823 – 1892), französischer Schriftsteller

GRAMMATIK

Die erste Konjugation

Bei diesen Verben mit der Endung „-er" im Infinitiv bleibt der
Stamm beim Konjugieren unverändert.
Beispiele: **manger, aimer, parler** (essen, lieben, reden)

manger	**aimer**	**parler**
je mange	j'aime	je parle
tu manges	tu aimes	tu parles
il/elle mange	il/elle aime	il/elle parle
nous mangeons	nous aimons	nous parlons
vous mangez	vous aimez	vous parlez
ils/elles mangent	ils/elles aiment	ils/elles parlent

Konjugation

Konjugieren Sie folgende Verben:

elle apporte, nous mangeons, j'aime, ils demandent, tu tombes,
vous donnez, on trouve, je répare, tu invites, nous achetons

sie bringt, wir essen, ich liebe, sie fragen, du fällst, ihr gebt, man
findet, ich repariere, du lädst ein, wir kaufen

DIE EXPERTENECKE

On

On ist ein unbestimmtes Fürwort (auf Deutsch: man),
das für die Allgemeinheit steht: «En France, on parle
français» (in Frankreich spricht man Französisch),
aber auch häufig anstelle von nous gebraucht wird:
«On va boire un verre» (wir gehen ein Glas trinken).
«On y va!» (gehen wir!).

Introduction des ordinateurs

La direction a décidé d'équiper le bureau où travaille Mme Lebrun de nouveaux ordinateurs. Des électriciens sont venus ce matin pour faire l'installation, et aujourd'hui le bureau est sens dessus-dessous. Cette nouvelle organisation permettra une amélioration des conditions de travail.

Un nouveau passeport

Jean: *Bonjour Monsieur, je voudrais faire renouveler mon passeport.*

Employé: *Je regrette, mais ce passeport ne peut plus être renouvelé. Il faut faire une demande pour un nouveau passeport en remplissant ce formulaire; il faut aussi 2 photos d'identité.*

Einführung von Computern

Die Direktion hat beschlossen, **das Büro**, wo Frau Lebrun arbeitet, mit neuen Computern auszustatten. Am Morgen sind Elektriker gekommen, um die Anschlüsse zu verlegen, und heute steht das Büro Kopf. Die neue Organisation gestattet eine Verbesserung der Arbeitsbedingungen.

l'ordinateur (m.) [ɔrdina'tœːr]	Computer
introduire [ɛ̃trɔ'dɥiːr]	einführen
l'amélioration (f.) [ameljɔra'sjɔ̃]	Verbesserung
équiper [eki'pe]	ausrüsten, ausstatten

Ein neuer Reisepaß

Jean: Guten Tag, ich möchte meinen Reisepaß verlängern lassen.

Beamter: Es tut mir leid, aber dieser Paß kann nicht mehr verlängert werden. Sie müssen einen Antrag auf einen neuen Paß stellen, indem Sie dieses Formular ausfüllen. Sie brauchen auch 2 Paßfotos.

faire renouveler [fɛːr rənu'vle]	*hier:* verlängern; *sonst:* erneuern lassen
faire une demande [fɛːr yn də'mãːd]	einen Antrag stellen
remplir [rã'pliːr]	ausfüllen
le formulaire [fɔrmy'lɛːr]	Formular
la photo d'identité [fɔ'to didãti'te]	Paßfoto

Les bons vins de France

La France est, avec l'Italie, le principal producteur
mondial (plus d'un million d'hectares cultivés).
Les deux vignobles les plus prestigieux sont ceux de
Bordeaux (Médoc, Graves, Sauternes, Blaye, Entre-
deux-Mers, Saint-Emilion) et de Bourgogne (Côte de
Nuits, Côte de Beaune, Beaujolais, Mâcon, Chablis).
Les vins de table sont produits en Provence et dans le
Languedoc-Roussillon.

Quelle est la particularité du Sauternes?

Les billets pour le concert

Julie téléphone à Mireille:
«Je n'ai pas le temps d'aller
chercher les billets pour le
concert de Jean-Jacques
Goldmann, pourrais-tu
y aller?»
Mireille répond: «Ce serait
dommage de louper ce
concert, je vais demander
à mon frère de m'y
conduire.»

Gute Weine aus Frankreich

Frankreich ist mit Italien der größte Weinhersteller der Welt (über eine Million Hektar Anbaufläche). Die zwei berühmtesten Weinanbaugebiete sind Bordeaux (Médoc, Graves, Sauternes, Blaye, Entre-deux-Mers, Saint-Emilion) und Bourgogne (Côte de Nuits, Côte de Beaune, Beaujolais, Mâcon, Chablis). Diese Tafelweine werden in der Provence und im Languedoc-Roussillon produziert. Was ist das Besondere am Sauternes?

Er ist weiß und süß.

Seine Güte wird dadurch erreicht, daß man die reifen Trauben einzeln mit der Hand pflückt.

Die Karten für das Konzert

Julie telefoniert mit Mireille: „Ich habe keine Zeit, die Karten für das Konzert von Jean-Jacques Goldmann zu besorgen, kannst du hingehen?"
Mireille antwortet: „Es wäre schade, wenn wir dieses Konzert verpassen würden, ich werde meinen Bruder bitten, mich dorthin zu fahren."

Jean-Jacques Goldmann ist in Frankreich ein sehr populärer Sänger. Er singt unter anderem gesellschaftskritische Lieder.

le billet [bi'jɛ]	Eintritts-/Fahrkarte
dommage [dɔ'maːʒ]	schade
louper [lu'pe]	*umgangssprachl.:* verpassen
conduire [kɔ̃'dɥiːr]	fahren

«*Le loisir,
voilà la plus grande joie
et la plus belle conquête
de l'homme.*»

Rémy de Gourmont

───────────── EXERCICE ─────────────

L'article

Complétez avec le, la, l', les:

1. _____ maison des Lenoir est à Paris.
2. Sylvie va dans _____ cuisine.
3. Il faut réparer _____ toit du garage.
4. _____ papiers sont dans _____ cartable.
5. Mme Lenoir écoute _____ radio.
6. _____ arbre tombe.
7. Je parle avec _____ étudiants.

„Freizeit, das ist die größte Freude und die schönste Errungen-
schaft des Menschen." — Rémy de Gourmont (1858 – 1915),
französischer Schriftsteller

───────── GRAMMATIK ─────────

Artikel und Substantiv

Das französische Substantiv hat nur zwei Geschlechter: **Maskulinum** und **Femininum**. Die entsprechenden bestimmten
Artikel sind: le, la und l' (vor vokalischem Anlaut). Im Plural wird
der bestimmte Artikel: les.

Maskulinum: le jour (der Tag), le soleil (die Sonne), l'appareil
(der Apparat), les crayons (die Bleistifte)

Femimimum: la dame (die Dame), l'araignée (die Spinne), la
maison (das Haus), les filles (die Mädchen)

Der Artikel

Ergänzen Sie mit le, la, l', les:

1. **La** maison des Lenoir est à Paris.
2. Sylvie va dans **la** cuisine.
3. Il faut réparer **le** toit du garage.
4. **Les** papiers sont dans **le** cartable.
5. Mme Lenoir écoute **la** radio.
6. **L'**arbre tombe.
7. Je parle avec **les** étudiants.

1. **Das** Haus der Lenoirs ist in Paris.
2. Sylvie geht in **die** Küche.
3. Man muß **das** Dach der Garage reparieren.
4. **Die** Papiere sind in **der** Mappe.
5. Frau Lenoir hört Radio.
6. **Der** Baum fällt.
7. Ich rede mit **den** Studenten.

Charlotte aux framboises

Pour 4 personnes: *150 g de biscuits à la cuillère; de l'eau-de-vie de framboises; 400 g de framboises; 300 g de crème fraîche; 1 verre de lait; 100 g de sucre; 3 jaunes d'œufs; 3 feuilles de gélatine; 15 g de fécule.*

Battre les œufs avec le sucre, ajouter la fécule et le lait bouillant. Faire bouillir 10 min. Ajouter la gélatine ramollie et la crème fouettée. Tapisser un moule à charlotte avec des biscuits à la cuillère trempés dans l'eau de vie, remplir le moule avec le mélange et les framboises, couvrir de biscuits à la cuillère. Mettre au frais 3 heures. Démouler et servir.

Bon appétit!

A la poste

Jean va au bureau de poste pour y acheter des timbres. «Quelle foule! Je dois faire la queue.» Comme dans beaucoup d'autres pays, les bureaux de poste sont encombrés.

Himbeercharlotte

Für 4 Personen: *150 g Löffelbiskuits; Himbeergeist; 400 g Himbeeren; 300 g Crème fraîche; 1 Glas Milch; 100 g Zucker; 3 Eigelb; 3 Blatt Gelatine; 15 g Speisestärke.*

Die Eier mit dem Zucker verschlagen, die Speisestärke und die heiße Milch dazugeben. 10 Min. kochen. Die aufgelöste Gelatine und die geschlagene Crème dazugeben. Eine Charlotteform mit den in Himbeergeist getränkten Löffelbiskuits auslegen, mit der Masse und den Himbeeren füllen und mit Löffelbiskuits bedecken. 3 Stunden kühl stellen. Aus der Form nehmen und servieren.

Guten Appetit!

Es sollen die Engländer gewesen sein, die diese Süßspeise zu Ehren der Gemahlin des Königs Georg III. im 18. Jahrhundert erfunden haben. Allerdings legten sie die Form mit Brot aus, und die Crememasse war mit Zitronenaroma abgeschmeckt.

Auf der Post

Jean geht zur Post, um dort Briefmarken zu kaufen. „Was für eine Menge Leute! Ich muß mich wohl anstellen." Wie in vielen anderen Ländern sind die Postämter überfüllt.

le timbre ['tɛ̃:brə]	Briefmarke
la foule [ful]	Menge
faire la queue [fɛ:r la kø]	Schlange stehen
encombré [ãkɔ̃'bre]	überfüllt
obtenir [ɔptə'ni:r]	erhalten
le carnet [kar'nɛ]	Heftchen

A l'école

En France, les écoliers ont cours de 8 h^{00} à 11 h^{00} ou 12 h^{00}. Puis ils rentrent chez eux manger, ou ils restent à la cantine et retournent à l'école pour 14 h^{00}. Ils ont encore cours jusqu'à 16 h^{00} ou 17 h^{00}. Pour la plupart, le mercredi est libre, mais ils ont relativement beaucoup de devoirs.

La manifestation

Une manifestation contre les augmentations des prix des repas dans le restaurant universitaire doit avoir lieu vendredi.
Luc téléphone à Jean pour lui demander s'il y participe.

Luc: *Dis, Jean, tu viens à la manif vendredi?*

Jean: *Bien sûr. On se rencontre devant le restau-U?*

In der Schule

In Frankreich haben die Schüler von 8 Uhr bis 11 Uhr oder 12 Uhr Unterricht. Dann gehen sie zum Mittagessen nach Hause, oder sie bleiben in der Kantine und kehren um 14 Uhr in die Schule zurück. Sie haben noch Unterricht bis 16 Uhr oder 17 Uhr. Die meisten haben am Mittwoch schulfrei, aber sie haben relativ viele Hausaufgaben auf.

l'écolier/ère [ekɔ'lje/ɛːr]	Schüler/in
rentrer chez soi [rã'tre ʃe swa]	nach Hause gehen
retourner [rətur'ne]	zurückkehren
avoir cours [a'vwaːr kuːr]	Unterricht haben
les devoirs *m* [də'vwaːr]	Hausaufgaben

Die Demonstration

Am Freitag soll eine Demonstration gegen die Preiserhöhung der Mensa-Gerichte stattfinden. Luc ruft Jean an, um ihn zu fragen, ob er daran teilnimmt.
Luc: Sag mal Jean, kommst du zur Demo am Freitag?
Jean: Natürlich. Treffen wir uns vor der Mensa?

la manifestation [manifɛstɑ'sjɔ̃]	Demonstration
contre ['kɔ̃ːtrə]	gegen
l'augmentation *(f)* [ogmɑ̃tɑs'jɔ̃]	Erhöhung
le prix [pri]	Preis
avoir lieu [a'vwaːr ljø]	stattfinden
participer [partisi'pe]	teilnehmen
la manif [ma'nif]	*Abkürzung für* manifestation; *entspricht:* Demo
le restau-U [rɛs'tɔ y]/	Mensa
le restaurant universitaire [rɛstɔ'rɑ̃ ynivɛrsi'tɛːr]	

L'oncle d'Amérique

Michel: *Hé Marc! écoute ça: j'hérite 500 dollars de mon oncle d'Amérique. Je peux enfin m'acheter une moto!*

Marc: *Bof! C'est rien, 500 dollars. C'est à peine suffisant pour une mobylette d'occasion.*

Michel: *Avoue que tu es jaloux!*

En Alsace-Lorraine

On y mange
    de la choucroute
    des quiches lorraines
    du pâté de foie gras
    de la soupe
        à l'oignon
    des fruits (cerises, prunes, pommes)

On y boit
    de la bière
    du vin blanc sec

Der Onkel aus Amerika

Michel: He Marc! Hör mal: Ich erbe 500 Dollar von meinem
Onkel aus Amerika. Nun kann ich mir endlich ein
Motorrad kaufen!
Marc: Pah! Das ist nichts, 500 Dollar. Das ist kaum genug
für ein gebrauchtes Moped.
Michel: Gib zu, daß du neidisch bist!

hériter [eri'te]	erben
la moto [mɔ'to]	Motorrad
à peine [a pɛːn]	kaum
suffisant [syfi'zɑ̃]	genug
la mobylette [mɔbi'lɛt]	Moped
d'occasion [dɔka'zjɔ̃]	gebraucht
avouer [a'vwe]	zugeben
jaloux/-ouse [ʒa'lu]	eifersüchtig

In Elsaß-Lothringen

Man ißt hier Sauerkraut
Speckkuchen
Gänseleberpastete
Zwiebelsuppe
Früchte (Kirschen, Pflaumen, Äpfel)

Man trinkt hier Bier
trockenen Weißwein

la choucroute [ʃu'krut]	Sauerkraut
le foie [fwa]	Leber
l'oignon (m.) [ɔ'ɲɔ̃]	Zwiebel
le pâté [pɑ'te]	Pastete

Meringues

Battre dix blancs d'œufs en neige; mélanger avec trente cuillères à soupe de sucre (faire tomber petit à petit le sucre sur les blancs en remuant doucement avec une cuillère en bois); poser des petits tas de blancs d'œufs battus sur un papier beurré; mettre à cuire deux ou trois heures dans un four électrique très doux.

──────── EXERCICE ────────

Des mots croisés

Mettez les verbes au présent de la 1ère personne du singulier dans la grille. La solution dans les cases verticales est le nom d'un mois:

1. jouer
2. faire
3. prendre
4. ouvrir
5. finir
6. fermer
7. écrire

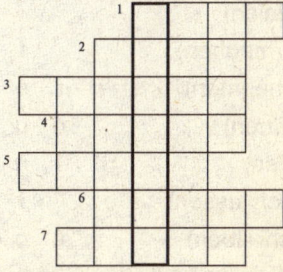

Meringe

Zehn Eiweiß zu Eischnee schlagen; mit 30 Suppenlöffeln
Zucker vermischen (den Zucker nach und nach auf das Eiweiß
geben und dabei vorsichtig mit einem Holzlöffel rühren); kleine
Häufchen Eischnee auf ein gefettetes Papier legen; sehr vorsichtig zwei oder drei Stunden im elektrischen Ofen backen.

la cuillère en bois [kɥi'jɛːr ɑ̃ bwa]	Holzlöffel
le tas [ta]	Haufen, Stapel
électrique [elɛk'trik]	elektrisch

Ein Kreuzworträtsel

*Setzen Sie die Verben im Präsens der ersten Person Singular in
die Kästchen. Die Lösung in den senkrechten Kästchen ist der
Name eines Monats:*

jouer (spielen)					j	o	u	e
faire (tun/machen)				f	a	i	s	
prendre (nehmen)		p	r	e	n	d	s	
ouvrir (öffnen)			o	u	v	r	e	
finir (enden)		f	i	n	i	s		
fermer (schliessen)			f	e	r	m	e	
écrire (schreiben)		é	c	r	i	s		

«*Dieu n'avait fait que l'eau,*
mais l'homme a fait le vin!»

Victor Hugo

Madame Lenoir se fâche

Mme
Lenoir: *Regarde ces prospectus idiots! Des publicités pour du shampoo-ing, pour le super-marché, pour du café etc. La boîte aux lettres est pleine et il n'y a plus de place pour le courrier. Va jeter tout ça dans la poubelle!*

Sylvie: *On peut aussi les brûler.*

„Gott schuf nur das Wasser, aber der Mensch hat den Wein geschaffen!" – Victor Hugo (1802 – 1885), französischer Dichter

---

GRAMMATIK

Der unbestimmte Artikel

Die unbestimmten Artikel sind un (m.) und une (f.). Im Plural heißt der unbestimmte Artikel des.

Maskulinum: un jardin (ein Garten) – **des** jardins (Gärten), **un** homme (ein Mann) – **des** hommes (Männer)

Femininum: une table (ein Tisch) – **des** tables (Tische), **une** fleur (eine Blume) – **des** fleurs (Blumen)

Achtung: Den unbestimmten Artikel des bitte nicht verwechseln mit dem bestimmten Artikel des, der eine Zusammenziehung von de + les ist.

Frau Lenoir ärgert sich

Frau Lenoir: Schau dir diese idiotischen Prospekte an! Reklame für Haarwaschmittel, für den Supermarkt, für Kaffee usw. Der Briefkasten ist voll, und dann gibt es keinen Platz mehr für die Post. Schmeiß das alles in den Mülleimer!

Sylvie: Man kann sie auch verbrennen.

se fâcher [sə faˈʃe]	sich ärgern
le prospectus [prɔspɛkˈtys]	Prospekt
le shampooing [ʃɑ̃ˈpwɛ̃]	Haarwaschmittel
la boîte aux lettres [bwat o ˈlɛtrə]	Briefkasten
plein/e [plɛ̃]	voll
le courrier [kuˈrje]	Post (Briefe)
la poubelle [puˈbɛl]	Mülleimer
brûler [bryˈle]	verbrennen, brennen

Traduction

1. Beim Einkaufen traf ich Mireille.
2. Indem man hart arbeitet, verdient man viel Geld.
3. Während er die Straße überquerte, sah er das Auto kommen.
4. Beim Telefonieren erinnerte sich Frau Martin daran, daß der Braten im Ofen steht.

184

La télévision française

Il y a beaucoup d'émissions intéressantes à la télévision française; les spectateurs peuvent choisir entre films, variétés, feuilletons, documentaires, débats politiques et autres. Les trois chaînes principales sont: TF1, Antenne 2 et FR3. Depuis quelques années, l'éventail s'est élargi et les Français peuvent aussi regarder La 5, La Sept, M6 et Canal+.

Quelle est la particularité de Canal+?

Übersetzung

1. En faisant les courses, j'ai rencontré Mireille.
2. En travaillant dur, on gagne beaucoup d'argent.
3. En traversant la rue, il a vu la voiture arriver.
4. En téléphonant, Madame Martin s'est rappelé que le rôti était dans le four.

DIE EXPERTENECKE

Garder une poire pour la soif ist kein Hinweis auf eine Mahlzeit zwischendurch, sondern bedeutet: Sich einen Notgroschen zurücklegen. Wörtlich: Eine Birne für den Durst zurücklegen.

Das französische Fernsehen

Im französischen Fernsehen gibt es viele interessante Sendungen; die Zuschauer können zwischen Spielfilmen, Shows, Serien, Dokumentarfilmen, politischen Debatten etc. wählen. Die drei wichtigsten Programme sind: TF1, Antenne 2 und FR3. Seit einigen Jahren hat sich das Angebot erweitert, und die Franzosen können auch La 5, La Sept, M6 und Canal+ empfangen. Was ist das Besondere an Canal+?

Es ist ein privates, gebührenpflichtiges Fernsehprogramm.

Die Fernsehzuschauer benötigen ein Decodergerät, um es zu empfangen. Canal+ sendet viele Spielfilme.

Tomates Provençales

Couper les tomates en deux, saler, poivrer, les mettre dans une poêle avec trois cuillères d'huile chaude. Ajouter de l'ail haché. Faire mijoter vingt minutes, en retournant doucement les tomates pendant la cuisson.

A l'épicerie

Epicier:	*Vous désirez, Madame?*
Mme Lebrun:	*Je voudrais trois litres de lait, un camembert et un pot de fromage blanc.*
Epicier:	*Voilà! Et avec ceci?*
Mme Lebrun:	*Une livre de raisins secs et un kilo d'oranges.*
Epicier:	*Ce sera tout?*
Mme Lebrun:	*Oui, ce sera tout.*
Epicier:	*Ça fait 48 F, Madame.*

Tomaten „à la provençale"

Die Tomaten in zwei Teile schneiden, salzen, pfeffern und in
eine Pfanne mit drei Löffeln heißem Öl legen. Kleingehackten
Knoblauch hinzufügen. Zwanzig Minuten langsam schmoren
lassen. Während des Kochens die Tomaten behutsam wenden.

la poêle [pwɑːl]	Bratpfanne
l'huile (f.) [ɥil]	Öl
l'ail (m.) [aj]	Knoblauch
mijoter [miʒɔ'te]	langsam schmoren
la cuisson [kɥi'sɔ̃]	Kochen

Im Lebensmittelgeschäft

Kaufmann: Sie wünschen?
Frau Lebrun: Ich hätte gern drei Liter Milch, einen Camembert
              und ein Töpfchen Quark.
Kaufmann: Bitte sehr! Sonst noch etwas?
Frau Lebrun: Ein Pfund Rosinen und ein Kilo Orangen.
Kaufmann: Das wär's?
Frau Lebrun: Ja, das wäre alles.
Kaufmann: Das macht 48 Francs, Madame.

le fromage blanc [frɔ'maːʒ blɑ̃]	Quark
la livre ['livrə]	Pfund, halbes Kilo
les raisins secs (m.) [rɛ'zɛ̃ sɛk]	Rosinen

Les soldes d'hiver

Petra: *Tous les magasins affichent en grandes lettres «SOLDES», qu'est-ce que cela signifie?*

Sylvie: *Dès lundi, les articles d'hiver seront vendus meilleur marché.*

Petra: *Chouette, je pourrai enfin me payer une combinaison de ski!*

EXERCICE

Le pluriel

Mettez au pluriel:

1. Jean prend le livre.
2. Céline lit le magazine.
3. La robe de la jeune femme est belle.
4. Le nez du garçon est froid.
5. Mme Martin achète le fromage.
6. Le prix de ce roman est élevé.
7. Le voisin lave la voiture.
8. Le tapis des Martin est cher.
9. Cet exercice n'est pas difficile.

Winterschlußverkauf

Petra: Alle Geschäfte haben Plakate ausgehängt, auf denen mit Großbuchstaben „SOLDES" steht; was bedeutet das?

Sylvie: Ab Montag werden die Winterartikel preiswerter verkauft.

Petra: Toll, dann kann ich mir endlich einen Skianzug leisten!

les soldes *m* [sɔld]	Ausverkauf/ Schlußverkauf
l'hiver *m* [i'vɛːr]	Winter
afficher [afi'ʃe]	plakatieren
meilleur marché [mɛ'jœːr mar'ʃe]	preiswerter, billiger
la combinaison de ski [kɔ̃binɛ'zɔ̃ də ski]	Skianzug

Der Plural

Setzen Sie in den Plural:

1. Jean prend les livres. 2. Céline lit les magazines. 3. Les robes des jeunes femmes sont belles. 4. Les nez des garçons sont froids. 5. Mme Martin achète les fromages. 6. Les prix de ces romans sont élevés. 7. Les voisins lavent les voitures. 8. Les tapis des Martin sont chers. 9. Ces exercices ne sont pas difficiles.

1. Jean nimmt die Bücher. 2. Céline liest die Zeitschriften. 3. Die Kleider der jungen Frauen sind schön. 4. Die Nasen der Jungen sind kalt. 5. Frau Martin kauft Käse. 6. Die Preise dieser Romane sind hoch. 7. Die Nachbarn waschen die Autos. 8. Die Teppiche der Martins sind teuer. 9. Diese Übungen sind nicht schwer.

--- DIE EXPERTENECKE ---

Travailler pour le roi de Prusse bedeutet für nichts und wieder nichts arbeiten. Wörtlich: Für den König von Preussen arbeiten. Man sagt, daß unter Friedrich II., König von Preussen, die Soldaten nur für 30 Tage bezahlt wurden. Wenn ein Monat 31 Tage hatte, arbeiteten die Soldaten einen Tag umsonst.

Sylvie fait les courses

Sylvie: *Pour le dîner de ce soir, j'ai besoin d'un kilo
            de riz, d'une livre de champignons, de
            viande de veau
            et de vin.
            C'est tout?*

Monique: *N'oublie pas le
            fromage râpé.*

Sylvie: *Juste! Oh, ces
            biscuits au
            chocolat sont
            en promotion.
            J'en prends
            trois paquets.*

EXERCICE

Conjuguez au futur:

je *manger*
tu *boire*
il, elle *apprendre*
nous *écouter*
vous *lire*
ils, elles *finir*

Sylvie geht einkaufen

Sylvie: Für das Abendessen heute brauche ich ein Kilo Reis, ein Pfund Champignons, Kalbfleisch und Wein. Ist das alles?
Monique: Vergiß nicht den geriebenen Käse.
Sylvie: Richtig! Oh, diese Schokoladenkekse sind im Angebot. Ich nehme drei Packungen davon.

faire les courses [fɛːr le kurs]	einkaufen (gehen)
le riz [ri]	Reis
la viande [vjɑ̃ːd]	Fleisch
le veau [vo]	Kalb
le fromage râpé [frɔˈmaːʒ raˈpe]	geriebener Käse
le biscuit [bisˈkɥi]	Keks
en promotion [ɑ̃ prɔmoˈsjɔ̃]	im Angebot

Konjugieren Sie im Futur:

je manger**ai** (ich werde essen)
tu boir**as** (du wirst trinken)
il, elle apprendr**a** (er, sie wird lernen)
nous écouter**ons** (wir werden hören)
vous lir**ez** (ihr werdet lesen)
ils, elles finir**ont** (sie werden aufhören)

DIE EXPERTENECKE

Un peuple qui ne conserve pas la langue, perd son caractère.
Ein Volk, das seine Sprache aufgibt, verliert seinen Charakter.

La banque

Une banque, a remarqué
Jean Cocteau, est une
entreprise qui ne consent
à vous prêter de l'argent
qu'après s'être bien
assurée que vous
n'en avez pas besoin.

Les enfants ont gagné!

On va construire une maisonnette dans le jardin. L'architecte montre les plans
à M. et Mme Lenoir:
il y a deux chambres avec
des portes-fenêtres, une
petite cuisine et une douche
au fond du couloir.
L'architecte dessine des
placards pour les habits et
les livres. Marc insiste sur
un zinc, pour les fêtes.

191

Die Bank

Eine Bank, bemerkte Jean Cocteau, ist ein Unternehmen, das nur bereit ist, Ihnen Geld zu leihen, nachdem es sich überzeugt hat, daß Sie keines brauchen.

Jean Cocteau (1889 – 1963), französischer Dramatiker, Film-autor und Kritiker. Roman: Les Enfants Terribles. Drama: Les Parents Terribles. Filme: Orphée, Le Testament d'Orphée.

remarquer [rəmarˈke]	bemerken
l'entreprise ƒ [ɑ̃trəˈpriːz]	Unternehmen
consentir à [kɔ̃sɑ̃ˈtiːr]	zustimmen, einwilligen, genehmigen
prêter [prɛˈte]	leihen, verleihen, ausleihen
s'assurer de [sasyˈre]	sich vergewissern, sich überzeugen von

192

Die Kinder haben gewonnen!

Es wird ein Häuschen im Garten gebaut. Der Architekt zeigt Herrn und Frau Lenoir die Pläne: Es gibt zwei Zimmer mit Glastüren, eine kleine Küche und eine Dusche am Ende des Korridors. Der Architekt zeichnet Einbauschränke für Kleider und Bücher. Marc besteht auf einer Theke — für die Partys.

le plan [plɑ̃]	Plan
la cuisine [kɥiˈzin]	Küche
la douche [duʃ]	Dusche
au bout [o bu]	am Ende
le couloir [kuˈlwaːr]	Korridor
dessiner [desiˈne]	zeichnen
le placard [plaˈkaːr]	Einbauschrank, Wandschrank
le zinc [zɛ̃ːg]	Theke

«*Un tiens vaut mieux
que deux tu l'auras.*»

Proverbe

Au cinéma

La famille Lebrun va au cinéma. Ils achètent les billets à la caisse. Quand ils entrent dans la grande salle, une autre employée, l'ouvreuse, prend leurs billets. En France il faut donner un pourboire à l'ouvreuse, en général 1 ou 2 Francs.

„Ein Spatz in der Hand ist besser als eine Taube auf dem Dach."
(Wörtl.: Ein „hier hast du" ist besser als zwei „du wirst bekommen".) — Französisches Sprichwort

---

GRAMMATIK

Die weibliche Form von Adjektiven

Die weibliche Form der Adjektive, die auf **et** enden, wird mit **tte**
gebildet:

Beispiel:	*muet/muette* (stumm)
	violet/violette (violett)
Ausnahmen:	*complet/complète* (komplett)
	discret/discrète (diskret)
	inquiet/inquiète (besorgt/beunruhigt)
	secret/secrète (geheim)

Im Kino

Die Familie Lebrun geht ins Kino. An der Kasse kaufen sie die
Eintrittskarten. Als sie den großen Saal betreten, nimmt ihnen
eine weitere Angestellte, die Platzanweiserin, die Karten ab.
In Frankreich muß man der Platzanweiserin ein Trinkgeld
geben, im allgemeinen 1 oder 2 Francs.

le pourboire [pur'bwaːr]	Trinkgeld
l'ouvreuse (f.) [u'vrøːz]	Platzanweiserin
le prix [pri]	Preis
la caisse ['kɛːs]	Kasse

─── EXERCICE ───

Six verbes

Remplissez la grille avec 6 verbes contenant la syllabe OU:

L'herbier au balcon

Matériel: planches, clous, marteau, scie. I. Sciez les planches en fonction des dimensions que vous prévoyez. II. Assemblez les planches devant former le cadre, puis fixez sur celui-ci, celles devant former le fond. Votre herbier est terminé. Vous n'avez plus qu'à y mettre la terre et semer les herbes souhaitées.

Sechs Verben

Füllen Sie das Raster mit 6 Verben aus, welche die Silbe OU enthalten:

```
                    T
        J   T   T   R
O   O   O   O   O   O
U   U   U   U   U   U
B   V   E   S   C   V
L   R   R   S   H   E
I   I       E   E   R
E   R       R   R
R
```

oublier, ouvrir, jouer, tousser, toucher, trouver (vergessen, öffnen, spielen, husten, berühren, finden) ist **eine** mögliche Lösung.

196

Der Kräutergarten auf dem Balkon

Material: Bretter, Nägel, Hammer, Säge. I. Sägen Sie die Bretter auf die gewünschten Maße. II. Bauen Sie die Bretter zusammen, die den Rahmen bilden sollen. Darauf befestigen Sie die Bretter, die den Boden bilden sollen. Fertig ist Ihr Kräuterkasten. Sie müssen nur noch Erde einfüllen und die Kräuter säen, die Sie wünschen.

l'herbier *m* [ɛrˈbje]	Kräutergarten
la planche [plɑ̃ːʃ]	Brett
le marteau [marˈto]	Hammer
la scie [si]	Säge
en fonction [fɔ̃kˈsjɔ̃]	entsprechend
la dimension [dimɑ̃ˈsjɔ̃]	Maß
assembler [asɑ̃ˈble]	zusammenfügen, -bauen
le cadre [ˈkɑ.drə]	Rahmen
le fond [fɔ̃]	Boden
semer [səˈme]	säen
cultiver [kyltiˈve]	anbauen, züchten

Faire du ski en France

Vous pouvez aller dans la région de Briançon.
Cette ville ancienne se trouve à proximité de stations
d'hiver célèbres telles que Serre-Chevalier-Chantemerle (altitude 1350/2660 mètres). Ces stations sont
équipées de nombreuses remontées mécaniques et
reliées par un téléphérique. Il y a plus de 70 pistes
pour le ski alpin et cinq circuits pour le ski de fond.

*Où se sont déroulés les Jeux Olympiques d'hiver de
1992?*

Un bricoleur passionné

Le cadeau d'anniversaire
de M. Lenoir, c'est une
perceuse. Il peut enfin installer une étagère supplémentaire pour ses livres.
Sa femme profite de
l'occasion et lui demande
de percer un trou pour
sa nouvelle horloge de
cuisine. Au bout de cinq
minutes, l'horloge est
fixée.

Skifahren in Frankreich

Sie können in die Gegend von Briançon fahren. Diese alte Stadt befindet sich in der Nähe von berühmten Wintersportorten wie Serre-Chevalier-Chantemerle (Höhe 1350/2660 Meter). Diese Orte sind mit zahlreichen Skiliften ausgestattet und durch eine Drahtseilbahn verbunden. Es gibt über 70 Pisten für Abfahrtski und fünf Langlaufloipen. Wo fanden die Olympischen Winterspiele 1992 statt?

In Albertville, Alpes de Savoie

Das Wahrzeichen der Savoie ist der Montblanc, der höchste Berg Europas (4807 Meter).

Heimwerker mit Leidenschaft

Herrn Lenoirs Geburtstagsgeschenk ist eine Bohrmaschine. Er kann endlich ein zusätzliches Regal für seine Bücher einbauen. Seine Frau nutzt die Gelegenheit und bittet ihn, ein Loch für ihre neue Küchenuhr zu bohren. Innerhalb von fünf Minuten ist die Uhr angebracht.

le bricoleur [brikɔ'lœːr]	Heimwerker
passionné/e [pɑsjɔ'ne]	leidenschaftlich
la perceuse [pɛr'søːz]	Bohrmaschine
une étagère [eta'ʒɛːr]	Regal
profiter [prɔfi'te]	ausnutzen
une occasion [ɔkɑ'zjɔ̃]	Gelegenheit
le trou [tru]	Loch
une horloge [ɔr'lɔːʒ]	Wanduhr

EXERCICE

Le substantiv, le verbe et la personne

le substantif	le verbe	la personne
le vol	voler	voleur
le rêve	rêver	...
la marche	...	marcheur
...	travailler	...
le jeu	...	...
...	...	danseur

A l'auto-école

Mme Lebrun a décidé de passer son permis de
conduire. Ce soir, elle prend son premier cours à
l'auto-école. Le moniteur lui parle du code de la
route et lui montre les panneaux de signalisation.
Il indique aussi ce qu'il faut
faire en cas d'accident.

— ÜBUNG —

Substantiv, Verb und Person

Substantiv	Verb	Person
le vol	voler	voleur
le rêve	rêver	rêveur
la marche	marcher	marcheur
le travail	travailler	travailleur
le jeu	jouer	joueur
la danse	danser	danseur
Diebstahl	stehlen	Dieb
Traum	träumen	Träumer
Gehen	gehen	Wanderer
Arbeit	arbeiten	Arbeiter
Spiel	spielen	Spieler
Tanz	tanzen	Tänzer

200

In der Fahrschule

Frau Lebrun hat beschlossen, ihren Führerschein zu machen.
Heute abend hat sie ihre erste Stunde in der Fahrschule. Der
Fahrlehrer erzählt ihr von der Straßenverkehrsordnung und
zeigt ihr die Verkehrsschilder. Er erklärt auch, was im Falle eines
Unfalls zu tun ist.

le permis de conduire [pɛr'mi də kõ'dɥiːr]	Führerschein
le moniteur [mɔni'tœr]	Trainer, Lehrer
le panneau [pa'no]	Schild
la circulation [sirkylɑ'sjõ]	Verkehr
le code de la route [kɔd də la rut]	Straßenverkehrsordnung

─── EXERCICE ───

Une Grille

*Complétez la grille et lisez dans les cases 10 vertical
le nom d'un peintre français.*

1. Appartement d'une pièce
2. Cet appartement n'est pas moderne
3. Dans la chambre
4. Autour de la table
5. Il loue un appartement
6. Pour entrer
7. Sur la maison
8. Loin d'une ville ou d'un village
9. Cinq et cinq

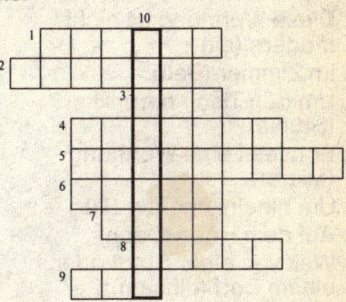

Pâté de foie de porc

Hacher 350 grammes de foie de porc avec 350 grammes de lard; ajouter deux œufs; bien mélanger; saler; poivrer; mettre dans un plat creux allant au four; laisser cuire deux heures.

Ein Rätsel

Ergänzen Sie das Rätsel, in den Kästchen 10 senkrecht lesen Sie den Namen eines französischen Malers.

1. Ein-Zimmer-Wohnung (Appartement)
2. Diese Wohnung ist nicht modern (alt)
3. Im Zimmer (Bett)
4. Um den Tisch herum (Stühle)
5. Er mietet eine Wohnung (Mieter)
6. Um hineinzugehen (Tür)
7. Auf dem Haus (Dach)
8. Weit von einer Stadt oder elnem Dorf (einsam)
9. Fünf und Fünf (zehn)

```
    S T U D I O
A N C I E N
        L I T
    C H A I S E S
    L O C A T A I R E
    P O R T E
        T O I T
          I S O L E
D I X
```

Schweineleberpastete

350 Gramm Schweineleber mit 350 Gramm Speck hacken; zwei Eier hinzufügen; gut mischen; salzen; pfeffern; in eine tiefe Ofenform geben; zwei Stunden backen.

le pâté [pɑ'te]	Pastete
le foie [fwa]	Leber
le porc [pɔːr]	Schwein
le lard [laːr]	Speck

Au kiosque

Silke: *Tous ces titres sont déconcertants, je ne sais pas pour quel magazine je dois me décider.*

Kiosquier: *Essayez F-Magazine, vous y trouvez l'actualité sociale et culturelle, mais aussi la mode pour les femmes.*

**«*Va, dans ce monde,
il faut être un peu trop bon
pour l'être assez.*»**

Marivaux

Am Kiosk

Silke: Alle diese Titel sind verwirrend, ich weiß nicht, für welche Zeitschrift ich mich entscheiden soll.

Kiosk-   Versuchen Sie es mit der Zeitschrift F, Sie finden
besitzer: darin gesellschaftliche und kulturelle Neuigkeiten, aber auch die Mode für Frauen.

déconcertant *(adj.)* [dekõsɛr'tã]	verwirrend
le magazine [maga'zin]	Zeitschrift
se décider [sə desi'de]	sich entscheiden
essayer [ese'je]	versuchen/probieren
trouver [tru've]	finden
l'actualité *(f)* [aktɥali'te]	Neuigkeiten/Nachrichten
social *(adj.)* [sɔ'sjal]	gesellschaftlich

„Geh, in dieser Welt muß man etwas zu gütig sein, um gut genug zu sein." — Marivaux (1688 – 1763), französischer Schriftsteller

──────── GRAMMATIK ────────

Das Adjektiv I

Das Adjektiv richtet sich in Geschlecht und Zahl nach dem Wort, das es näher bestimmt. Die meisten Adjektive bilden die Femininform mit einem angefügten e.

le **petit** bureau   la **petite** table
(das kleine Büro)   (der kleine Tisch)

le **grand** chef   la **grande** maison
(der große Chef)   (das große Haus)

Adjektive, die auf stummes e enden, bleiben unverändert:

un homme **jeune**   une **jeune** fille
(ein junger Mann)   (ein junges Mädchen)

Pierre est **malade.**   Nicole est **malade.**
(Pierre ist krank.)   (Nicole ist krank.)

La nouvelle salle de séjour

L'ébéniste vient de monter
les éléments bibliothèque,
vitrine et rangement.
Le tout forme une belle
armoire en merisier.
Demain, il livrera le
canapé, les fauteuils
et la table basse.

*«La mesure de l'amour,
c'est d'aimer sans mesure.»*

Saint-Augustin

Das neue Wohnzimmer

Der Tischler hat die Bücherregal-, Vitrinen- und Türenelemente zusammengebaut. Das Ganze bildet einen schönen Schrank aus Kirschbaumholz. Morgen wird er die Couch, die Sessel und den Couchtisch liefern.

la salle de séjour [sal də se'ʒuːr]	Wohnzimmer
monter qc = assembler [mɔ̃'te /asɑ̃'ble]	zusammenbauen
le merisier [məri'zje]	Waldkirschbaum
le canapé [kana'pe]	Couch
le fauteuil [fo'tœj]	Sessel
la table ['tablə]	Tisch
bas/basse *adj.* [bɑ/bɑs]	niedrig

„Das Maß der Liebe ist, ohne Maß zu lieben." – Sankt Augustin (5. Jahrhundert), christlicher Philosoph

——————— GRAMMATIK ———————

Das Adjektiv II

Die meisten Adjektive bilden die weibliche Form auf e. Wichtige Ausnahmen sind:

beau/belle (**schön**)   vieux/vieille (**alt**)

Adjektive auf -eur oder -eux bilden die weibliche Form auf -euse:

heureux/heureuse (**glücklich**)   peureux/peureuse (**furchtsam**)
trompeur/trompeuse   flatteur/flatteuse
  (**betrügerisch**)   (**schmeichlerisch**)

Adjektive, die auf s, t, l oder n enden, verdoppeln den Konsonanten:

bas/basse (**niedrig**)   gentil/gentille (**freundlich**)
ancien/ancienne (**alt**)   actuel/actuelle (**aktuell**)

Sauce Hollandaise

Mettre un bol au bain-marie (dans une casserole d'eau chaude), mélanger dans le bol trois jaunes d'œufs, une cuillère à café d'eau chaude, saler, remuer énergiquement, retirer le bol de l'eau chaude et ajouter trois cuillères de beurre. Servir très chaud.

Un imperméable

Vendeuse: *Bonjour Mlle, puis-je vous rendre service?*
Valérie: *J'aimerais un imperméable, taille 38, une couleur criarde pour que les auto-mobilistes me voient mieux quand je cir-cule à vélo de grand matin.*
Vendeuse: *Voici un ciré jaune, il vous convient?*

Holländische Soße

Schüssel in ein Wasserbad stellen (in einen Topf mit heißem Wasser), drei Eigelb in der Schüssel schlagen, einen Kaffee- löffel heißes Wasser hinzufügen, salzen, sehr kräftig umrühren, die Schüssel aus dem heißen Wasser herausnehmen und drei Löffel Butter zugeben. Sehr heiß servieren.

le bain-marie [bɛ̃maˈri]	Wasserbad
mélanger [melɑ̃ˈʒe]	schlagen, vermengen
le jaune d'œuf [ʒoːn dœf]	Eigelb
la cuillère, la cuiller [kɥiˈjɛːr]	Löffel

Ein Regenmantel

Verkäuferin: Guten Tag, kann ich Ihnen helfen?
Valérie: Ich möchte einen Regenmantel, Größe 38, in einer grellen Farbe, damit mich die Autofahrer besser sehen, wenn ich frühmorgens mit dem Fahrrad unterwegs bin.
Verkäuferin: Hier ist ein gelber Lackmantel, sagt er Ihnen zu?

l'imperméable *m* [ɛ̃pɛrmeˈablə]	Regenmantel
la taille [tɑːj]	Größe
la couleur [kuˈlœːr]	Farbe
criard *adj.* [kriˈaːr]	grell
circuler [sirkyˈle]	sich im Verkehr bewegen/ unterwegs sein
de grand matin [grɑ̃ maˈtɛ̃]	frühmorgens
le ciré [siˈre]	Lackmantel
convenir [kɔ̃vˈniːr]	zusagen

La Marseillaise

Elle ne vient pas de Marseille! Composée en 1792 par Rouget de Lisle, alors officier à Strasbourg, elle porta d'abord le titre «Chant de guerre pour l'armée du Rhin». Mais les fédérés marseillais l'ont fait connaître les premiers à Paris, c'est ainsi qu'elle a eu son titre: la «Marseillaise» qui lui est resté. En 1879 elle est devenue l'hymne national français.

Sous quelle République a-t-elle été adoptée comme hymne national?

Rébus

Les homonymes

Les homonymes sont des mots ayant la même prononciation mais pas la même orthographe ou le même sens.
Trouvez les homonymes illustrés ci-dessous:

Die Marseillaise

Sie kommt nicht aus Marseille! 1792 von Rouget de Lisle, damals Offizier in Straßburg, komponiert, hatte sie zuerst den Titel „Chant de Guerre pour l'armée du Rhin" (Kriegslied für die Rheinarmee). Aber die Föderierten aus Marseille machten das Lied als erste in Paris bekannt, so kam es zu dem Titel „Marseillaise", der beibehalten wurde. 1879 wurde sie zur französischen Nationalhymne. Unter welcher Republik wurde sie als Nationalhymne angenommen?

In der III. Republik (nach 1870)

Homonyme

Homonyme sind Wörter, welche die gleiche Aussprache haben, nicht aber die gleiche Schreibweise oder die gleiche Bedeutung. Finden Sie die unten dargestellten Homonyme:

le pain / le pin
(das Brot / die Fichte)

la souris / elle sourit
(die Maus / sie lächelt)

le quart / le car
(das Viertel / der Reisebus)

Des prépositions

Complétez avec du, de la, de l', des, au, à la, à l', aux:

1. Les amis vont _____ cinéma.
2. Ils rentrent _____ maison après minuit.
3. Le chat ne sort pas _____ garage.
4. M. Martin va _____ Etats-Unis, le chauffeur le conduit _____ aéroport.
5. Venez-vous _____ université ou _____ bibliothèque?
6. Quand revient-il _____ Etats-Unis?

212

Un bout de «France» dans le Pacifique

En 1853, la France s'est emparée de cette île dans l'océan Pacifique, alors habitée par les Mélanésiens (aussi appelés Kanak ou Canaques). Cette île à l'est de l'Australie est maintenant un territoire d'Outre-Mer (TOM) et les Blancs qui y vivent sont appelés «Caldoches». Une des richesses de l'île est le nickel. Sa capitale: Nouméa.

Quel est le nom de cette île?

Präpositionen

Ergänzen Sie mit du, de la, de l', des, au, à la, à l', aux:

1. Les amis vont **au** cinéma.
2. Ils rentrent **à la** maison après minuit.
3. Le chat ne sort pas **du** garage.
4. M. Martin va **aux** Etats-Unis, le chauffeur le conduit à l'aéroport.
5. Venez-vous **de** l'université ou **de la** bibliothèque?
6. Quand revient-il **des** Etats-Unis?

1. Die Freunde gehen ins Kino.
2. Sie kommen nach Mitternacht nach Hause.
3. Die Katze geht nicht aus der Garage.
4. Herr Martin fliegt in die USA; der Chauffeur fährt ihn zum Flughafen.
5. Kommen Sie aus der Universität oder aus der Bücherei?
6. Wann kommt er aus den USA zurück?

Ein Stück „Frankreich" im Pazifik

1853 eroberte Frankreich diese Insel im Pazifischen Ozean, die damals von Melanesiern (auch Kanaken genannt) bewohnt wurde. Diese Insel, östlich von Australien gelegen, ist jetzt französisches Überseeterritorium, und die Weißen, die dort leben, werden „Caldoches" genannt.
Einer der Reichtümer der Insel ist Nickel. Die Hauptstadt: Nouméa. Wie heißt diese Insel?

Nouvelle-Calédonie / Neukaledonien

«*Il ne faut pas
vendre la peau de l'ours
avant de l'avoir tué.*»

Proverbe

Un amoureux empressé

Lucien: *Zut! Depuis lundi je téléphone à Juliette et il y
a toujours le répondeur automatique:
«Bonjour, je suis
absente pour
l'instant, mais
laissez-moi votre
nom et votre
adresse...»*

Marc: *Juliette... c'est
pas la belle blonde
à qui tu as écrit
dix lettres?*

„Man soll das Fell des Bären nicht verkaufen, ehe man ihn erlegt hat." — französisches Sprichwort

---

GRAMMATIK

Futur von „avoir" und „être"

avoir	**être**
j'aurai	je serai
tu auras	tu seras
il/elle aura	il/elle sera
nous aurons	nous serons
vous aurez	vous serez
ils/elles auront	ils/elles seront

haben	**sein**
ich werde haben	ich werde sein
...	...

Ein eifriger Liebhaber

Lucien: Verflixt! Seit Montag rufe ich Juliette an, und immer ist der Anrufbeantworter dran: „Guten Tag, ich bin zur Zeit abwesend, aber hinterlassen Sie mir Ihren Namen und Ihre Adresse..."

Marc: Juliette... ist das nicht die schöne Blondine, der du zehn Briefe geschrieben hast?

zut! [zyt]	verflixt!
amoureux/-euse [amuˈrø]	verliebt
depuis [dəˈpɥi]	seit
le répondeur automatique [repɔ̃ˈdœːr otɔmaˈtik]	Anrufbeantworter
absent/e [apˈsɑ̃]	abwesend
la blonde [blɔ̃ːd]	Blondine

──────── **EXERCICE** ────────

Mettez les phrases suivantes au passé composé

Elle va à pied.
Claudette entre dans le magasin.
Elles se lèvent à sept heures.
Ils boivent de l'eau minérale.
Je peux y rester.
Elles s'habillent.

Le crédit pour la moto

Didier: *Papa, la banque m'accorde le crédit que j'ai demandé pour acheter la moto, mais j'hésite parce que le taux d'intérêt est 16%, c'est beaucoup!*

M. Morin: *Si je consens à te prêter l'argent, quel taux d'intérêt rais-tu prêt à payer?*

Das Passé Composé

Elle est allée à pied.
Claudette est entrée dans le magasin.
Elles se sont levées à sept heures.
Ils ont bu de l'eau minérale.
J'ai pu y rester.
Elles se sont habillées.

Sie ist zu Fuß gegangen.
Claudette ist ins Geschäft gegangen.
Sie sind um sieben Uhr aufgestanden.
Sie haben Mineralwasser getrunken.
Ich konnte dableiben.
Sie haben sich angezogen.

Der Kredit für das Motorrad

Didier: Papa, die Bank gewährt mir den beantragten Kredit für das Motorrad. Aber ich zögere, weil der Zinssatz 16 % beträgt, das ist viel.
Herr Morin: Wenn ich zustimmen würde, dir das Geld zu leihen, wieviel Zinsen wärst du bereit, mir zu zahlen?

accorder [akɔr'de]	gewähren
la moto [mɔ'to]	Motorrad
hésiter [ezi'te]	zögern
le taux [to]	Satz, Quote
l'intérêt *m* [ɛ̃te'rɛ]	Zins
consentir [kɔ̃sɑ̃'ti:r]	zustimmen
prêter [prɛ'te]	leihen
être prêt ['ɛ:trə prɛ]	bereit/gewillt sein

Pêches au vin

6 pêches mûres; 30 cl de vin blanc doux; 1 1/2 cuillères à soupe de miel; jus et zeste d'une orange; 5 clous de girofle; de la cannelle en morceaux; crème fraîche.

Plonger les pêches dans de l'eau bouillante, les peler. Verser le vin dans une casserole, ajouter le miel, le zeste et le jus d'orange, les clous de girofle et la cannelle. Couvrir, faire bouillir 10 min. environ avec les pêches. Retirer les clous de girofle et la cannelle. Laisser refroidir les pêches dans le sirop, puis les disposer dans des coupes et les mettre au réfrigérateur. Servir avec de la crème fraîche. Le mot «pêche» a encore un autre sens.

Lequel?

Le langage des fleurs

Quel message veut-on transmettre quand on offre:
Une violette? Elle signale un amour caché.
Une jonquille? Elle exprime un désir.
Un myosotis? Il signale: ne m'oublie pas.
Une marguerite? Elle symbolise la fidélité.
Quand vous offrez une rose que voulez-vous signaler?

Pfirsiche in Wein

6 reife Pfirsiche; 30 cl lieblichen Weißwein; 1 1/2 Eßlöffel Honig; Saft und geriebene Schale einer Orange; 5 Gewürznelken; Stangenzimt; Crème fraîche.

Die Pfirsiche in kochendes Wasser tauchen und schälen. Den Wein in einen Topf gießen, den Honig, den Saft und Orangenschale, die Gewürznelken und den Zimt dazugeben. Zugedeckt ca. 10 Min. mit den Pfirsichen kochen lassen. Die Gewürznelken und den Zimt entfernen. Die Pfirsiche in dem Saft erkalten lassen, danach in Schälchen anrichten und in den Kühlschrank stellen. Mit Crème fraîche servieren.

Das Wort "pêche" hat noch eine andere Bedeutung. Welche?

Es bedeutet auch: Fischfang

Die Sprache der Blumen

Welche Botschaft möchte man überbringen, wenn man folgende Blumen verschenkt:
Veilchen? Sie signalisieren eine heimliche Liebe.
Narzisse? Sie drückt die Sehnsucht aus.
Vergißmeinnicht? Sie bedeuten: Vergiß mich nicht.
Margerite? Sie signalisiert die Treue.
Was möchten Sie ausdrücken, wenn Sie eine Rose schenken?

la fleur [flœːr]	Blume
le message [meˈsaːʒ]	Botschaft/Nachricht
exprimer [ɛkspriˈme]	ausdrücken

A la bibliothèque

Jean s'est rendu compte, en s'entretenant avec Silke,
qu'il ne sait pas beaucoup de choses sur l'Allemagne,
c'est pourquoi il va à
la bibliothèque pour
emprunter de la littéra-
ture sur ce pays. Il pense
tout spécialement à un
guide qui donne de
brèves informations
générales.

--- EXERCICE ---

Traduction

1. Der Tisch ist niedrig.
2. Das graue Kleid ist zu lang.
3. Die kleinen Kinder spielen im Garten.
4. Sie ist ein mutiges Mädchen.
5. Wo sind die neuen Bücher?
6. Ich kaufe weiße Blumen.

In der Bücherei

Jean hat beim Unterhalten mit Silke bemerkt, daß er nicht viel über Deutschland weiß, darum geht er in die Bücherei, um sich Literatur über dieses Land auszuleihen. Er denkt insbesondere an einen Reiseführer, der kurze allgemeine Informationen gibt.

la bibliothèque [biblio'tɛk]	Bücherei
se rendre compte [sə 'rã:drə kɔ̃:t]	bemerken
s'entretenir [sãtrət'ni:r]	sich unterhalten
savoir [sa'vwa:r]	wissen
emprunter [ãprœ̃'te]	ausleihen/leihen von
le guide [gid]	Reiseführer *(Buch u. Person)*
penser [pã'se]	denken
bref/brève *(adj. m/f)* [brɛf/brɛ:v]	kurz
général *(adj.)* [ʒene'ral]	allgemein

Übersetzung

1. La table est basse.
2. La robe grise est trop longue.
3. Les petits enfants jouent dans le jardin.
4. Elle est une fille courageuse.
5. Où sont les nouveaux livres?
6. J'achète des fleurs blanches.

DIE EXPERTENECKE
Plural mit -x

Normalerweise wird der Plural der Substantive mit s gebildet. Aber die männlichen Substantive, die auf -au, -eu enden, haben ihre Pluralendung auf -x. Die Endung -al wird zu -aux.

le cheval → les chevaux (Pferd)
le bateau → les bateaux (Boot)
le jeu → les jeux (Spiel)

«*C'est en forgeant
qu'on devient forgeron.*»

Proverbe

Un job d'étudiant

Sylvie fait de la vente par téléphone.

Sylvie: *Bonjour Monsieur, êtes-vous intéressé par
la nouvelle en-
cyclopédie des
sports? Je vous
propose un
rendez-vous
demain à 15
heures…*

Le Monsieur: *Vous avez une
voix si agréable.
Venez plutôt à
21 heures!*

„Übung macht den Meister." (Man wird Schmied, indem man schmiedet.) — Französisches Sprichwort

──────────── GRAMMATIK ────────────

avoir und être

Der Gebrauch von avoir und être im passé composé bei Verben der Bewegungsrichtung und der Bewegungsart:
aller, venir, entrer, sortir, monter, descendre etc. sind Verben der Bewegungsrichtung und werden mit **être** konjugiert.
courir, marcher, rouler, sauter, nager etc. sind Verben der Bewegungsart und werden mit **avoir** konjugiert.
Beispiel: *Nous **sommes allés** au cinéma, nous **avons couru** pour arriver à l'heure.* (Wir sind ins Kino gegangen; wir sind gelaufen, um pünktlich anzukommen.)

Ein Studentenjob

Sylvie macht Telefonverkauf.

Sylvie: Guten Tag, sind Sie an dem neuen Sportlexikon interessiert? Ich schlage Ihnen ein Treffen morgen um 15 Uhr vor...
Der Herr: Sie haben so eine angenehme Stimme. Kommen Sie doch lieber um 21 Uhr!

la vente [vã:t]	Verkauf
une encyclopédie [ãsiklɔpe'di]	Lexikon
le rendez-vous [rãde'vu]	Rendezvous, Treffen
demain [də'mɛ̃]	morgen
la voix [vwa]	Stimme
agréable [agre'ablə]	angenehm

Biarritz – Noblesse oblige

En 1834, la comtesse Eugénie de Montijo (Espagne) a passé ses premières vacances à Biarritz. Le charme de ce port de pêche et le climat doux l'ont enchantée. Vingt ans plus tard, elle y retourne avec son époux Napoléon III. Le couple impérial s'installe dans sa nouvelle résidence d'été, la «villa Eugénie». Les années suivantes, ils invitent des hôtes illustres tels que les Metternich, le comte Otto de Bismarck. Si vous voulez en savoir plus, demandez à un vieux Biarrot, il vous racontera l'histoire de sa ville comme s'il était le descendant direct de Napoléon.

Où se trouve Biarritz?

Mousse au chocolat

Faire chauffer doucement dans une casserole 150 grammes de chocolat cassé en morceaux avec cinq ou six cuillères d'eau; bien remuer; retirer du feu et mélanger avec six blancs d'œufs battus en neige et sucrés; servir froid; on peut ajouter des raisins secs trempés dans du rhum.

223

Biarritz – Adel verpflichtet

1834 verbrachte die Gräfin Eugénie de Montijo (Spanien) ihre
ersten Ferien in Biarritz. Der Charme des Fischerortes und das
milde Klima haben sie entzückt. Zwanzig Jahre später kehrt sie
mit ihrem Gemahl Napoleon III. dorthin zurück. Das kaiserliche
Paar läßt sich in seiner neuen Sommerresidenz, der „Villa Eugénie", nieder. In den folgenden Jahren laden sie berühmte
Gäste wie die Metternichs, den Grafen Otto von Bismarck hierher ein. Wenn Sie mehr darüber erfahren wollen, fragen Sie
einen alten Biarrot (so nennt man die Einwohner von Biarritz), er
wird Ihnen die Geschichte seiner Stadt erzählen, als ob er ein
direkter Nachfahre von Napoleon wäre. Wo liegt Biarritz?

An der Atlantikküste, unweit der Grenze zu Spanien.

Heutzutage ist Biarritz ein beliebter Ferienort. Die Franzosen
nennen ihn das „französische Kalifornien".

224

Schokoladenkrem

150 Gramm in Stücke gebrochene Schokolade zusammen mit
fünf oder sechs Löffeln Wasser langsam in einem Topf erhitzen;
gut umrühren; vom Feuer nehmen und mit sechs zu Eischnee
geschlagenen, gezuckerten Eiweiß mischen; kalt servieren;
man kann in Rum getränkte Rosinen hinzufügen.

la mousse [mus]	Schaum
la casserole [kas'rɔl]	Kochtopf
le morceau [mɔr'so]	Stück, Bissen
remuer [rə'mye]	(um)rühren
tremper [trɑ̃'pe]	eintauchen, einweichen

Origine réelle ou légende?

Il y a longtemps, peut-être au temps des guerres napoléoniennes, les soldats français séjournant outre-Rhin dressaient leurs tentes dans des camps en dehors des villes. Les jeunes filles du coin allaient se promener aux alentours et observaient les soldats. Ceux-ci les invitaient à visiter leur tente: «Venez visiter ma tente». Les mères alarmées auraient dit à leurs filles: «Mach mir keine Visite ma tente...». Ce qui au cours du temps serait devenu:«Fisimatenten».

Des vacances en Tunisie

M. et Mme Dupont ont décidé de passer leurs vacances en Tunisie. Ils veulent y rester deux semaines. M. Lebrun les conduit à l'aéroport, au hall des départs. Ils ont préferé partir avant le 21 mars, qui marque le début de la haute saison.

Wahrer Ursprung oder Legende?

Vor langer Zeit, vielleicht zur Zeit der napoleonischen Kriege, stellten die jenseits des Rheins stationierten französischen Soldaten ihre Zelte in Lagern außerhalb der Städte auf. Die jungen Mädchen aus der Nachbarschaft gingen in der Umgebung spazieren und beobachteten die Soldaten. Diese luden sie ein, ihre Zelte zu besuchen: „Venez visiter ma tente", („Wollen Sie mein Zelt besichtigen?"). Die alarmierten Mütter sollen ihren Töchtern gesagt haben: „Mach mir keine Visite ma tente...". Daraus soll im Laufe der Zeit „Fisimatenten" geworden sein.

Ferien in Tunesien

Herr und Frau Dupont haben beschlossen, ihre Ferien in Tunesien zu verbringen. Sie möchten zwei Wochen dort bleiben. Herr Lebrun fährt sie zum Flugplatz, zur Abflughalle. Sie wollen lieber vor dem 21. März abreisen, an dem die Hochsaison beginnt.

la Tunisie [tyni'zi]	Tunesien
conduire [kɔ̃'dɥiːr]	fahren, bringen
le commencement [kɔmɑ̃s'mɑ̃]	Anfang, Beginn
la saison [sɛ'zɔ̃]	Saison, Jahreszeit

Une carte postale de Tunisie

Chers amis.

Nous sommes bien arrivés à l'hôtel. La nourriture est excellente. Il fait beau presque toute la journée, aucun nuage dans le ciel et nous passons la plupart du temps à la plage. Hier, Jacques a lézardé au soleil, et aujourd'hui il a un coup de soleil terrible.
Dites bonjour aux enfants.
Amicalement

Colette et Jacques

*«L'espoir est une corde
sur laquelle dansent
beaucoup de fous.»*

Proverbe russe

Eine Postkarte aus Tunesien

Meine Lieben,

wir sind gut im Hotel angekommen. Das Essen ist vorzüglich.
Wir haben fast den ganzen Tag über schönes Wetter, kein
Wölkchen am Himmel, und wir verbringen die meiste Zeit am
Strand. Gestern hat sich Jacques in der Sonne geaalt, jetzt hat
er einen furchtbaren Sonnenbrand.
Grüßt Eure Kinder.
Mit freundlichen Grüßen

Colette und Jacques

le repas [rə'pɑ]	Essen, Gericht
excellent [ɛksɛ'lã]	vorzüglich, großartig
le nuage [nɥ'aːʒ]	Wolke
lézarder [lezar'de]	sich aalen, sonnen
hier [jeːr]	gestern

„Hoffnung ist ein Seil, auf dem viele Narren tanzen." –
Russisches Sprichwort

―――――――――― GRAMMATIK ――――――――――

Zweite und dritte Konjugation

Endung auf -ir **choisir** (wählen)	Endung auf -re **vendre** (verkaufen)	Endung auf -oir **voir** (sehen)
je choisis	je vends	je vois
tu choisis	tu vends	tu vois
il choisit	il vend	il voit
nous choisissons	nous vendons	nous voyons
vous choisissez	vous vendez	vous voyez
ils choisissent	ils vendent	ils voient

Adressez-vous au guichet des colis...

Petra: *Bonjour, Monsieur, c'est pour retirer un paquet contre remboursement.*

Employé: *Je regrette Mademoiselle, mais ici c'est le guichet des affranchissements, il faut vous adresser au guichet des colis.*

Petra: *Encore faire la queue!*

Le Roquefort, le «roi des fromages»

Il y a longtemps, dans un village près du Larzac, un jeune pâtre déjeunait avec du pain et du fromage du lait de ses brebis. Une jolie bergère passant par là, il laissa son déjeuner dans un creux du rocher pour la suivre. Revenu bien plus tard, après avoir goûté son déjeuner délaissé, il constata que le caillé de brebis parcouru de veinures bleu-vert avait pris une saveur corsée, légèrement piquante et délicieuse.

Ainsi est né le Roquefort!

Wenden Sie sich an den Paketschalter...

Petra: Guten Tag, ich möchte ein Nachnahmepaket ab-
           holen.
Beamter: Ich bedaure, mein Fräulein, hier ist der Schalter für
           Briefsendungen, Sie müssen sich an den Paket-
           schalter wenden.
Petra: Schon wieder anstellen!

le colis [kɔ'li]	Paket (Sendung)
retirer qc (de la poste) [rəti're]	etwas (von der Post) abholen
le paquet contre remboursement [pa'kɛ 'kɔ̃:trə rɑ̃bursə'mɑ̃]	Nachnahmepaket

Der Roquefort, der „König aller Käsesorten"

Vor langer Zeit in einem Dorf nah der Hochebene Larzac früh-
stückte ein junger Hirte mit Brot und Käse von der Milch seiner
Schafe. Eine hübsche Schäferin kam vorbei, er ließ seine
Mahlzeit in einer Felsnische liegen, um ihr zu folgen. Als er
lange Zeit später zurückkehrte, kostete er sein zurückgelasse-
nes Käsebrot und stellte fest, daß der gegorene Schafsmilch-
käse mit einer blau-grünen Maserung durchzogen war und einen herrlichen, leicht würzigen Geschmack bekommen hatte.

So entstand der Roquefort!

Die Hochebene Larzac liegt im Süden des Zentralmassivs.
Übrigens reift heute noch der „echte Roquefort" in den Kellern
des besagten Dorfes Roquefort-sur-Soulzon.

Au bistrot du coin

M. Lenoir: *Salut Marcel! ça fait longtemps qu'on s'est pas vu. Qu'est-ce que tu prends?*

Marcel: *Un petit Pastis comme d'habitude…*

Le patron: *J'offre une tournée générale. A votre santé!*

Lucien: *Moi, je voudrais un café noir bien serré.*

GRAMMAIRE

L'article partitif

masculin	féminin
du café	de la confiture
de l'argent	de l'eau
des fruits	des oranges

In der Stammkneipe

M. Lenoir: Tag, Marcel! Hab dich schon lange nicht mehr gesehen. Was trinkst du?
Marcel: Einen kleinen Pastis wie üblich...
Der Wirt: Ich geb eine Runde aus. Prost!
Lucien: Ich möchte einen starken schwarzen Kaffee.

le bistrot [bis'tro]	Kneipe
le coin [kwɛ̃]	Ecke
longtemps [lɔ̃'tɑ̃]	lange Zeit
prendre [prɑ̃drə]	nehmen
d'habitude [dabi'tyd]	üblicherweise
offrir la tournée [ɔ'fri:r la tur'ne]	eine Runde ausgeben

232

GRAMMATIK

Der Teilungsartikel

Kaffee	Konfitüre
Geld	Wasser
Obst	Orangen

une bouteille de vin	eine Flasche Wein
une tasse de café	eine Tasse Kaffee
un kilo d'oranges	ein Kilo Orange
beaucoup de lait	viel Milch

Der Teilungsartikel bei Substantiven im Singular lautet du (m.), de l' (m. und f.) und de la (f.), im Plural des. Man verwendet ihn, soweit es sich um Substanzen bzw. um unbestimmte Mengen handelt, d. h. bei Substantiven, denen kein Zahlwort vorangestellt ist.
Nach Mengenangaben (Gewichte, Verpackungen und bestimmte Adverbien) und nach der Verneinung steht der Teilungsartikel de bzw. d'.

L'adjectif démonstratif

Sur . . . île on voit Notre-Dame.
. . . arbres ont des feuilles vertes.
Regarde . . . enfant-là!
. . . train-ci va à Marseille, et . . . train-là à Nice.
. . . homme porte un manteau brun.
. . . ville n'est pas grande.
Il a souvent parlé de . . . jeune fille.

Le cours de tricot

Sylvie a acheté une très jolie laine, un livre de tricot et des aiguilles à tricoter. Mais les résultats qu'elle obtient ne ressemblent pas beaucoup à l'illustration dans le livre, elle ne comprend pas les instructions. Sylvie a décidé de s'inscrire à un cours de tricot à l'université populaire.

---- ÜBUNG ----

Demonstrativpronomen

Sur **cette** île on voit Notre-Dame.
Ces arbres ont des feuilles vertes.
Regarde **cet** enfant-là!
Ce train-ci va à Marseille, et **ce** train-là à Nice.
Cet homme porte un manteau brun.
Cette ville n'est pas grande.
Il a souvent parlé de **cette** jeune fille.

Auf dieser Insel sieht man Notre-Dame.
Diese Bäume haben grüne Blätter.
Sieh dir dieses Kind an!
Dieser Zug geht nach Marseille und dieser Zug nach Nizza.
Dieser Mann trägt einen braunen Mantel.
Diese Stadt ist nicht groß.
Er hat oft von diesem Mädchen gesprochen.

234

Der Strickkurs

Sylvie hat hübsche Wolle, ein Strickbuch und Stricknadeln
gekauft. Aber die Ergebnisse, die sie erhält, gleichen nicht sehr
der Abbildung im Strickbuch, sie versteht die Anleitungen
nicht. Sylvie beschließt, einen Strickkurs bei der Volkshoch-
schule zu besuchen.

la laine [lɛːn]	Wolle
l'aiguille f [eˈgɥij]	Nadel
tricoter [trikɔˈte]	stricken
le résultat [rezylˈta]	Ergebnis
obtenir [ɔptəˈniːr]	erhalten
ressembler [rəsɑ̃ˈble]	gleichen
l'illustration f [illystraˈsjɔ̃]	Abbildung
l'instruction f [ɛ̃strykˈsjɔ̃]	Anleitung/-weisung
l'université populaire f [ynivɛrsiˈte pɔpyˈlɛːr]	Volkshochschule

Omelette au lard

Couper le lard en petits morceaux. Les faire dorer à la poêle dans du beurre. Verser les œufs battus en omelette sur les lardons. Faire cuire comme une omelette normale, en remuant de temps en temps. Le dessus doit rester un peu liquide. Plier en deux pour servir.

EXERCICE

L'article partitif: Complétez!

Y a-t-il encore . . . pommes?
Je cherche . . . timbres.
Nous avons . . . cauchemars.
Tu bois . . . bière?
N'oublie pas d'acheter . . . pain!
Il y a . . . bruit dans la rue.
Elle prend . . . sucre.

Speckpfannkuchen

Den Speck in kleine Stücke schneiden. In der Pfanne in Butter goldbraun schmoren lassen. Die geschlagenen Eier über die Speckscheiben geben. Wie ein normales Omelett backen lassen, von Zeit zu Zeit umrühren. Die Oberseite soll ein wenig flüssig bleiben. Zum Servieren zusammenklappen.

l'omelette (f.) [ɔmˈlɛt]	Eierkuchen
dorer [dɔˈre]	vergolden
battre [ˈbatrə]	schlagen
cuire [kɥiːr]	kochen, braten, backen
remuer [rəˈmye]	rühren
le dessus [dəˈsy]	Oberteil, Oberseite

—— ÜBUNG ——

Teilungsartikel: Vervollständigen Sie!

Y a-t-il encore **des** pommes?
Je cherche **des** timbres.
Nous avons **des** cauchemars.
Tu bois **de la** bière?
N'oublie pas d'acheter **du** pain!
Dans la rue il y a **du** bruit.
Elle prend **du** sucre.

Gibt es noch Äpfel?
Ich suche Briefmarken.
Wir haben Alpträume.
Trinkst du Bier?
Vergiß nicht, Brot zu kaufen!
Auf der Straße ist Lärm.
Sie nimmt Zucker.

Quand le chat n'est pas là ...

M. Martin revient de son voyage d'affaires.

M. Martin: *Mademoiselle Simone, avez-vous tapé les offres que je vous avais dictées?*

Mlle Simone: *Euh! Non Monsieur, le comptable a mis la machine à écrire tout en haut sur l'armoire ...*

──────────── EXERCICE ────────────

Conjugaison

Conjuguez au présent:

1. je (sourire) _____
2. tu (travailler) _____
3. il (lire) _____
4. nous (finir) _____
5. vous (aimer) _____
6. ils (vendre) _____

7. je (prendre) _____
8. tu (recevoir) _____
9. il (manger) _____
10. nous (fumer) _____
11. vous (voir) _____
12. ils (choisir) _____

Wenn die Katze aus dem Haus ist ...

Herr Martin kommt von seiner Geschäftsreise zurück.

Herr Martin: Fräulein Simone, haben Sie die Angebote getippt, die ich Ihnen diktiert hatte?

Fräulein Simone: Hm! Nein, der Buchhalter hat die Schreibmaschine ganz oben auf den Schrank gestellt ...

le voyage d'affaires [vwa'ja:ʒ da'fɛ:r]	Geschäftsreise
taper [ta'pe]	*hier:* tippen; *sonst:* schlagen
l'offre (f) ['ɔfrə]	Angebot
le comptable [kɔ'tablə]	Buchhalter
la machine à écrire [ma'ʃi:n a e'kri:r]	Schreibmaschine
en haut [ã o]	oben
l'armoire (f) [ar'mwa:r]	Schrank

Konjugation

Konjugieren Sie im Präsens:

1. je souris (ich lächle)
2. tu travailles (du arbeitest)
3. il lit (er liest)
4. nous finissons (wir beenden)
5. vous aimez (ihr liebt)
6. ils vendent (sie verkaufen)
7. je prends (ich nehme)
8. tu reçois (du bekommst)
9. il mange (er ißt)
10. nous fumons (wir rauchen)
11. vous voyez (ihr seht)
12. ils choisissent (sie wählen)

DIE EXPERTENECKE

Une expression

fumer comme un pompier — wie ein Schlot rauchen (wörtlich: wie ein Feuerwehrmann)

Bronzer en hiver

L'esthéticienne: *Voilà, ce masque à l'argile va nettoyer et tonifier votre peau.*

Sylvie: *Mais je suis trop pâle!*

L'esthéticienne: *Vous pouvez prendre un abonnement pour le banc solaire; après dix séances vous êtes bien bronzée.*

Les mois de l'année

Janvier	Juillet
Février	Août
Mars	Septembre
Avril	Octobre
Mai	Novembre
Juin	Décembre

Braunwerden im Winter

Kosmetikerin: So, diese Lehmmaske wird Ihre Haut reinigen und beleben.
Sylvie: Aber ich bin zu blaß!
Kosmetikerin: Sie können ein Abonnement für die Sonnenbank nehmen; nach zehn Bestrahlungen sind Sie schön braun.

bronzer [brɔ̃'ze]	bräunen, braun werden
nettoyer [nɛtwa'je]	reinigen
tonifier [tɔni'fje]	beleben
la peau [po]	Haut
pâle [pɑ:l]	blaß
le banc solaire [bã sɔ'lɛ:r]	Sonnenbank
la séance [se'ɑ:s]	Sitzung, hier: Bestrahlung

Die Monate des Jahres

Nous sommes le . . .	Wir haben den . . .
Aujourd'hui c'est le . . .	Heute ist der . . .
Le premier janvier	Der erste Januar
Le deux février	Der zweite Februar
Le combien sommes-nous?	Den wievielten haben wir?

janvier (m.) [ʒã'vje]	Januar
février (m.) [fevri'e]	Februar
mars (m.) [mars]	März
avril (m.) [a'vril]	April
mai (m.) [mɛ]	Mai
juin (m.) [ʒɥɛ̃]	Juni
juillet (m.) [ʒɥ'jɛ]	Juli
août (m.) [u]	August
septembre (m.) [sɛp'tãbrə]	September
octobre (m.) [ɔk'tɔbrə]	Oktober
novembre (m.) [nɔ'vãbrə]	November
décembre (m.) [de'sãbrə]	Dezember

Au bar

Marc: *Un perrier menthe.*
Jean au *Un perrier menthe et*
serveur: *un perrier citron.*
Serveur: *Voilà, ça fait 40 F.*
Jean: *40 F! Mon argent*
de poche fond par
cette chaleur et
avec ces prix.

Le boissons

la boisson   avoir soif
l'eau gazeuse   à votre santé / â la vôtre
le jus de raisin   le vin chaud
le jus de fruits   faire du café
l'alcool   l'infusion

An der Bar

Marc: Ein Perrier mit Minzesirup
Jean zum Ein Perrier mit Minze- und ein Perrier mit Zitronen-
Barmann: sirup.
Barmann: Bitte, das macht 40 F.
Jean: 40 F! Bei dieser Hitze und diesen Preisen schmilzt
        mein Taschengeld.

la menthe [mã:t]	Minze/Pfefferminze
l'argent de poche (m) [arʒã də pɔʃ]	Taschengeld
fondre ['fɔ̃:drə]	schmelzen
la chaleur [ʃa'lœ:r]	Hitze

Getränke

la boisson [bwa'sɔ̃]	Getränk
l'eau gazeuse (f.) [o ga'zøz]	Sprudel
le jus de raisin [ʒy də rɛ'zɛ̃]	Traubensaft
le jus de fruits [ʒy də frɥi]	Fruchtsaft
l'alcool (m.) [alkɔl]	Alkohol
avoir soif (f.) [avwar swaf]	Durst haben
à votre santé (f.) [a'vɔtrə sã'te]	zum Wohl, Prost
à la vôtre [a la 'vo:trə]	Prost
le vin chaud [vɛ̃ ʃo]	Glühwein
faire du café [fɛ:r dy ka'fe]	Kaffee kochen/machen
l'infusion [ɛ̃fy'zjɔ̃]	(Kräuter-)Tee

L'accident

Ce soir, M. Lenoir rentre furieux à la maison. Un automobiliste inconnu a arraché le pare-chocs de sa voiture et s'est enfui sans laisser d'adresse. Il n'a donc pas signé de constat d'accident. M. Lenoir n'a pas envie de payer la réparation lui-même.

*«On ne fait pas d'omelette
sans casser d'œufs.»*

Proverbe français

Der Unfall

Heute abend kehrt Herr Lenoir wütend heim. Ein unbekannter Autofahrer hat die Stoßstange seines Autos abgerissen und ist geflüchtet, ohne eine Adresse zu hinterlassen. Er hat also kein Unfallprotokoll unterschrieben. M. Lenoir hat keine Lust, die Reparatur selbst zu bezahlen.

un accident [aksiˈdɑ̃]	Unfall
furieux/-euse [fyˈrjø]	wütend
inconnu/e [ɛ̃kɔˈny]	unbekannt
arracher [araˈʃe]	abreißen
s'enfuir [sɑ̃ˈfɥiːr]	flüchten
signer [siˈɲe]	unterzeichnen, unterschreiben
le constat [kɔ̃ˈsta]	Protokoll

244

„Man macht kein Omelett, ohne Eier zu zerbrechen." – Französisches Sprichwort

--- GRAMMATIK ---

Zwei unregelmäßige Verben

aller (gehen)	**venir** (kommen)
je vais	je viens
tu vas	tu viens
il/elle va	il/elle vient
nous allons	nous venons
vous allez	vous venez
ils/elles vont	ils/elles viennent

Deux façons de parler: aller voir quelqu'un
venir de faire quelque chose

Zwei Redewendungen: jemanden besuchen
gerade etwas getan haben

Au commissariat

L'agent:	*Vous devez faire une déclaration d'accident pour le remboursement par l'assurance.*
M. Lenoir:	*Eh bien, ce vandale a arraché le pare-chocs... et le phare est cassé.*
L'agent:	*Le phare de gauche ou de droite?*

M. Dupont, garagiste

M. Dupont est un homme très occupé. Il est propriétaire d'un garage; son entreprise marche si bien qu'il donne souvent un coup de main aux mécaniciens. Il promet à M. Lenoir de réparer lui-même la voiture pour demain. M. Lenoir a besoin de sa voiture pour le week-end.

Auf der Polizeiwache

Polizeibeamter: Sie müssen für die Kostenerstattung der Versicherung eine Unfallerklärung machen.
Herr Lenoir: Also, dieser Vandale hat die Stoßstange abgerissen ... und der Scheinwerfer ist kaputt.
Polizeibeamter: Der linke oder rechte Scheinwerfer?

le commissariat [kɔmisaˈrja]	Polizeiamt
la déclaration [deklaɑˈsjɔ̃]	Erklärung, Anzeige
le remboursement [rɑ̃bursəˈmɑ̃]	Rückzahlung, Erstattung
le phare [faːr]	Scheinwerfer
à gauche [goːʃ]	links
à droite [drwat]	rechts

Herr Dupont, Werkstattbesitzer

Herr Dupont ist ein stark beschäftigter Mann. Er ist Besitzer einer Garage; sein Betrieb läuft so gut, daß er den Mechanikern oft zur Hilfe kommt. Er verspricht Herrn Lenoir, selbst das Auto bis morgen zu reparieren. Herr Lenoir braucht sein Auto am Wochenende.

le garage [gaˈraːʒ]	Garage, Autowerkstatt
occupé/e [ɔkyˈpe]	beschäftigt
le propriétaire [prɔprieˈtɛːr]	Besitzer
une entreprise [ɑ̃trəˈpriːz]	Betrieb, Unternehmen
marcher [marˈʃe]	laufen
promettre [prɔˈmɛtrə]	versprechen
lui-même [lɥiˈmɛm]	er selbst

Au supermarché

Mme Lebrun: *J'ai besoin de confiture, d'un paquet de beurre, de farine et de lait frais.*

Jean: *Pourquoi as-tu besoin de cela?*

Mme Lebrun: *Parce que je vais faire un gâteau.*

Jean: *Pourrais-tu m'acheter du chocolat?*

--- EXERCICE ---

Le féminin des noms en "eur":

Mettez au féminin les substantifs suivants:

le facteur	le coiffeur
le directeur	le danseur
le chanteur	l'acteur
le moniteur	le professeur

Im Supermarkt

Frau Lebrun:	Ich brauche Marmelade, ein Päckchen Butter, Mehl und Frischmilch.
Jean:	Wozu brauchst du das?
Frau Lebrun:	Weil ich einen Kuchen machen will.
Jean:	Könntest du mir eine Schokolade kaufen?

le supermarché [sypεrmar'ʃe]	Supermarkt
la livre ['liːvrə]	Pfund
le gâteau [gɑ'to]	Kuchen
la farine [fa'rin]	Mehl

Die weibliche Form der Nomen auf "eur":

Setzen Sie folgende Substantive in die weibliche Form:

le facteur (Briefträger)	– la factrice
le directeur (Direktor)	– la directrice
le chanteur (Sänger)	– la chanteuse
le moniteur (Ausbilder/Sport)	– la monitrice
le coiffeur (Friseur)	– la coiffeuse
le danseur (Tänzer)	– la danseuse
l'acteur (Schauspieler)	– l'actrice
le professeur (Lehrer)	– *keine weibl. Form*

DIE EXPERTENECKE

Envoyer quelqu'un sur les roses = Jemanden zum Teufel schicken. (Wörtl.: Jemanden auf die Rosen schicken.)

L'enfant terrible de la poésie

Sa période créatrice ne dura guère plus de quatre ans, mais elle a révolutionné la poésie française. Ce génial jeune homme a chanté sa révolte passionnée dans des vers flamboyants. Il choisit ensuite le silence et partit voyager en Afrique, où il devint trafiquant d'armes. Il mourut à l'âge de 37 ans.

Qui est ce poète?

Les cartes pour le concert

Nicolas: *Il va falloir que quelqu'un de nous sèche les cours pour que cette fois-ci nous obtenions en tout cas des cartes pour le concert de Tina Turner.*

Valérie: *Je me «sacrifie» volontiers, j'irai au bureau de location de la Salle Pleyel.*

Das „Enfant terrible" der Dichtung

Seine schöpferische Phase dauerte kaum mehr als vier Jahre, aber revolutionierte die französische Dichtung. Dieser geniale junge Mann hat seine leidenschaftliche Rebellion in feurigen Versen besungen. Dann zog er es vor zu schweigen und begann, in Afrika herumzureisen, wo er Waffenschieber wurde. Er starb im Alter von 37 Jahren. Wer ist dieser Dichter?

Arthur Rimbaud (1854 – 1891)

Er schrieb u. a. „Le bateau ivre", (Das trunkene Schiff, 1883) „Une saison en enfer" (Aufenthalt in der Hölle, 1873) und „Illuminations" (Erleuchtungen, 1886).

Karten für das Konzert

Nicolas: Einer von uns wird den Unterricht schwänzen müssen, damit wir dieses Mal in jedem Fall Karten für das Tina-Turner-Konzert bekommen.
Valérie: Ich „opfere" mich freiwillig, ich werde zur Vorverkaufsstelle der *Salle Pleyel* gehen.

sécher les cours [se'ʃe le kuːr]	Unterricht schwänzen
en tout cas [ɑ̃ tu kɑ]	in jedem Fall
se sacrifier [sə sakri'fje]	sich opfern
volontiers [vɔlɔ̃'tje]	gern/freiwillig
le bureau de location [by'ro də lɔka'sjɔ̃]	Vorverkaufsstelle
la Salle Pleyel [sal plɛ'jɛl]	*Konzertsaal in Paris*

Le publifax

C'est un système de télécopie payante en libre service étudié par France Télécom. Il est installé dans des librairies, des stations-service, dans des hôtels et bien sûr dans des bureaux de poste. Communiquer par télécopie devient donc simple comme téléphoner, c'est même moins cher!

───────── EXERCICE ─────────

Traduction

1. Frau Martin stellt Marmelade auf den Tisch.
2. Jean nimmt Kaffee.
3. Herr Martin ißt Schinken zum Frühstück.
4. Nehmen Sie Butter?
5. Céline gibt Zucker in den Tee.
6. Auf dem Markt kaufen wir Obst, Fisch, Käse, Gemüse, Eier, Fleisch und Blumen.

Das Publifax

Das ist ein gebührenpflichtiges Telefaxsystem im Selbstbedienungsverfahren, das von France Télécom entwickelt wurde. Es ist in Buchhandlungen, in Tankstellen, in Hotels und natürlich in Postämtern aufgestellt. Per Telefax zu korrespondieren wird also so einfach wie telefonieren, und sogar preiswerter!

le publifax [pyblifɑks]	*öffentlich aufgestelltes Telefaxgerät*
payant *(adj.)* [peˈjɑ̃]	zahlungs-/gebührenpflichtig
installer [ɛ̃staˈle]	aufstellen
la librairie [librɛˈri]	Buchhandlung
la station-service [staˈsjɔ̃ sɛrˈvis]	Tankstelle
communiquer [kɔmyniˈke]	*hier:* korrespondieren; *sonst:* mitteilen
simple *(adj.)* [ˈsɛ̃plə]	einfach
devenir [dəvˈniːr]	werden *(Zustandsänderung)*

Übersetzung

1. Mme Martin met de la confiture sur la table.
2. Jean prend du café.
3. Monsieur Martin mange du jambon au petit déjeuner.
4. Prenez-vous du beurre?
5. Céline met du sucre dans le thé.
6. Au marché, nous achetons des fruits, du poisson, du fromage, des légumes, des œufs, de la viande et des fleurs.

DIE EXPERTENECKE

Casser du sucre sur le dos de quelqu'un ist eher eine bittere als eine süße Sache. Es bedeutet: Über einen Abwesenden schlecht sprechen. Wörtlich: Zucker auf jemandes Rücken zerbrechen.

Au concert

le musicien
le chef d'orchestre
le piano
le violon
la note
la mesure
le compositeur
le son
l'instrument
la musique

Un pot-au-feu

1,5 kg de bœuf (plat-de-côte, macreuse) 2 os, 4 poireaux, 8 carottes, 6 navets, 2 oignons, 1 bouquet garni, 4 clous de girofle, sel, poivre.

Dans une marmite, mettre 4 litres d'eau, la viande, les os et une cuillère à soupe de sel. Faire bouillir, puis baisser le feu et couvrir. Cuire 1 heure. Ajouter les oignons piqués avec les clous de girofle et les poireaux, les carottes, les navets, le bouquet garni et le poivre. Si nécessaire, ajouter encore de l'eau et faire bouillir encore 1 heure. Servir avec de la moutarde et des cornichons.

Bon appétit!

Im Konzert

le musicien [myzi'sjɛ̃]	Musiker
le chef d'orchestre [ʃɛf dɔr'kɛstrə]	Kapellmeister, Dirigent
le piano [pja'no]	Klavier
le violon [vjɔ'lɔ̃]	Geige
la note [nɔt]	Note
la mesure [mə'zyːr]	Takt
le compositeur [kɔ̃pozi'tœːr]	Komponist
le son [sɔ̃]	Ton, Laut
l'instrument (m.) [ɛ̃stry'mɑ̃]	Instrument
la musique [my'zik]	Musik

Pot-au-feu (Rindfleischsuppe)

1,5 kg Rindfleisch (flache Rippe, Beinscheibe), 2 Knochen, 4 Porreestangen, 8 Möhren, 6 weiße Rüben, 2 Zwiebeln, 1 Bund Suppengrün, 4 Gewürznelken, Salz, Pfeffer.

In einen Topf 4 Liter Wasser, das Fleisch, die Knochen und 1 Eßlöffel Salz geben. Zum Kochen bringen, dann die Flamme kleiner stellen und zudecken. 1 Stunde kochen. Die mit Nelken gespickten Zwiebeln, die Porreestangen, die Möhren, die weißen Rüben, das Bund Suppengrün und den Pfeffer hinzugeben. Falls nötig, Wasser zugeben und eine weitere Stunde kochen. Mit Senf und Cornichons servieren.

Guten Appetit!

255

EXERCICE

Le Pronom relatif

Mettez le pronom relatif correct. Attention!
qui: *sujet* – **que:** *objet*

1. Le Louvre _____ nous avons visité, était la résidence des rois de France.

2. Le guide _____ vous avez entendu parler français,
   est allemand.

3. Voici la Bastille _____ a été prise par le peuple de
   Paris.

4. Voilà votre guide _____ va vous montrer les
   splendeurs de la ville.

256

La France politique

Le Président, élu pour 7 ans au suffrage universel
direct, a les prérogatives élargies d'un chef d'Etat.
Le Premier Ministre
détermine et conduit
la politique générale.
Ensemble ils exercent
le pouvoir exécutif. Le
pouvoir législatif appar-
tient au Parlement
composé de l'Assemblée
Nationale et du Sénat.

Das Relativpronomen

Setzen Sie die Relativpronomen ein. Achtung!
qui: *Subjekt –* **que:** *Objekt*

1. Le Louvre **que** nous avons visité, était la résidence des rois de France.
2. Le guide **que** vous avez entendu parler français, est allemand.
3. Voici la Bastille **qui** a été prise par le peuple de Paris.
4. Voilà votre guide **qui** va vous montrer les splendeurs de la ville.

1. *Der Louvre, den wir besichtigt haben, war die Residenz der Könige Frankreichs.*
2. *Der Fremdenführer, den Sie Französisch sprechen hörten, ist Deutscher.*
3. *Hier ist die Bastille, die vom Volk in Paris eingenommen wurde.*
4. *Hier ist Ihr Fremdenführer, der Ihnen die Schönheiten der Stadt zeigen wird.*

Das politische Frankreich

Der Präsident, nach dem allgemeinen Wahlrecht für 7 Jahre direkt gewählt, hat die erweiterten Vorrechte eines Staatschefs. Der Premierminister bestimmt und lenkt die allgemeine Politik. Beide zusammen üben die ausführende Gewalt aus. Die gesetzgebende Gewalt ist Angelegenheit des Parlaments, das aus der Nationalversammlung und dem Senat besteht.

élire [e'li:r]	wählen
le suffrage [sy'fra:ʒ]	Wahl
le suffrage universel [sy'fra:ʒ ynivɛ:r'sɛl]	allgemeines Wahlrecht
la prérogative [preroga'ti:v]	Vorrecht
élargir [elar'ʒi:r]	erweitern
déterminer [detɛrmi'ne]	bestimmen/festlegen
conduire [kɔ̃dɥi:r]	führen/lenken
exercer [ɛgzɛr'se]	üben/ausüben
le pouvoir [pu'vwa:r]	Macht/Gewalt

<u>La rubrique automobile: offre</u>

Jean a lu l'annonce suivante:

Part. vend Peugeot 205,
1990, bon état,
1ère main,
80.000 km,
prix à débattre.
Tél. 20 80 11 30.

Il est fort intéressé.

<u>La voiture accidentée</u>

Vous avez eu un accident.
Que faut-il changer?
Que faut-il réparer?

L'aile/le capot/le toit/
le phare/la portière/le
coffre/le volant/le pare-
chocs/le clignotant/le
rétroviseur/le pare-brise/
le réservoir/la plaque
d'immatriculation

Die Spalte Kraftfahrzeuge: Angebote

Jean hat folgende Anzeige gelesen:

Priv. verkauft Peugeot 205, 1990, guter Zustand, 1. Hand,
80.000 km, Preis Verhandlungssache, Tel. 20 80 11 30.
Er ist sehr interessiert.

Die Abkürzung part. bedeutet particulier (Priv./Privatmann)

la rubrique [ry'brik]	Spalte
l'offre *(f)* ['ɔfrə]	Angebot
l'annonce *(f)* [a'nɔ̃:s]	Anzeige
suivant *(adj.)* [sɥi'vɑ̃]	folgend
l'état *(m)* [e'ta]	Zustand
la main [mɛ̃]	Hand
débattre [de'batrə]	verhandeln
l'abréviation *(f)* [abrevjɑ'sjɔ̃]	Abkürzung
le particulier [partiky'lje]	Privatmann

Der Unfallwagen

Sie haben einen Unfall gehabt. Was muß ausgewechselt werden? Was muß repariert werden?

Der Kotflügel/die Motorhaube/das Dach/der Scheinwerfer/die
Tür/der Kofferraum/das Lenkrad/die Stoßstange/der Blinker/
der Spiegel/die Windschutzscheibe/der Tank/das Nummern-
schild.

l'aile *(f)* [ɛl]	Kotflügel
le phare [fa:r]	Scheinwerfer
le rétroviseur [retrɔvi'sœ:r]	Rückspiegel
la plaque d'immatriculation [plɑk dimmatrikylɑ'sjɔ̃]	Nummernschild
le capot [ka'po]	Motorhaube
la portière [pɔr'tjɛ:r]	Tür
le pare-chocs [par'ʃɔk]	Stoßstange
le pare-brise [par'bri:z]	Windschutzscheibe
le toit [twa]	Dach
le clignotant [kliɲɔ'tɑ̃]	Blinker
le réservoir [rezɛr'vwa:r]	Tank

―――― EXERCICE ――――

Conjugaison

Conjuguez les verbes au présent:

1. je (vouloir) _____
2. tu (vendre) _____
3. il (construire) _____
4. nous (recevoir) _____
5. vous (finir) _____
6. ils (aller) _____

7. je (sourire) _____
8. tu (aller) _____
9. elle (laisser) _____
10. nous (prendre) _____
11. vous (voir) _____
12. ils (pouvoir) _____

260

Au kiosque à journaux

Marc: *Bonjour, donnez-moi «L'Equipe» s'il vous plaît.*

Vendeur: *Je regrette, tous les exemplaires sont vendus; c'est à cause du match de foot d'hier soir.*

Marc: *Et vous avez encore l'hebdoma-daire «Moto»?*

Vendeur: *Voici; ça fait cinq francs.*

Konjugation

Konjugieren Sie die Verben im Präsens:

1. je **veux** (ich will)
2. tu **vends** (du verkaufst)
3. il **construit** (er baut)
4. nous **recevons** (wir bekommen)
5. vous **finissez** (ihr beendet)
6. ils **vont** (sie gehen)
7. je **souris** (ich lächle)
8. tu **vas** (du gehst)
9. elle **laisse** (sie läßt)
10. nous **prenons** (wir nehmen)
11. vous **voyez** (ihr seht)
12. ils **peuvent** (sie können)

--- *DIE EXPERTENECKE* ---

il faut

Sehr nützlich ist die unpersönliche Konstruktion il faut (man muß/man braucht/es ist nötig).

«Il faut appeler le docteur» – „Man muß den Arzt rufen."

Am Zeitungskiosk

Marc: Guten Tag, geben Sie mir bitte „L'Equipe".
Verkäufer: Es tut mir leid, alle Exemplare sind verkauft — wegen des Fußballspiels gestern abend.
Marc: Haben Sie noch die Wochenzeitung „Moto"?
Verkäufer: Hier, das macht fünf Francs.

le kiosque à journaux [kjɔsk a ʒurˈno]	Zeitungskiosk
le vendeur [vãˈdœːr]	Verkäufer
regretter [rəgrɛˈte]	bedauern
à cause [a koːz]	wegen
le match de foot [matʃ də fut]	Fußballspiel
un hebdomadaire [ɛbdɔmaˈdɛːr]	Wochenzeitung

────── EXERCICE ──────

Les nombres

Ecrivez en toutes lettres les chiffres:

13;   30;   130;

15;   50;   100;

500;   20;   80;

95;   1993

262

Les journaux français

En France, l'éventail des journaux et des revues est
très varié. Pour les informations politiques, les quoti-
diens «Le Monde», «Figaro» et «Libération» sont les
plus connus. Pour les passionnés de sport, il y a
«L'Equipe». Les principales revues féminines sont
«Elle», «Marie-Claire» et «Femmes d'Aujourd'hui».

*Connaissez-vous un hebdomadaire humoristique
français?*

Schreiben Sie die Zahlen aus:

treize; trente; cent trente; quinze; cinquante; cent; cinq cents; vingt; quatre-vingts; quatre-vingt-quinze; mille neuf cent quatre-vingt-treize oder dix neuf cent quatre-vingt-treize

---

DIE EXPERTENECKE

Un garçon raconte à son copain:

– Mon père aime bien que les gens mettent leur nez dans ses affaires.
– C'est étonnant, lui répond le copain.
– Mais non, il est fabricant de mouchoirs.

Ein Junge erzählt seinem Freund:

– Mein Vater mag es, wenn die Leute ihre Nase in seine Sachen stecken.
– Das ist erstaunlich, antwortet der Freund.
– Aber nein, er ist Taschentuchfabrikant.

Die französischen Zeitungen

In Frankreich ist das Angebot an Zeitungen und Zeitschriften sehr vielseitig. Für politische Informationen sind die Tageszeitungen „Le Monde", „Figaro" und „Libération" die bekanntesten. Für Sportliebhaber gibt es „L'Equipe". Die wichtigsten Frauenzeitschriften sind „Elle", „Marie-Claire" und „Femmes d'Aujourd'hui". Kennen Sie eine französische humoristische Wochenzeitung?

> *„Le Canard Enchaîné" (die angekettete Ente)*

Sie bietet sarkastisch-kritische Analysen des politischen Zeitgeschehens.

«Bon Français, quand je vois mon verre
Plein de son vin couleur de feu,
je songe en remerciant Dieu
Qu'ils n'en ont pas dans l'Angleterre.»

Pierre Dupont

La visite d'un planétarium

Aujourd'hui, la classe de
Jean fait une excursion au
planétarium. Un guide
leur explique la position
des planètes. Les élèves se
sont déjà informés sur les
étoiles et les différentes
constellations. Le professeur leur a beaucoup parlé
du système planétaire.

„Als guter Franzose, wenn ich mein Glas sehe/Voll mit feuer-
farbenem Wein/Denke ich, und danke Gott/Daß sie in England
keinen haben." — Chanson von Pierre Dupont (1821 – 1870)
französischer Dichter und Chansonnier

──────────── GRAMMATIK ────────────

Die Schreibweise der Zahlen

cent wird im Plural mit s geschrieben, wenn keine weitere Zahl
folgt.

Beispiel: deux cents (zweihundert)
              trois cent un (dreihunderteins)

vingt wird nur in quatre-vingts (achtzig) mit s geschrieben.
mille wird nie mit s geschrieben.

Beispiel: deux mille (zweitausend)

Der Besuch eines Planetariums

Heute unternimmt die Klasse von Jean einen Ausflug ins Pla-
netarium. Ein Führer erklärt ihnen den Planetenstand. Die
Schüler haben sich bereits über die Sterne und verschiedenen
Sternbilder informiert. Der Lehrer hat ihnen viel über das Plane-
tensystem erzählt.

le planétarium [planeta'rjɔm]	Planetarium
le système planétaire [sis'tɛm plane'tɛːr]	Planetensystem
la position des planètes [pozi'sjɔ̃ de pla'nɛt]	Planetenstand
la constellation [kɔ̃stɛlɑ'sjɔ̃]	Sternbild
l'étoile (f.) [e'twal]	Stern

Le fast food «à la française»

Silke: *J'ai remarqué qu'il y a partout dans la ville des croissanteries et des viennoiseries.*

Jean: *En France, les viennoiseries, offrant des brioches, des croissants et des pâtes feuilletées ont un plus grand succès que le hamburger.*

―――――― EXERCICE ――――――

Les adverbes de quantité

Complétez avec les adverbes de quantité:

1. Tu as mis _____ sucre dans le café, il est très amer.

2. Il mange _____ chocolat, il est très gros.

3. J'ai écouté _____ disques de ce chanteur, mais pas tous.

4. Ne bois pas _____ vin, tu ne pourras plus conduire.

5. Si tu me donnes encore 200 F, j'ai _____ argent pour mes vacances.

Fast Food „à la française"

Silke: Ich habe überall in der Stadt Croissanterien und Viennoiserien gesehen.

Jean: In Frankreich haben die Viennoiserien, mit ihrem Angebot an Brioches, Croissants und Blätterteiggebäck einen größeren Erfolg als der Hamburger.

partout [par'tu]	überall
la pâte feuilletée [pɑːt fœ'jete]	Blätterteig
viennois *(adj.)* [vjɛ'nwa]	wienerisch

Mengenadverbien

Ergänzen Sie mit den Mengenadverbien:

1. Tu as mis **peu de** sucre dans le café, il est très amer.
2. Il mange **beaucoup de** chocolat, il est très gros.
3. J'ai écouté **plusieurs** disques de ce chanteur, mais pas tous.
4. Ne bois pas **tant de** vin, tu ne pourras plus conduire.
5. Si tu me donnes encore 200 F, j'aurai **assez d'**argent pour mes vacances.

1. Du hast wenig Zucker in den Kaffee getan, er ist sehr bitter.
2. Er ißt viel Schokolade, er ist sehr dick.
3. Ich habe mehrere Platten von diesem Sänger gehört, aber nicht alle.
4. Trink nicht so viel Wein, du kannst nicht mehr fahren.
5. Wenn du mir noch 200 F gibst, habe ich genug Geld für meinen Urlaub.

DIE EXPERTENECKE

Mener quelqu'un en bateau bedeutet keineswegs, daß man mit jemandem eine Bootsfahrt macht, sondern, daß man jemandem einen Bären aufbindet.

«*Les amis de l'heure présente
Ont le naturel du melon;
Il en faut essayer cinquante
Avant d'en rencontrer un bon.*»

Auteur inconnu

Grand cœur, grand nez, Gérard Depardieu

Les Américains lui ont décerné le titre de meilleur acteur étranger des années 80, la France l'a récompensé au Festival de Cannes en mai 1990 avec le prix d'interprétation dans le film «Cyrano de Bergerac», une réinterprétation de la pièce de théâtre d'Edmond Rostand. Depardieu, l'autodidacte, a joué en 20 ans dans 61 films les rôles les plus divers, les loubards, les curés, les fous, les personnages les plus tendres, mais «Cyrano» a marqué une étape dans sa vie. Il a dit lui-même: «Un grand film est passé dans ma vie. Voilà, je suis heureux.»

„Die Freunde gegenwärtig/Haben die Eigenschaft von Melonen; Man muß fünfzig davon testen,/Bevor man eine(n) gute(n) findet." — Autor unbekannt

---

GRAMMATIK

Adverbes de quantité – Mengenadverbien

Stehen Mengenadverbien wie beaucoup, peu, assez, tant, (viel, wenig, genug, soviel) vor dem Substantiv, wird die Präposition de/d' zwischen Adverb und Substantiv gesetzt. Ausnahme: plusieurs/mehrere.

Beispiele: Les Français mangent beaucoup de fromage.
(Die Franzosen essen viel Käse.)

J'ai lu plusieurs livres de cet auteur.
(Ich habe mehrere Bücher von diesem Autor gelesen.)

Großes Herz, große Nase, Gérard Depardieu

Die Amerikaner haben ihm den Titel „Bester ausländischer Darsteller" der 80er Jahre zuerkannt. Frankreich zeichnete ihn bei den Filmfestspielen in Cannes im Mai 1990 mit dem Preis als bester Darsteller in dem Film „Cyrano de Bergerac", eine Neuverfilmung des Theaterstücks von Edmond Rostand, aus. Depardieu, der Autodidakt, hat in 20 Jahren in 61 Filmen die verschiedensten Rollen gespielt, Halbstarke, Pastoren, Verrückte, die zärtlichsten Menschen, aber „Cyrano" hat einen Einschnitt in seinem Leben markiert. Er sagt über sich selbst: „Einen großartigen Film hat mir das Leben beschert ... Also, ich bin glücklich."

Cyrano de Bergerac" ist eine Heldenkomödie in 5 Akten, die Edmond Rostand 1897 schrieb.

───── **EXERCICE** ─────

Traduction

1. Jean ist 100 m geschwommen.
2. Herr und Frau Martin sind ausgegangen.
3. Die Katze ist vom Dach gesprungen.
4. Céline ist ins Kino gegangen.
5. Der Zug ist mit Verspätung angekommen.
6. Wir sind über die Steine gestolpert.
7. Sie sind vor mir eingetreten.

270

L'école en France

Silke: *Chez vous on ne voit pas d'enfants, ni de jeunes dans les rues avant 16 ou 17 heures.*

Céline: *Nous avons
classe le matin
et l'après-midi.
Mais nous
n'avons pas
classe le
mercredi
après-midi.*

Übersetzung

1. Jean a nagé 100 m.
2. M. et Mme Martin sont sortis.
3. Le chat a sauté du toit.
4. Céline est allée au cinéma.
5. Le train est arrivé en retard.
6. Nous avons trébuché sur les pierres.
7. Vous êtes entré avant moi.

DIE EXPERTENECKE

Il a un petit vélo dans la tête sagt man von jemandem, den man für begriffsstutzig hält. Wörtlich: Er hat ein kleines Fahrrad im Kopf.

270

Die Schule in Frankreich

Silke: Hier bei euch sieht man keine Kinder und keine Jugendlichen auf den Straßen vor 16.00 oder 17.00 Uhr.

Céline: Wir haben vormittags und nachmittags Schule. Aber wir haben Mittwoch nachmittags schulfrei.

In Frankreich gehen die Kinder den ganzen Tag in die Schule, d. h. von 8.00 Uhr bis 12.00 Uhr. Dann haben sie eine Mittagspause, sie gehen nach Hause zum Essen oder bleiben in der Schulkantine. Um 14.00 Uhr beginnt der Unterricht wieder, der bis 16.00 oder 17.00 Uhr dauert.

voir [vwa:r]	sehen
le matin [ma'tɛ̃]	morgens
l'après-midi *(m)* [a'prɛ mi'di]	nachmittags

—— **EXERCICE** ——

L'imparfait

Mettez les verbes à l'imparfait:

> je *choisir*
> tu *manger*
> il *recevoir*
> nous *décrire*
> vous *réussir*
> ils *apprendre*

Chez le spécialiste de la photographie

M. Martin: *Je voudrais un caméscope, pouvez-vous m'en montrer?*

Vendeur: *Il y a ces modèles bas de gamme, ceux-ci sont un peu plus perfectionnés et voilà un modèle de haute gamme très sophistiqué.*

Das Imperfekt

Setzen sie die Verben ins Imperfekt:

je choisi**ssais**	— ich wählte aus
tu mang**eais**	— du aßest
il recev**ait**	— er erhielt
nous décriv**ions**	— wir beschrieben
vous réussi**ssiez**	— ihr bestandet (Prüfung)
ils appren**aient**	— sie lernten

DIE EXPERTENECKE

Je ne te demande pas l'heure qu'il est. = Misch dich nicht in Sachen ein, die dich nichts angehen. (Wörtl.: Ich frage dich nicht, wie spät es ist.)

Beim Photofachhändler

Herr Martin: Ich möchte eine Videokamera kaufen, können Sie mir welche zeigen?

Verkäufer: Es gibt diese Modelle der unteren Preisklasse, hier sind die etwas besser verarbeiteten, und hier ist ein Modell von höchster Qualität, sehr ausgereift.

---

le spécialiste [spesja'list]	Fachmann
le caméscope [kame'skɔp]	Videokamera
le bas de gamme [bɑ də gam]	untere Preisklasse
haute gamme [ot gam]	obere Preisklasse/ höchste Qualität
sophistiqué *(adj.)* [sɔfisti'ke]	ausgereift, perfektioniert

Gâteaux aux figues

5 cuillères à soupe de chapelure, 75 g de farine, 1 cuillère à café de levure chimique, 1 cuillère à café de quatre-épices, 50 g de sucre roux, 175 g de figues sèches hachées, 1 zeste de citron, 2 œufs battus, 2 - 3 cuillères à soupe de lait.

Mélangez la chapelure, la levure, la farine, les épices, le sucre, les figues et le zeste de citron. Faites un puits et versez-y les œufs et le lait. Travaillez pour obtenir une pâte liquide. Versez dans un moule préalablement beurré. Faites cuire env. 30 min. à 200°. Laissez reposer 5 min. avant de démouler. Servez avec une crème anglaise.

Bon appétit!

«*Le travail
éloigne de nous
trois grands maux:
l'ennui, le vice et le besoin.*»

Voltaire

Feigenkuchen

5 Eßlöffel Paniermehl, 75 g Mehl, 1 Kaffeelöffel Backpulver, 1 Kaffeelöffel Spekulatiusgewürz, 50 g brauner Zucker, 175 g getrocknete, zerkleinerte Feigen, 1 geriebene Zitronenschale, 2 schaumiggeschlagene Eier, 2 – 3 Eßlöffel Milch.

Paniermehl, Mehl, Backpulver, Spekulatiusgewürz, Zucker, Feigen und Zitronenschale mischen. Eine Vertiefung bilden, Eier und Milch hineingeben. Zu einem weichen Teig verarbeiten. In eine gefettete Form gießen. Ca. 30 Min. bei 200° backen. 5 Min. ruhen lassen, bevor Sie den Kuchen aus der Form stürzen. Mit Vanillesoße servieren.

Guten Appetit!

„Die Arbeit hält drei große Übel von uns fern: die Langeweile, das Laster und die Not." – Voltaire (1694 – 1778), französischer Schriftsteller

GRAMMATIK

Die adjektivischen Possessivpronomen

Als Adjektiv richtet sich das besitzanzeigende Pronomen nach dem Geschlecht des betreffenden Substantivs. Im Plural unterscheiden sich Femininum und Maskulinum nicht.

Singular m.	mon	ton	son	notre	votre	leur
Singular f.	ma	ta	sa	notre	votre	leur
Plural	mes	tes	ses	nos	vos	leurs

Beispiele:

mon ordinateur (m.)   ton cartable (m.)
(mein Computer)   (dein Tornister)
ma maisonnette (f.)   ta perceuse (f.)
(mein Häuschen)   (deine Bohrmaschine)
mes chaussures (f.)   tes chevaux (m.)
(meine Schuhe)   (deine Pferde)

Essayons le caméscope

M. Martin va se promener
dans le Jardin public pour
trouver de belles prises
à retenir sur vidéo. Ces
premiers jours de printemps
s'y prêtent merveilleuse-
ment avec toutes ces
jonquilles, tulipes, pensées
et autres fleurs multicolo-
res.

EXERCICE

Complétez!

Il (choisir) des lunettes pas trop chères.
Nous (réfléchir) à un problème difficile.
Je (réfléchir) à la semaine prochaine.
Elles (choisir) des fleurs rouges.
Tu (réfléchir) à la conversation d'hier.
Vous (choisir) le pantalon noir.

Testen wir die Videokamera

Herr Martin geht im Stadtgarten spazieren, um etwas Schönes zum Aufnehmen zu entdecken und auf Video festzuhalten. Diese ersten Frühlingstage eignen sich hervorragend dazu mit allen ihren Osterglocken, Tulpen, Stiefmütterchen und anderen bunten Blumen.

se promener [sə prɔm'ne]	spazierengehen
le jardin [ʒar'dɛ̃]	Garten
la prise [pri:z]	Aufnahme/Schnappschuß
retenir [rət'ni:r]	festhalten
se prêter [sə prɛte]	sich eignen
merveilleusement (adv.) [mɛrvεjøz'mã]	hervorragend
la jonquille [ʒɔ̃'kij]	Osterglocke
la tulipe [ty'lip]	Tulpe
la pensée [pã'se]	Stiefmütterchen

275

276

──── ÜBUNG ────

Vervollständigen Sie!

Il **choisit** des lunettes pas trop chères.
Nous **réfléchissons** à un problème difficile.
Je **réfléchis** à la semaine prochaine.
Elles **choisissent** des fleurs rouges.
Tu **réfléchis** à la conversation d'hier.
Vous **choisissez** le pantalon noir.

Er sucht eine nicht zu teure Brille aus.
Wir denken über ein schwieriges Problem nach.
Ich denke über die nächste Woche nach.
Sie wählen rote Blumen.
Du denkst über das Gespräch von gestern nach.
Ihr wählt die schwarze Hose aus.

Poisson d'avril

Mme Morin lit dans le journal: «Le gouvernement a décidé en conseil des ministres de mettre un impôt sur les barbes.» Elle téléphone à son mari (il porte une barbe) au bureau pour lui communiquer cette information importante. Il éclate de rire, sa femme ne comprend pas. «Regarde la date», lui dit-il, «c'est un poisson d'avril.»

La préparation d'une excursion

Jean:	*Maman, la semaine prochaine, avec Loïc et Stéphane, on veut faire un grand tour en vélo.*
Mme Lebrun:	*Oui, pourquoi pas? Il commence à faire beau maintenant.*
Jean:	*Est-ce que tu pourras nous préparer quelque chose à manger? On a envie de pique-niquer.*
Mme Lebrun:	*D'accord. Mais est-ce que tu as déjà réparé ton vélo?*

Aprilscherz

Frau Morin liest in der Zeitung: „Die Regierung hat im Minister-rat beschlossen, eine Steuer auf Bärte zu erheben." Sie ruft ihren Mann (er ist Bartträger) im Büro an, um ihm diese wichtige Nachricht mitzuteilen. Er lacht laut auf, sie versteht nicht, wa-rum. „Sieh auf das Datum", sagt er ihr, „es ist ein Aprilscherz."

In Frankreich ist es durchaus üblich, daß am 1. April solche Scherzmeldungen in der Zeitung stehen.

le poisson d'avril [pwa'sɔ̃ da'vril]	Aprilscherz
le conseil [kɔ̃'sɛj]	Rat
l'impôt *m* [ɛ̃'po]	Steuer
la barbe [barb]	Bart
éclater de rire [ekla'te də riːr]	laut auflachen, in Lachen ausbrechen

Die Vorbereitung eines Ausflugs

Jean:	Mama, nächste Woche möchte ich mit Loïc und Stéphane eine große Fahrradtour machen.
Frau Lebrun:	Warum nicht? Es wird ja jetzt allmählich schön draußen.
Jean:	Könntest du uns etwas zu essen machen? Wir möchten gerne picknicken.
Frau Lebrun:	In Ordnung. Aber hast du schon dein Fahrrad repariert?

l'excursion (f.) [ɛkskyr'sjɔ̃]	Ausflug
le vélo [ve'lo]	Fahrrad
la bicyclette [bisi'klɛt]	Fahrrad
le pique-nique [pik'nik]	Picknick
les accessoires (m.) [aksɛ'swaːr]	Zubehör

*«Tel qui rit vendredi
dimanche pleurera.»*

Proverbe

L'autre façon de nouer la cravate

Ce serait Louis XIV qui aurait importé la mode de la cravate en France, mais c'est Louis XV qui a porté la première cravate nouée en nœud papillon en 1650. La marquise de Pompadour a eu l'idée de décorer ainsi son cou. Mais c'était les gens pauvres du peuple qui ont lancé vraiment cette mode. A cette époque le tissu était cher et il en faut moins pour faire un nœud papillon que pour une cravate.

Avez-vous deviné de quelle forme de cravate il s'agit?

„Man soll den Tag nicht vor dem Abend loben." (Wörtl.: Wer am Freitag lacht, wird am Sonntag weinen.) — Sprichwort

---

GRAMMATIK

Imperfekt von unregelmäßigen Verben

Die Bildung des Imperfekts einiger unregelmäßiger Verben: Man nimmt den Stamm der 1. Person Plural im Präsens und fügt die Imperfektendungen **ais**, **ais**, **ait**, **ions**, **iez**, **aient** an.

Präsens		Imperfekt	
nous ven/**ons**	—	je ven**ais**	(kommen)
nous all/**ons**	—	tu all**ais**	(gehen)
nous sav/**ons**	—	il sav**ait**	(wissen)
nous pren/**ons**	—	nous pren**ions**	(nehmen)
nous écriv/**ons**	—	vous écriv**iez**	(schreiben)
nous recev/**ons**	—	ils recev**aient**	(bekommen)

Die andere Art, die Krawatte zu binden

Es soll Louis XIV. gewesen sein, der die Mode der Krawatte in Frankreich einführte, aber es war Louis XV., der die erste Krawatte als „Schmetterling" gebunden im Jahre 1650 getragen hat. Die Marquise de Pompadour hatte die Idee, seinen Hals auf diese Weise zu schmücken. Die armen Leute aus dem Volk waren es jedoch, die diese Mode wirklich aufkommen ließen. Zu dieser Zeit war Stoff teuer, und man braucht davon weniger, um einen „Schmetterling" zu binden als für eine Krawatte. Haben Sie erraten, um welche Form der Krawatte es sich handelt?

> *Die Fliege*

In Frankreich hat ein gewisser Benoît Berthoux einen Klub zu Ehren der Fliege gegründet, der weltweit über 300 Mitglieder zählt. Er hat einen „Führer" herausgegeben, Le guide du nœud papillon, wo die Geschichte der Fliege nachzulesen ist, sowie die Adressen, an denen man die edelsten Modelle erwerben kann.

Dessert Joséphine Baker

Pour 4 personnes: *250 g de chocolat noir, 30 g de beurre, 5 œufs, 1 cuillère à soupe de rhum, crème anglaise et zestes d'orange.*

Casser le chocolat en morceaux, le faire fondre avec 4 cuillères à soupe d'eau et le beurre dans une casserole à fond épais. Hors du feu, incorporer les jaunes d'œufs et mélanger à l'aide d'une cuillère en bois. Ajouter le rhum. Monter les blancs d'œufs en neige très ferme, puis les incorporer au chocolat. Verser le tout dans un moule à hauts bords. Laisser une nuit au réfrigérateur. Servir accompagné d'une crème anglaise décorée de zestes d'orange.

Bon appétit!

Adroit – maladroit?

M. Martin: *Brigitte, demain tu téléphones à M. Marteau, qu'il vienne monter l'étagère.*

Mme Martin: *N'avais-tu pas dit que tu pouvais le faire?*

M. Martin: *Euh oui, mais c'est assez compliqué...*

Dessert Joséphine Baker

Für 4 Personen: *250 g Zartbitterschokolade, 30 g Butter, 5 Eier, 1 Eßlöffel Rum, Vanillesoße und Orangenschale.*

Die Schokolade in Stücke brechen, mit 4 Eßlöffeln Wasser und der Butter in einem Topf mit dickem Boden schmelzen. Vom Herd nehmen, das Eigelb mit einem Holzlöffel unterrühren, den Rum hinzugeben. Das Eiweiß zu Schnee schlagen und unter die Schokoladenmasse heben. In eine hohe Form gießen, eine Nacht im Kühlschrank stehen lassen. Mit Vanillesoße anrichten, und mit Orangenschale verzieren.

Guten Appetit!

Geschickt – ungeschickt?

Herr Martin: Brigitte, morgen rufst du Herrn Marteau an, er soll das Regal aufbauen.
Frau Martin: Hattest du nicht gesagt, du könntest es selbst machen?
Herr Martin: Hm ja, aber das ist ziemlich schwierig ...

adroit/maladroit *(adj.)* [a'drwa/mɑla'drwa]	geschickt/ungeschickt
monter [mɔ'te]	*hier:* auf-/zusammenbauen; *sonst:* steigen/aufsteigen
compliqué *(adj.)* [kɔ̃pli'ke]	schwierig/kompliziert

Le Mont-Saint-Michel

L'îlot rocheux du Mont-Saint-Michel est mondialement connu. Il est entouré de remparts. La forteresse,
les maisons et l'abbaye montent en spirale au flanc
du rocher. Au sommet de l'île se dresse l'église de
l'abbaye qui fut fondée au début du VIIIe siècle.
Selon la légende l'évêque d'Avranches donna l'ordre
de construire l'église après avoir eu une vision de
Saint Michel.

Dans quelle région se trouve le Mont-Saint-Michel?

Le vélo

le cycliste
le vélo de course
le phare de vélo
la selle
la chambre à air
la rustine
le porte-bagages

Mont-Saint-Michel

Die Felseninsel des Mont-Saint-Michel ist weltberühmt. Sie ist von Festungsmauern umgeben. Die Festung, die Häuser und die Abtei winden sich in einer Spirale am Felsen hinauf. Auf dem Gipfel der Insel erhebt sich die Abteikirche, die zu Beginn des 8. Jahrhunderts gegründet wurde. Der Sage nach gab der Bischof von Avranches den Befehl, die Kirche zu bauen, nachdem er eine Michaelserscheinung gehabt hatte. In welcher Gegend befindet sich der Mont-Saint-Michel?

Vor der Küste der Normandie

Man erreicht die Insel über einen 1800 Meter langen Damm.

Das Fahrrad

le cycliste [si'klist]	Radfahrer
le vélo de course [ve'lo də kurs]	Rennrad
le phare de vélo [faːr də ve'lo]	Fahrradlampe
la selle [sɛl]	Sattel
la chambre à air ['ʃɑ̃ːbrə a ɛːr]	Fahrradschlauch
la rustine [rys'tiːn]	Flickzeug
le porte-bagages [pɔrtəba'gaːʒ]	Gepäckträger

La poule aux œufs d'or

Celui dont la poule, à ce que dit la fable, pondait tous les jours un œuf d'or. Il crut que dans son corps elle avait un trésor. Il la tua, l'ouvrit, et la trouva semblable à celles dont les œufs ne lui rapportaient rien, s'étant lui-même ôté le plus beau de son bien.

Jean de La Fontaine

─────── EXERCICE ───────

Traduction

1. Herr und Frau Martin gehen zu einem Kostümball.
2. Die Katze geht nicht in die Küche.
3. Die Kinder kommen um 12 Uhr aus der Schule.
4. Wir trinken Tee zum Frühstück.
5. Kommen Sie Dienstag zum Crêpes-Essen?
6. Wir fahren mit dem Taxi nach Hause, denn wir haben viel Champagner getrunken.

Das Huhn mit den goldenen Eiern

Die Fabel sagt: Es hatte jemand ein Huhn, das jeden Tag ein goldenes Ei legte. Er glaubte, es habe einen Schatz im Körper. Er schlachtete es, öffnete es und fand es genau so wie die Hühner, deren Eier ihm nichts einbrachten, so hatte er sich selbst um sein schönstes Gut gebracht.

Jean de La Fontaine (1621 – 1695) Märchen- und Fabeldichter

la poule [pul]	Huhn
pondre ['põːdrə]	legen (Eier)
le trésor [tre'zɔːr]	Schatz
tuer [tɥe]	*hier:* schlachten; *sonst:* töten
semblable [sã'blablə]	ähnlich
rapporter [rapɔr'te]	bringen/einbringen
ôter [o'te]	wegschaffen/-nehmen
le bien [bjɛ̃]	Gut

Übersetzung

1. Monsieur et Madame Martin vont au bal masqué.
2. Le chat ne va pas dans la cuisine.
3. Les enfants viennent de l'école à midi.
4. Nous buvons du thé au petit déjeuner.
5. Venez-vous mardi manger des crêpes?
6. Nous allons à la maison en taxi, car nous avons bu beaucoup de champagne.

DIE EXPERTENECKE

Tierische Ausdrücke: Une poule mouillée wird auf Deutsch ein Angsthase. Wörtlich: Ein nasses Huhn. La chair de poule wird auf Deutsch die Gänsehaut. Wörtlich: Hühnerhaut.

«*N'estime l'argent ni plus ni moins qu'il ne vaut: c'est un bon serviteur et un mauvais maître.*»

Alexandre Dumas fils

Faisons du lèche-vitrines!

Sylvie et Monique font du lèche-vitrines dans le centre-ville. C'est très agréable parce qu'il y a une zone piétonne, sans voitures. Les deux amies flânent le long des vitrines: elles voient de jolies robes et entrent dans le magasin. Sylvie essaie une robe de soie. Mais elle n'a pas assez d'argent sur elle. Elle décide d'y retourner le lendemain avec sa carte de crédit.

„Schätze das Geld nicht mehr und nicht weniger, als es wert ist:
Es ist ein guter Diener, aber ein schlechter Herr." — Alexandre
Dumas d. J. (1824 – 1895), französischer Schriftsteller

GRAMMATIK

Der Fragesatz und die Verneinung

Es gibt drei Frageformen:

1. Etes-vous Français?	(Sind Sie Franzose?)
2. Vous êtes Français?	(Sind Sie Franzose?)
3. Est-ce que vous êtes Français?	(Sind Sie Franzose?)

Die Verneinung wird durch ne ... pas ausgedrückt:

Je ne suis pas Français.   (Ich bin nicht Franzose.)

Die Verneinung ne ... jamais bedeutet „nie":

Je ne vais jamais au théâtre.   (Ich gehe nie ins Theater.)

Machen wir einen Schaufensterbummel!

Sylvie und Monique machen im Stadtzentrum einen Schaufensterbummel. Es ist sehr angenehm, weil es da eine Fußgänger-
zone ohne Autos gibt. Die beiden Freundinnen schlendern an
den Schaufenstern entlang: Sie sehen hübsche Kleider und
betreten das Geschäft. Sylvie probiert ein Seidenkleid an. Aber
sie hat nicht genug Geld dabei. Sie beschließt, am nächsten Tag
mit ihrer Kreditkarte wiederzukommen.

le lèche-vitrines [lɛʃvi'trin]	Schaufensterbummel
la zone piétonne [zo:n pje'tɔnə]	Fußgängerzone
flâner [flɑ'ne]	schlendern
le long [lə lɔ̃]	entlang
joli/e [ʒɔ'li]	hübsch
la robe [rɔb]	Kleid
le magasin [maga'zɛ̃]	Laden, Geschäft
la soie [swa]	Seide

Un grand voyage

Cette année, les Lenoir
veulent faire un grand
voyage. Depuis deux
semaines, ils étudient
divers guides de voyage
et prospectus. Les pa-
rents proposent les îles
Canaries, mais Marc
et Sylvie essaient de les
convaincre d'aller en
Guadeloupe. Ils rêvent
de vacances exotiques.

La compétition de natation

Nicolas et Didier sont d'excellents nageurs, ils participent à la compétition organisée par leur club.
Samedi à 7 h⁰⁰ pile, ils
doivent être à la piscine.
Ils mettent les maillots
de bain, les serviettes,
les bonnets de bain, les
sandales de bain et des
survêtements dans leur
sac de sport.

Eine große Reise

Dieses Jahr wollen die Lenoirs eine große Reise machen. Seit zwei Wochen studieren sie diverse Reiseführer und Prospekte. Die Eltern schlagen die Kanarischen Inseln vor, aber Marc und Sylvie versuchen sie zu überzeugen, nach Guadeloupe zu fahren. Sie träumen von exotischen Ferien.

le voyage [vwaˈjaːʒ]	Reise
la semaine [s(ə)ˈmɛn]	Woche
le guide [gid]	Führer
les parents [paˈrɑ̃]	Eltern
une île [il]	Insel
essayer [eseˈje]	versuchen
convaincre [kɔ̃ˈvɛ̃ːkrə]	überzeugen
rêver [rɛˈve]	träumen
les vacances [vaˈkɑ̃ːs]	Ferien

Der Schwimmwettkampf

Nicolas und Didier sind ausgezeichnete Schwimmer, sie nehmen an dem Wettkampf teil, der von ihrem Verein veranstaltet wird. Samstag, um Punkt 7.00 Uhr, müssen sie im Schwimmbad sein. Sie packen die Badehosen, die Badetücher, die Badekappen, die Badeschlappen und Trainingsanzüge in ihre Sporttaschen.

la compétition [kɔ̃petiˈsjɔ̃]	Wettkampf
la natation [natɑˈsjɔ̃]	Schwimmen
le nageur [naˈʒœːr]	Schwimmer
participer [partisiˈpe]	teilnehmen
le club [klœb]	Verein
une heure pile [yn œːr pil]	*umgspr.:* Punkt 1 Uhr
la piscine [piˈsiːn]	Schwimmbad
le maillot de bain [maˈjo də bɛ̃]	Badeanzug
la serviette (de bain) [sɛrˈvjɛt]	Badetuch
le bonnet de bain [bɔˈnɛ də bɛ̃]	Badekappe
les sandales *f* [sɑ̃ˈdal]	Sandalen/Schlappen
le survêtement [syrvɛtˈmɑ̃]	Trainingsanzug

Compote aux fruits du soleil

Ingrédients: *50 g de sucre, 25 cl d'eau, 10 cl de jus de citron, 10 cl de liqueur à l'orange, zeste d'orange râpé, 4 pêches, 4 nectarines, 4 abricots, chaque fruit épluché, coupé en deux et dénoyauté, 50 g d'amandes mondées.*

Réunissez le sucre, l'eau, le jus de citron, 2 cuillères à soupe de liqueur à l'orange et le zeste. Faites cuire environ 5 min. Ajoutez les fruits coupés en deux, couvrez et faites cuire environ 20 min. Réfrigérez. Arrosez avec le reste de la liqueur, parsemez d'amandes et servez!

Bon appétit!

*«En avril
ne te découvre pas d'un fil,
en mai
fait ce qui te plaît.»*

Proverbe

Kaltschale mit Früchten der Sonne

Zutaten: *50 g Zucker, 25 cl Wasser, 10 cl Zitronensaft, 10 cl Orangenlikör, geriebene Orangenschale, 4 Pfirsiche, 4 Nektarinen, 4 Aprikosen, jeweils geschält, halbiert und entkernt, 50 g Mandelsplitter.*

Den Zucker mit dem Wasser, Zitronensaft, 2 Eßlöffeln Orangenlikör und der Orangenschale ca. 5 Min. kochen lassen. Die Fruchthälften dazugeben, zugedeckt ca. 20 Min. kochen. Zum Abkühlen in den Kühlschrank stellen. Mit dem übrigen Likör begießen, mit Mandeln bestreuen und servieren.

Guten Appetit!

Französisches Sprichwort zur Ermahnung, daß man sich in der Aprilsonne nicht allzu leicht bekleiden soll. (Wörtl.: Im April lege nicht einen Faden ab, im Mai mach, was dir gefällt.)

———————————— GRAMMATIK ————————————

Verben auf „ier"

Besonderheiten der Schreibweise der regelmäßigen Verben auf **ier**:
Man beachte das stumme **e** im Präsens: *j'étudie; il remercie; ils copient.*
Man beachte ebenfalls das doppelte **ii** im Imperfekt: *nous étudiions; vous remerciiez.*

Préparatifs pour la pêche

M. Morin: *Didier, ne voulais-tu pas m'accompagner à la pêche à la ligne vendredi?*

Didier: *J'ai déjà tout préparé: les cannes, le fil, les hameçons, le seau; comme appâts j'ai prévu des vers.*

A la pêche

A six heures du matin M. Morin et son fils partent pour la pêche au bord de la Seine. Là, ils rencontrent d'autres adeptes de ce sport pour «patients». Les poissons ne mordent pas, les pêcheurs décident de rentrer chez eux, où les femmes ont sans doute une truite, un merlan ou un rouget dans le four.

Vorbereitungen für das Angeln

Herr Morin: Didier, wolltest du mich nicht am Freitag zum Angeln begleiten?
Didier: Ich habe schon alles vorbereitet: Die Angelruten, die Leine, die Angelhaken, den Eimer; als Köder habe ich Würmer vorgesehen.

accompagner qn [akɔ̃pa'ɲe]	jmd. begleiten
la pêche [pɛʃ]	Fischfang
la pêche à la ligne [pɛʃ a la liɲ]	Angeln
la canne (à pêche) [kan]	Angelrute
le fil (à pêche) [fil]	Leine
l'hameçon m [am'sɔ̃]	Angelhaken
le seau [so]	Eimer
l'appât m [a'pɑ]	Köder
le ver [vɛːr]	Wurm

Beim Angeln

Um sechs Uhr morgens gehen Herr Morin und sein Sohn an die Seine zum Angeln. Dort treffen sie weitere Anhänger dieses Sports für „Geduldige". Aber die Fische beißen nicht an. Die Angler beschließen, nach Hause zu gehen, wo die Frauen sicher eine Forelle, einen Wittling oder einen Rötling im Backofen haben.

rencontrer [rãkɔ̃'tre]	treffen
l'adepte m, f [a'dɛpt]	Anhänger/in
patient [pa'sjã]	geduldig
mordre ['mɔrdrə]	*hier:* anbeißen; *sonst:* beißen
le poisson [pwa'sɔ̃]	Fisch
la truite [trɥit]	Forelle
le merlan [mɛr'lã]	Wittling
le rouget [ru'ʒɛ]	Rötling

Téléphone de voiture

Les voitures de service des directeurs de la société
Morin vont être équipées d'un téléphone.
Les communications
sont établies sur les mo-
dulations de fréquence
des ondes. Ainsi les di-
recteurs pourront être
joints où qu'ils soient.

A l'agence de voyages

M. Lenoir: *Bonjour, je voudrais réserver un voyage pour
la Guadeloupe: Quatre billets d'avion,
départ le 1ᵉʳ juillet.*

Employée: *Souhaitez-vous
aussi réserver
l'hôtel?*

M. Lenoir: *Oui, deux
chambres avec
bain dans un
club-hôtel.*

Employée: *En pension
complète ou
demi-pension?*

Autotelefon

Die Dienstfahrzeuge der Direktoren der Firma Morin werden mit Autotelefon ausgerüstet. Die Gespräche werden über Ultrakurzwellen übermittelt. So sind die Direktoren erreichbar, wo immer sie sich auch befinden.

la voiture de service [vwa'tyːr də sɛr'vis]	Dienstfahrzeug
équiper [eki'pe]	ausrüsten
la communication (téléphone) [kɔmynika'sjɔ̃ tele'fɔn]	(Telefon-) Gespräch
la modulation de fréquence des ondes [mɔdyla'sjɔ̃ də fre'kɑ̃ːs dez ɔ̃ːd]	Ultrakurzwellen
joindre ['ʒwɛ̃ːdrə]	erreichen/treffen

Im Reisebüro

Herr Lenoir: Guten Tag, ich möchte eine Reise nach Guadeloupe buchen: Vier Flugtickets, Abfahrt am 1. Juli.
Angestellte: Möchten Sie auch das Hotel reservieren?
Herr Lenoir: Ja, zwei Zimmer mit Bad in einem Klubhotel.
Angestellte: Mit Voll- oder Halbpension?

une agence de voyages [a'ʒɑ̃ːs də vwa'jaːʒ]	Reisebüro
le billet [bi'jɛ]	Fahrkarte, Flugticket
un avion [a'vjɔ̃]	Flugzeug
le départ [de'paːr]	Abfahrt
souhaiter [swɛ'te]	wünschen
la demi-pension [d(ə)mipɑ̃'sjɔ̃]	Halbpension

«N'imitez rien ni personne.
Un lion qui copie un lion
devient un singe.»

Victor Hugo

La nouvelle montre

Jean étudie la notice
accompagnant sa nouvelle
montre à quartz. L'ex-
plication de toutes les
fonctions: Elle indique
la date, elle a un cadran
lumineux, elle a une
fonction d'alarme et bien
sûr, elle indique l'heure.
Reste à comprendre le
mode d'emploi.

„Ahmen Sie nichts und niemanden nach. Ein Löwe, der einen Löwen nachahmt, wird ein Affe." — Victor Hugo (1802 – 1885), französischer Dichter und Schriftsteller, u. a. «Notre-Dame de Paris» und «Les Misérables»

—————————— GRAMMATIK ——————————

Die Possessivpronomen

Singular:
Maskulinum: mon, ton, son, notre, votre, leur
Femininum: ma, ta, sa, notre, votre, leur

Plural (mehrere Gegenstände):
Maskulinum und Femininum:
mes, tes, ses, nos, vos, leurs

Die Possessivpronomen richten sich in Zahl und Geschlecht nicht nach der Person, sondern nach dem Gegenstand, den sie besitzt.

Beispiele: C'est ma voiture, c'est ton chien, c'est sa cravate, c'est leur fille, ce sont leurs filles
Das ist mein Auto, das ist dein Hund, das ist seine Krawatte, das ist ihre Tochter, das sind ihre Töchter.

Die neue Uhr

Jean studiert das Notizheftchen, das seiner neuen Quarzuhr beigefügt ist. Die Erklärung aller Funktionen: Sie hat eine Datumsanzeige, sie hat ein beleuchtetes Zifferblatt, sie hat eine Weckfunktion und sie gibt natürlich die Uhrzeit an. Er muß nur noch die Gebrauchsanweisung verstehen.

la montre ['mɔ̃:trə]	Uhr
la notice [nɔ'tis]	Notiz/Notizheftchen
la fonction [fɔ̃k'sjɔ̃]	Funktion
le cadran [ka'drɑ̃]	Zifferblatt
lumineux *(adj.)* [lymi'nø]	leuchtend/hier: beleuchtet
l'alarme *(f)* [a'larm]	Alarm/hier: Weckfunktion

─── **EXERCICE** ───

La conjugaison

Conjuguez les verbes aux personnes indiquées:

je	trier
tu	remercier
il	plier
nous	louer
vous	clouer
ils	polluer

300

Une invitation

Mme Lenoir: *Allô? Un instant, je vous la passe.*
Sylvie: *Bonjour Jacqueline! Quelles nouvelles?
... Tu fêtes
ton anni-
versaire
vendredi...
Génial! Zut!
On a été
coupé! Bon,
je rappelle...
Maintenant
la ligne est
occupée.*

Konjugation

Konjugieren Sie die Verben in der angegebenen Person:

je **trie**	ich sortiere
tu **remercies**	du dankst
il **plie**	er faltet
nous **louons**	wir mieten
vous **clouez**	ihr nagelt/Sie nageln
ils **polluent**	sie verschmutzen

DIE EXPERTENECKE

Etre connu comme le loup blanc bedeutet: Bekannt sein wie ein bunter Hund. Wörtlich: Bekannt sein wie der weiße Wolf.

Eine Einladung

Frau Lenoir: Hallo? Einen Augenblick, ich gebe sie Ihnen.
Sylvie: Guten Tag, Jacqueline! Was gibt's Neues? ... Du feierst Freitag deinen Geburtstag ... Toll! Verflixt, die Verbindung ist unterbrochen! Gut, ich rufe zurück ... Jetzt ist die Leitung besetzt.

une invitation [ɛ̃vitaˈsjɔ̃]	Einladung
un instant [ɛ̃ˈstɑ̃]	Augenblick
génial/e [ʒeˈnjal]	genial, toll
couper [kuˈpe]	schneiden, unterbrechen
rappeler [raˈple]	zurückrufen
occupé/e [ɔkyˈpe]	besetzt

A la parfumerie

Vendeuse: *Bonjour Mademoiselle, vous désirez?*
Sylvie: *Montrez-moi un assortiment de rouges à lèvres et de vernis à ongles à la mode.*
Vendeuse: *Voici notre gamme de produits «Rosa», très séduisante pour les jeunes filles.*
Sylvie: *Bien; faites-moi un emballage-cadeau s'il vous plaît.*

Le gâteau d'anniversaire

Il y a beaucoup d'invités et une bonne ambiance chez Jacqueline. Tout le monde s'amuse. Soudain, la lumière s'éteint: Marc et Sylvie apportent le gâteau décoré de vingt bougies rouges. Jacqueline les souffle toutes et les amis applaudissent; puis ils boivent du champagne à la santé de Jacqueline.

In der Parfümerie

Verkäuferin: Guten Tag, Fräulein, was wünschen Sie?
Sylvie: Zeigen Sie mir ein Sortiment von modischen Lippenstiften und Nagellack.
Verkäuferin: Hier haben Sie unsere Produktreihe „Rosa", besonders reizend für junge Mädchen.
Sylvie: Gut; packen Sie es mir bitte als Geschenk ein.

un assortiment [asɔrti'mɑ̃]	Sortiment
le rouge à lèvres [ruːʒ a 'lɛːvrə]	Lippenstift
le vernis à ongles [vɛr'ni a 'ɔːglə]	Nagellack
à la mode [a la mɔd]	modisch
séduisant/e [sedɥi'zɑ̃]	reizend, verführerisch
un emballage [ɑ̃ba'laːʒ]	Verpackung

Der Geburtstagskuchen

Es sind viele Gäste da, und die Stimmung ist gut bei Jacqueline. Alle amüsieren sich. Plötzlich geht das Licht aus: Marc und Sylvie bringen den mit zwanzig roten Kerzen geschmückten Kuchen herein. Jacqueline bläst sie alle aus, die Freunde klatschen; dann trinken sie Champagner auf Jacquelines Wohl.

une ambiance [ɑ̃'bjɑ̃ːs]	Stimmung
soudain [su'dɛ̃]	plötzlich
la lumière [ly'mjɛːr]	Licht
la bougie [bu'ʒi]	Kerze
souffler [su'fle]	blasen
applaudir [aplo'diːr]	klatschen
la santé [sɑ̃'te]	Gesundheit, Wohlergehen

Un fameux restaurant parisien

La Tour d'Argent existe depuis 1582. C'est dans cette auberge fréquentée par Henri IV, qu'est né l'usage de la fourchette en France. Au Grand siècle la cour vient dîner à la Tour d'Argent. La tradition du «Canard au sang» y est née.

*«Je réponds ordinairement
à ceux qui me demandent raison
de mes voyages que
je sais bien ce que je fuis,
mais non pas ce que je cherche.»*

Montaigne

Ein berühmtes Pariser Restaurant

La Tour d'Argent existiert seit 1582. In diesem Gasthaus, das Henri IV. besuchte, ist der Gebrauch der Gabel in Frankreich eingeführt worden. Während der Herrschaft von Louis XIV. (Grand siècle) verkehrt der Hof im la Tour d'Argent. Die Tradition des „Canard au sang" (Ente blutig; eine französische Spezialität) ist hier entstanden.

Für die Herren, die dieses Restaurant mit einer Dame besuchen: Eine Speisekarte ohne Preise für die Dame!

fameux/se *adj.* [faˈmø/z]	berühmt/bekannt
l'auberge *f* [oˈbɛrʒ]	Gasthaus/Herberge
l'usage *m* [yˈzaːʒ]	Gebrauch
la fourchette [furˈʃɛt]	Gabel

„Wer mich nach den Gründen meiner Reisen fragt, dem antworte ich für gewöhnlich, daß ich weiß, wovor ich flüchte, nicht aber, was ich suche." — Michel Eyquem de Montaigne (1533–1592), französischer Schriftsteller, Tagebuch über seine Reisen durch Europa in den Jahren 1580–1581

——————————— GRAMMATIK ———————————

Femininform von Adjektiven

Alle Adjektive auf **eux** bilden die weibliche Form auf **euse**.
Beispiel:
le garçon peureux; la fille peureuse (ängstlich);
un élève paresseux; une élève paresseuse (faul)

Un gentilhomme

Le bus est en train de démarrer. Mme Lenoir court et fait signe au chauffeur. Miracle! il l'attend. Elle le remercie et cherche de la monnaie pour payer son ticket. Elle prend une carte à la journée pour plusieurs trajets et pour pouvoir changer de ligne. D'abord elle veut faire des courses en ville et après aller voir sa copine Marie.

EXERCICE

Traduisez

1. Er stellt das Radio immer auf Europe 1 ein.
2. Hast du den Wecker auf 7 Uhr gestellt?
3. Sie begann zu weinen.
4. Es ist besser, einen Mantel anzuziehen, denn es ist kalt.
5. Decke bitte den Tisch für sechs Personen.

Ein Kavalier

Der Bus fährt gerade los. Frau Lenoir rennt und gibt dem Fahrer ein Zeichen. Ein Wunder! Er wartet. Sie dankt ihm und sucht nach Kleingeld, um ihre Fahrkarte zu bezahlen. Sie nimmt eine Tageskarte für mehrere Fahrten mit Umsteigeberechtigung. Zuerst will sie in der Stadt Einkäufe machen und danach ihre Freundin Marie besuchen.

le gentilhomme [ʒɑ̃tiˈjɔm]	Edelmann, Kavalier
démarrer [demaˈre]	losfahren
courir [kuˈriːr]	rennen
le signe [siɲ]	Zeichen
le chauffeur [ʃoˈfœːr]	Fahrer
attendre [aˈtɑ̃ːdrə]	warten
la monnaie [mɔˈnɛ]	Kleingeld
la carte à la journée [kart a la ʒurˈne]	Tageskarte
le trajet [traˈʒɛ]	Fahrt, Strecke
le copain [kɔˈpɛ̃]	Freund
la copine [kɔˈpin]	Freundin

Übersetzen Sie:

1. Il met toujours la radio sur Europe 1.
2. As-tu mis le réveil sur 7 heures?
3. Elle s'est mise à pleurer.
4. Il vaut mieux mettre un manteau, car il fait froid.
5. Mets la table pour six personnes, s'il te plaît.

DIE EXPERTENECKE

Se jeter dans l'eau pour ne pas se mouiller = vom Regen in die Traufe kommen. (Wörtlich: Sich ins Wasser stürzen, um nicht naß zu werden.)

Le concours des mots fléchés

Dans le journal du dimanche il y avait une grille avec des cases numérotées de 1 à 14. Les lettres contenues dans ces cases donnent dans l'ordre le nom d'un chanteur. Mme Morin trouve la solution, l'inscrit sur une carte postale qu'elle envoie au «FIGARO». Est-ce qu'elle gagnera le 1er prix, un voyage à travers la France pittoresque?

─────── EXERCICE ───────

Les nombres

Remplissez la grille avec les nombres de 1 à 10:

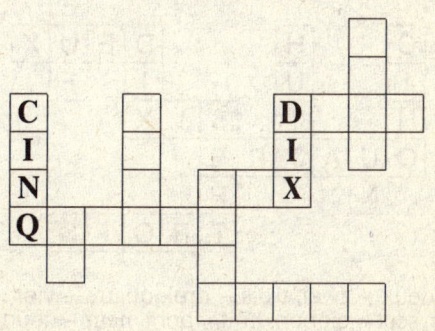

In der Sonntagszeitung war ein skandinavisches Kreuzwort-
rätsel mit numerierten Kästchen von 1 bis 14. Die Buchstaben
dieser Kästchen ergeben hintereinander gelesen den Namen
eines Sängers. Frau Morin findet die Lösung und schreibt sie
auf eine Postkarte, die sie an den „FIGARO" schickt. Wird sie
den 1. Preis gewinnen, eine Reise quer durch das malerische
Frankreich?

le concours [kɔ̃'ku:r]	Preisausschreiben/Wettbewerb
les mots fléchés *m*	Kreuzworträtsel
[mo fle'ʃe]	(skandinavisches)
la case [kɑ:z]	Kästchen
numéroté *adj.* [nymerɔ'te]	numeriert
contenir [kɔ̃t'ni:r]	enthalten
le chanteur [ʃɑ̃'tœ:r]	Sänger
la solution [sɔly'sjɔ]	Lösung
gagner [ga'ɲe]	gewinnen/verdienen
pittoresque *adj.* [pitɔ'rɛsk]	malerisch/romantisch
LE FIGARO [lə figa'ro]	*franz. Tageszeitung*

Die Zahlen

Schreiben Sie in die Kästchen die Zahlen von 1 bis 10:

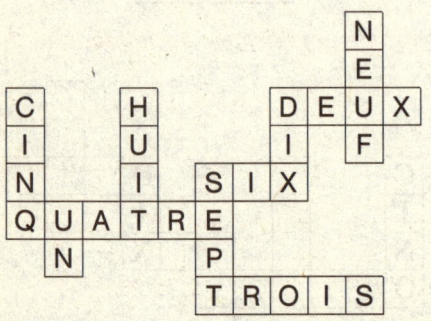

un – eins, deux – zwei, trois – drei, quatre – vier, cinq – fünf,
six – sechs, sept – sieben, huit – acht, neuf – neun, dix – zehn

Le jardinage

Cet après-midi, M. Lebrun a décidé de commencer son jardinage. Il re-
tourne d'abord la terre,
puis il sème les graines
et plante les bulbes qu'il
a achetés le matin. Il
aime les fleurs, particu-
lièrement les roses et les
tulipes. En dernier lieu,
il recouvre le carré de
tourbe.

Le berceau du champagne

Hautvilliers, un petit village vigneron sur «la route du
champagne», est le berceau de cette noble boisson.
Dom Pierre Pérignon a été destiné par ses supérieurs
à occuper le poste d'administrateur de l'abbaye. Le
moine bénédictin a cherché comment améliorer la
qualité du vin. C'est ainsi qu'il a inventé le champagne qui a donné la réputation à cette région. Le nom
du moine est le nom d'un grand champagne.

*Quelles sont les deux villes de Champagne les plus
renommées pour cette boisson?*

Gartenarbeit

Heute nachmittag hat Herr Lebrun beschlossen, mit der Gartenarbeit zu beginnen. Zuerst gräbt er um, dann sät er die Samenkörner und setzt die Blumenzwiebeln, die er heute morgen gekauft hat. Er liebt Blumen, besonders Rosen und Tulpen. Zum Schluß bedeckt er das Beet mit Torf.

semer [s(ə)'me]	aussäen
la semence [s(ə)'mãːs]	Same
le terreau [tɛ'ro]	Blumenerde
retourner [rətur'ne]	umgraben
la tourbe [turb]	Torf
la rose [roːz]	Rose
la tulipe [ty'lip]	Tulpe

Die Wiege des Champagners

Hautvilliers, ein kleines Winzerdorf an der „Route du Champagne", ist die Wiege dieses edlen Getränks. Dom * Pierre Perignon wurde von seinen Vorgesetzten zum Verwalter der Abtei ernannt. Der Benediktinermönch überlegte sich, wie die Weinqualität verbessert werden könnte. Dabei erfand er den Champagner, der den Ruhm dieser Region begründete. Der Name des Mönchs ist auch der Name eines sehr guten Champagners. Welche beiden Städte in der Champagne sind am bekanntesten für dieses Getränk?

Epernay und Reims

Epernay ist die „Hauptstadt des Champagners", in Reims kann man das Champagnermuseum besichtigen.

* Dom – von dominus (lat.); Meister, Titel bei den Benediktinern und Kartäuser-Mönchen.

1er prix: Un voyage à travers la France...

Mme Morin ouvre de ses mains tremblantes l'enveloppe portant l'enseigne du «Figaro». Elle se rapelle le
concours auquel elle
avait participé en février.
Elle lit: «Le Figaro vous
félicite Madame, vous
avez gagné le 1er prix, un
voyage à travers la
France pittoresque.»

Projets de vacances bouleversés

Le 4 juillet Madame et Monsieur Morin fêtent leur
25 ans de mariage. A cette occasion, M. Morin avait
réservé une chambre
d'hôtel à Nouméa, la
capitale de Nouvelle-
Calédonie. Il voulait réaliser un rêve à sa femme.
Mais voilà qu'elle a
gagné un voyage au
concours du Figaro.
M. Morin est bien
embarrassé.

1. Preis: Eine Reise durch Frankreich...

Frau Morin öffnet mit zitternden Händen den Briefumschlag mit dem Firmenzeichen des „Figaro". Sie erinnert sich an das Preisrätsel, an dem sie im Februar teilgenommen hat. Sie liest: „Der Figaro gratuliert Ihnen, Frau Morin, Sie haben den 1. Preis gewonnen, eine Reise durch das malerische Frankreich."

tremblant/e *adj.* [trã'blã/t]	zitternd
l'enseigne *f* [ã'sɛɲ]	Firmenzeichen
se rappeler [ra'ple]	sich erinnern
féliciter [felisi'te]	gratulieren

Zerstörte Urlaubspläne

Am 4. Juli feiern Herr und Frau Morin ihren 25. Hochzeitstag. Zu diesem Anlaß hat Herr Morin ein Hotelzimmer in Nouméa, der Hauptstadt Neu-Kaledoniens, gebucht. Er wollte seiner Frau einen Traum erfüllen. Aber nun hat sie eine Reise beim Preisausschreiben des „Figaro" gewonnen. Herr Morin ist in der Klemme.

bouleversé *adj.* [bulvɛr'se]	zerstört/zerrüttet
le rêve [rɛːv]	Traum
être embarrassé ['ɛːtrə ãbara'se]	in der Klemme sein

La plongée sous-marine

M. Martin vient de lire
dans le journal que l'école
nautique offrait des cours
de plongée sous-marine qui
débuteront le week-end
après Pâques. Il se rend au
bureau de cette école pour
se renseigner sur les tarifs
et les horaires exacts des
cours.

Le soufflé au fromage

*Pour 6 personnes: 1/2 l de lait, 100 g de beurre, 6 œufs,
100 g de farine, 100 g de gruyère, sel, poivre.*

Faire une béchamel: mettre du beurre dans une casserole. Chauffer. Ajouter la farine, mélanger, ajouter
le lait petit à petit et remuer. Ajouter sel et poivre. Incorporer le gruyère râpé, laisser refroidir. Incorporer
les jaunes d'œufs à la béchamel. Battre les blancs en
neige, mélanger le tout. Beurrer un moule et y verser
la masse. Mettre au four 200° pendant 30 min.

Bon appétit!

Das Tiefseetauchen

Herr Martin hat kürzlich in der Zeitung gelesen, daß die Wassersportschule Kurse für Tiefseetauchen anbietet, die am Wochenende nach Ostern beginnen. Er geht zum Anmeldebüro dieser Schule, um sich über die Preise und die genauen Termine zu informieren.

la plongée [plɔ̃'ʒe]	Tauchen
sous-marin/e [su ma'rɛ̃n/'rin]	Tiefsee-
l'école (f) nautique [e'kɔl no'tik]	Wassersportschule
débuter [deby'te]	beginnen
se rendre [sə 'rɑ̃drə]	sich begeben/gehen
se renseigner [sə rɑ̃sɛ'ɲe]	sich informieren
le tarif [ta'rif]	hier: Preis; sonst: Tarif
l'horaire (m) [ɔ'rɛːr]	Uhrzeit/Plan
exact (adj.) [ɛg'zakt]	genau

Käsesoufflé

Für 6 Personen: *1/2 l Milch, 100 g Butter, 6 Eier, 100 g Mehl, 100 g Gruyèrekäse, Salz und Pfeffer.*

Eine Bechamelsoße zubereiten: Butter in einen Topf geben, erwärmen. Das Mehl hinzugeben, umrühren, nach und nach die Milch unter Rühren hinzugeben. Salz und Pfeffer dazugeben. Den geriebenen Gruyère unterrühren und abkühlen lassen. Das Eigelb in die Bechamelsoße unterrühren. Das Eiweiß zu Schnee schlagen, in die Masse geben und alles verrühren. Eine Form einfetten, die Masse einfüllen und bei 200° 30 min. in den Backofen stellen.

Guten Appetit!

Faisons les courses

Epicier: *Bonjour, Madame*
Mme Morin: *Bonjour, Monsieur*
Epicier: *Vous désirez?*
Mme Morin: *Une livre de*
                café, une
                boîte de ca-
                membert, un
                pot de confi-
                ture, une bou-
                teille de vin
                blanc.
Epicier: *Voilà Ma-*
                dame, ça fait
                65,50 F.

«*En avril ne te découvre pas d'un fil,
en mai fais ce qui te plaît.*»

Proverbe

Wir kaufen ein

Lebensmittel- händler:	Guten Tag.
Frau Morin:	Guten Tag.
Händler:	Sie wünschen?
Frau Morin:	Ein Pfund Kaffee, eine Schachtel Camembert, ein Glas Marmelade, eine Flasche Weißwein.
Händler:	Bitte schön, das macht 65,50 F.

les courses *f* [kurs]	Einkäufe
l'épicier *m* [epi'sje]	Lebensmittelhändler
désirer [dezi're]	wünschen
la livre ['liːvrə]	Pfund
la boîte [bwat]	Dose/Schachtel
le pot [po]	Glas (Konserven)
la bouteille [bu'tɛj]	Flasche

316

„Im April lege nicht einen Faden ab, im Mai tu, was dir gefällt." – Französisches Sprichwort

─────── GRAMMATIK ───────

Das Perfekt mit „avoir" – haben

manger	— j'ai mangé	— ich habe gegessen
lire	— tu as lu	— du hast gelesen
prendre	— il a pris	— er hat genommen
écrire	— nous avons écrit	— wir haben geschrieben
choisir	— vous avez choisi	— ihr habt gewählt/ Sie haben gewählt
attendre	— ils ont attendu	— sie haben gewartet

Außer für die Verben auf -er, die das Partizip mit é bilden, gibt es keine einheitliche Regel für die Partizipbildung.

L'équipement pour la plongée

M. Martin: *Pouvez-vous me montrer un équipement complet de plongée?*

Vendeur: *Voilà monsieur, les palmes, le masque et le scaphandre.*

M. Martin: *Est-ce que vous acceptez la carte bancaire?*

Vendeur: *Bien sûr, Monsieur.*

— **EXERCICE** —

Des homonymes

Traduisez les mots allemands et vous obtiendrez des homonymes en français.

Der Palast	Der Gaumen
Das Bett	Der Bodensatz (Wein)
Das Postamt	Die Stellung
Der Schlag/Hieb	Die Ausgabe/Kosten
Die Sprache	Die Zunge
Der Hafen	Das Schwein

Die Taucherausrüstung

Herr Martin: Können Sie mir eine komplette Taucherausrüstung zeigen?
Verkäufer: Hier, die Flossen, die Maske und der Taucheranzug.
Herr Martin: Nehmen Sie Kreditkarten an?
Verkäufer: Natürlich.

l'équipement *(m)* [ekip'mã]	Ausrüstung
les palmes *(f)* [palm]	*hier:* Flossen; *sonst:* Palmen
le masque [mask]	Maske/Taucherbrille
le scaphandre [ska'fã:drə]	Taucheranzug
la carte bancaire [kart bã'kɛ:r]	Kreditkarte

Homonyme

Übersetzen Sie die deutschen Wörter und Sie erhalten französische Homonyme (gleichlautende Wörter).

le palais	le palais
le lit	la lie
la poste	le poste
le coup	le coût
la langue	la langue
le port	le porc

─── *DIE EXPERTENECKE* ───

Il a mangé comme quatre = er hat wie vier gegessen, im Deutschen aber nur noch wie drei: Er hat Hunger für drei.

Mme Lebrun a besoin de lunettes

Mme Lebrun: *Jean! A table! Dépêche-toi!*

Jean: *Des crêpes! C'est mon dessert préféré.*

Mme Lebrun: *Bon appétit.*

Jean: *Mais, maman, tu es en train de verser du sel sur ta crêpe!*

Mme Lebrun: *Oh! J'ai confondu le sel et le sucre.*

Jean: *Je vois bien que tu as besoin de lunettes!*

Mme Lebrun: *Oui, je devrais aller chez l'oculiste.*

--- GRAMMAIRE ---

Synonymes

la bicyclette	le vélo
réfléchir à	méditer sur
heureux	joyeux
se dépêcher	se hâter
horrible	affreux
frapper	battre

Frau Lebrun braucht eine Brille

Frau Lebrun: Jean! Komm essen! Beeil dich!
Jean: Crêpes! Das ist ja mein Lieblingsdessert.
Frau Lebrun: Guten Appetit.
Jean: Aber Mama, du schüttest dir ja Salz auf deine
            Crêpe!
Frau Lebrun: Oh, ich habe das Salz und den Zucker verwech-
            selt.
Jean: Es ist klar, daß du eine Brille brauchst!
Frau Lebrun: Ja, ich sollte zum Augenarzt gehen.

les lunettes (f. pl.) [ly'nɛt]	Brille
confondre [kɔ̃'fɔ̃:drə]	verwechseln
l'oculiste (m.) [ɔky'list]	Augenarzt
le dessert préféré [de'sɛːr prefe're]	Lieblingsdessert

—————————— GRAMMATIK ——————————

Synonyme

la bicyclette [bisi'klɛt]	Fahrrad
le vélo [ve'lo]	
réfléchir à [refle'ʃiːr]	nachdenken über
méditer sur [medi'te]	
heureux [œ'rø]	froh, fröhlich
joyeux [ʒwa'jø]	
se dépêcher [depɛ'ʃe]	sich beeilen
hâter [ɑ'te]	
horrible [ɔ'riblə]	entsetzlich
affreux [a'frø]	
frapper [fra'pe]	schlagen
battre ['batrə]	

─────── EXERCICE ───────

Le participe passé

Complétez les phrases avec le participe passé des verbes
prendre, attendre, écrire, regarder, manger:

1. Céline a _____ l'autobus.

2. Devant l'école ses amis ont _____ .

3. Silke a _____ une lettre à ses parents.

4. Hier nous avons _____ un film avec
   Louis de Funès.

5. Les élèves ont _____ à la cantine de
   l'école.

322

Les cloches se sont envolées à Rome

La légende veut que le Jeudi saint, les cloches s'en-
volent pour se faire bénir à Rome. Elles ne reviennent que le dimanche
de Pâques. En re-
gagnant leur clocher,
elles sèment des œufs
de Pâques et d'autres
friandises que les
enfants dénichent dans
le jardin, sous les arbres
et ailleurs.

Ergänzen Sie die Sätze mit dem Partizip der Verben prendre/nehmen, attendre/**warten**, écrire/**schreiben**, regarder/**anschauen**, manger/**essen**.

1. Céline a **pris** l'autobus.
2. Devant l'école ses amis ont **attendu**.
3. Silke a **écrit** une lettre à ses parents.
4. Hier, nous avons **regardé** un film avec Louis de Funès.
5. Les élèves ont **mangé** à la cantine de l'école

1. Céline hat den Bus genommen.
2. Vor der Schule haben ihre Freunde gewartet.
3. Silke hat ihren Eltern einen Brief geschrieben.
4. Gestern haben wir einen Film mit Louis de Funès angeschaut.
5. Die Schüler haben in der Schulkantine gegessen.

DIE EXPERTENECKE

J'ai passé une nuit blanche bedeutet nicht, daß die Nacht hell war, sondern: Ich habe eine schlaflose Nacht verbracht. Wörtlich: Ich habe eine weiße Nacht verbracht.

Die Glocken sind nach Rom geflogen

Die Legende sagt, daß am Gründonnerstag die Glocken nach Rom fliegen, um gesegnet zu werden. Sie kommen erst am Ostersonntag zurück. Auf dem Weg zu ihrem Glockenturm verteilen sie Ostereier und andere Süßigkeiten, welche die Kinder im Garten, unter den Bäumen und anderswo finden.

la cloche [klɔʃ]	Glocke
s'envoler [ãvɔ'le]	davonfliegen
Jeudi saint [ʒø'di sɛ̃]	Gründonnerstag
bénir [be'ni:r]	segnen
Pâques [pa:k]	Ostern
regagner [rəga'ne]	zurückkehren
la friandise [friã'di:z]	Süßigkeit
dénicher [deni'ʃe]	finden/aufstöbern

La légende des œufs de Pâques

Au temps des Croisades, une fille du duc de Bourgogne, nommée Rosalinde, était seule dans son
château, son mari, le comte Arnaud, se battait en Pa-
lestine. Un jour un seigneur de la région l'a attaquée.
Elle réussit à s'enfuir. Arrivée dans un petit village,
les habitants l'aidèrent. Lorsque la fête de Pâques
arriva, elle fit cuire des œufs, qu'elle décora de toutes
les couleurs et cacha dans des nids de paille autour
de sa maison. Elle invita les enfants du village à les
chercher.

Des œufs, des œufs et encore des œufs!

Cette fois chacun a voulu épater avec ses capacités
artistiques en décorant, en cachette, des œufs. Dans
la cuisine se trouve une
corbeille remplie d'œufs
multicolores aux dessins
les plus impressionnants,
mais leur destinée est le
buffet froid de ce lundi
de Pâques.

Die Legende der Ostereier

Zur Zeit der Kreuzzüge lebte eine Tochter des Herzogs von Burgund, Rosalinde genannt, allein in ihrem Schloß. Ihr Mann, Graf Arnaud, führte Krieg in Palästina. Eines Tages wurde sie von einem Lehnsherrn der Region angegriffen. Es gelang ihr zu fliehen. In einem kleinen Dorf angekommen, halfen ihr die Bewohner. Zum Osterfest ließ sie Eier kochen, die sie bunt färbte und in Strohnestern rund um ihr Haus versteckte. Sie lud die Kinder aus dem Dorf ein, die Eier zu suchen.

Eier, Eier und nochmals Eier!

Dieses Mal wollte jeder mit seinen künstlerischen Fähigkeiten angeben, indem er heimlich Eier bemalte. In der Küche befindet sich ein Korb, gefüllt mit bunten Eiern mit den schönsten Mustern, aber ihr Schicksal ist das kalte Buffet am heutigen Ostermontag.

épater [epaˈte]	angeben/prahlen
la capacité [kapasiˈte]	Fähigkeit
artistique *adj*. [artisˈtik]	künstlerisch
en cachette [kaˈʃɛt]	heimlich
la corbeille [kɔrˈbɛj]	Korb
remplir [rɑ̃ˈpliːr]	füllen
le dessin [deˈsɛ̃]	Dekor/Zeichnung/Muster
la destinée [dɛstiˈne]	Schicksal/Bestimmung

L'excursion avec le vélo

Jean et ses deux amis se sont
levés tôt. Comme on ne peut pas
faire de promenade à vélo dans
Paris, ils prennent le train pour
quitter la ville. Stéphane connaît
une route peu fréquentée avec
beaucoup de forêts et de villages.
Ils passent une bonne journée
sans encombre. Le soir, ils sont
tous très fatigués en rentrant à
la maison.

«*Noël aux balcons,
Pâques aux tisons.*»

Dicton

Der Ausflug mit dem Fahrrad

Jean und seine beiden Freunde sind früh aufgestanden. Da man in Paris keine Fahrradtour machen kann, nehmen sie den Zug, um aus Paris herauszufahren. Stéphane kennt eine Strecke, auf der es wenig Autos und viele Wälder und Dörfer gibt. Sie haben einen schönen Tag ohne Panne. Am Abend, als sie nach Hause zurückkehren, sind sie alle sehr müde.

se lever [lə've]	aufstehen
tôt [to]	früh
le forêt [fɔ'rɛ]	Wald
le village [vi'laːʒ]	Dorf
sans encombre [sã ã'kɔ̃:brə]	unbehindert
fatigué [fati'ge]	müde

„Weihnachten auf dem Balkon, Ostern hinter dem Ofen". — Bauernregel

────────── GRAMMATIK ──────────

Pluralbildung der Substantive auf "al":

Die meisten Substantive auf **al** bilden den Plural mit **aux**;
le cheval, les chevaux (Pferd),
le capital, les capitaux (Kapital)
Ausnahmen:
le bal, (Ball), *le carnaval* (Karneval), *le chacal* (Schakal), *le festival* (Festspiel), *le régal* (Festessen).
Diese bilden den Plural mit **s**: *les bals, les chacals*.

A l'agence de voyages

M. Martin: *Bonjour Mademoiselle, avez-vous de la documentation sur la Martinique?*

Employée: *Oui, Monsieur, nous avons des brochures illustrées ainsi que des films sur cassettes vidéo.*

Où passer les vacances?

Mme Martin s'est procuré de la documentation sur Fréjus et le nouveau port au bord de la Méditerranée, et M. Martin, qui veut persuader sa femme de passer des vacances en Martinique, lui montre le film emprunté à l'agence de voyages. Mme Martin a peur de prendre l'avion, elle aime mieux rester en France.

Im Reisebüro

Herr Martin: Guten Tag, haben Sie Informationsmaterial über Martinique?
Angestellte: Ja, wir haben bebilderte Broschüren sowie Filme auf Video-Kassetten.

Martinique ist eine Insel der kleinen Antillen im Karibischen Meer.

l'agence (f) de voyages [a'ʒɑ̃ːs də vwa'jaːʒ]	Reisebüro
la documentation [dɔkymɑ̃tɑ'sjɔ̃]	Informationsmaterial
illustré (adj.) [illyst're]	bebildert/illustriert

Wohin in den Urlaub?

Frau Martin hat sich Informationsmaterial über Fréjus mit dem neuen Hafen am Mittelmeer besorgt. Herr Martin, der seine Frau überreden will, Urlaub auf Martinique zu machen, zeigt ihr den Film, den er im Reisebüro ausgeliehen hat. Frau Martin hat Angst vor dem Fliegen, sie zieht es vor, in Frankreich zu bleiben.

se procurer [sə prɔky're]	besorgen
le port [pɔːr]	Hafen
persuader [pɛrsɥa'de]	überzeugen/überreden
emprunter [ɑ̃prœ̃'te]	aus-/leihen
avoir peur [a'vwaːr pœːr]	Angst haben/sich fürchten

Clafoutis aux cerises

8 petits pains au lait, 1 kg de cerises, 50 g de raisins secs, 250 g de sucre, 6 œufs, 5 cl de Kirsch, 60 g de beurre.

Mouiller les petits pains coupés en 4 avec du lait tiède. Ajouter sucre, jaune d'œufs, Kirsch et raisins secs, travailler le tout avec une cuillère. Incorporer les cerises dénoyautées et les blancs d'œufs montés en neige. Beurrer un moule à charlotte et le chemiser de chapelure. Verser la pâte et saupoudrer de chapelure. Parsemer de morceaux de beurre, cuire 45 min. au four à 180°. Laisser refroidir 10 min. avant de servir.

Bon appétit!

De grands projets

La famille Lenoir pense à agrandir la maison. Comme les deux enfants font des études, ils ont besoin d'un bureau pour travailler.
La petite chambre de Sylvie va servir de chambre d'amis.
Marc propose de construire une maisonnette dans le jardin:
il veut faire des fêtes avec beaucoup de musique!

Kirschkuchen

8 Milchbrötchen, 1 kg Kirschen, 50 g Rosinen, 250 g Zucker, 6 Eier, 5 cl Kirsch, 60 g Butter.

Die in 4 Teile geschnittenen Brötchen in lauwarmer Milch einweichen. Zucker, Eigelb, Kirsch und Rosinen hinzufügen, das Ganze mit einem Löffel vermischen. Die entsteinten Kirschen und das zu Schnee geschlagene Eiweiß darunterheben. Eine Auflaufform mit Butter einfetten, mit Paniermehl bestreuen und den Teig einfüllen. Paniermehl darüber streuen, darauf Butterflocken geben. 45 Min. im Backofen bei 180° backen. Vor dem Servieren 10 Min. abkühlen lassen.

Guten Appetit!

Große Pläne

Die Familie Lenoir denkt daran, das Haus zu vergrößern. Da die Kinder studieren, brauchen sie ein Büro zum Arbeiten. Das kleine Zimmer von Sylvie wird als Gästezimmer dienen. Marc schlägt vor, ein Häuschen im Garten zu bauen: Er will Feste mit viel Musik feiern!

le projet [prɔˈʒɛ]	Vorhaben, Plan
agrandir [agrɑ̃ˈdiːr]	vergrößern
avoir besoin [aˈvwaːr bəˈzwɛ̃]	brauchen
servir [sɛrˈviːr]	dienen
la chambre d'amis [ˈʃɑ̃ːbrə ˈdami]	Gästezimmer
proposer [prɔpoˈze]	vorschlagen
construire [kɔˈstrɥiːr]	bauen
la maisonnette [mɛzɔˈnɛt]	Häuschen

Un fils futé

M. Lenoir:	*Voilà le devis pour la maisonnette. L'architecte demande 200.000 francs au total.*
Mme Lenoir:	*C'est un peu cher… Remplaçons la douche par un lavabo!*
Marc:	*Mais non! Papa peut prendre un crédit hypothécaire à la banque.*

Le chantier

Enfin! Les travaux pour la construction de la maisonnette ont commencé. Le maçon et son apprenti ont déchargé une tonne de briques et la bétonneuse. Ils sont en train de creuser les fondations à l'aide de pelles et de pioches. M. Lenoir est désespéré parce que son beau jardin est devenu un véritable chantier.

Ein schlauer Sohn

Herr Lenoir: Hier ist der Kostenvoranschlag für das Häuschen. Der Architekt verlangt insgesamt 200.000
Francs.

Frau Lenoir: Das ist etwas teuer... Wir ersetzen die Dusche
durch ein Waschbecken!

Marc: Aber nein! Papa kann eine Hypothek bei der
Bank aufnehmen.

le fils [fis]	Sohn
futé/e [fy'te]	schlau
le devis [d(ə)'vi]	Kostenvoranschlag
au total [o tɔ'tal]	insgesamt
cher/-ère [ʃɛːr]	teuer
remplacer [rãpla'se]	ersetzen
le lavabo [lava'bo]	Waschbecken

Die Baustelle

Endlich! Die Bauarbeiten für das Häuschen haben begonnen.
Der Maurer und sein Lehrling haben eine Tonne Ziegel und den
Betonmischer abgeladen. Mit Hilfe von Spaten und Hacken
sind sie dabei, die Fundamente zu graben. Herr Lenoir ist
verzweifelt, weil sein schöner Garten eine wahre Baustelle
geworden ist.

le chantier [ʃã'tje]	Baustelle
le maçon [ma'sɔ̃]	Maurer
un apprenti [aprã'ti]	Lehrling
la brique [brik]	Ziegel
décharger [deʃar'ʒe]	abladen
creuser [krø'ze]	graben
la pelle [pɛl]	Schaufel
la pioche [pjɔʃ]	Hacke
désespéré/e [dezɛspe're]	verzweifelt

> *«Avec des si*
> *on mettrait Paris*
> *en bouteille.»*
>
> *Proverbe*

———————— EXERCICE ————————

Les heures

Traduisez:

1. Er kommt immer mittags.
2. Der Film fängt um fünf nach halb acht an.
3. Schnell, es ist Viertel nach sieben!
4. Ich gehe um halb zwölf schlafen.
5. Es ist zwanzig nach eins.
6. Um zehn vor vier mußt du fertig sein.

„Mit dem Wörtchen „si" (wenn) kann man Paris in Flaschen füllen." — Französisches Sprichwort

———————— GRAMMATIK ————————

Gleiche Wörter, aber nicht gleiche Artikel

Viele französische Wörter ähneln dem entsprechenden deutschen Wort, aber sie haben in den beiden Sprachen unterschiedliche Artikel:

le contrôle	—	**die** Kontrolle
le rôle	—	**die** Rolle
le chocolat	—	**die** Schokolade
le vase	—	**die** Vase
le mark	—	**die** Mark
le téléphone	—	**das** Telefon
l'auto (f)	—	**das** Auto

Die Uhrzeit

Übersetzen Sie:

1. Il vient toujours à midi.
2. Le film commence à huit heures moins vingt-cinq.
3. Vite, il est sept heures et quart!
4. Je vais dormir à onze heures et demie.
5. Il est une heure vingt.
6. Tu dois être prêt à quatre heures moins dix.

———————— *DIE EXPERTENECKE* ————————

Une expression

Der Ausdruck être en train de faire quelque chose entspricht dem deutschen Ausdruck: im Begriff sein, etwas zu tun; gerade dabei sein ...

«Il est en train de parler.» — „Er spricht gerade."
«Nous sommes en train — „Wir sind im Begriff fort-
de partir.» zugehen."

Un progrès visible

Les travaux avancent bien: les maçons ont déjà coulé le sol en béton et érigé la moitié des murs extérieurs. Aujourd'hui l'architecte vient superviser le chantier. Sur les plans, il montre au contremaître l'emplacement exact des portes et des fenêtres.

Le long du Rhin

Mme Martin a gagné le 1er prix au concours de RTL. C'est un voyage le long du Rhin de Strasbourg à Rotterdam. L'aller sur la rive droite, le retour sur la rive gauche. Des visites guidées dans les villes pittoresques des deux côtés du fleuve sont incluses.

Ein sichtbarer Fortschritt

Die Bauarbeiten gehen gut voran: Die Maurer haben schon den Betonboden gegossen und die Hälfte der Außenwände errichtet. Heute kommt der Architekt, um die Baustelle zu überprüfen. Auf den Plänen zeigt er dem Polier die exakte Lage der Fenster und Türen.

le progrès [prɔˈgrɛ]	Fortschritt
visible [viˈziblə]	sichtbar
avancer [avɑ̃ˈse]	vorwärts gehen, vorangehen
le sol [sɔl]	Boden
ériger [eriˈʒe]	errichten
le mur [myːr]	Wand, Mauer
superviser [sypɛrviˈze]	überprüfen
le contremaître [kɔ̃ːtrəˈmɛːtrə]	Werkmeister, Polier
un emplacement [ɑ̃plasˈmɑ]	Lage, Standort

Den Rhein entlang

Frau Martin hat den 1. Preis in einem Wettbewerb von RTL gewonnen. Es ist eine Reise den Rhein entlang von Straßburg bis Rotterdam. Die Hinreise auf der rechten Uferseite, die Rückreise auf der linken Uferseite. Stadtführungen in den malerischen Städten auf beiden Seiten des Flusses sind inbegriffen.

le long [lə lɔ̃]	entlang
gagner [gaˈɲe]	*hier:* gewinnen; *sonst:* verdienen
le concours [kɔ̃ˈkuːr]	Wettbewerb/Gewinnspiel
le voyage [vwaˈjaːʒ]	Reise
l'aller *(m)* [aˈle]	Hinreise
le retour [rəˈtuːr]	Rückreise
la rive [riːv]	Ufer/Uferseite
gauche *(adj.)* [goːʃ]	links/linke
droite *(adj.)* [drwat]	rechts/rechte
la visite guidée [viˈzit giˈde]	Führung *(Besichtigung)*
pittoresque *(adj.)* [pitɔˈrɛsk]	malerisch
le côté [koˈte]	Seite
le fleuve [flœːv]	Fluß
inclus *(adj.)* [ɛ̃ˈkly]	inbegriffen

Mickey Mouse en France

En avril 1992 fut inauguré le parc d'attractions Euro
Disney, dans la région parisienne. Le public (enfants
et adultes) peut y visiter entre autres le château de la
Belle au Bois Dormant. Le mythe américain y est
représenté par des spectacles splendides, comme le
Wild West Show: c'est une reconstitution de la
tournée européenne que Buffalo Bill fit à la fin du
XIXe siècle.

Comment se rendre à Euro Disney?

338

———————— EXERCICE ————————

Les pronoms possessifs

Formez des phrases en utilisant les pronoms possessifs:

1. Céline — mettre — robe rouge
2. M. et Mme Martin — inviter — amis
3. Tu — me prêter — baladeur
4. Nous — faire — exercice
5. Jean — mettre — chemise bleue

Mickey Mouse in Frankreich

Im April 1992 wurde in der Gegend von Paris der Vergnügungs-
park Euro Disney eröffnet. Das Publikum (Kinder und Erwach-
sene) kann dort u. a. das Schloß von Dornröschen besichtigen.
Dem amerikanischen Mythos wird in eindrucksvollen Vorfüh-
rungen gehuldigt, wie der Wild West Show: Sie ist eine Nachbil-
dung der Tournee, die Buffalo Bill Ende des 19. Jahrhunderts in
Europa machte. Wie erreicht man Euro Disney?

> *Autobahnausfahrt Marne-la-Vallée*

Von Paris aus führt die Autobahn nach Meaux zu Mickey
Mouse. Die Pariser Vorortbahn RER benötigt 30 Minuten bis
vor die Tore von Euro Disney.

Die Possessivpronomen

Bilden Sie Sätze, indem Sie die Possessivpronomen benutzen:

1. Céline met sa robe rouge.
2. M. et Mme Martin invitent leurs amis.
3. Tu me prêtes ton baladeur?
4. Nous faisons notre exercice.
5. Jean met sa chemise bleue.

1. Céline zieht ihr rotes Kleid an.
2. Herr und Frau Martin laden ihre Freunde ein.
3. Leihst du mir deinen Walkman?
4. Wir machen unsere Übung.
5. Jean zieht sein blaues Hemd an.

--- *DIE EXPERTENECKE* ---

Il s'est mis dans de beaux draps bedeutet nicht: Er
hat sich schöne Bettücher zugelegt, sondern: Er
kommt in Teufels Küche. Wörtlich: Er hat sich in
schöne Bettücher gelegt.

A l'hôtel

M. Martin: *Allô, c'est l'hôtel Esplanade? Je voudrais modifier la réservation de notre chambre. Nous préférons une chambre avec salle de bains.*

Employé: *Un instant, Monsieur..., oui c'est faisable.*

Le roi de la renaissance

C'est lui qui a posé les fondements de la monarchie absolue. C'est sous son règne que la construction du Louvre a été commencée. C'est encore lui qui a signé avec les cantons suisses la fameuse «Paix perpétuelle» qui permit à la France de lever des mercenaires. Ainsi est née la garde suisse, une des caractéristiques de la cour de France. Les 1200 hommes de la garde ont été tués le 10 août 1792 aux Tuileries parce qu'ils sont restés fidèles à leur serment.

Qui est ce roi?

Im Hotel˙

Herr Martin: Hallo, ist dort das Hotel Esplanade? Ich möchte unsere Zimmerreservierung ändern. Wir möchten lieber ein Zimmer mit Bad.
Angestellter: Einen Augenblick…, ja das ist möglich.

Allô [aˈlo]	Hallo (Ausruf, nur am Telefon)
modifier [mɔdiˈfje]	ändern/umbestellen
la réservation [rezɛrvɑˈsjõ]	Reservierung
la chambre [ˈʃɑ̃ːbrə]	Zimmer
préférer [prefeˈre]	vorziehen/lieber haben
la salle de bains [sal də bɛ̃]	das Bad/Badezimmer
faisable *(adj.)* [fəˈzablə]	möglich

Der König der Renaissance

Er war es, der die Grundlage zum Absolutismus schuf. Unter seiner Herrschaft wurde der Bau des Louvre begonnen. Er war es ebenfalls, der mit den Schweizer Kantonen den berühmten „Ewigen Frieden" schloß, der es Frankreich ermöglichte, Söldner zu verpflichten. So ist die Schweizer Garde entstanden, eines der charakteristischen Merkmale am französischen Hof. Die 1200 Männer der Garde, wurden am 10. August 1792 in den Tuilerien hingerichtet, weil sie ihrem Eid treu blieben. Wer ist der König?

François I*er*

La poterie

Mme Lebrun: *Il y a un nouveau magasin dans notre rue. C'est une poterie.*

Jean: *Est-ce qu'ils ont de belles choses?*

Mme Lebrun: *Oui, le potier m'a montré des vases et des assiettes. J'ai aussi regardé comment il travaille.*

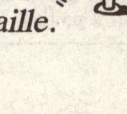

Faisons les bagages

Mme Martin: *Paul, il va falloir acheter encore un sac de voyage pour mettre les accessoires.*

M. Martin: *Combien de valises as-tu faites?*

Mme Martin: *Eh bien, nos cinq valises sont pleines.*

M. Martin: *Cinq valises pour deux semaines?*

Die Töpferei

Frau Lebrun: In unserer Straße ist ein neues Geschäft. Es ist
eine Töpferei.
Jean: Haben sie schöne Sachen?
Frau Lebrun: Ja, der Töpfer hat mir Vasen und Teller gezeigt.
Ich habe auch zugeschaut, wie er arbeitet.

la poterie [pɔ'tri]	Töpferei
le potier [pɔ'tje]	Töpfer
l'assiette (f.) [a'sjɛt]	Teller
la terre à modeler [tɛːr a mɔd'le]	Töpfererde
le four à potier [fuːr a pɔ'tje]	Töpferofen

Wir packen

Frau Martin: Paul, wir werden noch eine Reisetasche kaufen
müssen, um die Accessoires unterzubringen.
Herr Martin: Wieviel Koffer hast du gepackt?
Frau Martin: Also, unsere fünf Koffer sind voll.
Herr Martin: Fünf Koffer für zwei Wochen?

les bagages (m) [ba'gaːʒ]	Gepäck
faire les bagages [fɛːr lə ba'gaːʒ]	Koffer packen
le sac de voyage [sak də vwa'jaːʒ]	Reisetasche
la valise [va'liːz]	Koffer
plein (adj.) [plɛ̃]	voll

Les châteaux de la Loire

Entre Sancerre et Nantes
les bords de la Loire présentent des châteaux ma-
gnifiques. Chaque châ-
teau a sa propre histoire.
C'est à l'époque de la Renaissance qu'on a con-
struit les plus beaux châteaux de la région. Blois
et Chambord sont
parmi les plus connus.

«On s'étudie trois semaines,
on s'aime trois mois,
on se dispute trois ans,
on se tolère trente ans
et les enfants recommencent.»

Hippolyte Taine

Die Schlösser der Loire

Zwischen Sancerre und Nantes bieten die Ufer der Loire herrliche Schlösser. Jedes Schloß hat seine eigene Geschichte.
Die schönsten Schlösser hat man in der Zeit der Renaissance gebaut. Blois und Chambord gehören zu den bekanntesten.

le château [ʃɑ'to]	Schloß
l'histoire (f.) [is'twaːr]	Geschichte
l'époque (f.) [e'pɔk]	Epoche
la région [re'ʒjɔ̃]	Gebiet, Region

„Man ergründet sich drei Wochen, man liebt sich drei Monate, man streitet sich drei Jahre, man duldet sich dreißig Jahre, und die Kinder fangen von vorne an." — Hippolyte Taine (1828 – 1893), französischer Philosoph, Historiker und Kritiker

———————————— GRAMMATIK ————————————
Das Perfekt mit „être" – sein

Die Verben der Bewegung (Orts- und Richtungsänderung) werden im Französischen im Perfekt mit être konjugiert. Das Partizip wird nach Geschlecht und Zahl dem Subjekt zum Verb angeglichen:

Je suis allé/e	— ich bin gegangen
tu es venu/e	— du bist gekommen
il est parti	— er ist weggegangen
elle est sortie	— sie ist hinausgegangen
nous sommes entrés/ées	— wir sind hereingegangen/eingetreten
vous êtes arrivé/és ée/ées	— ihr seid angekommen/Sie sind angekommen
ils sont retournés	— sie sind zurückgekehrt
elles sont montées	— sie sind hinaufgegangen

La visite de la grand-mère

La grand-mère de Jean arrive à cinq heures de l'après-midi. C'est la mère de M. Lebrun. Jean va la chercher au taxi et prend ses valises. La grand-mère habite à Nice, dans le Midi, et vient cette année pour fêter l'anniversaire de Jean avec toute la famille.

2

--- EXERCICE ---

Les verbes en "-ier", "-ouer", "-uer"

Conjuguez les verbes aux temps indiqués:

Le vent _____ (secouer) les grands arbres. (présent)

En automne, les jours _____ (diminuer). (présent)

Tu _____ (remercier) tes parents de ma part. (présent)

Quand nous étions au lycée, nous _____ (copier) sur notre voisin. (imparfait)

Pourquoi _____ (oublier) vous toujours vos devoirs? (imparfait)

Der Besuch der Großmutter

Um fünf Uhr nachmittags kommt Jeans Großmutter an. Sie ist die Mutter von Herrn Lebrun. Jean holt sie vom Taxi ab und nimmt ihre Koffer. Die Großmutter wohnt in Nizza, einer Stadt im Süden. Dieses Jahr kommt sie, um Jeans Geburtstag mit der ganzen Familie zu feiern.

la grand-mère [grã'mɛːr]	Großmutter
le taxi [tak'si]	Taxi
le Midi [mi'di]	der Süden Frankreichs

Die Verben auf „-ier", „-ouer", „-uer"

Konjugieren Sie die Verben in der angegebenen Zeit:
Le vent **secoue** les grands arbres.
Der Wind schüttelt die großen Bäume.
En automne, les jours **diminuent.**
Im Herbst werden die Tage kürzer.
Tu **remercies** tes parents de ma part.
Du dankst deinen Eltern von mir.
Quand nous étions au lycée, nous **copiions** sur notre voisin.
Als wir auf dem Gymnasium waren, schrieben wir von unseren Nachbarn ab.
Pourquoi **oubliiez**-vous toujours vos devoirs?
Warum vergaßen Sie immer Ihre Hausaufgaben?

DIE EXPERTENECKE

Etre au parfum bedeutet: Über etwas Bescheid wissen (Wörtlich: Das Parfüm riechen).

Manger chinois

Marc, Luc et Michel sont dans un restaurant chinois.
Le serveur prend la commande. Comme hors-
d'œuvre Marc choisit un
potage aux asperges; le
plat principal, c'est du
canard laqué au riz et
aux légumes; Luc veut
une glace au dessert.
Pour manger, il n'y a pas
de fourchette, mais des
baguettes!

Des préparatifs de l'anniversaire de Jean

Jean: *Maman, tu as déjà commencé les préparatifs de mon anniversaire?*

Mme Lebrun: *Non. Je ne sais pas combien de personnes tu as invité.*

Jean: *A peu près vingt personnes.*

Mme Lebrun: *Tu dois encore acheter les bois-sons. Après tu pourrais m'aider à faire le buffet.*

Jean: *Je ne dois pas oublier les disques – on a envie de danser.*

Chinesisch essen

Marc, Luc und Michel sind in einem chinesischen Restaurant. Der Kellner nimmt die Bestellung auf. Als Vorspeise wählt Marc eine Spargelsuppe; das Hauptgericht ist glasierte Ente mit Reis und Gemüse; Luc will ein Eis zum Nachtisch. Zum Essen gibt es keine Gabeln, sondern Stäbchen!

chinois/e [ʃiˈnwa]	chinesisch
le serveur [sɛrˈvœːr]	Kellner
la commande [kɔˈmãːd]	Bestellung
le hors-d'œuvre [ɔrˈdœːvrə]	Vorspeise
le potage [pɔˈtaːʒ]	Suppe
le plat [pla]	Gericht
le canard [kaˈnaːr]	Ente
le légume [leˈgyːm]	Gemüse
la fourchette [furˈʃɛt]	Gabel

Vorbereitungen für Jeans Geburtstag

Jean: Mutti, hast du schon mit den Vorbereitungen für meinen Geburtstag begonnen?

Frau Lebrun: Nein. Ich weiß nicht, wieviele Personen du eingeladen hast.

Jean: Ungefähr zwanzig Personen.

Frau Lebrun: Du mußt noch die Getränke kaufen. Danach kannst du mir helfen, das Buffet zu machen.

Jean: Ich darf die Schallplatten nicht vergessen – wir wollen auch tanzen.

le boisson [bwaˈsõ]	Getränk
le buffet [byˈfɛ]	Buffet
le disque [disk]	Schallplatte
danser [dãːˈse]	tanzen

L'anniversaire de Jean

Les parents de Jean l'ont autorisé à fêter son anniversaire dans la salle de séjour. Ils ont décoré la pièce avec des guirlandes. Les premiers amis arrivent à sept heures du soir. Ils ont apporté un grand gâteau. Jean doit souffler toutes les bougies.

Une excursion sur la côte

Les Lebrun ramènent la grand-mère à Nice. Pour eux c'est une belle excursion. Ils restent quelques heures pour aller à la plage. Il y a des gens qui prennent un bain de soleil et des enfants qui jouent sur la plage. L'eau n'est pas trop froide et on peut se baigner.

Jeans Feier

Die Eltern haben Jean erlaubt, seinen Geburtstag im Wohnzimmer zu feiern. Sie haben das Zimmer mit Girlanden geschmückt. Um sieben Uhr abends kommen die ersten Freunde.
Sie haben einen großen Kuchen mitgebracht. Jean muß alle
Kerzen ausblasen.

décorer [dekɔ're]	schmücken
la guirlande [gir'lɑ̃:d]	Girlande
permettre [pɛr'mɛtrə]	erlauben
souffler [su'fle]	(Kerze) ausblasen
la bougie [bu'ʒi]	Kerze

Ein Ausflug an die Küste

Die Lebruns bringen die Großmutter zurück nach Nizza. Das ist
ein schöner Ausflug. Sie bleiben einige Stunden, um an den
Strand zu gehen. Dort sind einige Leute, die ein Sonnenbad
nehmen, und Kinder, die am Strand spielen. Das Wasser ist
nicht zu kalt, und man kann baden gehen.

la côte [ko:t]	Küste
ramener [ram'ne]	zurückbringen
la plage [pla:ʒ]	Strand
se baigner [sə bɛ'ɲe]	baden

<u>Le marché aux puces</u>

Jean: *Stéphane, ça te dirait d'aller au mar-*
ché aux puces ce week-end?
Stéphane: *J'aimerais mieux y aller aujourd'hui.*
Jean: *Ça ne marche pas. Les Puces de la*
Porte de Clignancourt ne sont ouver-
tes que le samedi, dimanche et lundi.
Stéphane: *Alors d'accord. J'aime beaucoup*
"fouiner" pour acheter des vieilles
choses pas chères. Et au milieu de la
brocante, on trouve quelquefois des
vraies antiquités.

352

———————— GRAMMAIRE ————————

Les participes des verbes irréguliers

aller	je suis allé
avoir	tu as eu
croire	il a cru
devoir	elle a dû
dire	nous avons dit
faire	vous avez fait
lire	ils ont lu
venir	elles sont venues

Der Flohmarkt

Jean: Stéphane, was hältst du davon, am Wochenende auf den Flohmarkt zu gehen?

Stéphane: Ich würde lieber heute dorthin gehen.

Jean: Das geht nicht. Der Flohmarkt an der Porte de Clignancourt ist nur samstags, sonntags und montags geöffnet.

Stéphane: Einverstanden. Ich stöbere gerne herum und kaufe alte und preiswerte Dinge. Manchmal findet man wirkliche Antiquitäten unter all dem alten Zeug.

les Puces [pys]	Flohmarkt
le marché aux puces [mar'ʃe o pys]	Flohmarkt
le week-end [wik'ɛnd]	Wochenende
les antiquités (f. pl.) [ãtiki'te]	Antiquitäten
aimer mieux [e'me mjø]	etwas lieber tun
»fouiner« [fwi'ne]	herumstöbern
la brocante [brɔ'kãt]	Alte Dinge vom Flohmarkt

—————— GRAMMATIK ——————

Die Partizipien der unregelmäßigen Verben

gehen	Ich bin gegangen
haben	Du hast gehabt
glauben	Er hat geglaubt
müssen	Sie hat gemußt
sagen	Wir haben gesagt
machen	Ihr habt gemacht
lesen	Sie haben gelesen
kommen	Sie sind gekommen

La bouillabaisse

Ingrédients: *3 tomates, 2 oignons, 3 à 5 sortes de pois-*
sons, de l'ail, du thym, du laurier, du persil, de l'huile
d'olive, des croûtons, poivre, sel, et de la mayonnaise.

Faire chauffer 2 l d'eau, saler et poivrer. Ajouter les
tomates, les oignons, les épices. Quand l'eau est bouillante, y mettre les poissons coupés en morceaux et
2 cuillères à soupe d'huile d'olive. Laisser mijoter 20
min. Frotter les croûtons avec de l'ail, ajouter de l'ail
écrasé à la mayonnaise. Servir les croûtons et la
mayonnaise avec la bouillabaisse.

Bon appétit!

La fête du travail et du muguet

Dans beaucoup de pays, le 1er mai est
férié car c'est la fête du travail. En
France, c'est aussi la fête du
muguet. Ce jour-là, il y a
des petits marchands de
muguet à tous les coins de
rue. On leur achète quel-
ques brins de muguet,
pour offrir comme porte-
bonheur.

Bouillabaisse

Fischsuppenrezept aus dem französischen Mittelmeerraum
Zutaten: *3 Tomaten, 2 Zwiebeln, 3 bis 5 versch. Fischsorten,
Knoblauch, Thymian, Lorbeerblätter, Petersilie, Olivenöl, ge-
toastete Brotstücke (am besten Baguettescheiben), Pfeffer,
Salz und Mayonnaise.*

2 l Wasser erhitzen, salzen, pfeffern. Tomaten, Zwiebeln, Knoblauch und die Gewürze hinzugeben. Wenn das Wasser kocht,
den in Stücke geschnittenen Fisch dazugeben, mit 2 Eßlöffeln
Olivenöl 20 Min. kochen lassen. Die getoasteten Brotstücke mit
Knoblauch einreiben, zerriebenen Knoblauch in die Mayonnaise (Aïoli) geben. Die Croûtons und die Mayonnaise mit der
Bouillabaisse servieren.

Guten Appetit!

Der Tag der Arbeit und des Maiglöckchens

In vielen Ländern ist der 1. Mai ein Feiertag, denn er ist der Tag
der Arbeit. In Frankreich ist er auch der Tag des Maiglöckchens.
An diesem Tag stehen an jeder Straßenecke kleine Maiglöck-
chenverkäufer. Man kauft ihnen einige Maiglöckchen ab, um
sie als Glücksbringer zu verschenken.

férié [fe'rje]	**frei, Feiertag**
le muguet [my'gɛ]	**Maiglöckchen**
le porte-bonheur [pɔrtbɔ'nœːr]	**Glücksbringer**
offrir [ɔ'friːr]	**schenken**

A la caisse d'épargne

Employé: *Voilà votre livret d'épargne. Vous pouvez en retirer ou y verser de l'argent dans tous les bureaux de Poste.*

Sylvie: *Dans un premier temps je verserai toutes mes économies sur mon compte d'épargne, car j'aimerais faire un voyage en Polynésie.*

356

——————— EXERCICE ———————

L'article défini

Complétez avec l'article défini:

1. Fabrice aime _____ chocolat.
2. Nadine met les fleurs dans _____ vase.
3. _____ téléphone sonne.
4. Au théâtre, Jean joue _____ rôle du fantôme.
5. Silke doit passer _____ contrôle médical.
6. _____ mark est plus fort que _____ franc.
7. _____ soleil se lève à six heures.
8. _____ lune brille la nuit.

Auf der Sparkasse

Angestellter: Hier ist Ihr Sparbuch. Sie können in jedem Postamt Ein- und Auszahlungen vornehmen.
Sylvie: Zunächst werde ich alle meine Ersparnisse auf
mein Sparkonto einzahlen, denn ich möchte eine
Reise nach Polynesien machen.

*In Frankreich sind Post und Sparkasse ein und dieselbe Ein-
richtung.*

la caisse d'épargne [kɛːs de'parɲ]	Sparkasse
verser de l'argent [vɛr'se də lar'ʒɑ̃]	Geld einzahlen
les économies f [ekɔnɔ'mi]	Ersparnisse
l'épargne f [e'parɲ]	Sparen, Ersparnisse

Der bestimmte Artikel

Ergänzen Sie mit dem bestimmten Artikel:

1. Fabrice aime le chocolat. 2. Nadine met les fleurs dans le vase.
3. Le téléphone sonne. 4. Au théâtre, Jean joue le rôle du fantôme.
5. Silke doit passer le contrôle médical. 6. Le mark est plus fort que
le franc. 7. Le soleil se lève à six heures. 8. La lune brille la nuit.

1. Fabrice mag Schokolade. 2. Nadine stellt die Blumen in die
Vase. 3. Das Telefon klingelt. 4. Im Theater spielt Jean die Rolle
des Phantoms. 5. Silke muß zur ärztlichen Untersuchung. 6. Die
Mark ist stärker als der Franc. 7. Die Sonne geht um sechs Uhr
auf. 8. Der Mond scheint nachts.

--- DIE EXPERTENECKE ---

Ausdrücke mit la lune/Mond:

décrocher la lune	–	die Sterne vom Himmel holen
être dans la lune	–	nicht bei der Sache sein
demander la lune	–	Unmögliches verlangen
tomber de la lune	–	aus allen Wolken fallen

Des tournures avec les «mains»

> *«mettre la main à la pâte»*
> *«avoir un poil dans la main»*
> *«prendre qn la main dans le sac»*

Le cours d'allemand

Mme Lebrun s'est inscrite à un cours d'allemand. Elle veut améliorer ses connaissances pour des raisons privées et professionnelles. Il y a à peu près vingt participants. Le professeur est une jeune Allemande. Elle parle d'abord un peu de son pays, puis on commence la première leçon.

Redewendungen mit den „Händen":

mit Hand anlegen, zupacken
(wörtl.: mit der Hand an den Teig gehen)
faul sein
(wörtl.: Ein Haar in der Hand haben)
jmd. auf frischer Tat ertappen
(wörtl.: jmd. mit der Hand im Sack erwischen)

--------------------- GRAMMATIK ---------------------

Bildung des Futurs:

Infinitiv des Verbs + Endungen **ai, as, a, ons, ez, ont.**
Bei Verben auf „re" werden die Endungen des Futurs nur an
das „r" angehängt (*vendre – je vendrai*).

Der Deutschkursus

Frau Lebrun hat sich zu einem Deutschkurs angemeldet. Sie
will ihre Deutschkenntnisse aus privaten und beruflichen Gründen verbessern. Es sind ungefähr zwanzig Teilnehmer. Die
Lehrerin ist eine junge Deutsche. Zuerst spricht sie ein wenig
über ihr Land, danach beginnt man mit der ersten Lektion.

le cours d'allemand [kuːr dal'mã]	Deutschkurs
se faire inscrire à [sə fɛːr ɛ̃'skriːr a]	sich anmelden
améliorer [ameljɔ're]	verbessern
les connaissances en allemand	Deutschkenntnisse
[kɔnɛ'sãːs ãnal'mã]	
participant [partisi'pã]	Teilnehmer

Un petit déjeuner allemand

un œuf	une crêpe	le lard
un œuf sur le plat	le pain	le fromage
œufs brouillés	le sandwich	le pain bis
la biscotte	le croissant	les petits pains
le biscuit	la gaufre	le pâté

Les souvenirs

Mme Martin: *Nous devons retourner en ville pour acheter encore quelques souvenirs pour...*

M. Martin: *Mais pour qui sont tous ces bibelots que nous avons déjà achetés?*

Mme Martin: *Je voudrais les garder.*

Ein deutsches Frühstück

l'œuf (m.) [œf]	Ei
l'œuf sur le plat [œf syr lə pla]	Spiegelei
œufs brouillés [œf bru'je]	Rühreier
la biscotte [bis'kɔt]	Zwieback
le biscuit [bis'kɥi]	Keks
la crêpe [krɛp]	Pfannkuchen
le pain [pɛ̃]	Brot
le sandwich [sã'dwitʃ]	Sandwich
le croissant [krwa'sã]	Hörnchen
la gaufre ['goːfrə]	Waffel
le lard [laːr]	Speck
le fromage [frɔ'maːʒ]	Käse
le pain bis [pɛ̃ bi]	Schwarzbrot
les petits pains (m.) [p(ə)'ti pɛ̃]	Brötchen
le pâté [pɑ'te]	Pastete

Die Andenken

Frau Martin: Wir müssen in die Stadt zurückkehren, um noch
einige Andenken zu kaufen, für ...
Herr Martin: Aber für wen sind alle diese Nippsachen, die wir
schon gekauft haben?
Frau Martin: Die möchte ich behalten.

retourner [rətur'ne]	zurückkehren
le bibelot [bi'blo]	Nippsache
garder [gar'de]	*hier:* behalten; *sonst:* hüten

L'Auvergne

Située au centre de la France, l'Auvergne abrite le plus grand parc naturel du pays. Venez visiter cette région formée par le bouleversement géologique. Parmi les 80 cratères les plus récents du massif, le Puy de Dôme est le plus remarquable. Des sentiers de grande randonnée mènent au plus profond du parc naturel. On peut y découvrir l'airelle et la gentiane, avec un peu de patience on peu apercevoir un chamois, un mouflon, un faucon pèlerin ou un milan royal. L'Auvergne est renommée pour des spécialités.

Lesquelles?

Le pique-nique

Stéphane: *Jean, tu as oublié notre pique-nique?*

Jean: *Non, je viens tout de suite. Ma mère a préparé une salade et des escalopes.*

Stéphane: *C'est gentil. J'ai déjà faim.*

Jean: *Tu es toujours le plus impatient de nous deux.*

Die Auvergne

Die Auvergne ist in der Mitte Frankreichs gelegen, sie beherbergt den größten Nationalpark des Landes. Besuchen Sie diese von geologischer Umwälzung geformte Region. Unter den 80 jüngsten Kratern des Massivs ist der Puy de Dôme der bemerkenswerteste. Lange Wanderpfade führen tief in den Nationalpark hinein. Man kann hier Heidelbeeren und Enzian entdecken. Mit ein wenig Geduld kann man eine Gemse, einen Mufflon, einen Wanderfalken oder einen Königsmilan sehen. Die Auvergne ist berühmt für Spezialitäten. Welche?

Käse.

Die Käsesorten aus dieser Region zählen zu den besten in Frankreich. Die Region ist ebenfalls für ihre zahlreichen Heilbäder (Vichy, Saint-Nectaire, Châteauneuf-les-Bains u. v. m.) bekannt. Kunst und Religion haben ihre Spuren hinterlassen, so daß man schöne romanische Kirchen entdecken kann.

Das Picknick

Stéphane: Jean, hast du unser Picknick vergessen?
Jean: Nein, ich komme sofort. Meine Mutter hat einen Salat und Schnitzel zubereitet.
Stéphane: Das ist nett. Ich habe schon Hunger.
Jean: Du bist immer der Ungeduldigste von uns beiden.

oublier [ubli'e]	**vergessen**
la salade [sa'lad]	**Salat**
gentil [ʒã'ti]	**nett**
impatient [ɛ̃pa'sjã]	**ungeduldig**

*«Déshabiller saint Pierre
pour habiller saint Paul.»*

Dicton

Une invitation

Le voyage des Martin touche à sa fin. Un couple allemand, M. et Mme Klein, dont ils ont fait la connaissance au cours de ce voyage, les invite. Ce couple habite à Cologne et propose de montrer les curiosités comme la cathédrale, la vieille ville, le musée à M. et Mme Martin, qui, à leur tour, les invitent à venir à Paris.

„Eine Schuld tilgen, indem man neue Schuld macht." (Wörtl.: Petrus ausziehen, um Paulus anzuziehen.) – Französische Redensart

――――――――――――――― GRAMMATIK ―――――――――――――――

Passé composé von *apparaître* und *disparaître*

Besonderheiten bei der Bildung des passé composé der Verben *apparaître* und *disparaître*:
Apparaître (erscheinen) wird mit *être* konjugiert: *Il est apparu.*
Disparaître (verschwinden) wird mit *avoir* konjugiert: *Il a disparu.*

Eine Einladung

Die Reise der Martins geht dem Ende entgegen. Ein deutsches Ehepaar, Herr und Frau Klein, das sie auf dieser Reise kennenlernten, lädt sie ein. Das Paar wohnt in Köln und bietet an, die Sehenswürdigkeiten, wie den Dom, die Altstadt und das Museum, Herrn und Frau Martin zu zeigen. Diese laden sie ihrerseits nach Paris ein.

toucher à sa fin [tuˈ∫e a sa fɛ̃]	dem Ende entgegen gehen
le couple [ˈkuplə]	Paar/Ehepaar
la curiosité [kyrjoziˈte]	Sehenswürdigkeit
habiter [abiˈte]	wohnen

A la boucherie

Mme Lebrun:	*Vous avez des grillades?*
Boucher:	*Bien sûr, Madame. Combien?*
Mme Lebrun:	*Deux kilos, s'il vous plaît.*
Boucher:	*Vous désirez encore autre chose?*
Mme Lebrun:	*Oui. Dix escalopes de veau et dix saucisses.*

Rébus

Décodez le rébus et vous obtiendrez un proverbe disant que toute histoire a sa part de vérité.

In der Metzgerei

Frau Lebrun: Haben Sie Rostbraten?
Metzger: Natürlich, gnädige Frau. Wieviel?
Frau Lebrun: Zwei Kilo bitte.
Metzger: Möchten Sie sonst noch etwas?
Frau Lebrun: Ja. Zehn Kalbsschnitzel und zehn Brat-
würstchen.

la boucherie [buʃ'ri]	Metzgerei
le boucher [bu'ʃe]	Metzger
le kilo [ki'lɔ]	Kilogramm
désirer [dezi:'re]	wünschen, gern haben wollen

Bilderrätsel

*Lösen Sie das Bilderrätsel, und Sie erhalten ein Sprichwort,
welches sagt, daß an jeder Geschichte etwas Wahres ist.*

île (Insel), nid (Nest), A, pas (Schritte), de, fumée (Rauch), cent
(hundert), feu (Feuer):

Il n'y a pas de fumée sans feu. Es gibt keinen Rauch ohne
Feuer.

Soufflé au rhum

Bien beurrer un moule à soufflé; étaler un peu de sucre dans le fond et sur les côtés; mélanger sept cuillères de sucre avec huit jaunes d'œufs; quand le mélange est blanc, ajouter un verre de rhum; battre huit blancs d'œufs en neige; mélanger doucement les blancs d'œufs aux jaunes; verser dans le moule; faire cuire 20 à 25 minutes à four chaud; 10 minutes avant la fin de la cuisson, mettre un papier beurré sur le soufflé; servir immédiatement.

«Rien n'est plus dangereux
qu'une idée,
quand on n'a qu'une idée.»

Alain

Rum-Soufflé

Eine Souffléform gut einfetten; ein wenig Zucker auf den Boden und die Seiten der Form auftragen; sieben Löffel Zucker mit acht Eigelb mischen; wenn die Mischung weiß ist, ein Glas Rum hinzufügen; die acht Eiweiß zu Eischnee schlagen; das Eiweiß vorsichtig unter das Eigelb heben; in die Form gießen; 20 bis 25 Minuten im Ofen backen; 10 Minuten vor Ende der Backzeit ein gefettetes Stück Papier auf das Soufflé legen; sofort servieren.

le moule [mul]	(Guß)Form
le rhum [rɔm]	Rum
étaler [eta'le]	auftragen, verstreichen
la cuisson [kɥi'sɔ̃]	Kochen, Backen

„Nichts ist gefährlicher als ein Einfall, wenn man nur einen Einfall hat." — Alain (1868 – 1951), französischer Philosoph

―――――――――― GRAMMATIK ――――――――――

Besonderheiten des Perfekts

Die Verben der Bewegungsart (z. B. courir/laufen, marcher/gehen), bilden ihr Perfekt mit avoir. Achtung! Häufige Fehlerquelle!

j'ai couru	— ich bin gelaufen
tu as marché	— du bist gegangen
il a grimpé	— er ist geklettert
nous avons sauté	— wir sind gesprungen
vous avez nagé	— ihr seid geschwommen/ Sie sind geschwommen
ils ont trébuché	— sie sind gestolpert

Une carte postale d'Espagne

Cher Jean,

Cela fait déjà une semaine que je suis à Madrid. C'est une ville extraordinaire. J'en visite les curiosités tous les jours. Hier je suis allé au Prado, mais on aurait besoin de plusieurs jours pour voir toute la collection de tableaux.

A bientôt

Jacques

370

──────── EXERCICE ────────

L'adjectif démonstratif

Trouvez l'adjectif démonstratif adéquat:

1. Je ne connais pas _____ ami anglais.

2. Il a visité _____ ville.

3. _____ gens ne sont pas sympathiques.

4. Achète donc _____ journal.

5. _____ hôtel n'est pas cher.

6. A qui appartient _____ voiture?

Eine Postkarte aus Spanien

Lieber Jean,

jetzt bin ich schon seit einer Woche in Madrid. Die Stadt ist einzigartig. Ich besichtige jeden Tag einige Sehenswürdig-keiten. Gestern war ich im Prado, aber man brauchte Tage, um die ganze Gemäldesammlung zu sehen.

Bis bald
Jacques

l'Espagne (f.) [ɛsˈpaɲ]	Spanien
extraordinaire [ɛkstraɔrdiˈnɛːr]	außergewöhnlich
les curiosités (f.) [kyrjoziˈte]	Sehenswürdigkeiten
la collection de tableaux [kɔlɛˈksjɔ̃ də taˈblo]	Gemäldesammlung

Demonstrativpronomen

Finden Sie die passenden Demonstrativpronomen:

1. Je ne connais pas **cet** ami anglais (ich kenne diesen englischen Freund nicht).
2. Il a visité **cette** ville (er hat diese Stadt besichtigt).
3. **Ces** gens ne sont pas sympathiques (diese Leute sind nicht sympathisch).
4. Achète donc **ce** journal (kauf doch diese Zeitung).
5. **Cet** hôtel n'est pas cher (dieses Hotel ist nicht teuer).
6. A qui appartient **cette** voiture (wem gehört dieses Auto)?

DIE EXPERTENECKE

Proche ou loin

Nah oder fern: Zur Unterscheidung von Näherem und Fernerem, von diesem ... und jenem ..., hängt man -ci und -là an die Substantive an:

cet homme–ci — dieser Mann (hier)
cette femme–là — jene Frau (dort)

Mois de mai

Joli mois de mai, je te sens, tu es tout près
Joli mois de mai, vite, très vite viens semer
Tes bouquets, tes bour-
geons fleuriront
Quand tu viendras nous
rendre visite
Tu n'oublieras pas ta
cape fleurie
Le soleil brûlant chante
ta venue

Poème (auteur inconnu)

A la gare

Il y a une foule de voyageurs à la gare. Les uns demandent des renseignements, les autres prennent des
billets ou font enregistrer leurs bagages. D'autres se
précipitent vers les quais pour trouver une place dans
le compartiment
de leur train. Le
chef de gare crie:
«En voiture, s'il
vous plaît, atten-
tion au départ!»

Der Monat Mai

Schöner Monat Mai, ich spüre dich, du bist ganz nah
Schöner Monat Mai, schnell, schnell komm säen
Deine Sträuße, deine Knospen werden blühen
Wenn du uns besuchen kommst
Vergiß nicht dein geblümtes Cape
Die heiße Sonne verkündet deine Ankunft

Gedicht (unbekannter Autor)

le bouquet [bu'kɛ]	Strauß
le bourgeon [bur'ʒɔ̃]	Knospe
fleuri/e *adj.* [flœ'ri]	geblümt
le soleil [sɔ'lɛj]	Sonne
brûler [bry'le]	brennen

Im Bahnhof

Es sind eine Menge Reisende im Bahnhof. Die einen fragen nach Informationen, die anderen kaufen Fahrkarten oder geben ihr Gepäck auf. Wieder andere eilen zu den Bahnsteigen, um einen Platz in einem Abteil ihres Zuges zu finden. Der Bahnhofsvorsteher ruft: „Bitte einsteigen, Vorsicht bei der Abfahrt!"

la foule [ful]	Menge (Leute)
le voyageur [vwaja'ʒœ:r]	Reisende
le billet [bi'jɛ]	Fahrkarte
faire enregistrer [fɛːr ɑ̃rəʒis'tre]	aufgeben (Gepäck)
les bagages *m* [ba'ga:ʒ]	Gepäck
se précipiter [presipi'te]	sich überstürzen/beeilen
le compartiment [kɔ̃parti'mɑ̃]	Abteil
le chef de gare [ʃɛf də ga:r]	Bahnhofsvorsteher

Un jardinier distrait

M. Lenoir: *Marc! quand vas-tu enfin tondre la pelouse?*
Tu sais que je n'ai pas le temps!

Marc: *La tondeuse est*
cassée; mais j'ai
arraché toutes
les mauvaises
herbes sur la
grande plate-
bande devant
la maison…

M. Lenoir: *Oui! et tu as*
aussi arraché les
plants de fraisiers!

«Quand on a avalé le bœuf,
il ne faut pas s'arrêter
à la queue.»

Proverbe

Ein zerstreuter Gärtner

Herr Lenoir: Marc! Wann wirst du endlich den Rasen mähen? Du weißt, daß ich keine Zeit habe!

Marc: Der Rasenmäher ist kaputt; aber ich habe das ganze Unkraut im großen Beet vor dem Haus ausgerissen...

Herr Lenoir: Ja, und du hast auch die Erdbeersetzlinge ausgerissen!

le jardinier [ʒardiˈnje]	Gärtner
tondre [ˈtɔ̃:drə]	mähen
la pelouse [pəˈlu:z]	Rasen
la tondeuse [tɔ̃ˈdø:z]	Rasenmäher
les mauvaises herbes [moˈvɛz ɛrb]	Unkraut
la plate-bande [platˈbɑ̃:d]	Beet
la fraise [frɛ:z]	Erdbeere

„Kommt man über den Hund, so kommt man auch über den Schwanz." (Wörtl.: Wenn man den Ochsen geschluckt hat, so soll man nicht vor dem Schwanz haltmachen.) — Französisches Sprichwort

──────── GRAMMATIK ────────

Der Komparativ

Der Komparativ gleichen Grades wird mit *aussi...que* gebildet:
*Pierre est **aussi** grand **que** Michel.* Pierre ist so groß wie Michel.

Der Komparativ der Überlegenheit wird mit *plus...que* gebildet:
*Marseille est **plus** grand **que** Strasbourg.* (Marseille ist größer als Straßburg.)

Der Komparativ der Unterlegenheit wird mit *moins...que* gebildet:
*Jean est **moins** sportif **que** Nicolas.* (Jean ist nicht so sportlich wie Nicolas.)

EXERCICE

Traduction

Accent circonflexe ou non? Traduisez:

1. Julie mag es nicht, Aufgaben zu übernehmen.
2. Der Fleck auf der Tischdecke geht nicht mehr raus.
3. Ich bin sicher, dir diese Geschichte erzählt zu haben.
4. Stelle den Obstkorb auf den Tisch!
5. Bei dem Festessen werden wir wieder sündigen.
6. Er geht nicht angeln, weil es zu kalt ist.

376

Le bureau

la machine à écrire
l'ordinateur
la dictée
sténographier
la photocopie
le dossier
joindre au dossier

Übersetzung

„Accent circonflexe" oder nicht? Übersetzen Sie:

1. Julie n'aime pas se charger de **tâches.**
2. La **tache** sur la nappe ne sort plus.
3. Je suis **sûr** de t'avoir raconté cette histoire.
4. Mets la corbeille de fruits **sur** la table.
5. Lors du festin nous allons encore **pécher.**
6. Il ne va pas **pêcher**, parce qu'il fait trop froid.

DIE EXPERTENECKE

Aller planter les choux ist kein Hinweis auf eine gärtnerische Tätigkeit, es bedeutet: Sich aufs Land zurückziehen. (Wörtlich: Kohl pflanzen gehen.)

Das Büro

la machine à écrire [maˈʃiːn a eˈkriːr]	Schreibmaschine
l'ordinateur (m.) [ɔrdinaˈtœːr]	Computer
la dictée [dikˈte]	Diktat
sténographier [stenɔgraˈfje]	stenographieren
la photocopie [fɔtɔkɔˈpi]	Photokopie
le dossier [doˈsje]	Akte
joindre au dossier [ˈʒwɛ̃ːdrə o doˈsje]	zu den Akten legen

Le nouvel appareil photo

Vendeur: *Vous désirez un compact motorisé ou un réflex avec objectif interchangeable?*

Didier: *Je voudrais prendre des photos très nettes, de monuments par exemple.*

Vendeur: *Alors, je vous conseille ce réflex avec le télé-objectif.*

EXERCICE

Le comparatif

Mettez les adjectifs au comparatif:

1) Cet exercice est _____ le précédent. (= difficile)
2) La Mercedes est _____ la 2 CV. (+ cher)
3) Le TGV est _____ l'ICE. (+ rapide)
4) Cet article est _____ celui-là. (– intéressant)
5) Marcel est _____ son frère. (+ poli)
6) Les pommes sont _____ les poires. (– sucré)

Die neue Kamera

Verkäufer: Möchten sie eine Kompaktkamera mit Motor oder eine Spiegelreflex-Kamera mit auswechselbarem Objektiv?

Didier: Ich möchte sehr klare Fotos machen, zum Beispiel Aufnahmen von Baudenkmälern.

Verkäufer: Dann empfehle ich Ihnen diese Spiegelreflexkamera mit Teleobjektiv.

l'appareil photo *m* [apaˈrɛj fɔˈto]	Fotoapparat/Kamera
interchangeable *adj.* [ɛ̃tɛrʃɑ̃ˈʒablə]	auswechselbar
prendre des photos [ˈprɑ̃ːdrə de fɔˈto]	Fotos/Aufnahmen machen

Der Komparativ

Setzen sie die Adjektive in den Komparativ.

1) Cet exercice est **aussi difficile que** le précédent.
2) La Mercedes est **plus chère que** la 2 CV.
3) Le TGV est **plus rapide que** l'ICE.
4) Cet article est **moins intéressant que** celui-là.
5) Marcel est **plus poli que** son frère.
6) Les pommes sont **moins sucrées que** les poires.

1. *Diese Übung ist genauso schwer wie die letzte.*
2. *Der Mercedes ist teurer als die „Ente".*
3. *Der TGV (Hochgeschwindigkeitszug) ist schneller als der ICE (Intercity-Express).*
4. *Dieser Artikel ist weniger interessant als jener.*
5. *Marcel ist höflicher als sein Bruder.*
6. *Die Äpfel sind weniger süß als die Birnen.*

Le péage coûte cher

M. Klein: *Il y a peu de circulation sur les autoroutes en France.*

M. Martin: *C'est sans doute parce que les Français ne veulent pas payer le péage. Les routes nationales ont souvent un tracé parallèle et sont gratuites.*

«*A bon vin,
point d'enseigne.*»

Proverbe

Die Autobahngebühren sind hoch

Herr Klein: Es ist wenig Verkehr auf den Autobahnen in
Frankreich.
Herr Martin: Das kommt sicher daher, daß die Franzosen
keine Autobahngebühren zahlen wollen. Die
Nationalstraßen verlaufen oft parallel und sind
kostenlos.

le péage [pe'a:ʒ]	Autobahngebühr
la circulation [sirkyla'sjɔ̃]	Verkehr
le tracé [tra'se]	Verlauf
gratuit *(adj.)* [gra'tɥi]	kostenlos

„Gutes lobt sich selbst." (Ein guter Wein braucht keine
Reklame.) — Französisches Sprichwort

─────────── GRAMMATIK ───────────

Die richtige Schreibweise von 80 und 100

20 = vingt
80 = quatre-vingts wird mit **s** geschrieben, wenn keine
weitere Zahl folgt.
81 = quatre-vingt-un

100 = cent
200 = deux cents wird mit **s** geschrieben, wenn keine
weitere Zahl folgt.
201 = deux cent un

Mme Lebrun téléphone au plombier

Mme Lebrun: *Bonjour, Monsieur. J'appelle parce que le mur de notre salle de séjour est complètement humide. Je crois que ça vient de la douche.*

Plombier: *Je viens tout de suite. Coupez l'eau. C'est peut-être une rupture de tuyau.*

Café d'amour

Par personne: 1 tasse de café corsé, une cuillère à café à ras de cacao, une pincée de cannelle, 2 cl de Cointreau, 1 bâton de cannelle.

Remplir une tasse préchauffée aux 3/4 de café, y ajouter le cacao, la cannelle et le Cointreau; le·bâton de cannelle placé dans la tasse sert à remuer.

A votre santé!

Frau Lebrun ruft den Klempner an

Frau Lebrun: Guten Tag. Ich rufe an, weil eine der Wände in unserem Wohnzimmer ganz feucht ist. Ich glaube, es kommt von der Dusche.

Klempner: Ich komme sofort. Stellen Sie das Wasser ab. Es ist vielleicht ein Rohrbruch.

le plombier [plɔ'bje]	Klempner
le mur [myːr]	Mauer
humide [y'mid]	feucht
couper [ku'pe]	schneiden
la rupture de tuyau [ryp'tyːr də tɥi'jo]	Rohrbruch

Café d'amour (wörtl.: Kaffee der Liebe)

Pro Person: 1 Tasse starker Kaffee, 1 gestrichener Kaffeelöffel Kakao, eine Prise Zimt, 2 cl Cointreau, 1 Zimtstange.
Vorgewärmte Tasse zu 3/4 mit heißem Kaffee füllen, Kakaopulver, Zimt und Cointreau dazugeben; Zimtstange in die Tasse stellen, sie dient zum Umrühren.

Zum Wohle!

Der *Café d'amour* ist international. Die Liebe ist es auch. Man behauptet, die Franzosen hätten ihn erfunden. Glaubhaft ist es — aber niemand kann es beweisen.

Une partie de golf miniature

Les filles ont décidé entre elles que ce week-end, elles
défieraient les garçons à une partie de golf miniature.
Finalement ils vont au
Bois de Boulogne où ils
réservent un terrain pour
le samedi après-midi.
Comme ils ont leurs
propres crosses, ils
paient un tarif réduit.

«Dieu n'a créé les femmes
que pour apprivoiser les hommes.»

Voltaire

Eine Partie Minigolf

Die Mädchen haben unter sich abgemacht, daß sie an diesem Wochenende die Jungen zu einer Partie Minigolf herausfordern wollen. Schließlich gehen sie zum Bois de Boulogne, wo sie einen Platz für den Samstagnachmittag reservieren. Sie zahlen einen ermäßigten Preis, da sie eigene Golfschläger haben.

défier [de'fje]	herausfordern
la crosse [krɔs]	Schläger (Golf/Hockey)
propre *adj.* ['prɔprə]	eigen (wenn vor dem Substantiv), *sonst:* sauber
le tarif [ta'rif]	Preis
réduit [re'dɥi]	ermäßigt

„Gott hat die Frauen nur geschaffen, damit sie die Männer zähmen." — Voltaire (1694 – 1778), französischer Schriftsteller

--------- GRAMMATIK ---------

Die Demonstrativpronomen

Vor **männlichen** Substantiven im Singular: ce
(**aber** vor Vokal und stummem h: cet)
    ce garçon (dieser Junge)   cet homme (dieser Mann)

Vor **weiblichen** Substantiven im Singular: cette
    cette jeune fille   (dieses junge Mädchen)

Eine einzige Form im **Plural:** ces
    ces hommes (diese Männer)   ces femmes (diese Frauen)

Außerdem gibt es zusammengesetzte Demonstrativpronomen:
    ce ... ci (dieser da)   ce ... là (jener dort)
    cette ... ci (diese da)   cette ... là (jene dort)
    ces ... ci (diese da)   ces ... là (jene dort)

Le dîner d'adieu

M. Klein: *Comment trouvez-vous les vins des vignobles du Rhin?*

M. Martin: *Excellents, ils vont très bien avec les entrées et aussi avec le poisson. Quand vous viendrez nous voir en France je vous ferai goûter les bons vins rouges du pays.*

Jeanne d'Arc

Jeanne d'Arc est née en 1412 à Domrémy, un petit village en Lorraine. Un jour d'été dans le jardin de son père, elle entend une voix mystérieuse lui disant: «Jeanne, il faut que tu ailles au secours du roi pour sauver la France...» En 1429 elle a délivré Orléans de ses assiégeants, elle a conduit le roi Charles VII à Reims et l'y a fait sacrer. Elle a été faite prisonnière, jugée et brûlée vive le 30 mai 1431 à Rouen.

Qui avait assiégé Orléans?

Das Abschiedsessen

Herr Klein: Wie finden Sie den Wein von den Weinbergen am Rhein?

Herr Martin: Ausgezeichnet. Er paßt sehr gut zu den Vorspeisen und zum Fisch. Wenn Sie uns in Frankreich besuchen, lasse ich Sie die guten Rotweine des Landes probieren.

le dîner [di'ne]	Abendessen
le vignoble [vi'nɔblə]	Weinberg
excellent *(adj.)* [ɛksɛ'lɑ̃]	ausgezeichnet
l'entrée *(f)* [ɑ̃'tre]	*hier:* Vorspeise; *sonst:* Eingang
goûter [gu'te]	probieren

Jeanne d'Arc

Jeanne d'Arc wurde 1412 in Domrémy, einem kleinen Dorf in Lothringen, geboren. An einem Sommertag hörte sie im Garten ihres Vaters eine geheimnisvolle Stimme, die ihr sagte: „Jeanne, du mußt dem König zu Hilfe kommen, um Frankreich zu retten." 1429 befreite sie Orléans von den Belagerern und führte Karl VII. zur Krönung nach Reims. Sie wurde gefangengenommen, verurteilt und am 30. Mai 1431 in Rouen bei lebendigem Leibe verbrannt. Wer hatte Orléans belagert?

Les Anglais/Die Engländer

Une lettre de la cousine de province

Sylvie: *Anne a écrit qu'elle viendrait passer quelques jours à Paris après le bac. Elle demande quand cela me conviendrait au mieux pour lui montrer un peu de Paris.*

Didier: *Oh! Cette dindonnière, qu'elle reste dans son bled!*

*«Il n'est pas donné
à tout le monde d'aller
à Corinthe.»*

Proverbe grec

Ein Brief von der Kusine aus der Provinz

Sylvie: Anne hat geschrieben, sie würde nach dem Abi einige Tage nach Paris kommen. Sie fragt, wann es mir am besten passen würde, ihr etwas von Paris zu zeigen.

Didier: Oh! Diese Landpomeranze, sie soll bloß in ihrem Nest bleiben!

le bac/le baccalauréat [bak] [bakaloreˈa]	Abi/Abitur
la dindonnière [dɛ̃doˈnjɛːr]	Landpomeranze (umgspr.)
le bled/le village [blɛd / viˈlaːʒ]	Nest/Dorf (umgspr.)

„Es ist nicht jedem gegeben, nach Korinth zu reisen." — Griechisches Sprichwort

———————————— GRAMMATIK ————————————

Der Superlativ

Der Superlativ der Überlegenheit wird mit *le plus, la plus, les plus* gebildet:
Ce sont les plus beaux arbres du jardin. (Das sind die schönsten Bäume des Gartens.)

Der Superlativ der Unterlegenheit wird mit *le moins, la moins, les moins* gebildet:
C'est le film le moins intéressant de la semaine. (Das ist der am wenigsten interessante Film der Woche.)

Das Adjektiv im Superlativ steht oft nach dem Substantiv:
Il a pris le chemin le plus court. (Er hat den kürzesten Weg genommen.)

L'Académie française

Ce fut François de Malherbe qui s'efforça de remé-
dier aux désordres linguistiques en soumettant le
français à une réglementation rigoureuse. Ses efforts
ont préparé la fondation de l'Académie française en
1635. Cette institution existe toujours, et c'est un
grand honneur pour un écrivain de faire partie des
quarante membres de l'Académie qui, à la mort d'un
de leurs membres, élisent un nouveau candidat, de
façon à ce que le nombre des académiciens ne
dépasse jamais quarante.

Qui était la première femme reçue par l'Académie?

Le cours de danse

Silke: *Jean tu ne voudrais pas être mon partenaire
dans le cours de danse?*

Jean: *Tu trouves que je
ne danse pas
bien?*

Silke: *Ce n'est pas la
question, je me
suis inscrite à un
cours de danse, et
il n'y a pas assez
de partenaires
masculins.*

Die Académie française

Es war François de Malherbe, der sich bemühte, der sprachlichen Unordnung Einhalt zu gebieten, indem er strenge Regeln für das Französische einführte. Seine Bemühungen bereiteten die Gründung der Académie française im Jahre 1635 vor. Diese Institution existiert noch heute, und es ist eine große Ehre für einen Schriftsteller, zu den vierzig Mitgliedern der Académie zu gehören, die beim Tode eines ihrer Mitglieder einen neuen Kandidaten wählen, so daß die Zahl der „Académiciens" nie vierzig übersteigt. Wer war die erste Frau, die die Académie aufnahm?

> *Marguerite Yourcenar (1903 – 1987,*
> *ab 1980 Mitglied der Académie)*

Der Tanzkurs

Silke: Jean, möchtest du nicht mein Partner sein in einem Tanzkurs?
Jean: Findest du, daß ich schlecht tanze?
Silke: Darum geht es nicht, ich habe mich zu einem Tanzkurs angemeldet, und es gibt nicht genug männliche Partner.

trouver [tru've]	finden
s'inscrire [sɛ̃'skri:r]	sich anmelden/einschreiben

Le jardinier

M. Martin n'a plus le temps
de s'occuper des travaux
dans le jardin. Les autres
membres de la famille n'ont
pas non plus envie de
tondre le gazon, de tailler
les haies, de bêcher, de
piocher ou de semer.
C'est décidé, les Martin
vont embaucher un
jardinier.

EXERCICE

La traduction de „in"

Mein Onkel lebt **in** Monaco. Er wohnt **in** einer
schönen Villa. Er hat auch noch eine Villa **in** Italien.
In ein paar Tagen werde ich ihn besuchen. Mit dem
TGV ist man in 5 Stunden **im** Süden. **In** Monaco
kann man viele interessante Dinge tun; z. B. **ins**
Kasino gehen oder **in** den Riesenkakteengarten oder
nur die vielen schönen Autos auf der Straße anschauen.

Der Gärtner

Herr Martin hat nicht mehr die Zeit, sich um den Garten zu kümmern. Die anderen Familienmitglieder haben auch keine Lust, den Rasen zu schneiden, die Hecke zu stutzen, umzugraben, zu jäten oder zu säen. Es ist beschlossen, die Martins stellen einen Gärtner ein.

le jardinier [ʒardi'nje]	Gärtner
le jardin [ʒar'dɛ̃]	Garten
le membre de la famille ['mɑ̃:brə də la fa'mij]	Familienmitglied
avoir envie [a'vwa:r ɑ̃'vi]	Lust haben
bêcher [bɛ'ʃe]	umgraben
piocher [pjɔ'ʃe]	jäten
semer [s(ə)'me]	säen
tondre ['tɔ̃:drə]	schneiden (Rasen)
le gazon [gɑ'zɔ̃]	Rasen
tailler [tɑ'je]	schneiden/stutzen (Baum, Hecke)
la haie [ɛ]	Hecke
embaucher [ɑ̃bo'ʃe]	einstellen

392

Die Übersetzung von „in"

Mon oncle vit **à** Monaco. Il habite **dans** une belle villa. Il a encore une villa **en** Italie. **Dans** quelques jours je vais lui rendre visite. Avec le TGV on met 5 heures pour aller **dans** le Sud. **A** Monaco on peut faire beaucoup de choses intéressantes; par exemple, aller **au** casino ou **dans** le jardin avec les cactus géants ou tout simplement admirer les belles voitures **dans** les rues.

DIE EXPERTENECKE

Avoir d'autres chats à fouetter = etwas Besseres zu tun haben. (Wörtl.: Andere Katzen zu schlagen haben.)

Chez le poissonnier

Mme Morin: *Je voudrais 500 g de cabillaud, de merlan, de congre et de maquereau.*

Poissonnier: *Désolé Madame, je n'ai pas de cabillaud, je vous propose du flétan, ça vous va?*

Le championnat de tennis

Marc: *Eh! Michel, tu as vu Yannick Noah à la télévision? C'est le roi de la raquette! Et quel revers rapide!*

Michel: *Bof! il était un peu fatigué; il a perdu au moins dix balles... Moi, je préfère le jeu de Boris Becker, il a une stratégie plus intelligente.*

Beim Fischhändler

Frau Morin: Ich möchte je 500 g Kabeljau, Wittling, Seeaal
und Makrele.
Fischhändler: Ich bedaure, ich habe keinen Kabeljau mehr,
darf ich Ihnen Heilbutt vorschlagen?

le cabillaud [kabiˈjo]	Kabeljau
le merlan [mɛrˈlɑ̃]	Wittling
le congre [ˈkɔ̃ːgrə]	Seeaal
le maquereau [maˈkro]	Makrele
le flétan [fleˈtɑ̃]	Heilbutt

Die Tennismeisterschaft

Marc: He, Michel! Hast Du Yannick Noah im Fernsehen
gesehen? Der ist der König des Tennisschlägers!
Und so ein schnelles Return!
Michel: Pah! Er war etwas müde; er hat wenigstens zehn
Bälle verloren... Ich ziehe das Spiel von Boris Bek-
ker vor, der hat eine intelligentere Strategie.

le championnat [ʃɑ̃pjɔˈna]	Meisterschaft
la raquette [raˈkɛt]	Tennisschläger
le revers [rəˈvɛːr]	Rückschlag, Return
perdre [ˈpɛrdrə]	verlieren
préférer [prefeˈre]	vorziehen, lieber haben
le jeu [ʒø]	Spiel

*«Je crois que
si j'ai passé mon Bac très jeune,
ça a été pour me débarrasser
de mes profs.»*

Francis Blanche

Au magasin de meubles

M. et Mme Lebrun ont besoin d'un nouveau canapé pour leur salle de séjour. Le magasin de meubles en a un grand choix. Il en a de toutes couleurs et de différents motifs. Les Lebrun ne peuvent pas se décider. Finalement, ils décident d'un commun accord de garder leur vieux canapé.

„Ich glaube, wenn ich mein Abi so früh gemacht habe, dann war es, um meine Lehrer loszuwerden." — Francis Blanche, französischer Humorist

--------------------- GRAMMATIK ---------------------

Unregelmäßige Verbform in der 1. Person Plural

a) Bei Verben, deren Stamm auf -g endet: *manger*
   Nous mang+e+ons = *nous mangeons*; ebenso: *nager, ranger, corriger, bouger, plonger* usw.
b) Bei Verben, deren Stamm auf -c endet: *prononcer*
   Nous prononçons, statt -c schreibt man -ç (c cédille); ebenso: *commencer, lancer, forcer, placer, foncer* usw.

Im Möbelgeschäft

Herr und Frau Lebrun brauchen ein neues Sofa für ihr Wohnzimmer. Im Möbelgeschäft hat man eine große Auswahl. Dort gibt es Sofas in allen Farben und verschiedenen Mustern. Die Lebruns können sich nicht entscheiden. Schließlich entscheiden sie einmütig, ihr altes Sofa zu behalten.

le meuble ['mœːblə]	Möbelstück
le canapé [kana'pe]	Sofa
le choix [ʃwa]	Auswahl
le motif [mɔ'tif]	Muster
la couleur [ku'lœːr]	Farbe

Quiche à l'oignon

350 g de pâte brisée, 1 kg d'oignons coupés en rondelles, 200 g d'Emmenthal râpé, 50 g de beurre, 400 g de crème fraîche, 3 œufs, poivre, sel, noix de muscade, 2 cuillers à soupe de farine.

Garnir une tourtière de 28 cm avec la pâte, y étaler les oignons qu'on a fait revenir avec le beurre dans une poêle; battre les œufs avec la crème fraîche, ajouter poivre, sel, noix de muscade et la farine; verser 1/3 de ce mélange sur les oignons, mettre au four à 200°, après 5 min., verser le reste de la masse, étaler le fromage, cuire env. 40 min. Servir chaud.

Bon appétit!

398

«On est orgueilleux par nature, modeste par nécessité.»

Pierre Reverdy

Zwiebel-Quiche

350 g Mürbeteig (nicht gesüßt), 1 kg in Scheiben geschnittene Zwiebeln, 200 g geriebener Emmentaler, 50 g Butter, 400 g saure Sahne, 3 Eier, Pfeffer, Salz, Muskatnuß, 2 Eßlöffel Mehl.

Eine Springform (28 cm) mit dem Teig auslegen, die Zwiebeln darübergeben, die man mit der Butter in der Pfanne gedünstet hat; die Eier mit der sauren Sahne verquirlen, Pfeffer, Salz, Muskatnuß und das Mehl dazugeben; 1/3 der Masse auf die Zwiebeln verteilen, in den Backofen schieben (200°). Nach 5 Min. die restliche Masse darübergießen, den Käse darüber verteilen. Ca. 40 Min. backen. Warm servieren.

Guten Appetit!

„Man ist stolz von Natur aus, bescheiden aus Notwendigkeit." — Pierre Reverdy (1889 – 1960), französischer Dichter

--------------------- GRAMMATIK ---------------------

Die Relativpronomen

qui wird benutzt, wenn es Subjekt vom Verb im Nebensatz ist.
Le journal **qui** est sur la table, est à mon père.
Die Zeitung, die auf dem Tisch liegt, gehört meinem Vater.

que wird benutzt, wenn es Objekt vom Verb im Nebensatz ist.
Le journal **que** je lis, est à mon père.
Die Zeitung, die ich lese, gehört meinem Vater.

où wird als Relativpronomen für den Ort und die Zeit benutzt.
La ville **où** j'ai grandi, est jolie.
Le jour **où** je t'ai téléphoné, mon amie est venue.
Die Stadt, in der ich aufgewachsen bin, ist hübsch.
Am Tag, an dem ich dich anrief, kam meine Freundin.

Etat souverain sans frontières apparentes

Ce petit Etat souverain forme un univers bien distinct auquel on associe d'emblée vacances dorées, casinos et milliardaires. Sur ses quelque 30 000 habitants — vivant sur moins de 2 km² – seulement 5000 environ ont le fameux passeport de cet Etat, si recherché en raison de l'absence d'impôt sur le revenu. Dans la plupart des circonstances de la vie internationale, c'est la France qui représente les intérêts de cette principauté.

De quel Etat s'agit-il?

━━━━━━━━━ EXERCICE ━━━━━━━━━

Le pronom relatif

Complétez avec qui, que, où:

1. La secrétaire _____ travaille pour M. Martin est anglaise.

2. Le journal _____ tu lis est d'hier.

3. La ville _____ nous étions dimanche nous a plu.

4. Le film _____ passe à la télévision ce soir est très long.

5. Le cinéma _____ on passe un bon film est à côté du grand magasin.

6. Aimez-vous l'exercice _____ vous faites?

Eigenständiger Staat ohne sichtbare Grenzen

Dieser kleine eigenständige Staat ist eine Welt für sich, mit der man spontan sonnige Ferien, Kasinos und Milliardäre verbindet. Von seinen ca. 30 000 Einwohnern — die auf weniger als 2 km² leben — haben nur knapp 5000 den berühmten Paß dieses Staates, sehr begehrt aufgrund der nicht erhobenen Einkommensteuer. Die internationalen Angelegenheiten dieses Fürstentums werden zum größten Teil durch Frankreich vertreten. Um welchen Staat handelt es sich?

Monaco

Das Relativpronomen
Ergänzen Sie mit qui, que, où:

1. La secrétaire **qui** travaille pour M. Martin est anglaise.
2. Le journal **que** tu lis est d'hier.
3. La ville **où** nous étions dimanche nous a plu.
4. Le film **qui** passe à la télévision ce soir est très long.
5. Le cinéma **où** on passe un bon film est à côté du grand magasin.
6. Aimez vous l'exercice **que** vous faites?

1. Die Sekretärin, die für Herrn Martin arbeitet, ist Engländerin.
2. Die Zeitung, die du liest, ist von gestern.
3. Die Stadt, in der wir Sonntag waren, hat uns gefallen.
4. Der Film, der heute abend im Fernsehen läuft, ist sehr lang.
5. Das Kino, in dem man einen guten Film zeigt, ist neben dem Kaufhaus.
6. Mögen Sie die Übung, die Sie machen?

─── *DIE EXPERTENECKE* ───

Expressions avec les choux (Kohlköpfe):
être bête comme un chou bedeutet strohdumm sein;
tête de chou nennt man jemanden, wenn man „Dummkopf" meint.

Au cinéma

M. Lebrun: *Est-ce que tu aurais en-*
                vie d'aller au cinéma?

Mme Lebrun: *Peut-être. Ça dépend*
                du film.

M. Lebrun: *Quelle genre*
                de films préfè-
                res-tu?

Mme Lebrun: *J'aime bien*
                les films
                policiers.

«Quand le vin
est tiré,
il faut le boire.»

Proverbe

Im Kino

Herr Lebrun: Hättest du Lust, ins Kino zu gehen?
Frau Lebrun: Vielleicht. Das kommt auf den Film an.
Herr Lebrun: Welche Art Film bevorzugst du?
Frau Lebrun: Ich mag Kriminalfilme.

le cinéma [sine'ma]	Kino
dépendre [de'pɑ̃:drə]	abhängen
le programme [prɔ'gram]	Programm
la séance [se'ɑ̃:s]	Vorstellung

„Wer A sagt, muß auch B sagen." (Wörtl.: Wenn der Wein aus-
geschenkt ist, muß er getrunken werden.) — Französisches
Sprichwort

──────── GRAMMATIK ────────

Steigerung der Adjektive ohne „plus":

bon	*meilleur*	*le meilleur*
bonne	*meilleure*	*la meilleure*
(gut	besser	am besten)
mauvais	*pire*	*le pire*
mauvaise	*pire*	*la pire*
(schlimm	schlimmer	am schlimmsten)
petit	*moindre*	*le moindre*
petite	*moindre*	*la moindre*
(gering	geringer	am geringsten)

Trop de programmes à la télévision

Sylvie: *Sur M6 il y a un film avec Lino Ventura.*
Mme Morin: *Sur A2 il y a un bon film avec Clark Gable.*
Didier: *Sur Canal plus on passe «Le gendarme de Saint-Tropez» avec Louis de Funès.*
M. Morin: *Eh bien, nous al-lons jouer aux car-tes, et le gagnant choisira le pro-gramme demain.*

—————— EXERCICE ——————

Les équivalents de l'adjectif "beau"

*Pour chaque exemple, retrouvez le meilleur équivalent de l'adjectif **beau**:*

1. un beau temps
2. un beau paysage
3. un beau geste
4. un beau morceau
5. un beau coup

a. pittoresque
b. noble
c. réussi
d. ensoleillé
e. bon

Zu viele Fernsehprogramme

Sylvie:	Auf M6 ist ein Film mit Lino Ventura.
Frau Morin:	Auf A2 ist ein schöner Film mit Clark Gable.
Didier:	Auf Canal plus wird „Der Gendarm von Saint-Tropez" mit Louis de Funès gesendet.
Herr Morin:	Fein, wir werden Karten spielen, und der Gewinner bestimmt morgen das Programm.

M6, A2, Canal plus	*Namen dreier französischer Sendeanstalten*
jouer aux cartes [ʒwe o kart]	Karten spielen
le gagnant [gaˈɲɑ̃]	Gewinner
demain [dəˈmɛ̃]	morgen

Äquivalente des Adjektivs „schön"

Finden Sie für jedes Beispiel das treffende Adjektiv für **beau:**

1d un temps ensoleillé – schönes Wetter/sonniges Wetter
2a un paysage pittoresque – eine schöne Landschaft/eine malerische Landschaft
3b un geste noble – eine schöne Geste/eine edle Geste
4e un bon morceau – ein schönes Stück/ein gutes Stück
5c un coup réussi – ein schöner Streich/ein gelungener Streich

─────── *DIE EXPERTENECKE* ───────

Travailler pour le roi de Prusse = Für nichts und wieder nichts arbeiten. (Wörtl.: Für den Preußenkönig arbeiten.)

Der Preußenkönig Friedrich II. bezahlte seine Soldaten nur für 30 Tage im Monat. Hatte ein Monat 31 Tage, mußten sie einen Tag umsonst arbeiten.

La pétanque

En France, on vend chaque année plus de boules de
pétanque que de brosses à dents. Le secret de ce
succès repose sans doute dans le fait qu'on n'a pas besoin de terrain ni d'équipement spécial pour pratiquer
ce sport. Une allée de jardin ou un coin de terre bat-
tue, deux ou trois boules, il n'en faut pas plus pour
jouer à la pétanque (aux boules). Dans ce jeu les
joueurs essayent de lancer leurs 2 ou 3 boules le plus
près possible du cochonnet placé comme but. Un politicien allemand a fait installer une piste de pétanque
dans son jardin.

Qui était-ce?

L'heure

Il est midi.
Il est minuit.
Il est une heure.
Il est trois heures et quart.
Il est trois heures et demie.
Il est quatre heures moins le quart.
Il est cinq heures moins dix.

Pétanque (Kugelspiel)

In Frankreich werden jedes Jahr mehr Pétanque-Kugeln als Zahnbürsten verkauft. Das Geheimnis dieses Erfolges liegt sicher in der Tatsache, daß man keinen angelegten Platz und keine besondere Ausrüstung braucht, um diesen Sport zu betreiben. Ein Gartenweg oder ein Platz mit fester Erde, zwei oder drei Kugeln, mehr braucht man nicht, um Pétanque (Boules) zu spielen. Bei diesem Spiel versuchen die Spieler, ihre 2 bzw. 3 Kugeln so nah wie möglich an das zuvor als Ziel plazierte Holzkügelchen (cochonnet) zu werfen. Ein deutscher Politiker ließ in seinem Garten eine Pétanque-Bahn anlegen. Wer war es?

Konrad Adenauer

Die Uhrzeit

midi (m.) [mi'di]	zwölf Uhr mittags
minuit (m.) [mi'nɥi]	zwölf Uhr nachts
une heure [yn'œːr]	ein Uhr
trois heures et quart [trwaz'œːr e kɑːr]	Viertel nach drei
trois heures et demie [trwaz'œːr e də'mi]	halb vier
quatre heures moins le quart	Viertel vor vier
['katrə œːr mwɛ̃ lə kɑːr]	
cinq heures moins dix ['sɛ̃k œːr mwɛ̃ diz]	zehn vor fünf

La librairie

M. Lebrun: *Je voudrais un livre pour un ami.*
Libraire: *Avez-vous le titre?*
M. Lebrun: *Non, je ne sais pas quoi acheter.*
Libraire: *Ah! Vous cherchez encore! Au premier étage, il y a la littérature spécialisée. Au deuxième étage, les romans.*
M. Lebrun: *Merci beaucoup. Je pense que je vais choisir un roman policier ou un roman d'aventure.*

Potée

Mettre un morceau de porc dans une grande casserole pleine d'eau; saler et poivrer; faire bouillir doucement pendant une heure; ajouter des saucisses, un chou, des navets, des carottes, un oignon; laisser encore cuire une heure; ajouter des pommes de terre; remettre à cuire encore une demi-heure.

Die Buchhandlung

Herr Lebrun: Ich hätte gerne ein Buch für einen Freund.
Buchhändler: Kennen Sie den Titel?
Herr Lebrun: Nein, ich weiß noch nicht, was ich kaufen soll.
Buchhändler: Ah! Sie suchen noch! Auf der ersten Etage ist
die Fachliteratur, auf der zweiten Etage sind
Romane.
Herr Lebrun: Vielen Dank. Ich denke, ich werde einen Krimi-
nalroman oder einen Abenteuerroman wählen.

la librairie [librɛ'ri]	Buchhandlung
le libraire [li'brɛːr]	Buchhändler
la littérature spécialisée [litera'tyr spesjali'ze]	Fachliteratur
le roman policier [rɔ'mɑ̃ pɔli'sje]	Kriminalroman
le roman d'aventure [rɔ'mɑ̃ davɑ̃'tyːr]	Abenteuerroman

Gemüseeintopf

Ein Stück Schweinefleisch in einen großen Topf voll Wasser
geben; salzen und pfeffern; eine Stunde lang leicht kochen
lassen; Würstchen, einen Kohlkopf, weiße Rüben, Karotten,
eine Zwiebel hinzufügen; eine weitere Stunde kochen lassen;
Kartoffeln hinzufügen; noch eine halbe Stunde kochen lassen.

la potée [pɔ'te]	Gemüseeintopf
bouillir [bu'jiːr]	kochen
le chou [ʃu]	Kohl
le navet [na've]	weiße Rübe
l'oignon (m.) [ɔ'ɲɔ̃]	Zwiebel

Tendances politiques françaises

Grâce au changement du système électoral, on avait abandonné le scrutin uninominal à deux tours en faveur du scrutin à la re-présentation proportion-nelle, il y a eu une forte entrée de l'extrême droite au parlement. C'est une des raisons pour lesquelles le parti de droite veut retourner au scrutin majoritaire.

Les animaux domestiques

le lapin
le poisson rouge
la perruche
le perroquet
la souris

l'animal domestique
le cheval
le chien
le hamster
le chat

Tendenzen in der französischen Politik

Aufgrund der Änderung im Wahlsystem, man hat die Persönlichkeitswahl in zwei Wahlgängen zugunsten des Verhältniswahlsystems abgeschafft, kam die Rechtsextreme stärker in das Parlament. Das ist einer der Gründe, warum die rechte Partei zum Mehrheitswahlsystem zurückkehren will.

grâce [grɑs]	dank/aufgrund
électoral *(adj.)* [elɛktɔ'ral]	Wahl-
le scrutin [skry'tɛ̃]	Wahl
le scrutin uninominal [skry'tɛ̃ yninɔmi'nal]	Persönlichkeitswahl
en faveur [ɑ̃ fa'vœːr]	zugunsten
la représentation proportionnelle [rəprezɑ̃tɑ'sjɔ̃ prɔpɔrsjɔn'ɛl]	Verhältniswahlsystem
la raison [rɛ'zɔ̃]	Grund
le parti [par'ti]	Partei
le scrutin majoritaire [skry'tɛ̃ maʒɔri'tɛːr]	Mehrheitswahlsystem

Haustiere

l'animal domestique (m.) [ani'mal dɔmɛs'tik]	Haustier
le cheval [ʃ(ə)'val]	Pferd
le chien [ʃjɛ̃]	Hund
le hamster (m.) [am'stɛːr]	Hamster
le chat [ʃa]	Katze
le lapin [la'pɛ̃]	Hase
le poisson rouge [pwa'sɔ̃ ruːʒ]	Goldfisch
la perruche [pɛ'ryʃ]	Wellensittich
le perroquet [pɛrɔ'kɛ]	Papagei
la souris [su'ri]	Maus

A la gare

Jean: *Pouvez-vous m'indiquer les horaires et les tarifs de Paris à Grenoble?*

Employé: *Il y a des trains à destination de Grenoble toutes les heures. Le tarif aller-retour en seconde classe est de 750 F. Si vous prenez le TGV, il faut payer un supplément.*

Quel verbe pour dire: vérifier son poids?

Petra: *Où est la bascule? Je voudrais me basculer.*

Didier éclate de rire. Petra va dans sa chambre, elle a compris qu'une fois de plus, elle s'est mal exprimée.

Petra: *Sylvie, la balance, est-elle dans ta chambre? Je voudrais me balancer.*

Encore des éclats de rire. Comment dit-on?

Am Bahnhof

Jean: Können Sie mir die Abfahrtzeiten und die Fahr-
preise von Paris nach Grenoble angeben?
Angestellter: Es fahren stündlich Züge nach Grenoble. Der
Fahrpreis für Hin- und Rückfahrt zweiter Klasse
beträgt 750 F. Wenn Sie den TGV nehmen,
müssen Sie einen Zuschlag zahlen.

les horaires *(m. pl.)* [ɔ'rɛːr]	Abfahrt- und Ankunftzeiten
le tarif [ta'rif]	Preis
la destination [dɛstina'sjɔ̃]	Richtung/Ziel/Bestimmung
toutes les heures [tut lez œːr]	stündlich
aller-retour [a'le rətuːr]	Hin- und Rückfahrt
le TGV	Hochgeschwindigkeitszug
(Train à Grande Vitesse)	
[te ʒe ve] [trɛ̃ a grɑ̃:d vi'tɛs]	
le supplément [syple'mɑ̃]	Zuschlag

„Das Gewicht überprüfen" –
welches Verb wird benutzt?

Petra: Wo ist die Waage *(bascule)*? Ich möchte mich über-
schlagen *(basculer)*.
Didier bricht in Lachen aus. Petra geht in ihr Zimmer, sie hat verstanden, daß sie sich wieder einmal falsch ausgedrückt hat.
Petra: Sylvie, hast du die Waage *(balance)* in deinem Zimmer? Ich möchte schaukeln *(balancer)*.
Wieder gibt es etwas zu lachen. Was sagt man? *Se peser.*

la bascule [bas'kyl]	Waage für schwere Lasten
basculer [basky'le]	umkippen/überschlagen
la balance [ba'lɑ̃:s]	Waage
se balancer [sə balɑ̃'se]	schaukeln
se peser [sə pə'ze]	sich wiegen

Les études en Europe

Fabrice: *Je vais à Rome passer l'examen d'entrée à l'université.*

Jean: *Il y a beaucoup de formalités pour étudier en Italie?*

Fabrice: *Non, grâce au Marché unique, c'est très simplifié, mais il faut maîtriser l'italien.*

EXERCICE

Le verbe «voir»: Complétez!

Je . . . le garçon devant la maison
tu . . . la Tour Eiffel?
Il ne . . . pas la voiture rouge.
Nous . . . un accident.
Vous . . . la fille avec la jupe bleue?
Ils . . . que je n'ai rien fait.

Studieren in Europa

Fabrice: Ich fahre nach Rom, um die Aufnahmeprüfung an der Universität zu machen.

Jean: Gibt es viele Formalitäten, wenn man in Italien studieren möchte?

Fabrice: Nein, dank des Binnenmarkts ist es sehr vereinfacht worden, aber man muß Italienisch beherrschen.

les études (f) [eˈtyd]	Studium
le Marché únique [marˈʃe yˈnik]	Binnenmarkt
grâce [grɑːs]	dank
simplifié (adj.) [sɛ̃pliˈfje]	vereinfacht
maîtriser [metriˈze]	beherrschen
la langue [lɑ̃ːg]	hier: Sprache; sonst: Zunge

——————————— ÜBUNG ———————————

Das Verb «voir»: Vervollständigen Sie!

Je **vois** le garçon devant la maison.
Tu **vois** la Tour Eiffel?
Il ne **voit** pas la voiture rouge.
Nous **voyons** un accident.
Vous **voyez** la fille avec la jupe bleue?
Ils **voient** que je n'ai rien fait.

Ich sehe den Jungen vor dem Haus.
Siehst du den Eiffelturm?
Er sieht das rote Auto nicht.
Wir sehen einen Unfall.
Seht ihr das Mädchen mit dem blauen Rock?
Sie sehen, daß ich nichts gemacht habe.

Tâches ménagères

Mme Lebrun: *Jean, pourrais-tu m'aider dans la maison?*

Jean: *Bon, je vais faire la vaisselle.*

Mme Lebrun: *Moi, je vais d'abord passer l'aspirateur, après je vais épousseter. Et toi, tu peux faire les carreaux dans ta chambre.*

--- EXERCICE ---

Traduction

1. Céline und Julie gehen spazieren.
2. Wenn der Wecker klingelt, steht Frau Martin auf.
3. Die Schüler schweigen, sobald der Lehrer in die Klasse kommt.
4. Bei dieser Musik schlafe ich ein.
5. An der roten Ampel bleiben die Autos stehen.
6. Wo ist Jean? – Er badet.
7. Meine Kusine heißt Mireille.

Hausarbeit

Frau Lebrun: Jean, kannst du mir bei der Hausarbeit helfen?
Jean: Gut, ich spüle das Geschirr.
Frau Lebrun: Ich werde zuerst Staub saugen und danach
Staub wischen. Und du kannst noch die Fenster
in deinem Zimmer putzen.

faire la vaisselle [fɛːr la vɛ'sɛl]	Geschirr spülen
passer l'aspirateur [pɑ'se laspira'tœːr]	Staub saugen
épousseter [epus'te]	Staub wischen
les produits de nettoyage	Putzmittel
[prɔ'dɥi də nɛtwa'jaːʒ]	
le seau [so]	Eimer

Übersetzung

1. Céline et Julie se promènent.
2. Quand le réveil sonne, Mme Martin se lève.
3. Les élèves se taisent dès que le professeur entre dans la classe.
4. Avec cette musique je m'endors.
5. Les voitures s'arrêtent au feu rouge.
6. Où est Jean? – Il se baigne.
7. Ma cousine s'appelle Mireille.

─── *DIE EXPERTENECKE* ───

Mettre du beurre dans les épinards ist keineswegs ein
kulinarischer Tip, sondern bedeutet: Seine Lage
verbessern. Wörtlich: Butter in den Spinat geben.

<u>Vinaigrette</u>

Mettre une cuillère à soupe de vinaigre dans un bol. Ajouter du sel, du poivre et selon le goût de la moutarde. Mélanger et ajouter trois cuillères d'huile. Remuez.

On peut ajouter des fines herbes (persil, cives, thym) ou des échalotes coupées fin.

«Dieu ne pouvait pas être partout, il a créé les mamans.»

Proverbe yiddish

Salatsauce mit Essig

Einen Suppenlöffel Essig in eine Schale geben. Salz, Pfeffer und nach Geschmack Senf hinzufügen. Mischen, und drei Löffel Öl hinzufügen. Umrühren.

Man kann feine Kräuter (Petersilie, Schnittlauch, Thymian) oder feingeschnittene Schalotten dazugeben.

la sauce vinaigrette [sos vinɛː'grɛt]	Salatsauce mit Essig
le vinaigre [vi'nɛgrə]	Essig
mélanger [melɑ̃'ʒe]	vermengen, vermischen
ajouter [aʒu'te]	hinzufügen
le goût [gu]	Geschmack

„Gott konnte nicht überall sein, so schuf er die Mütter." —Jiddisches Sprichwort

──────── GRAMMATIK ────────

Die Personalpronomen

Subjekt	Direktes Objekt	Indirektes Objekt
je (ich)	me (mich)	me (mir)
tu (du)	te (dich)	te (dir)
il (er)	le (ihn)	lui (ihm)
elle (sie)	la (sie)	lui (ihr)
nous (wir)	nous (uns)	nous (uns)
vous (ihr/Sie)	vous (euch/Sie)	vous (euch/Ihnen)
ils/elles (sie)	les/les (sie)	leur/leur (ihnen)

L'exposition d'horticulture

Dans le Parc floral a lieu une exposition d'horticul-
ture. On peut y voir des parterres arrangés avec beaucoup de goût, toutes sor-
tes de fleurs, d'arbustes,
d'herbes et d'autres plantes. Silke y est engagée
comme hôtesse germa-
nophone les week-ends
pour guider les visiteurs
allemands.

——————— EXERCICE ———————

Mots en lettres

*En lisant ces lettres comme elles se lisent dans l'alpha-
bet, vous découvrirez des phrases:*

1. L M T ID
2. RV A HT D K7
3. L A RIT
4. S O PY ?

Die Gartenschau

Im „Blumenpark" findet eine Gartenschau statt. Man kann dort mit viel Geschmack gestaltete Beete, allerlei Blumen, Büsche, Gräser und andere Pflanzen sehen. An den Wochenenden ist Silke dort als deutschsprachige Hosteß angestellt, um die deutschen Besucher zu führen.

l'exposition *(f)* [ɛkspozi'jɔ̃]	Ausstellung/Schau/Messe
l'horticulture *(f)* [ɔrtikyl'ty:r]	Gartenbau/Gartengestaltung
le parterre [par'tɛ:r]	Beet
le goût [gu]	Geschmack
l'arbuste *(m)* [ar'byst]	Bäumchen/Busch
l'herbe *(f)* [ɛrb]	Gras/Gewürzkraut
germanophone *(adj.)* [ʒɛrmanɔ'fɔn]	deutschsprachig

Wörter in Buchstaben

Lesen Sie diese Buchstaben, wie sie im Alphabet (französisch) gelesen werden, dann erhalten Sie Sätze:

1. *Elle aime tes idées.* (Sie mag deine Ideen.)
2. *Hervé a acheté des cassettes.* (Hervé hat Kassetten gekauft.)
3. *Elle a hérité.* (Sie hat geerbt.)
4. *Est-ce au pays grec?* (Ist es in Griechenland?)

A l'opéra

Ce soir les Lebrun sont à
l'opéra pour assister à une
nouvelle représentation de La
Bohème de Giacomo Puccini.
Mme Lebrun aime les opéras
et les opérettes. M. Lebrun
l'accompagne, mais il préfère
les pièces de théâtre. Mme
Lebrun a malheureusement
oublié ses jumelles de
théâtre.

La Fête des Mères

Le dernier dimanche de mai, c'est la Fête des Mères
en France. Les enfants préparent des surprises à leurs
mamans. Tout le monde s'applique à rendre cette
journée le plus agréable possible pour la maman.
Trois petits garçons très turbulents, en quête d'idées,
demandent à leur maman ce qui lui ferait plaisir pour
la Fête des Mères. Elle leur répond: «Avoir trois
enfants sages.» Les garçons: «Chic, alors, on sera six.»

*Est-ce que la Fête des Mères est célébrée le même jour
dans toute l'Europe?*

In der Oper

Heute Abend befinden sich die Lebruns in der Oper, um einer neuen Aufführung der Oper La Bohème von Giacomo Puccini beizuwohnen. Frau Lebrun liebt Opern und Operetten. Herr Lebrun begleitet sie, aber er zieht Theaterstücke vor. Leider hat Frau Lebrun ihr Opernglas vergessen.

l'opéra (m.) [ɔpe'ra]	Oper(nhaus)
l'opérette (f.) [ɔpe'rɛt]	Operette
assister à [asis'te]	beiwohnen
accompagner [akõpa'ɲe]	begleiten
le costume [kɔs'tym]	Kostüm
les jumelles (f.) [ʒy'mɛl]	Fernglas
le théâtre [te'ɑːtrə]	Theater
la représentation [rəprezãta'sjõ]	Aufführung, Vorführung

Muttertag

Am letzten Sonntag im Mai ist in Frankreich Muttertag. Die Kinder bereiten ihren Müttern Überraschungen. Alle strengen sich an, um für die Mutter diesen Tag so schön wie möglich zu gestalten.

Drei kleine, sehr quirlige Jungen auf der Suche nach Einfällen fragen ihre Mutter, was ihr zum Muttertag Freude machen würde. Sie antwortet ihnen: „Drei liebe Jungen zu haben." Die Jungen: „Prima, dann sind wir sechs." Wird der Muttertag überall in Europa am gleichen Tag gefeiert?

Nein. In England zum Beispiel wird er im März gefeiert. In Deutschland ist es der 2. Sonntag im Mai.

Interdiction d'arroser les jardins

Par arrêté préfectoral, il est interdit d'arroser dans les départements du Centre et du Sud de la France. Cela s'étant répété ces dernières années, le jardinier des Morin a proposé d'installer des réservoirs recueillant l'eau de pluie.

Les verbes en -re et -oir

Je (descendre) l'escalier.
Ils (vouloir) avoir une nouvelle voiture.
Au restaurant: Qu'est-ce que vous (prendre)?
Aujourd'hui, Henri (mettre) la table.
Les travailleurs (recevoir) un bon salaire.
Elles (peindre) un beau tableau.
Les enfants (s'asseoir) autour de la table.

Es ist verboten, die Gärten zu bewässern

Ein Erlaß des Präfekten verbietet, im Süden und im Zentrum Frankreichs die Gärten zu bewässern. Da dieses sich in den letzten Jahren wiederholte, hat Morins Gärtner vorgeschlagen, einen Behälter aufzustellen, um Regenwasser aufzufangen.

l'interdiction *f* [ɛ̃tɛrdik'sjɔ̃]	Verbot
l'arrêté *m* [arɛ'te]	Erlaß
arroser [aro'ze]	gießen, bewässern
le jardinier [ʒardi'nje]	Gärtner
le réservoir [reser'vwaːr]	Behälter
recueillir [rəkœ'jiːr]	aufnehmen/auffangen
la pluie [plɥi]	Regen

———— ÜBUNG ————

Die Verben auf -re und -oir

Je **descends** l'escalier.
Ils **veulent** avoir une nouvelle voiture.
Au restaurant: Qu'est-ce que vous **prenez?**
Aujourd'hui, Henri **met** la table.
Les travailleurs **reçoivent** un bon salaire.
Elles **peignent** un beau tableau.
Les enfants **s'asseyent/s'assoient** autour de la table.

Ich steige die Treppe hinab.
Sie möchten gerne ein neues Auto haben.
Im Restaurant: Was nehmen Sie?
Heute deckt Henri den Tisch.
Die Arbeiter erhalten ein gutes Gehalt.
Sie malen ein schönes Bild.
Die Kinder setzen sich um den Tisch.

Des préparations pour une fête

La famille Lebrun a invité des amis ce week-end.
M. Lebrun propose de griller de la viande et des
saucisses en plein air. Tout le monde est d'accord.
Mme Lebrun fait une liste d'achats. Mais on a
oublié le plus important: le charbon de bois.

Fraises au champagne

Bien laver et égoutter les fraises. Les mettre dans
du champagne sucré. Placer plusieurs heures au
réfrigérateur. Servir dans des coupes.

Vorbereitungen für eine Feier

Die Familie Lebrun hat dieses Wochenende Freunde eingeladen. Herr Lebrun schlägt vor, Fleisch und Würstchen im
Freien zu grillen. Alle sind einverstanden. Frau Lebrun macht
eine Einkaufsliste. Aber sie haben das Wichtigste vergessen:
die Holzkohle.

griller [gri'je]	grillen, rösten
en plein air [ã plɛn ɛːr]	draußen, im Freien
la liste d'achats [list da'ʃa]	Einkaufsliste
le charbon de bois [ʃar'bɔ̃ də bwa]	Holzkohle

Erdbeeren in Sekt

Erdbeeren gut waschen und abtropfen lassen. In gezuckerten
Sekt legen. Mehrere Stunden in den Kühlschrank stellen. In
Schalen servieren.

le champagne [ʃã'paɲ]	Sekt
la fraise [frɛːz]	Erdbeere
égoutter [egu'te]	abtropfen lassen
le réfrigérateur [refriʒera'tœːr]	Kühlschrank

La construction d'un barbecue

M. Lebrun: *Jean, tu as le temps de m'aider?*
Jean: *Oui, qu'est-ce que tu veux faire?*
M. Lebrun: *Je veux construire un barbecue pour notre fête.*
Jean: *Je vais chercher les outils. De quoi as-tu besoin?*

La fête

M. Lebrun et Jean ont fini leur travail – la construction du barbecue – à temps. Jean apporte le charbon de bois et il l'allume. Ensuite Mme Lebrun met les saucisses et les escalopes sur le gril. Elle a préparé différentes sauces pour la viande.

Der Bau eines Grills

Herr Lebrun:	Jean, hast du Zeit, mir zu helfen?
Jean:	Ja, was willst du machen?
Herr Lebrun:	Ich will einen Grill für unsere Feier bauen.
Jean:	Ich werde das Werkzeug holen gehen. Was brauchst du?

aider qn [ɛ'de]	jdm helfen
construire [kɔ̃'strɥiːr]	bauen
l'outil (m.) [u'ti]	Werkzeug
le gril [gril]	Bratrost

Die Feier

Glücklicherweise haben Herr Lebrun und Jean ihre Arbeit – den Bau eines Grills – noch rechtzeitig beendet. Jean bringt die Holzkohlen und zündet sie an. Dann legt Frau Lebrun die Bratwürste und die Schnitzel auf den Grill. Sie hat verschiedene Soßen für das Fleisch vorbereitet.

à temps [a tɑ̃]	rechtzeitig
allumer [aly'me]	anzünden
le grilloir [gri'jwaːr]	Grill
la sauce [soːs]	Soße

436

─────── **EXERCICE** ───────

Quiz sur la France

	VRAI	FAUX
Au temps des Romains, Paris s'appelait Lutèce.		
Le pastis se boit parfois avec du jus d'orange.		
La Guadeloupe est un département français.		
La pétanque est un jeu de cartes.		
Le Graves est un vin d'Alsace.		

430

Comment boire le vin?

M. Martin donne des conseils à son ami allemand, M. Klein, comment boire le vin:

M. Martin: *Le vin rouge doit le plus souvent être servi chambré. Le vin blanc se consomme frais. Quant au champagne, il se sert frappé, c'est-à-dire bien frais.*

Frankreich-Quiz

	RICHTIG	FALSCH
Zur Zeit der Römer hieß Paris Lutetia.	X	
Manchmal trinkt man Pastis mit Orangensaft. (Man kann ihn mit Pfefferminz- oder Granatapfelsirup trinken)		X
Guadeloupe ist ein französisches Departement.	X	
Pétanque ist ein Kartenspiel. (Es ist ein Ballsport!)		X
Der Graves ist ein Wein aus dem Elsaß. (Dieser Wein kommt aus dem Bordelais)		X

430

Wie trinkt man Wein?

Herr Martin berät seinen deutschen Freund, Herrn Klein, wie man Wein trinkt:

Herr Martin: Der Rotwein wird meistens mit Zimmertempera-
tur serviert. Der Weißwein wird gekühlt getrunken. Was den Champagner betrifft, der wird eis-
gekühlt serviert.

le conseil [kɔ̃'sɛj]	Rat
chambré *(adj.)* [ʃɑ̃:'bre]	Zimmertemperatur
frappé *(adj.)* [fra'pe]	eisgekühlt

438

La chapelle de Notre-Dame-du-Rosaire

Henri Matisse a conçu cette chapelle. L'artiste, qui avait développé une profonde piété, choqua les chrétiens conservateurs par son esthétique moderne. Une composition abstraite (en céramique) sur le thème du chemin de Croix est illuminée par les vitraux bleus, jaunes et verts représentant des feuilles de figuier.

Où se trouve cette chapelle?

*«Le Rhin est un fleuve
sans embouchure.
La Tamise est une embouchure
sans fleuve.»*

Victor Hugo

Die Kapelle von Notre-Dame-du-Rosaire

Henri Matisse hat diese Kapelle entworfen. Der Künstler, der eine tiefe Frömmigkeit entwickelt hatte, schockierte die konservativen Christen durch seine moderne Ästhetik. Eine abstrakte Komposition (in Keramik) zum Thema des Kreuzweges wird von blauen, gelben und grünen Kirchenfenstern erleuchtet, die Feigenblätter darstellen. Wo befindet sich diese Kapelle?

> *In Saint-Paul-de-Vence, 20 km von Nizza*

Dort kann man auch die Fondation Maeght, eine Stiftung für moderne Kunst, besichtigen.

432

„Der Rhein ist ein Fluß ohne Mündung. Die Themse ist eine Mündung ohne Fluß." – Victor Hugo (1802 – 1885), französischer Schriftsteller

─── GRAMMATIK ───

Der Plural der Substantive

Substantive, die im Französischen immer im Plural stehen:

les bagages	– das Gepäck
les vêtements	– die Kleidung
les lunnettes	– die Brille
les mathématiques	– die Mathematik
les fiançailles	– die Verlobung
les alentours	– die Umgebung
les ciseaux	– die Schere
les prévisions météorologiques	– die Wettervorhersage

Le camping-car

Au Canada, Marie-Claire et ses amis pensent
passer leurs vacances à voyager à travers le pays.
Ce serait trop cher de prendre le train, et en outre
il faudrait dormir à l'hôtel.
Ils décident finalement de
louer un camping-car.

La déviation

Jean: *Ah! Vous voilà enfin! Les glaçons dans le bac
ont déjà fondu.*

Luc: *Il doit y avoir un
grand chantier
sur la nationale,
nous devions
suivre une dévia-
tion qui nous a
coûté un détour
de six kilomètres.*

Das Wohnmobil

In Kanada wollen Marie-Claire und ihre Freunde in ihren Ferien durch das Land reisen. Es wäre zu teuer, den Zug zu nehmen, und außerdem müßten sie im Hotel schlafen. Sie entscheiden sich schließlich dafür, ein Wohnmobil zu mieten.

le caravaning [karava'niŋ]	Campen im Wohnwagen
les vacances (f.) [va'kɑ̃:s]	Ferien, Urlaub
à travers [a tra've:r]	(quer) durch
en outre [ɑ̃'nutrə]	ferner, außerdem
la caravane [kara'van]	Wohnwagen
le camping-car [kɑ̃piŋ'ka:r]	Wohnmobil
louer [lu'e]	mieten

Die Umleitung

Jean: Ah! Da seid ihr endlich! Die Eiswürfel im Kübel sind schon geschmolzen.

Luc: Auf der Nationalstraße muß wohl eine Großbaustelle sein, wir mußten einer Umleitung folgen, die uns einen Umweg von sechs Kilometern kostete.

la déviation [devja'sjɔ̃]	Umleitung
le glaçon [gla'sɔ̃]	Eiswürfel
fondre ['fɔ̃:drə]	schmelzen
le chantier [ʃɑ̃'tje]	Baustelle
la nationale [nasjɔ'nal]	Bundesstraße
le détour [de'tu:r]	Umweg

Le commerce et les finances

un accord commercial
acheter à crédit
une action
la foire commerciale
une offre
le travail à la chaîne
la crise économique
profitable

*«Le ridicule est
comme la mauvaise haleine;
on ne le remarque
que chez le voisin.»*

Malcolm de Chazal

Handel und Finanzen

l'accord commercial (m.) [a'kɔːr kɔmɛr'sjal]	Handelsabkommen
acheter à crédit [aʃ'te a kre'di]	auf Kredit kaufen
l'action (f.) [ak'sjɔ̃]	Aktie
la foire commerciale [fwaːr kɔmɛr'sjal]	Handelsmesse
l'offre (f.) ['ɔfrə]	Angebot
le travail à la chaîne [tra'vaj a la ʃɛn]	Fließbandarbeit
la crise économique [kriz ekɔnɔ'mik]	Wirtschaftskrise
profitable [prɔfi'tablə]	gewinnbringend

„Das Lächerliche ist wie schlechter Atem; man bemerkt es nur bei anderen." — Malcolm de Chazal (1902 – 1981), französischer Schriftsteller

——————————— GRAMMATIK ———————————

Wortstellung bei zwei Pronomen

Die Grundregel:

Indirektes Objekt   vor   direktem Objekt

me			
te		le	
se	vor	la	vor dem Verb
nous		les	
vous			

Abweichung von der Grundregel:

Direktes Objekt   vor   indirektem Objekt

le			
la	vor	lui	vor dem Verb
les		leur	

Le Kir, un apéritif exquis

Le célèbre chanoine Kir (1876 – 1968), maire de Dijon de 1945 jusqu'à sa mort, a popularisé cette boisson locale qui a connu un succès tel que le nom du chanoine est devenu nom commun pour désigner cet apéritif exquis.
Préparation: 2/3 d'un vin blanc sec et 1/3 de crème de cassis.

A votre santé!

La fièvre du départ

M. Lenoir: *Où as-tu rangé les passeports et les chèques de voyage?*

Mme Lenoir: *Ils sont dans mon sac à main. Sylvie, qu'est-ce que tu as emballé dans cette lourde valise?*

Sylvie: *Oh! seulement une robe chic pour sortir le soir, mes ballerines et le sèche-cheveux…*

Der Kir, ein köstlicher Aperitif

Der berühmte Domherr Kir (1876 – 1968), Bürgermeister von Dijon von 1945 bis zu seinem Tode, hat dieses Regionalgetränk bekannt gemacht. Es hatte einen derartigen Erfolg, daß der Name des Domherrn gängige Bezeichnung für diesen köstlichen Aperitif wurde.
Zubereitung: 2/3 trockener Weißwein und 1/3 Crème de Cassis.

Zum Wohl!

Reisefieber

Herr Lenoir: Wohin hast du die Reisepässe und die Reiseschecks weggeräumt?
Frau Lenoir: Sie sind in meiner Handtasche. Sylvie, was hast du in diesen schweren Koffer gepackt?
Sylvie: Oh, nur ein schickes Kleid, um abends auszugehen, meine Ballerinas und den Fön...

la fièvre ['fjɛːvrə]	Fieber
le passeport [pɑsˈpɔːr]	Reisepaß
le chèque de voyage [ʃɛk də vwaˈjaːʒ]	Reisescheck
le sac à main [sak a mɛ̃]	Handtasche
sortir [sɔrˈtiːr]	ausgehen
le sèche-cheveux [sɛʃʃəˈvø]	Fön

Les Petites Antilles

La Guadeloupe, la Dominique et la Martinique: trois
îles des Caraïbes découvertes en 1493 par Christophe
Colomb; elles ont toujours été un paradis pour les
pirates et les navigateurs. Elles vous offrent une expé-
rience inoubliable: promenades dans les forêts tropi-
cales et belles baignades dans des criques idylliques,
où les plongeurs peuvent découvrir une multitude de
poissons exotiques.

Quel est le grand volcan de la Guadeloupe?

―――――――― EXERCICE ――――――――

Conjugaison

Conjuguez les verbes suivants:

1. Je (partir) _____ en vacances en juillet.

2. Nous (recevoir) _____ une lettre
   d'Allemagne.

3. Il (dormir) _____ jusqu'à midi.

4. Vous (vouloir) _____ acheter une
   voiture?

5. Tu (apercevoir) _____ un enfant qui

   (courir) _____ dans la rue.

Die Kleinen Antillen

Guadeloupe, Dominica und Martinique: drei karibische Inseln, die 1493 von Christoph Kolumbus entdeckt wurden; sie sind stets ein Paradies für Piraten und Seeleute gewesen. Sie bieten Ihnen unvergeßliche Erlebnisse: Spaziergänge in den Tropenwäldern und schöne Bademöglichkeiten in idyllischen Buchten, wo die Taucher vielfältige, exotische Fische entdecken können. Wie heißt der große Vulkan von Guadeloupe?

La Soufrière (1484 m)

Er liegt im Süden der Insel Basse-Terre.

Konjugation

Konjugieren Sie folgende Verben:

1. Je **pars** en vacances en juillet (ich fahre im Juli in Urlaub).
2. Nous **recevons** une lettre d'Allemagne (wir bekommen einen Brief aus Deutschland).
3. Il **dort** jusqu'à midi (er schläft bis mittag).
4. Vous **voulez** acheter une voiture (wollt ihr ein Auto kaufen)?
5. Tu **aperçois** un enfant qui **court** dans la rue (du bemerkst ein Kind, das auf der Straße rennt).

Les Français, boivent-ils beaucoup?

M. Klein pense qu'il a bu beaucoup lors du dîner chez les Martin. Il résume: Un apéritif, du vin blanc avec le hors-d'œuvre, du vin rouge avec le rôti, du calvados pour faire le trou normand, encore du vin rouge avec le fromage, et enfin un armagnac comme digestif.

Un abri contre le vent pour le balcon

Le balcon devant la chambre de Sylvie étant exposé à l'est, d'où souffle un vent froid, celui-ci ne sert jamais. Mme Morin a lu dans «Maison et Jardin» que l'on pouvait planter des genévriers dans des bacs. Ces arbustes feront double usage, ils sont décoratifs et ils abritent du vent.

Trinken die Franzosen viel?

Herr Klein denkt, daß er beim Abendessen bei den Martins viel getrunken hat. Er rechnet zusammen: Einen Aperitif, Weißwein zur Vorspeise, Rotwein zum Braten, einen Calvados für das „Normannische Loch"*, wieder Rotwein zum Käse und schließlich einen Armagnac zur Verdauung.

Le trou normand: Der Ausdruck stammt aus der Normandie, wo wiederum der Calvados herstammt. Bei einem ausgedehnten Essen machen die Franzosen eine Pause, „das normannische Loch", in der sie einen Calvados trinken.

résumer [rezy'me]	zusammenfassen/ zusammenrechnen
le hors-d'œuvre [ɔːr dœːvrə]	Vorspeise
le rôti [ro'ti]	Braten

Ein Windschutz für den Balkon

Der Balkon vor Sylvies Zimmer geht nach Osten, von wo ein kalter Wind weht, darum wird er nie benutzt. Frau Morin hat in „Maison et Jardin" gelesen, daß man Wacholderbäumchen in Kübel pflanzen kann. Diese Bäumchen haben doppelten Nutzen, sie sind dekorativ und sie bilden einen Windschutz.

l'abri *m* [a'bri]	Schutz
être exposé ['ɛːtrə ɛkspo'ze]	ausgerichtet sein/gehen nach
le genévrier [ʒənevri'e]	Wacholderstrauch
faire usage [fɛːr y'zaːʒ]	dienen/nutzen
abriter [abri'te]	schützen

*«Tout mal arrive avec des ailes
et s'en retourne en boitant.»*

Voltaire

Strasbourg la capitale de l'Alsace

Ici les traces d'un passé prestigieux se mêlent de sorte
que la vieille ville est un véritable musée à ciel ouvert.
La cathédrale Notre-Dame attire le regard des visiteurs, surtout son immense flèche. Si vous pénétrez à
l'intérieur à 12 h 30, vous pourrez contempler les
douze apôtres de l'horloge astronomique qui s'incli-
nent devant le Christ. Il ne faut pas manquer de visiter La Petite France, ancien quartier de pêcheurs, de
meuniers et de tanneurs. C'est ici qu'a été composé
en 1792 l'hymne national français, la Marseillaise.

Par qui?

„Alles Übel kommt angeflogen und zieht sich hinkend zurück."
— Voltaire (1694 – 1778), französischer Schriftsteller

--------------------------------- GRAMMATIK ---------------------------------

Ausdrücke mit „sans"

sans cesse	— unaufhörlich
sans fin	— unendlich
sans doute	— wahrscheinlich
sans aucun doute	— sicher
Cela va sans dire.	— Das ist selbstverständlich.

Straßburg, Hauptstadt des Elsaß

Hier kreuzen sich die Spuren einer glänzenden Vergangenheit, so daß die Altstadt ein echtes Freilichtmuseum ist. Die Kathedrale Notre-Dame zieht die Blicke der Besucher an, vor allem ihr riesiger Turm. Wenn Sie um 12.30 Uhr eintreten, können Sie die zwölf Apostel der astronomischen Uhr bewundern, die sich vor Christus verbeugen. Versäumen Sie nicht, „La Petite France" zu besuchen, ein ehemaliges Fischer-, Müller- und Gerberviertel. Hier wurde 1792 die französische Nationalhymne, die Marseillaise, komponiert. Von wem?

Rouget de Lisle

Rébus

La solution de ce rébus est le titre d'une œuvre célèbre de Jules Verne.

20 kilomètres à vélo

Marc et Luc font une excursion à vélo. Ils pédalent comme des champions depuis deux heures.
Tous les deux sont déjà à bout de souffle. Soudain, Luc dérape sur des cailloux; il doit s'arrêter et constate que son pneu est à plat. Heureusement Marc a une pompe à vélo!

Bilderrätsel

Die Lösung dieses Rätsels ergibt den Titel eines berühmten Werks von Jules Verne.
Vin (Wein) – mille (tausend) – yeux (Augen) – sous (unter) – lait (Milch) – maire (Bürgermeister):
„*Vingt mille lieues sous les mers*" — 20 000 Meilen unter dem Meer. — Jules Verne (1828 – 1905), französischer Schriftsteller, dessen Abenteuer- und Zukunftsromane am Beginn der Science-fiction-Literatur stehen.

DIE EXPERTENECKE

«*Va te faire cuire un œuf!*» Das ist keinesfalls eine kulinarische Empfehlung, sondern bedeutet: „Geh hin, wo der Pfeffer wächst!" (Wörtl.: „Geh dir ein Ei kochen.")

---

20 Kilometer Radfahren

Marc und Luc machen einen Fahrradausflug. Sie radeln seit zwei Stunden wie die Weltmeister. Alle beide sind schon außer Atem. Plötzlich rutscht Luc auf Kieselsteinen aus; er muß anhalten und stellt fest, daß sein Reifen platt ist. Zum Glück hat Marc eine Fahrradpumpe!

le vélo [ve'lo]	Fahrrad
une excursion [ɛkskyr'sjɔ̃]	Ausflug
pédaler [peda'le]	radeln
déraper [dera'pe]	ausrutschen
le caillou [ka'ju]	Kieselstein
le pneu [pnø]	Reifen
la pompe [pɔ̃:p]	Pumpe

Des tournures

l'eau me vient à la bouche
calmer sa faim par qch.
un on-dit
jeter un coup d'œil sur
être au volant
bon marché
la langue m'a fourché
fais-moi grâce de cela

Une partie de cartes

Didier explique à Petra comment on nomme les couleurs des cartes en français: cœur, carreau, trèfle et pique. Les figures: as, roi, dame et valet. Il lui explique aussi les règles du jeu. Sylvie souffle à l'oreille de Petra qu'elle doit se méfier de Didier qui triche quelquefois.

Redewendungen

das Wasser läuft mir im Mund zusammen
seinen Hunger mit etwas stillen
ein Gerücht
einen Blick werden auf etwas
am Steuer sitzen
billig, preiswert
ich habe mich versprochen, das ist mir so herausgerutscht
Verschone mich bloß damit!

la bouche [buʃ]	Mund
calmer [kal'me]	beschwichtigen
l'on-dit (m.) [ɔ'di]	Gerücht
le coup d'œil [ku dœj]	Blick
les yeux (m.) [jø]	Augen
la grâce [grɑːs]	Dank, Gnade

Ein Kartenspiel

Didier erklärt Petra, wie die Spielkartenfarben in französisch genannt werden: Herz, Karo, Kreuz und Pik. Die Figuren: As, König, Dame und Bube. Er erklärt ihr auch die Spielregeln. Sylvie flüstert Petra ins Ohr, daß sie sich vor Didier in acht nehmen soll, denn er mogelt manchmal.

les cartes f [kart]	Spielkarten
cœur m [kœːr]	Herz
carreau m [kɑ'ro]	Karo
trèfle m ['trɛːflə]	Kreuz
pique f [pik]	Pik
as m [aːs]	As
roi m [rwa]	König
dame f [dam]	Dame
valet m [va'lɛ]	Bube
souffler [su'fle]	flüstern
se méfier [sə me'fje]	sich hüten, sich in acht nehmen
tricher [tri'ʃe]	mogeln

En été

Nous sommes maintenant au mois de juin. Il fait un temps magnifique. Le ciel est bleu, il y a du soleil toute la journée. Il fait très chaud. Nous avons envie de nous baigner. C'est la saison que nous préférons.

*«On ne peut pas
sonner les cloches et
aller à la procession
en même temps.»*

Proverbe

Im Sommer

Jetzt haben wir den Monat Juni. Es ist herrliches Wetter. Der Himmel ist blau, die Sonne scheint den ganzen Tag über. Es ist sehr warm. Wir haben Lust, schwimmen zu gehen. Das ist die Jahreszeit, die wir am meisten lieben.

l'été (m.) [e'te]	Sommer
magnifique [maɲi'fik]	herrlich
le ciel [sjɛl]	Himmel
chaud [ʃo]	warm
la journée [ʒur'ne]	Tag (im Verlauf gesehen)

„Man kann nicht auf zwei Hochzeiten tanzen." (Wörtl.: Man kann nicht die Glocken läuten und gleichzeitig zur Prozession gehen.) — Französisches Sprichwort

———————————— GRAMMATIK ————————————

Sonderfälle der Adjektivangleichung

Adjektive, die von Substantiven abgeleitet sind und Farben bezeichnen, sind unveränderlich.
Beispiel: *Il a les yeux **marron**; j'aime les tissus **orange**.* (Er hat braune Augen; ich liebe orangefarbene Stoffe.)
Ausnahmen: *mauve* (lila), *fauve* (gelbrot), *rose* (rosa), *écarlate* (scharlachrot), *pourpre* (purpurrot); diese Adjektive werden angeglichen.
Beispiel: *Cet été les couleurs **mauves** sont à la mode.* (Diesen Sommer sind Lila-Farbtöne in Mode.)

La fête champêtre

Nadine: *Pour la buvette et la musique, les garçons sont sans doute les meilleurs experts.*

Céline: *D'accord, nous nous chargerons des sandwichs, il ne reste plus qu'à trouver quelqu'un qui se charge du barbecue.*

Le Tour de France

Créé en 1903 par Henri Desgrange, le Tour de France est la plus célèbre épreuve du cyclisme international et passionne tous les ans un large public. Trois hommes, deux Français (Jacques Anquetil, Bernard Hinault) et un Belge (Eddy Merckx) ont réussi à l'emporter chacun à cinq reprises. La plus longue étape (1919) comportait 488 km des Sables-d'Olonne à Bayonne.

À quel moment de l'année est organisé le Tour?

451

Ein Fest im Freien

Nadine: Für den Getränkestand und die Musik sind die Jungen zweifellos die besten Spezialisten.

Céline: Einverstanden, wir kümmern uns um die Sandwiches, es muß nur noch jemand gefunden werden, der sich um den Grill kümmert.

la buvette [by'vɛt]	Getränkestand
l'expert *(m)* [ɛks'pɛːr]	Fachmann/Spezialist
le barbecue [barbə'kju]	Grill

452

Die Tour de France

Die Tour de France, 1903 von Henri Desgrange gegründet, ist das berühmteste Fahrradrennen der Welt, für das sich jedes Jahr ein breites Publikum begeistert. Drei Männer, zwei Franzosen (Jacques Anquetil, Bernard Hinault) und ein Belgier (Eddy Merckx) haben dieses Rennen jeder fünfmal gewonnen. Die längste Etappe (1919) betrug 488 km von Sables-d'Olonne nach Bayonne. Zu welcher Jahreszeit wird die Tour veranstaltet?

Im Juli

Dann stehen Tausende von Zuschauern an den Straßenrändern und feuern die Radler an.

Dans une boutique

Client: *Je voudrais une chemise lilas.*
La vendeuse lui montre des chemises mauves et violettes.
Client: *Ce n'est pas ça,*
             je voudrais une
             chemise lilas
             comme celle
             dans la vitrine.
Vendeuse: *Mais Monsieur,*
             c'est une che-
             mise blanche!
Client: *Et alors! Vous*
             n'avez jamais vu
             des lilas blancs?

Mieux vaut prévoir

Mme Morin: *Au fait quel voltage y-a-t-il en Calédonie?*
M. Morin: *Je ne le sais pas exactement, il serait pru-*
             dent d'em-
             porter un
             rasoir et un
             sèche-che-
             veux bi-
             tension; en
             outre nous
             emporte-
             rons les
             prises mul-
             ti-normes.

In einer Boutique

Kunde: Ich möchte ein fliederfarbenes Hemd.
Die Verkäuferin zeigt ihm Hemden in den Farben Mauve und Violett.
Kunde: Das suche ich nicht, ich möchte ein fliederfarbenes Hemd, wie das im Schaufenster.
Verkäuferin: Aber mein Herr, das Hemd ist weiß!
Kunde: Ja und! Haben Sie noch nie weißen Flieder gesehen?

le lilas [li'lɑ]	Flieder
la chemise [ʃ(ə)'mi:z]	Hemd
montrer [mɔ̃'tre]	zeigen
la vitrine [vi'tri:n]	Schaufenster
et alors! [e a'lɔ:r]	Ja und! (Ausruf)

Es ist besser, im voraus zu planen

Frau Morin: Übrigens, welche Stromspannung hat man in Kaledonien?
Herr Morin: Ich weiß es nicht genau, aber es wäre besser, wenn wir einen Rasierer und einen Fön mit Doppelspannung mitnähmen; außerdem nehmen wir die Multi-Normen-Stecker mit.

prévoir [pre'vwa:r]	vorausplanen/-sehen
le voltage [vɔl'ta:ʒ]	Voltspannung
prudent *adj.* [pry'dɑ̃]	vorsichtig
emporter [ɑ̃pɔr'te]	mitnehmen
le rasoir [rɑ'zwa:r]	Rasierer
le sèche-cheveux [sɛʃʃə'vø]	Haartrockner, Fön
la tension [tɑ̃'sjɔ̃]	Spannung
la prise [pri:z]	Stecker/Steckdose

A l'hôtel

En arrivant à l'hôtel, M. et Mme Morin se présentent
à la réception où ils doivent remplir une fiche de
déclaration. Après avoir
fait leur toilette, ils vont
au bar de l'hôtel où ils
font la connaissance
d'un couple français
qui passe ses vacances
dans l'île.

--- EXERCICE ---

Le pluriel

Mettez au pluriel:

1. M. Martin achète son journal chez M. Pierre.
2. La vendeuse montre le manteau au client.
3. Le travail de cet élève est excellent.
4. L'eau du fleuve n'est pas toujours propre.
5. Nadine nous montre un château de la Loire.
6. Le festival d'été est très populaire.

Im Hotel

Bei der Ankunft im Hotel melden sich Herr und Frau Morin an der Rezeption, wo sie ein Anmeldeformular ausfüllen müssen. Nachdem sie sich frisch gemacht haben, gehen sie in die Hotelbar, wo sie die Bekanntschaft eines französischen Ehepaares machen, das seine Ferien auf der Insél verbringt.

la fiche de déclaration *f* [fiʃ də deklarɑ'sjɔ̃]	Anmeldeformular
faire sa toilette [fɛːr sa twa'lɛt]	sich waschen/ sich frisch machen
faire la connaissance [fɛr la kɔnɛ'sɑ̃:s]	Bekanntschaft machen
le couple ['kuplə]	Paar/Ehepaar
l'île *f* [il]	Insel

Der Plural

Setzen Sie in den Plural:

1. M. Martin achète **ses journaux** chez M. Pierre.
2. **Les vendeuses** montrent **les manteaux aux clients.**
3. **Les travaux** de **ces élèves sont excellents**.
4. **Les eaux des fleuves** ne **sont** pas toujours **propres**.
5. Nadine nous montre **les châteaux** de la Loire.
6. **Les fetivals** d'été **sont** très **populaires**.

1. Herr Martin kauft seine Zeitungen bei Herrn Pierre.
2. Die Verkäuferinnen zeigen den Kunden die Mäntel.
3. Die Arbeiten dieser Schüler sind ausgezeichnet.
4. Die Gewässer der Flüsse sind nicht immer sauber.
5. Nadine zeigt uns die Schlösser der Loire.
6. Die Sommerfestspiele sind sehr beliebt.

─── *DIE EXPERTENECKE* ───

Elles se ressemblent comme deux gouttes d'eau bedeutet: Sie gleichen sich wie ein Ei dem anderen. Wörtlich: Sie gleichen sich wie zwei Wassertropfen,

Escargots à la bourguignonne

Pour 12 escargots: *1 boîte d'escargots avec les coquilles, 100 g de beurre, 1 gousse d'ail, 2 échalotes, 1 cuillère à café de persil haché, sel, poivre.*

Egoutter les escargots, les sécher. Mélanger le beurre avec la gousse d'ail et les échalotes hachées. Ajouter le persil, assaisonner. Fourrer les coquilles avec un peu de la préparation au beurre, y mettre l'escargot et fermer la coquille avec du beurre. Parsemer de chapelure. Passer 5 min. au four.

Bon appétit!

Humour

Un coq arpente impatiemment le salon d'attente d'une clinique, cigarette au bec, les ailes croisées sur le dos. Le sol est jonché de mégots. La porte s'ouvre et paraît une poule infirmière.
Elle se penche et dit mystérieusement: «C'est un œuf.»

Schnecken à la Bourguignonne

Für 12 Schnecken: *1 Dose Schnecken mit Gehäuse, 100 g Butter, 1 Knoblauchzehe, 2 Schalotten, 1 Teelöffel gehackte Petersilie, Salz, Pfeffer.*

Die Schnecken abtropfen, abtrocknen. Die Butter mit der zerkleinerten Knoblauchzehe und den gehackten Schalotten mischen. Die Petersilie hinzufügen, würzen. Gehäuse füllen in der Reihenfolge: Butter, Schnecke, Butter. Mit Paniermehl bestreuen. Backzeit: 5 Min.

Guten Appetit!

Als typischen Burgunder Aperitif trinken Sie vielleicht einen Kir. Woher dieser Name kommt, lesen Sie am 21./22. März.

Humor

Ein Hahn durchschreitet mit großen Schritten ungeduldig den Wartesaal einer Klinik, Zigarette im Schnabel, die Flügel auf dem Rücken verschränkt. Der Boden ist übersät mit Kippen. Die Tür öffnet sich, und es erscheint ein Krankenschwester-Huhn. Sie neigt sich zu ihm und sagt mit geheimnisvoller Stimme: „Es ist ein Ei."

arpenter [arpɑ̃'te]	mit großen Schritten durchmessen
le bec [bɛk]	Schnabel
l'aile (f.) [ɛl]	Flügel
le mégot [me'go]	Kippe
jonché [ʒɔ̃'ʃe]	übersät
la poule [pul]	Huhn
l'infirmière (f.) [ɛ̃fir'mjɛːr]	Krankenschwester

Un relevé de compte révélateur

Petra vient de recevoir son relevé de compte du mois précédent. Elle est surprise, son compte montre un découvert de 500 F. Elle fait son calcul: elle a fait un chèque de 750 F dans une boutique, un de 450 F au restaurant, un de 270 F pour les chaussures etc. Fini les folies!

EXERCICE

Traduisez en français

Si vous confondez l'article il y a un malentendu!

1 . Paul geht zur Post, Jules geht zur Arbeit (Schicht).
2. Die Köchin stellt die Pfanne auf den Herd.
3. Sie haben einen Spaziergang in der Stadt gemacht und haben den Fernsehturm gesehen.
4. Ich habe dieses Buch in London gekauft, es hat ein Pfund gekostet.
5. Wenn die Blumen in den Schlamm fallen, kann man sie nicht mehr in die Vase stellen.

Ein aufschlußreicher Kontoauszug

Petra hat soeben ihren Kontoauszug vom letzten Monat bekommen. Sie ist überrascht. Ihr Konto zeigt ein Soll von 500 F. Sie rechnet nach: Sie hat einen Scheck über 750 F in einer Boutique ausgestellt, einen über 450 F im Restaurant, einen über 270 F für Schuhe usw. Schluß mit den unsinnigen Geldausgaben!

le relevé de compte [rəl've də kɔ̃:t]	Kontoauszug
le découvert [deku 'vɛːr]	Soll/Minus (Konto)
faire le calcul [fɛːr lə kal'kyl]	nachrechnen
faire un chèque [fɛːr œ̃ ʃɛk]	Scheck ausstellen
la folie [fɔ'li]	*hier:* unsinnige Geldausgabe; *sonst:* Wahnsinn/Marotte

Übersetzen Sie ins Französische

Wenn Sie den Artikel verwechseln, gibt es Mißverständnisse!

1. Paul va à **la** poste, Jules va **au** poste.
2. La cuisinière met **la** poêle sur **le** poêle.
3. Ils ont fait **un** tour en ville et ont vu **la** tour de télévision.
4. J'ai acheté **ce** livre à Londres, il a coûté **une** livre.
5. Si les fleurs tombent dans **la** vase, on ne peut plus les mettre dans **le** vase.

DIE EXPERTENECKE

„Une affaire qui est cousue de fil blanc" ist nicht „mit weißem Faden genäht", sondern leicht durchschaubar: Eine leicht durchschaubare Sache. (Wörtlich: Eine mit weißem Faden genähte Sache.)

GRAMMAIRE

Les pronoms

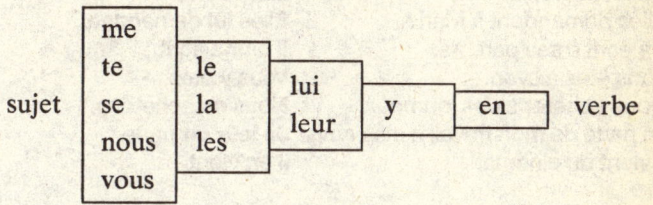

sujet — me / te / se / nous / vous — le / la / les — lui / leur — y — en — verbe

---

462

La tombola

Les jeunes de l'amicale des pompiers organisent une tombola, dont le bénéfice sera versé au profit de l'UNICEF. Ils doivent aller de porte à porte pour demander des dons pour leur tombola. En considération du motif des jeunes, les gens sont bienveillants et généreux.

Die Pronomen

Je vois le monsieur	Je **le** vois.
Il poste la lettre.	Il **la** poste.
Elles demandent à Marie.	Elles **lui** demandent.
Il a écrit à ses parents.	Il **leur** a écrit.
Vous êtes à Lyon.	Vous **y** êtes
Nous achetons des journaux.	Nous **en** achetons.
Je parle de mon travail à mes amis.	Je **leur en** parle.
Il vient du cinéma.	il **en** vient.

Folgen mehrere Pronomen in einem Satz aufeinander, so stehen sie in der im Schema angegebenen Reihenfolge.

Die Tombola

Die Jugend des Feuerwehrvereins organisiert eine Tombola, deren Erlös an UNICEF gehen soll. Sie müssen von Tür zu Tür gehen, um nach Spenden für ihre Tombola zu fragen. Angesichts des Zwecks, für den die jungen Leute sammeln, sind die Leute wohlwollend und großzügig.

l'amicale [ɑmiˈkal]	Verein
le pompier [pɔ̃ˈpje]	Feuerwehrmann
le bénéfice [beneˈfis]	Profit/Erlös
le don [dɔ̃]	Spende/Gabe
en considération [ɑ̃ kɔ̃sideraˈsjɔ̃]	in Anbetracht/ angesichts
le motif [mɔˈtif]	Absicht/Beweggrund/ Zweck
bienveillant [bjɛ̃vɛˈjɑ̃]	wohlwollend
généreux [ʒeneˈrø]	großzügig

«*Ceux qui viennent tard à table
ne trouvent plus que des os.*»

Proverbe français

Allons à la piscine

Céline: *J'ai mis les maillots de bain et les serviettes de bain dans le sac.*

Silke: *Je n'ai pas de bonnet de bain, est-ce qu'on est obligé d'en porter à la piscine?*

Céline: *Oui, c'est obliga-toire. Nous en achèterons un chez le maître-nageur.*

„Wer zu spät kommt, muß essen, was übrigbleibt." — (Wörtl.: Diejenigen, die zu spät zu Tisch kommen, finden nur noch Knochen.) — französisches Sprichwort

---

GRAMMATIK

Das Partizip einiger unregelmäßiger Verben

avoir/eu	savoir/su	prendre/pris
être/été	devoir/dû/due	mettre/mis
boire/bu	pouvoir/pu	lire/lu
pleuvoir/plu	vouloir/voulu	voir/vu
haben/gehabt	wissen/gewußt	nehmen/genommen
sein/gewesen	müssen/gemußt	legen/gelegt
trinken/getrunken	können/gekonnt	lesen/gelesen
regnen/geregnet	wollen/gewollt	sehen/gesehen

Gehen wir ins Schwimmbad

Céline: Ich habe die Badeanzüge und die Badetücher in die Tasche gepackt.

Silke: Ich habe keine Badekappe, muß man im Schwimmbad eine tragen?

Céline: Ja, es ist Pflicht. Wir werden eine beim Bademeister kaufen.

le maillot de bain [ma'jo də bɛ̃]	Badeanzug/Badehose
le bonnet de bain [bɔ'nɛ də bɛ̃]	Badekappe
la piscine [pi'si:n]	Schwimmbad
le maître-nageur ['mɛ:trə naʒœ:r]	Bademeister

EXERCICE

Le passé composé

Mettez au passé composé:

1. Céline met les maillots de bain dans le sac.
2. Jean prend un bain de soleil.
3. Les amis boivent un jus de fruits.
4. Silke ne sait pas plonger.
5. Luc doit payer une amende parce qu'il ne porte pas de bonnet de bain.
6. Nous ne pouvons pas rester à la piscine, parce qu'il pleut.

466

La lettre du Canada

Mme Martin attend une lettre de sa sœur, qui habite à Montréal. Tous les jours, elle guette le facteur, mais il lui dit à chaque fois: «Je regrette, mais il n'y a pas de courrier pour vous.»

Das Perfekt

Setzen Sie ins Perfekt:

1. Céline **a mis** les maillots de bain dans le sac.
2. Jean **a pris** un bain de soleil.
3. Les amis **ont bu** un jus de fruits.
4. Silke n'**a** pas **su** plonger.
5. Luc **a dû** payer une amende, parce qu'il n'**a** pas **porté** de bonnet de bain.
6. Nous n'**avons** pas **pu** rester à la piscine parce qu'il **a plu**.

1. Céline hat die Badeanzüge in die Tasche gepackt.
2. Jean hat ein Sonnenbad genommen.
3. Die Freunde haben Fruchtsaft getrunken.
4. Silke hat nicht tauchen können.
5. Luc hat eine Strafe zahlen müssen, weil er keine Badekappe getragen hat.
6. Wir haben nicht im Schwimmbad bleiben können, weil es geregnet hat.

Der Brief aus Kanada

Frau Martin erwartet einen Brief von ihrer Schwester, die in Montreal lebt. Jeden Tag paßt sie den Briefträger ab, aber er sagt ihr jedes mal: „Ich bedaure, aber es ist keine Post für Sie dabei."

guetter [gɛˈte]	*hier:* abpassen; *sonst:* auflauern
le facteur [fakˈtœːr]	Briefträger
regretter [rəgrɛˈte]	bedauern
le courrier [kuˈrje]	Post *(Brief usw.)*

─── **EXERCICE** ───

De ou à?

une agence . . . voyage
le permis . . . conduire
la course . . . pied
un crayon . . . bille
le chemin . . . fer
un sac . . . provisions
la machine . . . écrire
une offre . . . emploi

468

Des diapositives

Ce soir il ne fait pas beau
temps. Il y a du vent et
des éclairs. C'est vrai-
ment un temps d'orage.
Les Lebruns restent donc
à la maison et regardent
les diapositives de leurs
dernières vacances
en Sicile.

De oder à?

l'agence **de** voyage (f.) [a'ʒɑ̃ːs də vwa'jaːʒ]	Reisebüro
le permis **de** conduire [pɛr'mi də kɔ̃'dɥiːr]	Führerschein
la course **à** pied [kurs a pje]	Wettlauf
le crayon **à** bille [krɛ'jɔ̃ a bij]	Kugelschreiber
le chemin **de** fer [ʃmɛ̃ də fɛːr]	Eisenbahn
le sac **à** provisions [sak a prɔvi'zjɔ̃]	Einkaufstasche
la machine **à** écrire [ma'ʃin a e'kriːr]	Schreibmaschine
l'offre **d'** emploi (f.) ['ɔfrə dɑ̃'plwa]	Stellenangebot

Dias

Heute Abend ist das Wetter nicht schön. Es ist windig, und es blitzt. Es ist eine typische Gewitterluft. Die Lebruns bleiben also zu Hause und schauen sich die Dias von ihrem letzten Urlaub auf Sizilien an.

la diapositive [djaposi'tiːv]	Dia
l'éclair (m.) [e'klɛːr]	Blitz
l'atmosphère (f.) [atmɔ'sfɛːr]	Luft
l'orage (m.) [ɔ'raːʒ]	Gewitter
la Sicile [si'sil]	Sizilien

469

La sacro-sainte pause déjeuner

En France elle est «vitale» la pause déjeuner. Dans les écoles, les bureaux, les magasins (sauf les grands magasins et les grandes surfaces), la pause déjeuner figure sur l'emploi du temps de la journée. Il faut même s'attendre à trouver des stations service fermées entre midi et deux heures. C'est le savoir-vivre français!

470

Poulet basquais

Ingrédients: *1 poulet, 10 poivrons (rouge, jaune, vert), 1 boîte de tomates pelées, 4 gros oignons, sel, poivre, thym, laurier, marjolaine.*

Faire revenir les oignons coupés dans de l'huile d'olive, ajouter les morceaux de poulet et laisser brunir. Ensuite, rajouter les poivrons coupés en lanières, cuire cinq minutes, mettre les tomates et les épices. Laisser mijoter une petite demi-heure. Servir avec du riz ou des pâtes.

Bon appétit!

Die hochheilige Mittagspause

In Frankreich ist sie „lebenswichtig", die Mittagspause. In den Schulen, in den Büros, in den Geschäften (außer in den Kaufhäusern und in den Einkaufszentren) steht sie auf dem Tagesplan. Man muß sogar damit rechnen, in der Mittagszeit vor geschlossenen Tankstellen zu stehen. Das ist französische Lebensart!

vital/e *adj.* [vi'tal]	lebenswichtig
le grand magasin [grã maga'zɛ̃]	Kaufhaus
la grande surface [grã:d syr'fas]	Einkaufszentrum
l'emploi du temps *m* [ãplwa dy tã]	Arbeitsplan/ Stundenplan
s'attendre à qc [sa'tã:drə]	mit etwas rechnen
la station service [stɑ'sjɔ̃ sɛr'vis]	Tankstelle

Hähnchen auf baskische Art

Zutaten: *1 Hähnchen, 10 Paprikaschoten (rot, gelb, grün), 1 Dose geschälte Tomaten, 4 dicke Zwiebeln, Salz, Pfeffer, Thymian, Lorbeer, Majoran.*

Die geschnittenen Zwiebeln in Olivenöl anbraten, die Hähnchenstücke hinzufügen und bräunen lassen. Dann die der Länge nach geschnittenen Paprikaschoten hinzufügen, fünf Minuten kochen, Tomaten und Gewürze beigeben. Eine knappe halbe Stunde schmoren lassen. Mit Reis oder Nudeln servieren.

Guten Appetit!

«*Les hommes font l'Histoire,
mais ils ne savent pas l'Histoire
qu'ils font.*»

Raymond Aron

Voyage scolaire

Aujourd'hui Jean part en voyage scolaire. Ils vont rester quelques jours en auberge de jeunesse dans le Midi. Tous ses camarades et deux professeurs participent au voyage, sauf Nicolas. Il est à l'hôpital parce qu'il s'est cassé la jambe.

„Die Menschen machen Geschichte, aber sie wissen nicht, welche Geschichte sie machen." — Raymond Aron (1905 – 1983) französischer Soziologe und Philosoph, politischer Schriftsteller und Journalist

---
GRAMMATIK

Sonderfälle der Adjektivangleichung

Adjektive, die zusammengesetzt sind (mit oder ohne Bindestrich) und Farben bezeichnen, sind unveränderlich.

Beispiel: *Elle porte une robe bleu foncé.* (Sie trägt ein dunkelblaues Kleid.)
L'eau du lac est vert clair. (Das Wasser des Sees ist hellgrün.)

Klassenfahrt

Heute geht Jean auf Klassenfahrt. Sie werden einige Tage in der Jugendherberge im Süden Frankreichs bleiben. Alle seine Kameraden und zwei Lehrer nehmen teil, außer Nicolas. Er ist im Krankenhaus, weil er sich ein Bein gebrochen hat.

l'auberge de jeunesse (f.) [o'bɛrʒ də ʒœ'nɛs]	Jugendherberge
sauf [sof]	außer
l'hôpital (m.) [ɔpi'tal]	Krankenhaus
le professeur [prɔfɛ'sœːr]	Lehrer
le voyage [vwa'jaːʒ]	Fahrt, Reise
se casser [sə kɑ'se]	sich etwas brechen

A l'auberge de jeunesse

L'auberge de jeunesse est une grande maison en briques. Les élèves vont y dormir. Il faut d'abord remplir et signer une feuille si l'on n'est pas agiste. Le responsable leur donne des couvertures assez minces. Le dortoir des garcons est au premier étage. Jean prend le lit à côté de la fenêtre, d'où on peut voir la campagne.

--- EXERCICE ---

Traduction

1. Jean wird seinen Freund anrufen.
2. Herr Martin wird im Restaurant essen.
3. Wir werden ein kühles Getränk bestellen.
4. Wirst du mir schreiben? Ich werde dir ganz bestimmt antworten.
5. Céline und Silke werden Tennis spielen.
6. Werden Sie das Buch lesen?

In der Jugendherberge

Die Jugendherberge ist ein großes Backsteingebäude. Hier
werden die Schüler schlafen. Zunächst muß man ein Blatt ausfüllen und unterschreiben, wenn man nicht Mitglied ist. Der
Herbergsvater gibt ihnen Decken, die ziemlich dünn sind. Der
Schlafsaal der Jungen ist in der ersten Etage. Jean nimmt sich
das Bett neben dem Fenster, von wo aus man einen Ausblick
auf die Landschaft hat.

la brique [brik]	Ziegelstein
l'agiste (m./f.) [a'ʒist]	Herbergsmitglied
le dortoir [dɔr'twaːr]	Schlafsaal
la couverture [kuvɛr'tyːr]	Decke
mince [mɛ̃ːs]	dünn
remplir [rɑ̃'pliːr]	ausfüllen

Übersetzung

1. Jean téléphonera à son ami.
2. Monsieur Martin mangera au restaurant.
3. Nous commanderons une boisson fraîche.
4. M'écriras-tu? Je te répondrai certainement.
5. Céline et Silke joueront au tennis.
6. Lirez-vous le livre?

DIE EXPERTENECKE

– Mon père va devenir garçon de café.
– Quelle idée!
– Oui. L'occuliste lui a dit qu'il ferait mieux de porter
des verres.

– Mein Vater wird Kellner.
– Welch ein Einfall!
– Ja, der Augenarzt hat ihm geraten, er solle Gläser
tragen.

EXERCICE

Dites le contraire

1) payant
2) occupé
3) nerveux
4) facile
5) long
6) haut
7) âgé
8) compétent
9) vieux

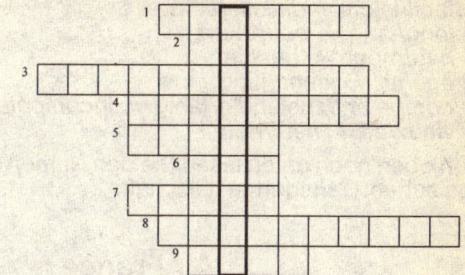

De haut en bas vous lirez le nom d'une grande compagnie de transport française.

La Fête des Pères

En France, la Fête des Pères se fête en famille. Les enfants gâtent leurs pères à la maison. On fait un gâteau et les enfants offrent des cadeaux qu'ils préparent à la maison ou à l'école pendant les leçons de travaux manuels. Toute la famille se réjouit, encore une occasion de faire la fête!

Est-ce que la Fête des Pères a existé avant la Fête des Mères?

Sagen Sie das Gegenteil

1) *payant*/kostenpflichtig ≠ *gratuit*/kostenlos
2) *occupé*/beschäftigt ≠ *libre*/frei
3) *nerveux*/nervös ≠ *décontracté*/entspannt
4) *facil*/leicht ≠ *difficile*/schwer
5) *long*/lang ≠ *court*/kurz
6) *haut*/hoch ≠ *bas*/tief
7) *âgé*/alt ≠ *jeune*/jung
8) *compétent*/zuständig/fähig ≠ *incompétent*/unfähig
9) *vieux*/alt ≠ *neuf*/neu

Von oben nach unten lesen Sie den Namen einer großen französischen Transportgesellschaft.

Air France

Vatertag

In Frankreich ist der Vatertag ein Familientag. Die Väter werden zu Hause von ihren Kindern verwöhnt. Es wird Kuchen gebacken, und die Kinder überreichen den Vätern Überraschungen, die sie zu Hause oder in der Schule im Handarbeitsunterricht selbst gebastelt haben. Die ganze Familie freut sich, noch ein Anlaß zum Feiern! Hat der Vatertag vor dem Muttertag existiert?

Nein, der Vatertag wurde später eingeführt.

Des proverbes

Oubli fait double route.
Comme on fait son lit, on se couche.
Quand le chat est hors de la maison, souris et rats ont leur saison.
Il faut battre le fer tant qu'il est chaud.
L'occasion fait le larron.
Il faut prendre l'occasion aux cheveux.
Changer son cheval borgne contre un aveugle.

Noix du Brésil au chocolat

75 g de chocolat à croquer; 500 g de noix du Brésil dé-cortiquées; 25 g de chocolat au lait et 25 g de chocolat blanc.

Faire fondre le chocolat à croquer et y tremper les noix puis les disposer sur du papier sulfurisé. Faire fondre dans deux pots le chocolat au lait et le chocolat blanc. A l'aide d'une poche à douille garnir les noix de filets de chocolat au lait et de chocolat blanc. Laisser reposer au frais. Voilà un cadeau gourmand!

Quelle langue parle-t-on au Brésil?

Sprichwörter

Was man nicht im Kopf hat, muß man in den Beinen haben.
Wie man sich bettet, so liegt man.
Wenn die Katze aus dem Haus ist, tanzen die Mäuse auf dem Tisch.
Man muß das Eisen schmieden, solange es heiß ist.
Gelegenheit macht Diebe.
Man muß die Gelegenheit beim Schopfe packen.
Vom Regen in die Traufe kommen.

la souris [su'ri]	Maus
le rat [ra]	Ratte
le fer [fɛːr]	Eisen
l'occasion (f.) [ɔka'zjɔ̃]	Gelegenheit
le larron [la'rɔ̃]	Spitzbube, Dieb
borgne [bɔrɲ]	einäugig
l'aveugle (m.) [a'vœglə]	Blinder

Paranüsse in Schokolade

75 g Blockschokolade, 500 g Paranüsse ohne Schale, 25 g Milchschokolade und 25 g weiße Schokolade.

Die Blockschokolade zum Schmelzen bringen, die Nüsse darin eintauchen und auf Pergamentpapier legen. In zwei Töpfen die Milchschokolade und die weiße Schokolade schmelzen. Mit einer Garniertülle auf die Nüsse mit der Milchschokolade und der weißen Schokolade ein Netz zeichnen. Kalt stellen und ruhen lassen. Ein delikates Geschenk!
Welche Sprache spricht man in Brasilien?

Portugais/Portugiesisch

La visite des cabines

Le capitaine du bateau de croisière avec lequel les Morin font la traversée vers les îles Loyauté propose aux passagers de visiter le bateau et l'intérieur des cabines. Mme Morin est toute surprise du confort. Elle contemple longuement l'aménagement, rien ne manque, il y a même l'indispensable «Holy Bible».

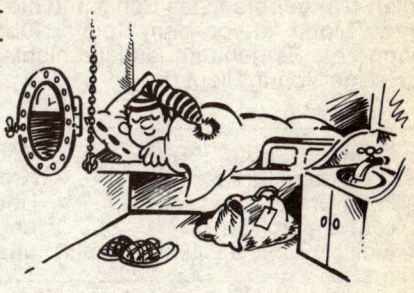

Le pourboire

Mme Morin: *Paul, nous devons retirer de l'argent de la banque.*

M. Morin: *Comment! Nous n'avons plus d'argent liquide?*

Mme Morin: *Nous dépensons beaucoup pour les pourboires, et la bienveillance du personnel est en fonction des pourboires!*

Die Besichtigung der Kabinen

Der Kapitän des Kreuzfahrtschiffs, mit dem die Morins die Überfahrt zu der Inselgruppe Loyauté machen, hat den Passagieren angeboten, das Schiff und die Kabinen zu besichtigen. Frau Morin ist von dem Komfort überrascht. Sie betrachtet lange die Einrichtung, es fehlt nichts, sogar die unerläßliche „Heilige Schrift" liegt da.

la cabine [ka'bin]	Kabine/Kajüte
la croisière [krwɑ'zjɛ:r]	Kreuzfahrt
la traversée [travɛr'se]	Überfahrt
contempler [kɔ̃tɑ̃'ple]	betrachten
indispensable *adj.* [ɛ̃dispɑ̃'sablə]	unerläßlich

Das Trinkgeld

Frau Morin: Paul, wir müssen Geld von der Bank abheben.
Herr Morin: Was! Wir haben kein Bargeld mehr?
Frau Morin: Wir geben viel für Trinkgelder aus, und die Zuvorkommenheit des Personals hängt vom Trinkgeld ab!

le pourboire [pur'bwa:r]	Trinkgeld
la bienveillance [bjɛvɛ'jɑ̃:s]	Zuvorkommenheit
être en fonction de qc [ˈɛ:trə ɑ̃ fɔ̃k'sjɔ̃ də]	abhängen von etwas

La négation

Tu **ne** fumes **pas**.
Il **ne** vient **plus**.
Nous **ne** regardons **jamais** la télé.
Il **n'**aime **guère** cette ville.
Il **n'**est **que** sept heures.
Je **ne** joue **pas non plus** au football.
Je **n'**y viendrai **plus jamais**.
Elle **ne** mange **plus du tout**.

Une autre île française dans le Pacifique

Mme Morin se plaît énormément ici à Nouméa et
elle aimerait connaître d'autres îles françaises dans
l'océan Pacifique, no-
tamment Tahiti en Poly-
nésie. Le climat y serait
«paradisiaque», quasi-
ment sans cyclone. Elle
fait déjà des projets de
vacances pour l'année
prochaine!

Die Verneinung

Du rauchst **nicht.**
Er kommt **nicht mehr.**
Wir sehen **niemals** fern.
Er mag diese Stadt **kaum.**
Es ist **erst** sieben Uhr.
Ich spiele **auch keinen** Fußball.
Ich werde **niemals mehr** dorthinkommen.
Sie ißt **überhaupt nicht mehr.**

*Die Verneinung setzt sich zusammen aus dem Verneinungsadverb „ne"
(vor einem Vokal oder einem stummen „h": „n"') und einem Verstär-
kungswort (pas, jamais, etc.).*

Eine weitere französische Insel im Pazifik

Frau Morin gefällt es ausgezeichnet hier in Nouméa, und sie
möchte weitere französische Inseln im Pazifischen Ozean kennenlernen, insbesondere Tahiti in Französisch-Polynesien.
Das Klima dort soll „paradiesisch" sein, fast ohne Wirbel-
stürme. Sie macht schon Urlaubspläne für das nächste Jahr.

se plaire à [sə plɛːr a]	gefallen finden an
énormément [enɔrme'mɑ̃]	riesig/ausgezeichnet
notamment [nɔtɑ'mɑ̃]	insbesondere/nämlich
le cyclone [si'kloːn]	Zyklon/Wirbelsturm

«*A colombes saoules, cerises amères.*»

Proverbe

Au jardin

M. Lebrun:	*Jean, est-ce que tu as tondu la pelouse?*
Jean:	*Non, pas encore. Je suis en train de sarcler les mauvaises herbes.*
M. Lebrun:	*Bon, moi, je vais commencer à tailler la haie.*
Jean:	*Bonne idée! On ne peut presque plus voir les fleurs.*

„Wenn die Mäuse satt sind, schmeckt das Mehl bitter." (Wörtl.: Wenn die Tauben betrunken sind, schmecken ihnen die Kirschen bitter.) — Französisches Sprichwort

―――――――――――― GRAMMATIK ――――――――――――

Der Teilungsartikel

Der Teilungsartikel steht für unbestimmte Mengenangaben. Im Deutschen fehlt in diesem Fall meistens der Artikel vor dem Substantiv. Der Teilungsartikel steht auch nach Präpositionen außer „avec" und „sans".

Der Teilungsartikel wird gebildet aus *de* und dem Artikel: *de la – du* (aus *de + le) – des* (aus *de + les).*

Beispiele: *Elle achète de la confiture, du pain, des bonbons.* (Sie kauft Marmelade, Brot und Bonbons.) *Il réserve des tickets pour des amis.* (Er reserviert Tickets für Freunde.) *Je bois le café sans sucre.* (Ich trinke den Kaffee ohne Zucker.)

Im Garten

Herr Lebrun:	Jean, hast du den Rasen gemäht?
Jean:	Nein, noch nicht. Ich bin gerade dabei, das Unkraut zu jäten.
Herr Lebrun:	Gut, ich werde damit beginnen, die Hecken zu schneiden.
Jean:	Eine gute Idee! Man kann die Blumen fast nicht mehr sehen.

tondre ['tɔ̃:drə]	mähen
être en train de (faire qc) ['ɛːtrə ɑ̃ trɛ̃ də]	dabei sein, etwas zu tun
sarcler [sar'kle]	jäten
la mauvaise herbe [mo'vɛz ɛrb]	Unkraut
tailler [tɑ'je]	schneiden
la haie [ɛ]	Hecke

Ratatouille

Faire cuire doucement dans un peu d'huile chaude
des aubergines, des courgettes et des tomates coupées en morceaux; ne pas éplucher les légumes;
saler, poivrer; ajouter de l'ail haché; laisser mijoter un quart d'heure; ajouter des olives noires; servir chaud ou froid.

A la rhumerie

Mme Lebrun: *Il fait, chaud, tu ne trouves pas?*
M. Lebrun: *Si, allons boire quelque
chose, j'ai soif.*
Mme Lebrun: *Installons-nous à la
terrasse. Là-bas,
dans le coin,
la table est à
l'ombre.*
M. Lebrun: *Je prends un
Daiquiri, et
toi?*

Ratatouille

In ein wenig heißem Öl in Stücke geschnittene Auberginen, Zucchini und Tomaten langsam kochen; das Gemüse nicht schälen; salzen, pfeffern; gehackten Knoblauch hinzufügen; eine Viertelstunde schmoren lassen; schwarze Oliven beigeben; warm oder kalt servieren.

l'aubergine (f.) [obɛr'ʒin]	Aubergine
les courgettes (f. pl.) [kur'ʒɛt]	Zucchini
éplucher [eply'ʃe]	schälen
le légume [le'gym]	Gemüse

In der Rhumerie

Frau Lebrun: Es ist warm, findest du nicht auch?
Herr Lebrun: Ja, laß uns doch etwas trinken, ich habe Durst.
Frau Lebrun: Komm, setzen wir uns auf die Terrasse. Da hinten, in der Ecke, der Tisch ist im Schatten.
Herr Lebrun: Ich nehme einen Daiquiri, und du?

avoir soif (f.) [a'vwaːr swaf]	Durst haben
le coin [kwɛ̃]	Ecke
l'ombre (f.) [ɔ̃ːbr]	Schatten
s'installer [sɛ̃sta'le]	sich setzen
la rhumerie [rɔm(ə)'riː]	Gaststätte, in der man hauptsächlich Mixgetränke mit Rum bekommt
le Daiquiri [dɛki'riː]	Mixgetränk: 1/3 Rum, 2/3 Ananassaft, garniert mit frischen exotischen Früchten

─────────── **EXERCICE** ───────────

Des homonymes

En traduisant les mots suivants, vous obtiendrez des homonymes en français:

das Gewicht	die Erbse
das Ende	der Hunger
der Bürgermeister	die Mutter
die Haut	der Topf
die Faust	der Punkt
das Glas	der Wurm

L'attraction surprise

M. Martin prend le microphone pour annoncer l'attraction de clôture de cette fête. «Mesdames, Messieurs, permettez-moi de vous présenter Charly, le cracheur de feu.»  Tout le monde retient son souffle pendant la présentation de Charly, puis ils l'applaudissent.

Homonyme

Übersetzen Sie folgende Wörter, und Sie erhalten französische Homonyme (gleichlautende Wörter):

le poids	le pois
la fin	la faim
le maire	la mère
la peau	le pot
le poing	le point
le verre	le ver

DIE EXPERTENECKE

«C'est du jus de chaussettes» heißt wörtlich: Das ist Sockensaft. Der Franzose bezeichnet damit schlechten Kaffee.

488

Die Überraschungsattraktion

Herr Martin nimmt das Mikrofon, um die Schlußattraktion dieses Festes anzukündigen. „Meine Damen, meine Herren, gestatten Sie mir, Ihnen Charly, den Feuerschlucker, vorzustellen. Alle halten während Charlys Vorführung den Atem an, dann klatschen sie ihm Beifall.

la clôture [klo'ty:r]	Schluß-
le cracheur de feu [kra'ʃœr də fø]	Feuerschlucker
retenir son souffle [rət'ni:r sɔ̃ 'suflə]	den Atem anhalten
applaudir [aplo'di:r]	Beifall klatschen

Au bureau de poste

Il y a une longue queue devant le guichet de timbres.
Enfin c'est le tour de Silke.

Silke: *C'est combien*
          une lettre ordi-
          naire pour
          l'Allemagne?

Employé: *Ça fait 2,30 F.*
          Un timbre à
          2,30 F?

Silke: *Donnez-moi un*
          carnet. Merci.

EXERCICE

Traduction

Traduisez les phrases suivantes. Attention, révision du
pluriel!

1. Seine Haare sind blond.
2. Sie betrachten die Kirchenfenster.
3. Die Reifen sind teuer.
4. Wie viele Schmuckstücke trägt sie?
5. Wo sind die Nägel?
6. Betrachtet ihr die Wolkenkratzer?
7. Er erzählt mir alle Einzelheiten.
8. Meine Knie schmerzen.

Auf dem Postamt

Vor dem Schalter für Briefmarken ist eine lange Schlange.
Endlich ist Silke an der Reihe.

Silke: Was kostet ein Standardbrief nach Deutschland?
Beamter: 2,30 F. Eine Briefmarke zu 2,30 F?
Silke: Geben Sie mir ein Heftchen. Danke.

le bureau de poste [by'ro də pɔst]	Postamt
la queue [kø]	Schlange (Warte-)
le guichet [gi'ʃɛ]	Schalter
le timbre ['tɛ̃:brə]	Briefmarke
le tour [tu:r]	*hier:* an der Reihe; *sonst:* die Tour
le carnet [kar'nɛ]	Heftchen

Übersetzung

Übersetzen Sie folgende Sätze. Achtung, Pluralwiederholung!

1. Ses cheveux sont blonds.
2. Ils regardent les vitraux.
3. Les pneus sont chers.
4. Combien de bijoux porte-t-elle?
5. Où sont les clous?
6. Regardez-vous les gratte-ciel?
7. Il me raconte tous les détails.
8. Mes genoux me font mal.

--- DIE EXPERTENECKE ---

Ne pas attacher ses chiens avec des saucisses
bedeutet: Sein Geld nicht aus dem Fenster werfen.
(Wörtlich: Seine Hunde nicht mit Würsten anbinden.)

«*La misère a cela de bon
qu'elle supprime
la crainte du voleur.*»

Alphonse Allais

EXERCICE

**Des mots
croisés**

*Complétez la
grille avec les
12 nationalités
de la
Communauté
européenne:*

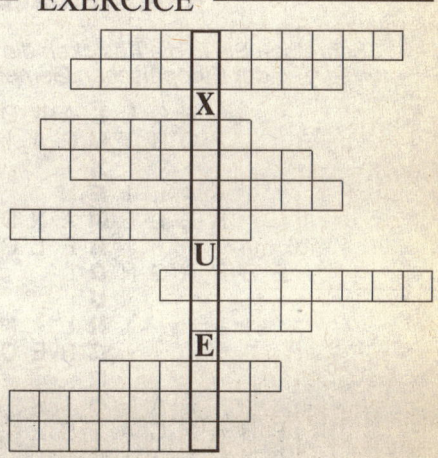

„Das Gute an der Not ist, daß sie die Furcht vor dem Dieb nimmt." – Alphonse Allais (1855 – 1905), französischer Schriftsteller und Humorist

---
GRAMMATIK

Das stumme „e" bei Verben auf „er"

Diese Verben sind eine häufige Fehlerquelle!

Beispiele:			
	crier	je crie	(schreien)
	remercier	tu remercies	(bedanken)
	plier	elle plie	(falten)
	louer	je loue	(mieten)
	vouer	tu voues	(widmen)
	créer	il crée	(schaffen)

Obwohl das e „stumm" ist, also nicht gesprochen wird, muß es bei der Rechtschreibung berücksichtigt werden.

Kreuzworträtsel

Schreiben Sie in die Kästchen die 12 Nationalitäten der Europäischen Gemeinschaft.

```
        H O L L A N D A I S
        P O R T U G A I S
                X
    I T A L I E N
    A L L E M A N D
                B E L G E
    E S P A G N O L
                U
            I R L A N D A I S
                G R E C
                E
        D A N O I S
  F R A N C A I S
  A N G L A I S
```

Les potins de famille

Mme Lenoir: *Est-ce que vous savez que la cousine Alice a un fils de deux mois?*

Tante Christine: *Oui, et elle est mariée à un neveu de nos voisins! Mais la belle-mère est insupportable...*

Oncle Jean: *C'est pas étonnant! elle est la sœur de Monsieur X, un vrai misanthrope!*

La Cathédrale de Chartres

Elle vaut le détour de 96 km au sud-ouest de Paris. A 30 km de la ville on voit à l'horizon les deux flèches de la célèbre cathédrale datant des XIIe et XIIIe siècles. Sur la façade, la partie la plus ancienne, les portails sont en style roman; les portails latéraux sont de pur style gothique. Les vitraux datant du XIIe siècle, comptent parmi les plus beaux du monde, et leurs tons bleus et rouges donnent une mystérieuse lumière à l'intérieur.

Familienklatsch

Frau Lenoir: Wißt ihr, daß Kusine Alice einen zwei Monate alten Sohn hat?

Tante Christine: Ja, und sie ist mit einem Neffen unserer Nachbarn verheiratet! Aber die Schwiegermutter ist unerträglich ...

Onkel Jean: Das ist nicht verwunderlich! Sie ist die Schwester von Herrn X, ein wahrer Menschenfeind!

les potins [pɔ'tɛ̃]	Klatsch
marier [ma'rje]	verheiraten
le neveu [n(ə)'vø]	Neffe
la belle-mère [bɛl'mɛːr]	Schwiegermutter
étonnant/e [etɔ'nɑ̃]	verwunderlich, erstaunlich
le misanthrope [mizɑ̃'trɔp]	Menschenfeind

Die Kathedrale von Chartres

Sie ist den 96 km langen Umweg in den Südwesten von Paris wert. Aus 30 km Entfernung erkennt man am Horizont die beiden Türme der berühmten Kathedrale aus dem XII. und XIII. Jahrhundert. Die Portale der Fassade, dem ältesten Teil, sind im romanischen Stil. Die Seitenportale sind in rein gotischem Stil gebaut. Die Fenster aus dem XII. Jahrhundert zählen zu den schönsten der Welt und die Blau- und Rottöne geben dem Inneren ein geheimnisvolles Licht.

─────── **EXERCICE** ───────

Deux phrases

*Voici deux phrases complètement mélangées;
remettez de l'ordre:*

Pourquoi – voir! – plaisir –
fait – plus – nous – bien –
venu – ça – de – tôt? – te –
pas – n'es-tu

496

Chez le coiffeur

Coiffeuse: *Vous venez pour une coupe?*
Mme Martin: *Non. Je désire seulement un shampooing
et une mise en plis.*
Coiffeuse: *Vos pointes
sont four-
chées, la
coiffure tien-
dra mieux, si
on les coupe.*
Mme Martin: *D'accord,
mais juste
les pointes.*

495

Zwei Sätze

Hier sind zwei total vermischte Sätze; schaffen Sie Ordnung:

Pourquoi n'es-tu pas venu plus tôt?
ça nous fait bien plaisir de te voir!

(Warum bist du nicht früher gekommen?
Es freut uns sehr, dich zu sehen!)

DIE EXPERTENECKE

Un menteur

«Il ment comme il respire!» – „Er lügt wie gedruckt."
(wörtlich: Er lügt, wie er atmet.)

496

Beim Friseur

Friseuse: Kommen Sie zum Schneiden?
Frau Martin: Nein. Bitte nur Waschen und Legen.
Friseuse: Ihre Spitzen spalten sich, die Frisur hält besser,
              wenn man die Spitzen schneidet.
Frau Martin: Einverstanden, aber nur die Spitzen.

la coupe [kup]	Haarschnitt
le shampooing [ʃɑ̃'pwɛ̃]	*hier:* Haare waschen; *sonst:* Shampoo
la mise en plis [mi:z ɑ̃ pli]	Haare legen/Wasserwelle
la pointe [pwɛ̃:t]	Spitze
fourché *(adj.)* [fur'ʃe]	gespalten
la coiffure [kwa'fy:r]	Frisur
tenir [t(ə)'ni:r]	halten

504

L'essayage chez la couturière

Mme Martin: *Je trouve que la robe est un peu trop juste là, et la longueur ne me convient pas tout à fait non plus.*

Couturière: *Je sors un peu à la couture et à l'ourlet aussi. Ça vous va comme ça?*

Mme Martin: *Oui, maintenant c'est très bien.*

— GRAMMAIRE —

Les déterminants possessifs

ma voiture / mon lit
ta chaise / ton chat
sa maison / son chien

mes voitures / mes lits
tes chaises / tes chats
ses maisons / ses chiens

notre voiture / notre lit
votre chaise / votre chat
leur maison / leur chien

nos voitures / nos lits
vos chaises / vos chats
leurs maisons / leurs chiens

Die Anprobe bei der Schneiderin

Frau Martin: Ich finde, daß das Kleid hier etwas knapp ist, und die Länge paßt mir auch nicht recht.

Schneiderin: Ich werde an der Naht und am Saum etwas herauslassen. Paßt es Ihnen so?

Frau Martin: Ja, jetzt ist es sehr gut.

l'essayage *(m)* [eseˈjaːʒ]	Anprobe
la couturière [kutyˈrjɛːr]	Schneiderin
la robe [rɔb]	Kleid
la longueur [lɔ̃ˈgœːr]	Länge
juste *(adj.)* [ʒyst]	knapp
la couture [kuˈtyːr]	*hier:* Naht; *sonst:* Näherei
l'ourlet *(m)* [urˈlɛ]	Saum

──────── GRAMMATIK ────────

Possessivpronomen

mein Auto / mein Bett   meine Autos / meine Betten
dein Stuhl / deine Katze   deine Stühle / deine Katzen
sein (ihr) Haus / sein (ihr) Hund   seine (ihre) Häuser / seine (ihre) Hunde

unser Auto / unser Bett   unsere Autos / unsere Betten
euer Stuhl / eure Katze   eure Stühle / eure Katzen
ihr Haus / ihr Hund   ihre Häuser / ihre Hunde

Vor vokalisch anlautenden femininen Nomen im Singular steht „mon, ton, son" anstelle von „ma, ta, sa", ebenso vor stummem „h"; z. B. mon amie (meine Freundin).

«*Le temps a laissé son manteau
De vent, de froidure et de pluie,
Et s'est vêtu de broderie,
De soleil luisant, clair et beau.*»

Charles d'Orléans

Mieux vaut être prudent

M. et Mme Morin envisagent une excursion sur toute
la journée et ils ne veulent pas emporter tous les
objets de valeur.
M. Morin demande au
portier de l'hôtel s'ils peuvent les déposer dans un
coffre-fort. Le portier prie
M. Morin de le suivre à la
cave où il lui montre une
case disponible.

„Das Wetter hat seinen Mantel abgelegt / Den Wind, die Kälte und den Regen, / Und hat sich bekleidet mit Gesticktem, / Aus strahlender Sonne, hell und schön." — Auszug aus einem Frühlingsgedicht von Charles d'Orléans (1394 – 1465), französischer Dichter und Vater von Louis XII.

───────────── GRAMMATIK ─────────────

Reflexive Verben

Viele Verben, die im Französischen reflexiv gebraucht werden, sind im Deutschen nicht reflexiv. Es gibt aber auch den umgekehrten Fall:

se réveiller	– aufwachen	sich verändern	– changer
se lever	– aufstehen	sich fürchten	– craindre/
se baigner	– baden		avoir peur
se promener	– spazieren gehen		
s'endormir	– einschlafen		

Es ist besser, vorsichtig zu sein

Herr und Frau Morin planen einen ganztägigen Ausflug, und sie wollen ihre Wertgegenstände nicht alle mitnehmen. Herr Morin fragt den Hotelportier, ob sie diese in einem Safe deponieren können. Der Portier bittet Herrn Morin, ihm in den Keller zu folgen, wo er ihm ein freies Fach zeigt.

envisager [ãviza'ʒe]	planen/
	ins Auge fassen
l'objet *m* de valeur *f* [ɔb'ʒɛ də va'lœːr]	Wertgegenstand
le coffre-fort ['kɔfrə 'fɔːr]	Safe
la cave [kaːv]	Keller
la case [kɑːz]	Fach (Unterteilung)

Une soirée folklorique

La direction de l'hôtel a organisé une soirée «mélané-sienne». Les hôtes sont invités à venir en costume folklorique. Ces costumes consistent en petites jupes en raphia aux couleurs criardes typiques pour l'île, colliers de fleurs multicolores ainsi que maquillages aux couleurs tout aussi vives.

A l'agence de location de voiture

L'employé: *Vous désirez une petite cylindrée ou une forte cylindrée?*

M. Morin: *Je voudrais une voiture confortable facile à manier qui ne consomme pas trop.*

L'employé: *Je vous propose ce mo-dèle, une 4 portes, elle roule au «sans plomb».*

501

Ein Folkloreabend

Die Hotelleitung hat einen „melanesischen" Abend organisiert.
Die Gäste sind eingeladen, im Folklorekostüm zu kommen.
Diese Kostüme bestehen aus Basträckchen in für die Insel typischen grellen Farben, bunten Blumenketten sowie aus einer
mit ebenso leuchtenden Farben bemalten Maske.

consister en [kõsis'te ã]	bestehen aus
le raphia [ra'fja]	Bast
criard/e *adj.* [kri'a:r/d]	grell
le maquillage [maki'ja:ʒ]	*hier:* Maske (aufgemalt);
	sonst: Make-up
la couleur vive [ku'lœ:r vi:v]	leuchtende Farbe

502

Bei der Autovermietung

Angestellter: Möchten Sie ein Auto mit einem kleinen Motor
oder mit einem starken Motor?
Herr Morin: Ich möchte ein komfortables, leicht zu handha-
bendes Auto, das nicht zuviel verbraucht.
Angestellter: Ich schlage Ihnen diesen Typ vor, viertürig, er
verbraucht bleifreies Benzin.

la petite/forte cylindrée [p(ə)'tit/fɔrt si'lẽdre]	kleiner/starker Motor (auf den Hubraum bezogen)
facile à manier [fa'sil a ma'nje]	leicht zu handhaben

510

Bouchées gourmandes

250 g de fraises; 1/2 tablette de chocolat noir; 1/2 tablette de chocolat au lait; 1/2 tablette de chocolat blanc; sucre en poudre.

Laver rapidement les fraises sous l'eau froide, les égoutter. Faire fondre le chocolat noir au bain-marie, incorporer 1 cuillère à soupe de sucre en poudre, mélanger. Tremper 1/3 des fraises dans le chocolat chaud, égoutter et laisser sécher les fruits sur du papier paraffiné. Faire de même avec les chocolats au lait et blanc.

Régalez-vous!

—————————— EXERCICE ——————————

L'interrogation

Formez des questions avec les phrases suivantes:

1. Le professeur entre dans la classe.
2. Sylvie achète des bonbons.
3. La robe rouge est plus jolie.
4. Nous voulons un hôtel sur la plage.
5. J'écris à ma mère.
6. Cette voiture est celle de M. Lenoir.
7. Je rêve de vacances en Espagne.

503

Süße Häppchen

250 g Erdbeeren; 1/2 Tafel bittere Schokolade; 1/2 Tafel Vollmilchschokolade; 1/2 Tafel weiße Schokolade; Puderzucker.

Die Erdbeeren schnell unter kaltem Wasser waschen und abtropfen lassen. Die bittere Schokolade im Wasserbad zum Schmelzen bringen, 1 Eßlöffel Puderzucker hinzufügen, umrühren. 1/3 der Erdbeeren in die heiße Schokolade tauchen, abtropfen und auf Pergamentpapier trocknen lassen. Das gleiche mit der Vollmilch- und der weißen Schokolade wiederholen.

Lassen Sie es sich schmecken!

504

Die Frageform

Bilden Sie Fragen mit den folgenden Sätzen:

1. Der Lehrer kommt in die Klasse. — 2. Sylvie kauft Bonbons. — 3. Das rote Kleid ist hübscher. — 4. Wir wollen ein Hotel am Strand. — 5. Ich schreibe an meine Mutter. — 6. Dieses Auto gehört Herrn Lenoir. — 7. Ich träume von Ferien in Spanien.

Fragemöglichkeiten:
1. Qui entre dans la classe? (Wer kommt in die Klasse?)
2. Qu'est-ce que Sylvie achète? (Was kauft Sylvie?)
3. Quelle robe est plus jolie (Welches Kleid ist hübscher?)
4. Quel hôtel voulez-vous? (Was für ein Hotel möchten Sie?)
5. Cette voiture est celle de qui? (Wessen Auto ist das?)
6. De quoi tu rêves? (Wovon träumst du?)

DIE EXPERTENECKE

Ein Wortspiel:

«Où vas-tu? — Je vais faire une course. — Essaie de la gagner!»

<u>Vendredi 13</u>

Il est sept heures. Mme Lebrun se lève.
Elle va dans la salle de bains et se brosse
les dents – mais elle
a mis de la crème
de soins sur sa bros-
se! Puis elle va dans
la cuisine et fait
tomber une tasse.
Elle regarde alors
la date au calen-
drier: c'est vendredi 13.

<u>Les cartes de crédit</u>

En France on paye tout et partout avec ces cartes
plastiques, offrant encore bien d'autres avantages, par
exemple: retirer l'argent
liquide aux guichets
automatiques. Pourquoi
a-t-on besoin d'argent
liquide si ces cartes sont
acceptées partout? Pour
payer les chauffeurs de
taxi et les pourboires!

Freitag der 13.

Es ist sieben Uhr. Frau Lebrun steht auf. Sie geht ins Badezimmer und bürstet sich die Zähne – aber sie hat Hautkrem auf
die Zahnbürste getan! Dann geht sie in die Küche und läßt
eine Tasse fallen. Dann sieht sie das Datum auf dem Kalender:
Es ist Freitag der 13.

brosser les dents [brɔ'se le dã]	**Zähne putzen**
la brosse à dents [brɔs a dã]	**Zahnbürste**
le calendrier [kalãdri'e]	**Kalender**

Kreditkarten

In Frankreich bezahlt man alles und überall mit Kreditkarten,
die noch andere Vorteile bieten, z. B.: Mit ihnen Bargeld aus den
Geldautomaten abheben. Wozu benötigt man denn noch Bargeld, wenn die Kreditkarten überall akzeptiert werden? Um Ta-
xifahrer und Trinkgelder zu bezahlen!

l'argent liquide *m* [ar'ʒã li'kid]	**Bargeld**
le guichet automatique [gi'ʃɛ ɔtɔma'tik]	**Geldautomat**
le pourboire [pur'bwa:r]	**Trinkgeld**

*«Pierre qui roule,
n'amasse pas mousse.»*

Proverbe

<u>Crêpes</u>

Mettre vingt cuillères à soupe de farine avec un peu de sel dans un saladier. Faire un puits dans la farine et y casser deux œufs. Bien mélanger. Verser, petit à petit, un demi-litre de lait dans cette pâte, en remuant constamment. Ajouter une cuillère d'huile et laisser reposer la pâte pendant une heure. Faire alors fondre un peu de beurre dans une poêle. Quand il est chaud, verser une louche de pâte à crêpes dans la poêle; la remuer pour bien étaler la pâte. Faire dorer la crêpe d'un côté, puis de l'autre côté.

„Wer unbeständig ist, bringt es zu nichts." (Wörtl.: Ein Stein, der rollt, setzt kein Moos an.) – Französisches Sprichwort

--------- GRAMMATIK ---------

Das Passiv

Das Passiv wird gebildet mit: *être* + Partizip II *(participe passé)* Das Partizip wird dem Substantiv (Subjekt) nach Geschlecht und Zahl angeglichen.

Beispiel: *Les filles ont été accompagnées de leurs amis.* Die Mädchen wurden von ihren Freunden begleitet.

Man drückt das Passiv auch durch Gebrauch der reflexiven Verbform aus.

Beispiel: *Les marchandises se vendent bien.* Die Waren lassen sich gut verkaufen.

Crêpes

Zwanzig Suppenlöffel Mehl mit etwas Salz in eine Salatschüssel geben. Eine Mulde in das Mehl drücken, und zwei Eier hineingeben. Gut mischen. Nach und nach einen halben Liter Milch dazugießen, dabei ständig umrühren. Einen Löffel Öl hinzufügen, und den Teig eine Stunde stehenlassen. Dann etwas Butter in einer Pfanne zergehen lassen. Wenn sie heiß ist, eine Kelle Crêpes-Teig in die Pfanne gießen; schwenken, um den Teig gut zu verteilen. Crêpe von einer Seite, dann von der anderen Seite goldbraun werden lassen.

le puits [pɥi]	Vertiefung, Brunnen
la poêle [pwaːl]	Pfanne
la louche [luʃ]	Suppenkelle
dorer [dɔˈre]	vergolden

La récolte des fraises

L'oncle Paul a une grande plantation de fraises à
Saumur, au bord de la Loire. Chaque été Didier aide
son oncle et il demande à deux copains s'ils ont envie
d'aller avec lui cueillir des fraises. Les jeunes gens ont
beaucoup de plaisir
et le soir ils peu-
vent savourer l'ex-
cellent mousseux
de la région.

———— **EXERCICE** ————

Le passif

Mettez les phrases au passif:

1) Le guide a accompagné les touristes.
2) Les ouvriers réparent la rue.
3) L'architecte construira la maison.
4) Le professeur a examiné les étudiants.
5) Robert m'invite chaque année.

Erdbeerernte

Onkel Paul hat eine große Erdbeerplantage in Saumur an der Loire. Jeden Sommer hilft Didier seinem Onkel, und er fragt zwei Freunde, ob sie mit ihm zum Erdbeerpflücken kommen möchten. Die jungen Leute haben viel Spaß, und abends können sie den ausgezeichneten Schaumwein der Gegend genießen.

la récolte [re'kɔlt]	Ernte
la plantation [plɑ̃tɑ'sjɔ̃]	Plantage
la fraise [frɛːz]	Erdbeere
le copain [kɔ'pɛ̃]	Freund/Kumpel
avoir envie *f* [a'vwaːr ɑ̃'vi]	mögen/Lust haben
cueillir [kœ'jiːr]	pflücken
savourer [savu're]	genießen (Speisen)
le mousseux [mu'sø]	Schaumwein

Das Passiv

Setzen Sie die Sätze ins Passiv:

1) Les touristes ont été accompagnés du guide.
2) La rue est réparée par les ouvriers.
3) La maison sera construite par l'architecte.
4) Les étudiants ont été examinés par le professeur.
5) Je suis invité(e) chaque année par Robert.

1) Die Touristen wurden vom Fremdenführer begleitet.
2) Die Straße wird von den Arbeitern ausgebessert.
3) Das Haus wird von dem Architekten gebaut werden.
4) Die Studenten wurden von dem Professor geprüft.
5) Ich werde jedes Jahr von Robert eingeladen.

La fête nationale

Touriste:	*Pourquoi la poste est-elle fermée?*
Mme Lebrun:	*C'est le 14 juillet, notre fête nationale.*
Touriste:	*Et qu'est-ce qu'il s'est passé, ce jour-là?*
Mme Lebrun:	*Le 14 juillet 1789, le peuple a pris la Bastille. Cette prison était le symbole de l'absolutisme. C'est depuis 1880, que ce jour est déclaré fête nationale.*

*«L'amour
fait passer le temps,
le temps fait passer
l'amour.»*

Citation française
du XVIIIe siècle

Der Nationalfeiertag

Tourist:	Warum ist die Post geschlossen?
Frau Lebrun:	Heute ist der 14. Juli, unser Nationalfeiertag.
Tourist:	Und was ist an diesem Tag passiert?
Frau Lebrun:	Am 14. Juli hat das Volk die Bastille erstürmt. Dieses Gefängnis war das Symbol des Absolutismus. Seit 1880 ist dieser Tag zum Nationalfeiertag erklärt.

la fête nationale [fɛːt nasjɔ'nal]	Nationalfeiertag
le symbole [sɛ̃'bɔl]	Symbol
déclarer [dekla're]	erklären

„Die Liebe vertreibt die Zeit, die Zeit vertreibt die Liebe." — Französisches Sprichwort aus dem 18. Jahrhundert

─────────── GRAMMATIK ───────────

Die Fragepronomen

	Personen	Sachen
Nominativ	qui qui est-ce qui (wer?)	que/quoi qu'est-ce qui (was?)
Akkusativ	qui qui est-ce que (wen?)	que qu'est-ce que (was?)

Une visite au casino

M. Morin: *Odile, laisse-nous participer à la séance d'initiation à la roulette française, qui est organisée ce soir au casino.*

Mme Morin: *Comment, tu vas prendre goût aux jeux de hasard?*

M. Morin: *Je veux tenter de gagner «nos vacances» en Polynésie.*

Un climat tropical

Mme Morin: *Paul, voudrais-tu aller chercher des glaçons pour rafraîchir les boissons?*

M. Morin pose le bac avec les glaçons sur la table de la terrasse. Après quelques minutes, il n'y a que de l'eau dans le bac. Ce n'est pas étonnant, le thermomètre indique 40° aujourd'hui!

513

Ein Besuch im Kasino

Herr Morin: Odile, laß uns an der Einführung in das französische Roulettespiel teilnehmen, das heute abend im Casino stattfindet.
Frau Morin: Wie, du findest Geschmack am Glücksspiel?
Herr Morin: Ich will versuchen „unsere Ferien" in Polynesien zu gewinnen.

l'initiation f [inisja'sjɔ̃]	Einführung (in eine Materie)
prendre goût à qc ['prɑ̃:drə gu a]	Geschmack finden
le jeu de hasard [ʒø də a'za:r]	Glücksspiel
tenter [tɑ̃'te]	versuchen/wagen
gagner [ga'ɲe]	(Spiel) gewinnen/ (Geld) verdienen

514

Tropisches Klima

Frau Morin: Paul, würdest du Eiswürfel holen, um die Getränke zu kühlen?
Herr Morin stellt den Kübel mit den Eiswürfeln auf den Terrassentisch. Nach einigen Minuten ist nur noch Wasser im Kübel. Das ist nicht verwunderlich, denn das Thermometer zeigt heute 40° an!

le climat [kli'ma]	Klima
le glaçon [gla'sɔ̃]	Eiswürfel
rafraîchir [rafrɛ'ʃi:r]	kühlen/abkühlen
le bac [bak]	Kübel
le thermomètre [tɛrmɔ'mɛ:trə]	Thermometer
indiquer [ɛ̃di'ke]	anzeigen

Le paquebot arrive dans le port

D'abord le paquebot était resté dans la rade jusqu'à ce que deux remorqueurs viennent le tirer vers les embarcadères.

Il se range le long du quai et le personnel du navire l'amarre. Les passagers débarquent et doivent passer la douane.

*«Tout vient à point
à qui sait attendre.»*

Proverbe français

Der Passagierdampfer kommt in den Hafen

Zunächst hatte der Passagierdampfer am Ankerplatz gelegen, bis zwei Schlepper ihn zu der Anlegestelle gezogen haben. Er rangiert am Kai entlang und wird vom Schiffspersonal vertäut. Die Passagiere gehen von Bord und müssen durch den Zoll.

le paquebot [pak'bo]	Passagierdampfer
le port [pɔːr]	Hafen
la rade [rad]	Ankerplatz/Reede
le remorqueur [rəmɔr'kœːr]	Schlepper
l'embarcadère *m* [ãbarka 'dɛːr]	Anlegestelle
amarrer [ama're]	vertäuen/verankern
débarquer [debar'ke]	aussteigen/ von Bord gehen
le navire/le bateau [na'viːr][ba'to]	Schiff

„Alles kommt recht für denjenigen, der warten kann." – Französisches Sprichwort

--- GRAMMATIK ---

Die Uhrzeit

Quelle heure est-il?	Wie spät ist es?
Il est neuf heures.	Es ist neun Uhr.
Il est onze heures dix.	Es ist zehn nach elf.
Il est midi et quart.	Es ist Viertel nach zwölf.
Il est une heure vingt-cinq.	Es ist fünf vor halb zwei.
Il est trois heures et demie.	Es ist halb vier.
Il est cinq heures moins vingt.	Es ist zwanzig vor fünf.
Il est six heures moins le quart.	Es ist Viertel vor sechs.
Il est minuit.	Es ist Mitternacht.

L'article partitif

Complétez avec du, de la, de l', des:

1. Passe-moi _____ pain.

2. Tu veux _____ eau?

3. Non, je préfère _____ bière.

4. Sylvie achète _____ café, _____
   tomates, _____ tarte et _____ fromage.

5. Prête-moi _____ argent.

6. Tu as _____ travail?

Des abréviations importantes en France

A. C. F.	Automobile Club de France
Appt.	Appartement
le chq.	le chèque
R. F.	La République Francaise
le bd, boul.	le boulevard
F. F. A. J.	Fédération Française des Auberges Jeunesse
S. N. C. F.	Société Nationale des Chemins de Fer Français
T. T. C.	Toutes Taxes Comprises

Der Teilungsartikel

Ergänzen Sie mit du, de la, de l', des:

1. Passe-moi **du** pain (gib mir Brot herüber).
2. Tu veux **de l'**eau (willst du Wasser)?
3. Non, je préfère **de la** bière (nein, ich möchte lieber Bier).
4. Sylvie achète **du** café, **des** tomates, **de la** tarte et **du** fromage (Sylvie kauft Kaffee, Tomaten, Obstkuchen und Käse).
5. Prête-moi **de l'**argent (leih mir Geld).
6. Tu as **du** travail (hast du Arbeit)?

DIE EXPERTENECKE

Un chat

Appeler un chat un chat bedeutet nicht, die Katze rufen, sondern: das Kind beim rechten Namen nennen!

Wichtige Abkürzungen in Frankreich

Französischer Automobilclub
Wohnung
Scheck
Französische Republik (Frankreich)
Boulevard (breite Verkehrsstraße)
Verband französischer Jugendherbergen
Französische Eisenbahngesellschaft
Alle Steuern inbegriffen (Preis)

le boulevard [bul'vaːr]	Boulevard
la fédération [federɑ'sjɔ̃]	Bund, Verband
la république [repy'blik]	Republik
la société [sɔsje'te]	Gesellschaft
le chemin [ʃmɛ̃]	Weg
le fer [feːr]	Eisen
les taxes (f.) [taks]	Steuern, Gebühren

519

Un hôtel de rêve

Les Lenoir se sont installés à l'hôtel. Ils ont deux belles chambres avec vue sur la mer et les palmiers.

Les enfants sont ravis parce qu'il y a beaucoup d'activités de loisirs: des cours de plongée, des planches à voile et un court de tennis. Les parents préfèrent paresser sur leurs transats au bord de la piscine.

520

Une rencontre au restaurant

Marc: *Bonjour, est-ce que nous pouvons nous joindre à vous? Toutes les autres tables sont occupées.*

Jeune fille: *Bien sûr, asseyez-vous. Je m'appelle Ute Baum et j'habite à Hambourg.*

Sylvie: *Enchantée de faire votre connaissance! Votre dîner a l'air bien appétissant…*

Ute: *Il faut goûter ça: poisson cru à la tahitienne.*

Ein Traumhotel

Die Lenoirs haben sich im Hotel einquartiert. Sie haben zwei schöne Zimmer mit Aussicht auf Meer und Palmen. Die Kinder sind begeistert, weil viele Freizeitaktivitäten angeboten werden: Tauchkurse, Surfbretter und ein Tennisplatz. Die Eltern faulenzen lieber auf ihren Liegestühlen am Schwimmbecken.

s'installer [sɛ̃staˈle]	sich einrichten
la vue [vy]	Aussicht, Sicht
le palmier [palˈmje]	Palme
une activité [aktiviˈte]	Beschäftigung
les loisirs [lwaˈziːr]	Freizeit
la plongée [plɔˈʒe]	Tauchen
la planche à voile [plɑ̃ːʃ a vwal]	Surfbrett
paresser [pareˈse]	faulenzen
le transat [trɑ̃ˈzat]	Liegestuhl

Begegnung im Restaurant

Marc:	Guten Tag, können wir uns zu Ihnen gesellen? Alle anderen Tische sind besetzt.
Junges Mädchen:	Natürlich, setzen Sie sich. Ich heiße Ute Baum und wohne in Hamburg.
Sylvie:	Sehr erfreut, Sie kennenzulernen! Ihr Essen sieht sehr lecker aus…
Ute:	Das müssen Sie probieren: roher Fisch „Tahiti".

la rencontre [rɑ̃ˈkɔ̃ːtrə]	Begegnung
se joindre à [sə ˈʒwɛ̃drə a]	sich zu j-m gesellen
s'asseoir [saˈswaːr]	sich setzen
s'appeler [saˈple]	heißen
habiter [abiˈte]	wohnen
enchanté/e [ɑ̃ʃɑ̃ˈte]	sehr erfreut
goûter [guˈte]	probieren, kosten

A la plage

Sylvie: *Le sable est si chaud qu'il me brûle les pieds!*
Marc: *Viens te baigner; il*
n'y a pas trop de
vagues et je ne vois
aucun requin…
Sylvie: *Requin? Tu te*
moques de moi!
Où est ton masque
de plongée?
Je veux voir ça!

«Honni soit qui mal y pense.»

Devise de l'ordre anglais
de la Jarretière

Am Strand

Sylvie: Der Sand ist so heiß, daß er mir die Füße verbrennt!
Marc: Komm baden; es sind nicht zuviel Wellen, und ich
sehe auch keinen Hai ...
Sylvie: Hai? Du machst dich über mich lustig! Wo ist deine
Tauchermaske? Das möchte ich mal sehen!

la plage [plaːʒ]	Strand
se baigner [sə bɛ'ɲe]	baden
la vague [vag]	Welle
aucun/e [o'kœ̃]	keiner, keine
le requin [rə'kɛ̃]	Hai
se moquer de [sə mɔ'ke]	sich lustig machen über

„Ein Schelm, wer Arges dabei denkt." — Devise des englischen
Hosenbandordens

———————————— GRAMMATIK ————————————

Die Position der Pronomen im Satz

Wenn das Akkusativ-Objekt und das Dativ-Objekt im Satz
durch ein Pronomen ersetzt werden, dann kommt das Dativ-
Objekt vor das Akkusativ-Objekt, außer in der dritten Person
Singular und Plural.

Dat.-Obj.		Akk.-Obj.		Dat.-Obj.
me				
te		le		lui
	vor	la	vor	
nous				leur
vous		les		

Un voyage en autocar

Céline: *Il est bien aménagé cet autocar, il y a les toilettes, un bar, l'air conditionné et même les sièges couchettes.*

Nadine: *Regarde, il y a même la télévision! On pourrait voyager jusqu'au pôle nord sans s'ennuyer.*

EXERCICE

La négation

Exemple: Est-ce que c'est une voiture?
         Non, ce n'est pas une voiture.

Est-ce que c'est un professeur?
Est-ce que c'est une grande maison?
Est-ce que ce sont les valises que tu cherches?
Est-ce que se sont les Français?

Eine Reise im Überlandbus

Céline: Dieser Bus ist gut ausgestattet, er hat eine Toilette, eine Bar, eine Klimaanlage und sogar Liegesitze.

Nadine: Sieh mal, es gibt sogar einen Fernseher! Man könnte bis zum Nordpol reisen, ohne sich zu langweilen.

l'autocar *(m)* [otɔˈkaːr]	Überlandbus
l'air conditionné *(m)* [ɛːr kɔ̃disjɔ̃ˈne]	Klimaanlage
le siège couchette [sjɛːʒ kuˈʃɛt]	Liegesitz
s'ennuyer [sɑ̃nɥiˈje]	sich langweilen

Die Verneinung

Beispiel: Ist das ein Auto?
Nein, das ist kein Auto.

Non, ce n'est pas un professeur.
Non, ce n'est pas une grande maison.
Non, ce ne sont pas les valises que tu cherches.
Non, ce ne sont pas les Français.

Nein, das ist kein Lehrer.
Nein, das ist kein großes Haus.
Nein, das sind nicht die Koffer, die du suchst.
Nein, das sind nicht die Franzosen.

*Beachte: J'ai **un** chien: Je n'ai **pas de** chien (Ich habe einen / keinen Hund). Außer bei Konstruktionen mit „c'est un" wird **un** in der Verneinung zu **pas de**.*

L'île au trésor

Les Lenoir font une excursion pour découvrir la
Guadeloupe. Ils traversent des forêts à la végétation
luxuriante, où Sylvie
aperçoit même une
orchidée. Le paysage
est dominé par la forme
impressionnante d'un
grand volcan. Marc
imagine qu'un trésor
de pirates est caché à
ses pieds.

*«La tolérance est la charité
de l'intelligence.»*

Jules Lemaître

Die Schatzinsel

Die Lenoirs machen einen Ausflug, um Guadeloupe zu entdecken. Sie durchqueren Wälder mit einer üppig wuchernden Vegetation, wo Sylvie sogar eine Orchidee entdeckt. Die Landschaft wird von der beeindruckenden Form eines großen Vulkans beherrscht. Marc stellt sich vor, daß ein Piratenschatz zu seinen Füßen versteckt ist.

le trésor [tre'zɔːr]	Schatz
traverser [traver'se]	durchqueren
la forêt [fɔ'rɛ]	Wald
luxuriant/e [lyksy'rjã]	üppig, wuchernd
le paysage [pei'zaːʒ]	Landschaft
impressionnant [ɛ̃prɛsjɔ̃'nã]	beeindruckend
dominer [dɔmi'ne]	beherrschen
cacher [ka'ʃe]	verstecken

„Die Toleranz ist die Barmherzigkeit der Intelligenz." — Jules Lemaître (1853 – 1914), französischer Schriftsteller

---

GRAMMATIK

Das Futur der regelmäßigen Verben

Man bildet das Futur der regelmäßigen Verben, indem man an den Infinitiv die Endungen ai
as
a
ons
ez
ont anfügt.

Bei den Verben, die auf re enden, streicht man das e weg und fügt dann diese Endungen an.

Beispiele:
regarder	– je regarderai	– betrachten	– ich werde betrachten
finir	– tu finiras	– beenden	– du wirst beenden
prendre	– il prendra	– nehmen	– er wird nehmen

Visite du parc naturel

Mme Lenoir:	*Ces cascades sont incroyablement belles! J'espère que mes photos seront aussi réussies.*
Sylvie:	*Je viens d'apercevoir un perroquet!*
Marc:	*Le guide de voyage dit que beaucoup d'animaux menacés d'extinction vivent dans cette réserve naturelle.*

L'argot

Tu en as de bonnes!
On les a bien eus!
avoir de la veine
Ça alors!
boire un coup
la bête noire
J'ai fait une touche avec qn.
se faire rouler

Besuch im Naturschutzpark

Frau
Lenoir: Diese Wasserfälle sind unglaublich schön! Ich hoffe,
          daß meine Fotos auch so gelungen sein werden.
Sylvie: Ich habe gerade einen Papagei gesehen!
Marc: Im Reiseführer steht, daß viele vom Aussterben
          bedrohte Tiere in diesem Naturschutzpark leben.

le parc naturel [park naty'rɛl]	Naturschutzpark
la cascade [kas'kad]	Wasserfall
réussi/e [rey'si]	gelungen
le perroquet [pɛrɔ'kɛ]	Papagei
un animal [ani'mal]	Tier
menacer [mɛna'se]	bedrohen
une extinction [ɛkstɛ̃k'sjɔ̃]	Aussterben

Der Argot

Tu en as de bonnes!	Du hast gut reden!
On les a bien eus!	Denen haben wir es ganz schön gezeigt!
avoir de la veine	Schwein haben
(la veine)	(Ader)
Ça alors!	Na so was!
boire un coup	einen trinken
(le coup)	(Schlag, Hieb)
la bête noire	Schreckgespenst
J'ai fait une touche avec qn.	jemand fährt auf mich ab
(toucher)	(berühren)
se faire rouler	reingelegt werden

Les grands adieux

Les enfants disent adieu à leur amie Ute, tandis que M. et Mme Lenoir font leur dernière promenade sous les cocotiers. Les valises sont faites. Maintenant il est temps de monter dans le bus-navette qui les amène à l'aéroport. Comme ils se sentent tous un peu nostalgiques, ils ne sont pas très bavards.

Les formalités de douane

Douanier: *Vous êtes sûr que vous n'avez rien à déclarer?*
M. Lenoir: *Non, sauf cette bouteille de rhum…*
Douanier: *Mademoiselle, ouvrez votre sac!*
Sylvie: *Mais c'est ma collection de coquillages!*
Douanier: *Certaines espèces sont protégées… Bon, c'est en ordre.*

Der große Abschied

Die Kinder nehmen von ihrer Freundin Ute Abschied, während Herr und Frau Lenoir einen letzten Spaziergang unter den Kokospalmen machen. Die Koffer sind gepackt. Nun ist es Zeit, in den Pendelbus zu steigen, der sie zum Flughafen bringt. Da sie sich alle etwas wehmütig fühlen, sind sie nicht sehr geschwätzig.

dire adieu [diːr aˈdjø]	Abschied nehmen
tandis que [tɑ̃ˈdi(s) k(ə)]	während
monter [mɔ̃ˈte]	steigen, hinaufgehen
navette [naˈvɛt]	Pendel-
se sentir [sə sɑ̃ˈtiːr]	sich fühlen
bavard/e [baˈvaːr]	geschwätzig

Die Zollabfertigung

Zollbeamter: Sind Sie sicher, daß Sie nichts zu verzollen haben?
Herr Lenoir: Nein, abgesehen von dieser Rumflasche...
Zollbeamter: Fräulein, öffnen Sie Ihre Tasche!
Sylvie: Aber das ist meine Muschelsammlung!
Zollbeamter: Einige Arten sind geschützt... Gut, das ist in Ordnung.

la formalité [fɔrmaliˈte]	Formvorschrift
la douane [dwan]	Zoll
déclarer [deklaˈre]	angeben, verzollen
sauf [soːf]	außer, abgesehen von
la collection [kɔlɛkˈsjɔ̃]	Sammlung
le coquillage [kɔkiˈjaːʒ]	Muschel
protéger [prɔteˈʒe]	schützen

Jeu

A Paris il est interdit de:

1) prendre des photos dans le métro
2) se baigner dans un bassin public
3) écrire sur les murs
4) déjeuner sur un banc dans la rue
5) se promener en pyjama
6) photographier les promeneurs.

Marquez les bonnes réponses.

——————— EXERCICE ———————

L'article

Mettez l'article qui convient:

1. Luc achète _____ plan de Deauville.
2. As-tu _____ mouchoir?
3. La secrétaire a réservé _____ chambre.
4. Jean me _____ lettre dans _____ enveloppe, puis il y met _____ timbre.
5. _____ clé de _____ voiture est dans _____ sac.
6. _____ glace est tombée par terre, elle est cassée.

Spiel

In Paris ist es verboten:

1) in der Métro Fotos zu machen*
2) in einem öffentlichen Wasserbecken zu baden
3) auf eine Mauer zu schreiben*
4) auf einer Bank auf der Straße zu essen
5) im Schlafanzug spazierenzugehen
6) Spaziergänger zu fotographieren.*

Ergänzen Sie mit dem passenden Artikel:

1. Luc achète **un** plan de Deauville.
2. As-tu **un** mouchoir?
3. La secrétaire a réservé **une** chambre.
4. Jean met **la** lettre dans l'enveloppe, puis il y met **un** timbre.
5. **La** clé de **la** voiture est dans **le** sac.
6. **La** glace est tombée par terre, elle est cassée.

1. Luc kauft einen Plan von Deauville.
2. Hast du ein Taschentuch?
3. Die Sekretärin hat ein Zimmer reserviert.
4. Jean steckt den Brief in den Umschlag, dann klebt er eine Briefmarke darauf.
5. Der Autoschlüssel ist in der Tasche.
6. Der Spiegel ist hingefallen, er ist zerbrochen.

DIE EXPERTENECKE

Connaissez-vous l'origine du nom «nicotine»? Das Wort kommt von Jean Nicot, französischer Diplomat (1530 – 1600). Er führte 1560 den ersten Tabak von Portugal nach Frankreich ein.

Retour au quotidien

Secrétaire: *Que vous avez bonne mine, Monsieur!*
M. Lenoir: *Oui, ces vacances ont été très reposantes…*
Collègue: *Quel veinard!*
mais je dois vous
signaler que les
problèmes se
sont accumulés
pendant votre
absence.
Certains clients
sont en retard
de paiement!

Chez le libraire

Nicolas: *Je voudrais un guide du Périgord.*
Libraire: *Nous avons les guides Michelin qui sont très*
détaillés, vous y
trouvez égale-
ment des in-
formations
concernant
les «bonnes
tables».
Nicolas: *C'est exacte-*
ment ce que je
cherche, je le
prends.

Zurück zum Alltag

Sekretärin:	Sie sehen aber gut aus, Herr Lenoir!
Herr Lenoir:	Ja, dieser Urlaub war sehr erholsam ...
Kollege:	Glückspilz! Aber ich muß Sie darauf aufmerksam machen, daß sich die Probleme während Ihrer Abwesenheit angehäuft haben. Einige Kunden sind in Zahlungsverzug.

le quotidien [kɔti'djɛ̃]	Alltag
reposant/e [rəpo'zɑ̃]	erholsam
le veinard [vɛ'naːr]	Glückspilz
accumuler [akymy'le]	anhäufen
une absence [ap'sɑ̃ːs]	Abwesenheit
le client [kli'ɑ̃]	Kunde

Beim Buchhändler

Nicolas:	Ich möchte einen Reiseführer vom Périgord.
Buchhändler:	Wir haben die „Guides Michelin", die sehr ausführlich sind. Sie finden darin auch Informationen bezüglich der „guten Küche" (wörtl.: guten Tische).
Nicolas:	Das ist genau das, was ich suche, ich nehme ihn.

Périgord ist eine fruchtbare Gegend im Südosten von Frankreich. Man schätzt die Spezialitäten der Region (Gänseleber, Trüffel, Käse). Périgueux und Bergerac sind sehenswerte Städte.

le libraire [li'brɛːr]	Buchhändler
le guide [gid]	Reiseführer
détaillé *adj.* [deta'je]	ausführlich

EXERCICE

Traduction

Attention à l'orthographe différente! Traduisez:

Girlande	Rhythmus
Zigarre	Person
Gitarre	Alkohol
Komfort	Karaffe
Mumie	Kabarett

536

Une soirée «barbecue» chez Jean

Nicolas: *Voilà le charbon de bois, je vais le mettre sur le barbecue et l'allumer pour que nous ayons vite une bonne braise.*

Jean: *J'ai acheté des merguez, des chipolatas et des brochettes avec diverses garnitures.*

Übersetzung

Achtung, unterschiedliche Rechtschreibung! Übersetzen Sie:

la guirlande	le rythme
le cigare	la personne
la guitare	l'alcool (m)
le confort	la carafe
la momie	le cabaret

DIE EXPERTENECKE

Taper quelqu'un bedeutet nicht, wie man meinen könnte, *jemanden schlagen,* sondern *sich von jemandem Geld leihen.*
Etre fauché, ne pas avoir le rond, être à court sind Ausdrücke, die bedeuten, daß man knapp bei Kasse ist.

536

Ein Grillabend bei Jean

Nicolas: Hier ist die Holzkohle, ich werde sie auf den Grill legen und anzünden, damit wir rasch eine gute Glut haben.

Jean: Ich habe Merguez, Chipolatas und Spieße mit verschiedenen Zutaten gekauft.

le barbecue [barbə'kju]	Grill
le charbon de bois [ʃar'bɔ̃ də bwa]	Holzkohle
allumer [aly'me]	anzünden
la braise [brɛːz]	Glut
la chipolata [ʃipɔla'ta]	*Würstchenspezialität aus Schweinefleisch im Schafsdarm*
la merguez [mɛr'ge]	*algerische Wurstspezialität mit scharfem Paprika gewürzt*
la brochette [brɔ'ʃɛt]	Spieß (mit Fleisch/Fisch)

La viande

la grillade
le porc
l'agneau
le veau
l'escalope de veau
la saucisse
la volaille

Les départements d'outre-mer

La France a pu conserver certaines de ses anciennes colonies, devenues en 1946 les départements d'outre-mer. Politiquement et économiquement, ils dépendent du gouvernement de Paris; la langue officielle y est le français, mais on y parle aussi des dialectes locaux tels que le créole. Les principaux D.O.M. sont la Martinique, la Guadeloupe, la Guyane française et La Réunion.

Connaissez-vous la ville capitale de la Guadeloupe?

537

Fleisch

la grillade [gri'jad]	**Rostbraten**
le porc [pɔːr]	**Schwein**
l'agneau (m.) [ɑ'ɲo]	**Lamm**
le veau [vo]	**Kalb**
l'escalope de veau (f.) [ɛska'lɔp də vo]	**Kalbsschnitzel**
la saucisse [so'sis]	**Bratwurst**
la volaille [vɔ'lɑːj]	**Geflügel**

538

Die Überseedepartements

Frankreich hat einige seiner alten Kolonien behalten können; sie wurden 1946 die „Départements d'outre-mer". Politisch und wirtschaftlich sind sie von der Pariser Regierung abhängig; die offizielle Sprache ist Französisch, aber man spricht dort auch örtliche Dialekte wie das Kreolische. Die wichtigsten Überseedepartements sind Martinique, Guadeloupe, Französisch-Guayana und La Réunion. Kennen Sie die Hauptstadt von Guadeloupe?

Pointe-à-Pitre

Die Stadt hat 26 255 Einwohner, ist ein Handels- und Industriezentrum und verfügt über den größten Hafen der Insel.

Les copains

Marc, Luc, Michel, Sylvie et Monique dînent ensemble.

Luc: *Ouf! je n'ai plus faim; Sylvie, passe-moi le vin... à votre santé!*

Monique: *Attendez! J'apporte le dessert. Marc, tu peux nous servir un pousse-café.*

Marc: *D'accord... Vous voulez du Cointreau ou du Grand-Marnier?*

*«Les honneurs offrent trois avantages:
l'occasion de bien faire,
l'accès auprès des grands,
et l'accroissement de la fortune.»*

Francis Bacon

Freunde

Marc, Luc, Michel, Sylvie und Monique essen zusammen.

Luc: Uff! Ich habe keinen Hunger mehr; Sylvie, gib mir den Wein ... auf Euer Wohl!

Monique: Wartet! Ich bringe den Nachtisch. Marc, du kannst uns einen Schnaps servieren.

Marc: Einverstanden ... Wollt ihr Cointreau oder Grand-Marnier?

dîner [di'ne]	zu Abend essen
ensemble [ɑ̃'sɑ̃:blə]	zusammen
la faim [fɛ̃]	Hunger
la santé [sɑ̃'te]	Gesundheit
«Santé!»	„Zum Wohl!"
le pousse-café [puska'fe]	Schnaps (nach dem Kaffee)
d'accord [da'kɔ:r]	einverstanden

„Die Ehre bietet drei Vorteile: Die Gelegenheit, Gutes zu tun, Zugang zu den Größten und das Vermehren des Vermögens."
— Francis Bacon (1561 – 1626), englischer Philosoph, Kanzler von England unter Jakob I. (1566 – 1625)

Rechtschreibung

Besonderheiten in der Rechtschreibung einiger Verben:

peser – wiegen

présent	**imparfait**	**futur**
je pèse	je pesais	je pèserai
tu pèses	tu pesais	tu pèseras
il pèse	il pesait	il pèsera
nous pesons	nous pesions	nous pèserons
vous pesez	vous pesiez	vous pèserez
ils pèsent	ils pesaient	ils pèseront

Die stammbetonten Formen werden mit è geschrieben, die endungsbetonten mit e.

Nach dem gleichen Muster werden konjugiert:
lever — (auf-) heben; geler — frieren; emmener — mitnehmen; acheter — kaufen; semer — säen; peler — schälen; amener — herbringen; modeler — modellieren; u a.

Un petit déjeuner français

Le jour de l'an la famille Lebrun
prend son temps au petit déjeuner.
M. Lebrun met la table, les enfants font le café. Mme Lebrun
apporte une baguette, le beurre
et la confiture. Il y a aussi
des brioches, des pains au
chocolat et du café au lait.
On le boit dans un bol, une
tasse typiquement française.

――――――――― GRAMMAIRE ―――――――――

Etre

Présent	Imparfait
Je suis malade.	J'étais malade.
Tu es très grand.	Tu étais très grand.
Il est mon ami.	Il était mon ami.
Nous sommes heureux.	Nous étions heureux.
Vous êtes gentils.	Vous étiez gentils.
Ils sont amis avec Jean.	Ils étaient amis avec Jean.

541

Ein französisches Frühstück

Am ersten Tag des neuen Jahres läßt sich die Familie Lebrun
Zeit beim Frühstück. Herr Lebrun deckt den Tisch, die Kinder
kochen den Kaffee. Frau Lebrun trägt ein Baguette, Butter und
Konfitüre herein. Es gibt auch Brioches, Schokoladenbrötchen
und Milchkaffee. Man trinkt ihn aus einer Schale, einer typisch
französischen Kaffeetasse.

prendre son temps ['prɑ̃:drə sɔ̃ tɑ̃]	sich Zeit lassen
mettre la table ['mɛtrə la 'tablə]	den Tisch decken
la baguette [ba'gɛt]	Stangenweißbrot
la brioche [bri'ɔʃ]	Hefegebäck, das in einer gerippten Form gebacken wird und oben eine Kugel trägt
le bol [bɔl]	(Trink-)Schale

542

GRAMMATIK

Sein

Präsens	Imperfekt
Ich bin krank.	Ich war krank.
Du bist sehr groß.	Du warst sehr groß.
Er ist mein Freund.	Er war mein Freund.
Wir sind glücklich.	Wir waren glücklich.
Ihr seid freundlich.	Ihr wart freundlich.
Sie sind Freunde von Jean.	Sie waren Freunde von Jean.

Un voyage d'affaires en Arabie Saoudite

Monsieur Lebrun doit faire un voyage d'affaires en Arabie Saoudite pour y conclure un contrat avec le propriétaire d'une entreprise arabe. Il y a beaucoup de discussions avant que le contrat soit signé. Mais M. Lebrun espère que l'affaire se soldera par une réussite.

L'industrie pétrolière

M. Lebrun est arrivé en Egypte. Son hôtel est situé au Caire. Après avoir changé de vêtements, il prend le taxi pour visiter un complexe pétrolier. En arrivant, il voit un grand oléoduc. Ici, on produit de l'essence, du carburant, du fuel et de l'asphalte.

Eine Geschäftsreise nach Saudi-Arabien

Herr Lebrun muß eine Geschäftsreise nach Saudi-Arabien machen, um dort einen Vertrag mit dem Besitzer eines arabischen Unternehmens abzuschließen. Es finden viele Diskussionen statt, bevor der Vertrag unterzeichnet ist. Aber Herr Lebrun hofft, daß dieses Geschäft erfolgreich abgeschlossen wird.

l'émirat (m.) [emi'ra]	Emirat
conclure [kɔ̃'kly:r]	abschließen
le propriétaire [prɔprie'tɛ:r]	Besitzer
l'entreprise (f.) [ɑ̃trə'pri:z]	Unternehmen
avant que [a'vɑ̃ kə]	bevor
la réussite [rey'sit]	Erfolg
se solder par [sə sɔl'de pa:r]	(Geschäft) abschließen
l'affaire (f.) [a'fɛ:r]	Geschäft, Sache

Eine Ölraffinerie

Herr Lebrun ist in Ägypten angekommen. Sein Hotel befindet sich in Kairo. Nachdem er sich umgezogen hat, nimmt er sich ein Taxi, um eine Ölraffinerie zu besichtigen. Als er ankommt, sieht er eine große Pipeline. Hier produziert man Benzin, Treibstoff, Heizöl und Asphalt.

pétrolier [petrɔl'je]	Öl
le vêtement [vɛt'mɑ̃]	Kleidung
l'oléoduc (m.) [ɔleɔ'dyk]	Pipeline
l'essence (f.) [e'sɑ̃:s]	Benzin
le carburant [karby'rɑ̃]	Treibstoff
le fuel / fioule [fjul]	Heizöl
l'huile lourde (f.) [ɥil lu:rd]	Rohöl

A la plage

Monsieur Lebrun passe à l'hôtel pour prendre son maillot de bain et sa serviette. Puis il se dirige vers la plage. Quel joli endroit, pense-t-il, mais il y a tellement de monde qu'il ne veut pas rester sur la plage. Il va se baigner mais l'eau est sale.

A la plage

nager	le coup de soleil
la mer	le bonnet de bain
le maillot de bain	les lunettes de soleil
le sable	le baigneur

Am Strand

Herr Lebrun geht am Hotel vorbei, um sich seine Badehose
und sein Handtuch zu holen. Dann geht er in Richtung Strand.
Was für ein schöner Ort, denkt er sich, aber hier sind so viele
Leute, daß er nicht auf dem Strand bleiben will. Er geht
schwimmen, aber das Wasser ist schmutzig.

la plage [plaːʒ]	Strand
se baigner [sə bɛ̃'ɲe]	schwimmen
le maillot de bain [ma'jo də bɛ̃]	Badehose
l'endroit (m.) (m.) [ɑ̃'drwa]	Ort, Platz
se diriger vers [sə diri'ʒe vɛr]	in Richtung . . . gehen
la serviette [sɛr'vjɛt]	Handtuch

Am Strand

nager [na'ʒe]	schwimmen
la mer [mɛːr]	Meer
le maillot de bain [ma'jo də bɛ̃]	Badeanzug
le sable ['saːblə]	Sand
le coup de soleil [ku də sɔ'lɛj]	Sonnenbrand
le bonnet de bain [bɔ'nɛ də bɛ̃]	Badekappe
les lunettes de soleil [ly'nɛt də sɔ'lɛj]	Sonnenbrille
le baigneur [bɛ'ɲœːr]	Schwimmer

GRAMMAIRE

Le contraire

finir	commencer
beau	laid
le jour	la nuit
difficile	facile
le commencement	la fin
la lourdeur	la légèreté
refuser	accorder

548

Dessert: mousse au citron

Ingrédients: *3 œufs, 2 citrons, 3 cuillères à soupe de sucre, un peu d'eau.*

Séparer les blancs d'œuf des jaunes. Mettre ceux-ci dans une casserole avec le jus de citron, le sucre et environ 2 cuillères à soupe d'eau. Faire cuire doucement en remuant le mélange, jusqu'à ce qu'il se forme une mousse épaisse. Retirer du feu; monter les blancs d'œuf en neige, puis les incorporer délicatement au mélange. Verser la mousse dans des coupes et mettre au frais.

Bon appétit!

GRAMMATIK

Das Gegenteil

finir	(beenden)	commencer	(anfangen)
beau	(schön)	laid	(häßlich)
le jour	(Tag)	la nuit	(Nacht)
difficile	(schwierig)	facile	(leicht)
le commence-ment	(Anfang)	la fin	(Ende)
la lourdeur	(Schwere)	la légèreté	(Leichtigkeit)
refuser	(verweigern)	accorder	(bewilligen, gewähren)

Nachtisch: Zitronenschaum

Zutaten: *3 Eier, 2 Zitronen, 3 Suppenlöffel Zucker, etwas Wasser.*

Das Eiweiß vom Eigelb trennen. Das Eigelb in einem Kochtopf mit dem Zitronensaft, dem Zucker und etwa 2 Suppenlöffeln Wasser vermischen. Sanft kochen lassen, und die Mischung ständig umrühren, bis ein fester Schaum entsteht. Vom Feuer nehmen; das Eiweiß zu Schaum schlagen, dann vorsichtig der Mischung hinzufügen. Den Schaum in Schalen gießen und kaltstellen.

Guten Appetit!

EXERCICE

Les pronoms

Exemple: Je ferme la porte.
Je **la** ferme.

Nous prenons le métro.
Tu regardes les enfants.
J'ouvre la porte.
Il trouve les pommes.
Vous écoutez la musique.

550

Des croissants frais

Ce matin Sylvie et Monique prennent le petit déjeuner en ville. Monique commande un grand café crème et deux morceaux de baguette avec de la confiture. Sylvie voit un panier avec des croissants sur le comptoir. Ils sont tout frais et encore chauds: c'est délicieux! Elle boit du thé au citron.

Die Fürwörter

Nous **le** prenons.
Tu **les** regardes.
Je **l'**ouvre.
Il **les** trouve.
Vous **l'**écoutez.

Beispiel: Ich schließe die Türe.
Ich schließe sie.
Wir nehmen die Métro. Wir nehmen sie.
Du betrachtest die Kinder. Du betrachtest sie.
Ich öffne die Türe. Ich öffne sie.
Er findet die Äpfel. Er findet sie.
Ihr hört die Musik. Ihr hört sie.

Frische Hörnchen

Heute morgen frühstücken Sylvie und Monique in der Stadt.
Monique bestellt einen großen Milchkaffee und zwei Stück
Baguette mit Marmelade. Sylvie sieht einen Korb mit Hörnchen
auf der Theke. Sie sind ganz frisch und noch warm: köstlich!
Sie trinkt Tee mit Zitrone.

le croissant [krwɑ'sɑ̃]	Hörnchen
le petit déjeuner [p(ə)'ti deʒø'ne]	Frühstück
le morceau [mɔr'so]	Stück
le panier [pa'nje]	Korb
le comptoir [kɔ̃'twaːr]	Theke
frais/-aîche [frɛ]	frisch
délicieux/-euse [deli'sjø]	köstlich

──────── EXERCICE ────────

Le verbe pronominal

Traduisez:

1. Sie kämmt sich vor dem Spiegel.
2. Ich frage mich, ob er kommt.
3. Geht ihr oft im Park spazieren?
4. Er stützt sich auf den Stuhl.
5. Sie wachen um acht Uhr auf.
6. Erinnerst du dich an diesen Film?

552

Une amende pour excès de vitesse

Persuadé qu'à cette heure nocturne il n'y aurait pas de contrôle radar, M. Morin en a profité pour mesurer la performance de sa voiture neuve. Erreur! Ce matin il reçoit une lettre recommandée de la préfecture de police; 2000 F d'amende. Il roulait à 210 km/h alors qu'en France la vitesse est limitée à 130 km/h sur l'autoroute.

Das reflexive Verb

Übersetzen Sie:

1. Elle se peigne devant le miroir.
2. Je me demande s'il vient.
3. Vous allez souvent vous promener dans le parc?
4. Il s'appuie sur la chaise.
5. Ils se réveillent à huit heures.
6. Tu te souviens de ce film?

DIE EXPERTENECKE

Attention!

Achtung! Einige deutsche reflexive Verben sind nicht reflexiv im Französischen:

sich rühren → bouger
sich schämen → avoir honte
sich ändern → changer

Strafe für Geschwindigkeitsüberschreitung

Herr Morin war überzeugt, daß um diese nächtliche Stunde keine Radarkontrolle wäre, und nutzte dies aus, um die Leistung seines neuen Autos zu testen. Irrtum! Heute morgen erhält er ein Einschreiben von der Polizeipräfektur. 2000 F Strafe für Geschwindigkeitsüberschreitung. Er fuhr 210 km/h, obwohl in Frankreich auf den Autobahnen nur 130 km/h erlaubt sind.

l'amende *f* [aˈmãːd]	Geldstrafe
persuadé *adj.* [pɛrsɥaˈde]	überzeugt
nocturne *adj.* [nɔkˈtyrn]	nächtlich
la performance [pɛrfɔrˈmãːs]	Leistung
l'erreur *f* [ɛˈrœːr]	Irrtum
la lettre recommandée [ˈlɛtrə rəkɔmãˈde]	Einschreiben
la vitesse [viˈtɛs]	Geschwindigkeit
l'excès *m* [ɛkˈsɛ]	Überschreitung

A l'agence de voyages

M. Martin: *Je voudrais retirer les tickets que j'ai réservés par téléphone la semaine passée.*

Employé: *C'est comment, votre nom?*

M. Martin: *Martin. Paul Martin. J'ai réservé le forfait offert pour Bonifacio en Corse.*

«Après la pluie, le beau temps.»

Proverbe

Im Reisebüro

Herr Martin: Ich möchte die Tickets, die ich letzte Woche per Telefon reserviert habe, abholen.
Angestellter: Wie ist Ihr Name?
Herr Martin: Martin. Paul Martin. Ich habe das Pauschalangebot für Bonifacio auf Korsika gebucht.

le forfait [fɔrˈfɛ]	Pauschal- (angebot)
offrir [ɔˈfriːr]	*hier:* anbieten; *sonst:* schenken
l'agence de voyages *(f)* [aˈʒɑ̃ːs də vwaˈjaːʒ]	Reisebüro

„Nach dem Regen kommt schönes Wetter." – Sprichwort

––––––––––––– GRAMMATIK –––––––––––––

Die reflexiven Verben

se laver **(sich waschen)**   se taire **(schweigen)**

je me lave   je me tais
tu te laves   tu te tais
il se lave   il se tait
nous nous lavons   nous nous taisons
vous vous lavez   vous vous taisez
ils se lavent   ils se taisent

Im Französischen gibt es viele reflexive Verben:

se raser   (sich rasieren),
se souvenir   (sich erinnern),
s'occuper   (sich kümmern),
se promener   (spazieren),
se réveiller   (aufwachen),
se taire   (schweigen) usw.

562

Les nouvelles lunettes de soleil

Céline va chez l'opticien pour se renseigner sur des verres teintés amovibles, comme elle porte des lunettes pour corriger la vue, elle pense que ce serait une solution pratique. L'opticien lui explique, qu'elle a besoin d'une monture spéciale. Elle choisit une belle monture, l'essaie, elle lui va, Céline la prend.

556

EXERCICE

Les mots croisés

Trouvez les couleurs:

Horizontal:
1. . . . comme la neige
2. . . . comme le sang
3. . . . comme l'herbe

Vertical:
1. . . . comme la mer
2. . . . comme le diable
3. . . . comme les mimosas

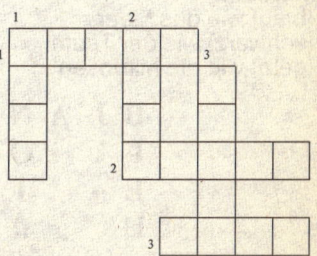

Die neue Sonnenbrille

Céline geht zum Optiker um sich nach auswechselbaren getönten Gläsern zu erkundigen. Da sie eine Brille zur Korrektur der Sehkraft trägt, denkt sie, daß das eine praktische Lösung wäre. Der Optiker erklärt ihr, daß sie ein besonderes Gestell braucht. Sie sucht ein schönes aus, setzt es auf, es paßt ihr, Céline nimmt es.

l'opticien [ɔpti'sjɛ̃]	Optiker
les verres *(m)* teintés [vɛːr tɛ̃'te]	getönte Gläser
amovible *(adj.)* [amɔ'viblə]	auswechselbar
les lunettes *(f. pl.)* [ly'nɛt]	Brille
la vue [vy]	*hier:* Sehkraft; *sonst:* Sicht
la monture [mɔ̃'tyːr]	Gestell

Kreuzworträtsel

Finden Sie die Farben:

Waagerecht:
1. (weiß) wie Schnee
2. (rot) wie Blut
3. (grün) wie Gras

Senkrecht:
1. (blau) wie das Meer
2. (schwarz) wie der Teufel
3. (gelb) wie die Mimosen

```
B L A N C
L   O   J
E   I   A
U   R O U G E
        N
    V E R T
```

Au rayon de la maroquinerie

Mme Martin: *Je voudrais des valises et un sac de voyage.*

Vendeuse: *Nous avons ce lot de cinq pièces, trois valises de tailles différentes, un sac de voyage et la trousse de toilette, le matériel est ultraléger.*

La liste des achats pour les vacances

Chaque membre de la famille a complété la liste avec les objets qui lui manquent. Madame Martin la trouve longue et décide d'en rayer «l'inutile».
Elle barre: l'île gonflable, 2 fois lait solaire, le matelas de plage, le sèche-cheveux, et bien sûr la planche à voile!

565

In der Lederwarenabteilung

Frau Martin: Ich möchte Koffer und eine Reisetasche.
Verkäuferin: Wir haben dieses fünfteilige Set, drei Koffer in verschiedenen Größen, eine Reisetasche und die Kosmetiktasche, das Material ist ultraleicht.

le rayon [rɛˈjɔ̃]	Abteilung (Kaufhaus)
la maroquinerie [marɔkinˈri]	Lederwaren
la valise [vaˈliːz]	Koffer
le sac de voyage [sak də vwaˈjaːʒ]	Reisetasche
léger [leˈʒe]	leicht
le lot [lo]	Set
la trousse de toilette [trus də twaˈlɛt]	Kosmetiktasche/Kulturtasche

Die Liste der Urlaubseinkäufe

Jedes Familienmitglied hat die Liste mit den Gegenständen, die noch fehlen, ergänzt. Frau Martin findet sie lang und beschließt, das „Unnütze" zu streichen. Sie streicht: Die aufblasbare Insel, 2 mal Sonnenmilch, die Strandmatratze, den Fön und natürlich das Surfbrett!

le membre [ˈmɑ̃ːbrə]	Mitglied
compléter [kɔ̃pleˈte]	ergänzen
manquer [mɑ̃ˈke]	fehlen
rayer [rɛˈje]	streichen
inutile [inyˈtil]	unnütz/unnötig
barrer [baˈre]	streichen
l'île (f) [il]	Insel
gonflable (adj.) [gɔ̃ˈflablə]	aufblasbar
le lait solaire [lɛ sɔˈlɛːr]	Sonnenmilch
le matelas [matˈla]	Matratze
le sèche-cheveux [sɛʃ ʃvø]	Haartrockner/Fön
la planche à voile [plɑ̃ʃ ɑ vwal]	Surfbrett

«*Enrichissons-nous
de nos différences mutuelles.*»

Paul Valéry

Commander un taxi

Standardiste: *Oui, vous désirez Monsieur?*
M. Martin: *Nous devons nous rendre à l'aéroport à 4 h demain matin. Pou-vez-vous nous envoyer un taxi au 13 rue du Parc dans le 8ᵉ arrondis-sement?*

Standardiste: *C'est entendu Monsieur.*

„Bereichern wir uns mit unseren gegenseitigen Unterschieden." — Paul Valéry (1871–1945), französischer Schriftsteller

Direkte und indirekte Objektpronomen

Le, la, l', les ersetzen das **direkte** Objekt:

Je vois la femme. → Je **la** vois   (ich sehe sie).
Il appelle Jean. → Il **l'**appelle   (er ruft ihn).

Lui (Sing.) und leur (Pl.) ersetzen das **indirekte** Objekt:

J'écris à ma mère. → Je **lui** écris   (ich schreibe ihr).
Tu parles aux amis. → Tu **leur** parles   (Du redest mit ihnen).

Das Pronomen steht **vor** dem konjugierten Verb. Das direkte Objektpronomen steht **vor** dem indirekten Objektpronomen:

J'ai écrit la lettre à ma mère.
  (Ich habe meiner Mutter den Brief geschrieben.)
Je **la lui** ai écrite.
  (Ich habe ihn ihr geschrieben.)

Ein Taxi bestellen

Telefonistin: Ja, was wünschen Sie?
Herr Martin: Wir müssen morgen früh um 4 Uhr zum Flughafen fahren. Können Sie uns ein Taxi in die rue du Parc 13, im 8. Arrondissement schicken?
Telefonistin: Das geht in Ordnung.

l'aéroport *(m)* [aerɔ'pɔːr] — Flughafen
l'arrondissement *(m)* [arɔ̃dis'mɑ̃] — Bezirk *(die Stadt Paris ist in Arrondissements unterteilt)*
c'est entendu [cɛt ɑ̃tɑ̃'dy] — *Redewendung:* Das geht in Ordnung/einverstanden

561

─────── **EXERCICE** ───────

Les adjectifs possessifs

Trouvez les adjectifs possessifs convenables:

1. Isabelle aide _____ mère.

2. Venez avec _____ voiture.

3. Les enfants mangent _____ sandwiches.

4. Marc, où est _____ père?

5. Je ne trouve pas _____ amis.

562

Au guichet d'Air France

Employée:	*Vous avez vos tickets? Veuillez faire peser vos bagages au guichet juste en face.*
Autre Employée:	*Vous avez un excédent de 8 kilos, cela fait 160 F de surtaxe.*
M. Martin:	*La prochaine fois, c'est moi qui ferai les valises.*

Die Possessivpronomen

Finden Sie die passenden Possessivpronomen:

1. Isabelle aide **sa** mère (Isabelle hilft **ihrer** Mutter).
2. Venez avec **votre** voiture (Kommen Sie mit **Ihrem** Auto).
3. Les enfants mangent **leurs** sandwiches (Die Kinder essen **ihre** Sandwichs).
4. Marc, où est **ton** père? (Marc, wo ist **dein** Vater?).
5. Je ne trouve pas **mes** amis (Ich finde **meine** Freunde nicht).

DIE EXPERTENECKE

Une façon de parler

Die Redewendung ajouter son grain de sel (wörtlich: sein Salzkorn dazugeben) entspricht dem deutschen Ausdruck: seinen Senf dazugeben.

Am Schalter von Air France

Angestellte: Haben Sie Ihre Flugtickets? Lassen Sie bitte Ihr Gepäck am Schalter gegenüber wiegen.
Andere Angestellte: Sie haben 8 Kilo Übergewicht, das macht 160 F Zuschlag.
Herr Martin: Das nächste Mal werde ich die Koffer packen.

le guichet [giˈʃɛ]	Schalter
peser [pəˈze]	wiegen
les bagages *(m)* [baˈgaːʒ]	Gepäck
en face [ɑ̃ fɑs]	gegenüber
l'excédent *(m)* [ɛkseˈdɑ̃]	Übergewicht/Überschuß
la surtaxe [syrˈtaks]	Zuschlag
la valise [vaˈliːz]	Koffer

GRAMMAIRE

Des mots canadiens

Canada	France
la crème glacée	la glace
les fèves rouges (f.)	les haricots rouges (m.)
la tangerine	la mandarine
les pois verts (m.)	les petits pois (m.)
le souper	le dîner
le lait du beurre	le petit lait
le chien chaud	le hot-dog
le maïs soufflé	les pop-corn

564

Les soldes

Silke: *Tu as vu Céline, B&D annoncent des soldes sur les vêtements d'été.*

Céline: *Ça tombe bien, je voulais justement me faire une garderobe pour les vacances. Il me faut un débardeur, un short, une robe légère et quelques brassières.*

571

GRAMMATIK

Kanadische Wörter

Eis (Speiseeis), Kidneybohnen, Mandarine, Erbsen, Abendessen, Buttermilch, Hot-Dog, Popcorn.

la glace [glas]	Speiseeis
la fève [fɛv]	Bohne
la tangerine [tɑ̃ʒə'rin]	Mandarine
le chien [ʃjɛ̃]	Hund
chaud [ʃo]	heiß
le maïs [ma'is]	Korn

Der Schlußverkauf

Silke: Hast du gesehen, Céline, B+D annoncieren Schluß-
verkaufspreise für Sommerkleidung.

Céline: Das paßt gut, ich wollte mir gerade eine Garderobe
für die Ferien zusammenstellen. Ich brauche ein
Sonnentop, Shorts, ein leichtes Kleid und einige
Bustiers.

les soldes *(m)* [sɔld]	Ausverkauf/Schlußverkauf
la publicité [pyblisi'te]	Werbung
les vêtements *(m)* [vɛt'mɑ̃]	Kleidung
le débardeur [debar'dœːr]	Sonnentop
la brassière [bra'sjɛːr]	Bustier

La première nuit à l'hôtel

Le téléphone sonne, M. Martin décroche.
Une voix: *Bonjour Monsieur, il est 6 heures.*
M. Martin: *6 heures? Vous me réveillez pour me dire qu'il est 6 heures?*

La voix: *Je m'excuse, c'est l'hôte de la chambre 712 qui avait demandé d'être réveillé.*

A l'office de tourisme

M. Martin: *Samedi nous aimerions visiter Monaco, est-ce que vous nous conseillez d'y aller en autobus?*
Employée: *En y allant en autobus, vous profiterez du paysage, car l'itinéraire suit le bord de mer.*

Die erste Nacht im Hotel

Das Telefon klingelt, Herr Martin hebt ab.
Eine Stimme: Guten Morgen, es ist 6 Uhr.
Herr Martin: 6 Uhr? Sie wecken mich, um mir zu sagen, daß
es 6 Uhr ist?
Die Stimme: Ich entschuldige mich. Es war der Gast von
Zimmer 712, der geweckt werden wollte.

sonner [sɔ'ne]	klingeln/schellen
décrocher [dekrɔ'ʃe]	abheben/(Telefon) aushängen
la voix [vwa]	Stimme
réveiller [reve'je]	wecken
l'hôte *(m/f)* [oːt]	Gast

Im Touristenbüro

Herr Martin: Am Samstag würden wir gern Monaco besichtigen, empfehlen Sie uns, mit dem Bus zu fahren?
Angestellte: Wenn Sie mit dem Bus fahren, haben Sie etwas
von der Landschaft, denn die Route führt über die
Strandstraße.

le paysage [pei'zaːʒ]	Landschaft
l'itinéraire *(m)* [itine'rɛːr]	Route
le bord [bɔːr]	Ufer/Strand

───────── EXERCICE ─────────

Beaucoup de questions!

Traduisez:

1. Wann geht ihr ins Kino?

2. Wie fahren sie nach Paris: mit dem Zug oder mit dem Flugzeug?

3. Wieviel Zeit brauchst du, um diese Arbeit zu beenden?

4. Warum bin ich so müde?

5. Wie kommt er auf diese Idee?

6. Wie geht es dem Kranken?

568

Faisons du lèche-vitrine

M. et Mme Martin flânent dans les rues de Monaco. Mme Martin est fascinée par les étalages dans les vitrines des magasins de vêtements et aussi des bijouteries. C'est vraiment de la haute couture et non pas du prêt-à-porter! Mais les prix ne sont pas marqués!

Viele Fragen!

Übersetzen Sie:

1. Quand allez-vous au cinéma?
2. Comment vont-ils à Paris: en train ou en avion?
3. Combien de temps te faut-il pour terminer ce travail?
4. Pourquoi suis-je si fatigué?
5. D'où lui vient cette idée?
6. Comment va le malade?

DIE EXPERTENECKE

Des expressions indispensables

conter fleurette à une demoiselle — mit einem jungen Mädchen flirten (wörtlich: Blümchen erzählen)

faire la cour à quelqu'un — jemandem den Hof machen

faire les yeux doux à quelqu'un — jemandem schöne Augen machen (wörtlich: sanfte Augen machen)

568

Machen wir einen Schaufensterbummel

Herr und Frau Martin bummeln durch die Straßen von Monaco. Frau Martin ist fasziniert von den Auslagen in den Schaufenstern der Bekleidungsgeschäfte und auch der Schmuckgeschäfte. Das ist wirklich Haute Couture und keine Konfektion von der Stange! Aber die Preise sind nicht angegeben!

le lèche-vitrine [lɛʃ viˈtriːn]	Schaufensterbummel
flâner [flɑˈne]	bummeln
l'étalage *(m)* [etaˈlaːʒ]	Auslage
la vitrine [viˈtriːn]	Schaufenster
la bijouterie [biʒuˈtri]	Schmuckgeschäft/Juwelier
le prêt-à-porter [prɛt a pɔrˈte]	Konfektionskleidung

«*La guerre est un mal*
qui déshonore le genre humain.»

Fénelon

Les souvenirs du voyage

Mme Martin: *Céline, tu déballes avec précaution les cadeaux qui sont dans ma valise, s'il-te-plaît.*

Céline: *Il est beau ce grès, il est pour qui?*

Mme Martin: *Il est pour tante Anne.*

„Der Krieg ist ein Übel, das die Menschheit entwürdigt." —
Fénelon (1651 – 1715), französischer Geistlicher

GRAMMATIK

Der Teilungsartikel

Eine unbestimmte Menge oder Anzahl muß im Französischen
durch de mit dem bestimmten Artikel bezeichnet werden; dabei
verbindet sich de mit le zu du, de mit les zu des:

de + le → du   de + les → des

Beispiele: du vin (Wein)
de la confiture (Marmelade)
de l'eau (Wasser)
des étudiants (Studenten)

Le soir, je bois du vin.   (Abends trinke ich Wein.)
Il y a de l'eau et du vin.   (Es gibt Wasser und Wein.)

Die Reisemitbringsel

Frau Martin: Céline, würdest du bitte vorsichtig die Ge-
schenke aus meinem Koffer auspacken?
Céline: Dieser Steinguttopf ist schön, für wen ist er?
Frau Martin: Der ist für Tante Anne.

déballer [deba'le]	auspacken
la précaution [preko'sjɔ̃]	Vorsicht/Achtsamkeit
le grès [grɛ]	Steingut

Le Tour de France

Cet événement sportif a eu lieu pour la première fois il y a 90 ans. En effet, c'est le 1er juillet 1903 de Montgeron au sud de Paris, que sont partis pour la première fois les coureurs cyclistes du Tour de France. Ils étaient alors tous Français. Les équipes nationales et la caravane publicitaire on été créées en 1930. Le Tour qui fait quelque 4000 km et dont l'itinéraire n'est pas fixe se termine toujours à Paris. En 1986 un Américain a pour la première fois remporté la victoire du Tour.

Qui était-ce?

Les prises de vue des vacances

M. Martin a fait beaucoup de photos sur pellicule et il a retenu les plus belles vues sur film avec le caméscope. Il fait développer les pellicules en diapositives, et après visionnement, il en fait développer quelques photos pour les montrer à son confrère.

Die Tour de France

Dieses Sportereignis fand zum ersten Mal vor 90 Jahren statt. Es war am 1. Juli 1903 in Montgeron südlich von Paris, von wo die Radrennfahrer zur ersten Tour de France abfuhren. Damals waren sie alle Franzosen. Die Ländermannschaften und die Werbekarawane wurden 1930 eingeführt. Die Tour von ungefähr 4000 km Länge und mit wechselnder Route endet immer in Paris. 1986 hat zum ersten Mal ein Amerikaner bei der Tour de France gesiegt. Wer war es?

Greg Lemond

Die Ferienfotos

Herr Martin hat viele Aufnahmen auf Negativfilm gemacht, und die schönsten Ansichten hat er mit der Videokamera auf einem Film festgehalten. Er läßt die Negative als Dias entwickeln. Nach Durchsicht läßt er einige Fotos davon entwickeln, um sie seinem Geschäftsfreund zu zeigen.

la prise de vue [priːz də vy]	Aufnahme/Foto
la pellicule [pɛlliˈkyl]	Film (Negativ)
retenir [rətˈniːr]	festhalten
la vue [vy]	*hier:* Aufnahme; *sonst:* Sicht/Ansicht
le caméscope [kameˈskɔp]	Videokamera
la diapositive [djapoziˈtiːv]	Dia
le visionnement [vizjɔnˈmã]	Ansicht/Betrachtung/ Durchsicht
le confrère [kɔ̃ˈfrɛːr]	Geschäftsfreund/ Berufskollege

─────────── **EXERCICE** ───────────

Le futur

Mettez au futur:

1. Fabrice va au cinéma.
2. Le directeur de Francfort vient en avion.
3. J'ai beaucoup de devoirs à faire.
4. Mme Martin et sa sœur sont invitées chez les Mauriac.
5. Tu as les photos de nos vacances.
6. Nous venons de la piscine après cinq heures.

Les prochaines vacances sont encore loin

M. Martin: *Là sur cette photo, vous voyez mon succès sur la planche à voile.*

M. Dubois: *Moi, j'ai essayé le ski nautique, regardez cette prise de vue, je me tiens bien, non?*

M. Martin: *Avez-vous déjà des projets pour les prochaines vacances?*

Das Futur

Setzen Sie ins Futur:

1. Fabrice **ira** au cinéma.
2. Le directeur de Francfort **viendra** en avion.
3. J'**aurai** beaucoup de devoirs à faire.
4. Mme Martin et sa sœur **seront** invitées chez les Mauriac.
5. Tu **auras** les photos de nos vacances.
6. Nous **viendrons** de la piscine après cinq heures.

1. Fabrice wird ins Kino gehen.
2. Der Frankfurter Direktor wird mit dem Flugzeug kommen.
3. Ich werde viele Hausaufgaben machen müssen.
4. Frau Martin und ihre Schwester werden bei den Mauriacs eingeladen sein.
5. Du wirst die Photos aus unserem Urlaub haben.
6. Wir werden nach fünf Uhr aus dem Schwimmbad kommen.

Der nächste Urlaub ist noch fern

Herr Martin: Hier auf diesem Foto sehen Sie mich erfolgreich auf dem Surfbrett.

Herr Dubois: Ich habe Wasserski versucht, sehen Sie diese Aufnahme, ich halte mich gut, oder?

Herr Martin: Haben Sie schon Pläne für den nächsten Urlaub?

loin *(adv.)* [lwɛ̃]	weit/entfernt/fern
le succès [syk'sɛ]	Erfolg
essayer [ese'je]	versuchen/probieren
le ski nautique [ski no'tik]	Wasserski
se tenir [t(ə)'niːr]	sich halten
le projet [prɔ'ʒɛ]	Plan/Vorhaben
les vacances *(f)* [va'kɑ̃ːs]	Ferien/Urlaub

La route de l'ivoire et des épices

Elle forme un triangle à partir d'Etretat, en passant par Fécamp, Dieppe jusqu'à Yvetot. A Fécamp le palais de la Bénédictine, avec ses musées et sa distillerie, attire les touristes des 4 coins du monde. Dieppe, autrefois un grand centre de travail de l'ivoire et un comptoir de plantes et d'épices de toute provenance, invite les touristes à voir ses collections de sculptures sur ivoire exposées dans son château du XVe siècle.

Quel est le nom de la fameuse liqueur distillée à Fécamp?

«L'été se marque non moins par ses mouches et moustiques que par ses roses et ses nuits d'étoiles.»

Marcel Proust

Die Elfenbein- und Gewürzstraße

Sie bildet ein Dreieck von Etretat über Fécamp, Dieppe bis Yvetot. In Fécamp zieht der „Palais de la Bénédictine" mit seinen Museen und seiner Schnapsbrennerei die Touristen aus der ganzen Welt an. Dieppe, ehemals ein Zentrum für Elfenbeinverarbeitung und Handelskontor für Kräuter und Gewürze jeglicher Herkunft, lädt die Touristen ein zur Besichtigung seiner Elfenbeinskulpturensammlung, die im Schloß aus dem XV. Jahrhundert ausgestellt ist. Wie heißt der berühmte Likör, der in Fécamp destilliert wird?

Bénédictine

Die Association de la route de l'Ivoire et des Epices, Palais Bénédictine, 110 rue Alexandre-le-Grand, in F-76400 Fécamp gibt Auskunft über weitere historische Sehenswürdigkeiten.

„Der Sommer ist ebenso durch Fliegen und Moskitos, wie durch Rosen und Sternenhimmel gekennzeichnet." — Marcel Proust (1871 – 1922), französischer Schriftsteller

──────────── GRAMMATIK ────────────

Das Wetter

il fait beau	— es ist schönes Wetter
il fait bon	— es ist angenehm
il fait froid	— es ist kalt
il fait du vent	— es ist windig
il fait mauvais	— es ist schlechtes Wetter
il pleut	— es regnet
il neige	— es schneit

Punch japonais

50 cl de thé infusé, 4 – 6 clous de girofle, 2 bâtons de cannelle, 1 cuillère à café de gingembre, Saké (selon votre goût), 2,5 l de citronade glacée, menthe pour décorer.

Placez thé, girofle, cannelle et gingembre dans un récipient, faites chauffer en remuant une fois. Laissez refroidir. Passez le mélange dans une passoire et versez le liquide dans un pichet de service; ajoutez le saké, la citronade et remuez. Servez frais avec des glaçons et des feuilles de menthe.

A votre santé!

Des préparations d'un voyage en France

Sabine, l'amie allemande de Mme Lebrun, prépare son voyage à Paris. Elle va rester quelques semaines chez les Lebrun. Ses valises et son sac de voyage sont déjà faits. Elle est très impatiente, parce que c'est la première fois qu'elle va à Paris.

Japanischer Punsch

50 cl schwarzer Tee, 4 – 6 Gewürznelken, 2 Stangen Zimt, 1 Teelöffel Ingwer, Sake (Reisschnaps) nach Geschmack, 2,5 l eisgekühlte Zitronenlimonade, Minzblätter zum Dekorieren.

Tee, Nelken, Zimtstangen und Ingwer in einen Topf geben, erhitzen, einmal umrühren. Erkalten lassen. Die Teemischung durch ein Sieb in einen Servierkrug gießen; Sake und Zitronenlimonade hinzugeben, umrühren. Kühl mit Eiswürfeln und Minzblättern servieren.

Zum Wohl!

Reisevorbereitungen für Frankreich

Sabine, die deutsche Freundin von Frau Lebrun, bereitet ihre Reise nach Paris vor. Sie wird einige Wochen bei den Lebruns bleiben. Ihre Koffer und ihre Reisetasche sind bereits gepackt. Sie ist sehr aufgeregt, weil es das erste Mal ist, daß sie nach Paris fährt.

faire les valises (f.) [fɛːr le va'liːz]	die Koffer packen
le sac de voyage [sak də vwa'jaːʒ]	Reisetasche
impatient [ɛ̃pa'sjɑ̃]	ungeduldig, unruhig

Dans le compartiment de train

Sabine: *Bonjour. Cette place, est-elle encore libre?*
Voyageur: *Oui, entrez!*
Sabine: *Vous allez aussi à Paris?*
Voyageur: *Oui. C'est toujours agréable de voyager en compagnie.*
Sabine: *C'est vrai. Mais à tout hasard j'achète toujours de la lecture pour le voyage.*

*«Poisson
sans boisson
est poison.»*

Proverbe

Im Zugabteil

Sabine: Guten Tag. Ist dieser Platz noch frei?
Reisender: Ja, kommen Sie herein!
Sabine: Fahren Sie auch nach Paris?
Reisender: Ja. Es ist immer angenehm, in Gesellschaft zu reisen.
Sabine: Das stimmt. Aber ich kaufe mir für alle Fälle immer Reiselektüre.

le compartimant [kõparti'mã]	Abteil
à tout hasard [a tu a'za:r]	für alle Fälle
la lecture pour le voyage [lɛk'ty:r pur lə vwa'ja:ʒ]	Reiselektüre

„Fisch muß schwimmen." (Wörtl.: Fisch ohne ein Getränk ist Gift.) — Französisches Sprichwort

─────── GRAMMATIK ───────

Der Imperativ

Konjugation der Hilfsverben *avoir* und *être*

avoir	*être*
aie (hab)	*sois* (sei)
ayons (haben wir)	*soyons* (seien wir)
ayez (habt)	*soyez* (seid)

In Verbindung mit *y* oder *en* wird an die 2. Person Singular ein *s* angehängt:

Penses-y! (Denk daran!)
Profites-en! (Genieße sie!)

A la gare

M. et Mme Lebrun sont à
la Gare du Nord. Il y a six
gares à Paris. Les trains
venant d'Allemagne arrivent
à la Gare du Nord ou à la
Gare de l'Est. Les Lebrun
attendent. Un haut-parleur
annonce que le train a du
retard. Mais, dix minutes
plus tard, il entre en gare.

GRAMMAIRE

Les voyelles

[i]	la scie	(Säge)
[e]	le dé	(Würfel)
[ɛ]	sept	(sieben)
[a]	la table	(Tisch)
[y]	la rue	(Straße)
[ø]	deux	(zwei)
[œ]	jeune	(jung)
[u]	douze	(zwölf)
[o]	le veau	(Kalb)
[ɔ]	le bol	(Schüssel)

Auf dem Bahnhof

Herr und Frau Lebrun sind am Gare du Nord. Jn Paris gibt es
sechs Bahnhöfe. Die Züge aus Deutschland kommen am Gare
du Nord oder am Gare de l'Est an. Die Lebruns warten. Ein
Lautsprecher kündigt an, daß der Zug Verspätung hat. Aber
zehn Minuten später läuft er in den Bahnhof ein.

la gare [gaːr]	Bahnhof
avoir du retard [a'vwaːr dy rə'taːr]	Verspätung haben
le haut-parleur [opar'lœːr]	Lautsprecher
entrer en gare [ãː'tre ã gaːr]	einlaufen (Zug)

──────────── GRAMMATIK ────────────

Voyelles nasales

[ɛ̃]	le pain	(Brot)
[ɔ̃]	rond	(rund)
[ã]	le temps	(Zeit)

Das Französische hat ein System von 16 Vokalen. Von diesen 16 Vokalen sind 13 unbedingt notwendig für die Verständigung aller Franzosen. Die restlichen Vokale [ə, ɑ, œ̃] sind oftmals abhängig von einem bestimmten Dialekt oder einer Region.

La gare

le quai   le guichet
la voie   la salle d'attente
le contrôleur   le chariot à bagages
l'horaire   le wagon-restaurant

La cave de jazz

M. et Mme Lebrun ont décidé d'aller dans une cave de jazz. Sabine aime beaucoup le jazz. Ce soir il y a un groupe très connu. Sabine écoute la musique avec enthousiasme. Mais c'est surtout l'atmosphère qui lui plait.

Der Bahnhof

la quai [ke]	**Bahnsteig**
le voie [vwa]	**Gleis**
le contrôleur [kɔ̃tro'lœːr]	**Schaffner**
l'horaire (m.) [ɔ'rɛːr]	**Fahrplan**
le guichet [gi'ʃɛ]	**Schalter**
la salle d'attente [sal da'tɑ̃ːt]	**Wartesaal**
le chariot à bagages [ʃar'jo a ba'gaːʒ]	**Gepäckwagen**
le wagon-restaurant [va'gɔ̃ rɛsto'rɑ̃]	**Speisewagen**

Der Jazzkeller

Herr und Frau Lebrun haben beschlossen, in einen Jazzkeller zu gehen. Sabine mag Jazzmusik sehr gerne. Heute abend spielt dort eine sehr bekannte Gruppe. Sabine hört die Musik mit Begeisterung an. Aber am besten gefällt ihr die Atmosphäre.

la cave de jazz [kaːv də dʒaz]	**Jazzkeller**
la musique de jazz [my'zik də dʒaz]	**Jazzmusik**
l'atmosphère (f.) [atmɔs'fɛːr]	**Atmosphäre**
le jazz-band [dʒaz'bɑ̃ːd]	**Jazzgruppe**
l'enthousiasme (m.) [ɑ̃tu'zjasm]	**Begeisterung**

<u>Un coup de téléphone d'Allemagne</u>

Mme Lebrun: *Sabine, on t'appelle au téléphone!*

Sabine: *Je viens tout de suite. Qui est-ce?*

Mme Lebrun: *C'est ton mari.*

Sabine: *Qu'est-ce qu'il y a?*

Mme Lebrun: *Rien. Il veut savoir comment tu t'es habituée à Paris.*

«L'honneur, c'est comme les allumettes; ça ne sert qu'une fois.»

Marcel Pagnol

Ein Telefonanruf aus Deutschland

Frau Lebrun: Sabine, du wirst am Telefon verlangt!
Sabine: Ich komme sofort. Wer ist es?
Frau Lebrun: Es ist dein Mann.
Sabine: Was ist passiert?
Frau Lebrun: Nichts. Er möchte wissen, wie du dich in Paris eingelebt hast.

on t'appelle au téléphone [ʒ ta'pɛl o tele'fɔn]	du wirst am Telefon verlangt
se passer [sə pa'se]	passieren, sich ereignen
s'habituer à [sabi'tye]	sich einleben in

„Die Ehre ist wie ein Streichholz, es dient nur ein einziges Mal." — Marcel Pagnol (1895 – 1974), französischer Schriftsteller und Filmemacher

—————————— GRAMMATIK ——————————

Das Futur einiger unregelmäßiger Verben

avoir/haben	être/sein	venir/kommen	aller/gehen
j'aurai	je serai	je viendrai	j'irai
tu auras	tu seras	tu viendras	tu iras
il aura	il sera	il viendra	il ira
nous aurons	nous serons	nous viendrons	nous irons
vous aurez	vous serez	vous viendrez	vous irez
ils auront	ils seront	ils viendront	ils iront
ich werde haben	ich werde sein	ich werde kommen	ich werde gehen
du wirst haben	du wirst sein	du wirst kommen	du wirst gehen
er wird haben	er wird sein	er wird kommen	er wird gehen
wir werden haben	wir werden sein	wir werden kommen	wir werden gehen
ihr werdet haben	ihr werdet sein	ihr werdet kommen	ihr werdet gehen
sie werden haben	sie werden sein	sie werden kommen	sie werden gehen

Les prêts bancaires

Employé: *Bonjour Monsieur, vous désirez un renseignement?*

M. Lenoir: *Quelles sont les conditions pour obtenir un crédit?*

Employé: *Voici notre brochure sur les différentes formes de crédit: crédit à la construction, crédit de caisse...*

--- **EXERCICE** ---

Traduisez en français

Attention! Préposition ou article partitif?

1. Mme Renard kauft Obst, Wein, Salz, Marmelade, Gemüse, Zucker, Fleisch und Milch.
2. Das sind frische Eier, Madame.
3. In Paris gibt es viele Sehenswürdigkeiten.
4. Ich trage gern weiße Blusen.
5. In der Zeitung stehen viele interessante Artikel.

Bankdarlehen

Angestellter: Guten Tag, wünschen Sie eine Auskunft?
Herr Lenoir: Was sind die Bedingungen, um einen Kredit zu erhalten?
Angestellter: Hier ist unsere Broschüre über die verschiedenen Kreditformen: Baukredit, Kassenkredit...

le prêt [prɛ]	Darlehen
bancaire [bã'kɛːr]	Bank-
désirer [dezi:re]	wünschen
le renseignement [rãsɛɲ'mã]	Auskunft
la condition [kõdi'sjõ]	Bedingung
obtenir [ɔptə'niːr]	erhalten
différent/e [dife'rã]	verschieden

Übersetzen Sie ins Französische

Achtung! Präposition oder Teilungsartikel?

1. Mme Renard achète **des** fruits, **du** vin, **du** sel, **de la** confiture, **des** légumes, **du** sucre, **de la** viande et **du** lait.
2. Ce sont **des** œufs frais, Madame.
3. A Paris, il y a beaucoup **de** curiosités.
4. J'aime porter **des** blouses blanches.
5. Dans le journal il y a beaucoup **d'**articles intéressants.

DIE EXPERTENECKE

Wenn der Franzose von «*la semaine des quatre jeudis*» (wörtlich: Die Woche mit vier Donnerstagen) spricht, dann sagen die Deutschen: „Wenn Ostern und Pfingsten auf einen Tag fallen."

Les Halles

Aujourd'hui Mme Lebrun et Sabine font des achats. Elles sont allées au Quartier des Halles. Autrefois il y avait les pavillons de l'architecte Baltard: le pavillon aux fruits, le pavillon aux légumes, aux viandes, etc. Aujourd'hui les halles n'existent plus. On a bâti un grand centre commercial, le Forum des Halles.

Une promenade au bord de la Seine

Il y a du soleil. C'est une bonne occasion pour faire une promenade au bord de la Seine. Les bouquinistes ont déjà ouvert leurs échoppes. Ils vendent des livres, des journaux et des cartes postales. Sabine achète quelques livres.

Die Hallen

Heute machen Frau Lebrun und Sabine Einkäufe. Sie sind ins
Hallenviertel gegangen. Früher waren dort die Pavillons des
Architekten Baltard: der Früchte-, Gemüse-, Fleischpavillon
etc. Heute existieren die Hallen nicht mehr. Man hat ein großes
Einkaufszentrum erbaut, das Forum des Halles.

l'achat (m.) [a'ʃa]	Einkauf
exister [egzis'te]	bestehen
bâtir [ba'tir]	bauen
le centre commercial ['sãːtrə kɔmɛr'sjal]	Einkaufszentrum

Ein Spaziergang am Ufer der Seine

Heute scheint die Sonne. Das ist eine gute Gelegenheit, um
einen Spaziergang am Ufer der Seine zu machen. Die
Bouquinisten haben ihre Verkaufsstände bereits geöffnet. Sie
verkaufen Bücher, Zeitungen und Postkarten. Sabine kauft
einige Bücher.

il y a du soleil [il ja dy sɔ'lɛj]	die Sonne scheint
la promenade [prɔm'nad]	Spaziergang
le bord [boːr]	Ufer
l'échoppe (f.) [e'ʃɔp]	Verkaufsstand

591

«Le bonheur humain
est composé
de tant de pièces
qu'il en manque toujours.»

Bossuet

592

La «Toile de la conquête»

Guillaume le Conquérant est mort il y a 900 ans.
A Bayeux un chef d'œuvre unique au monde, datant
du XIe siècle, retrace sa gloire. Il s'agit de la fameuse
Tapisserie de Bayeux, 70 m de long, 50 cm de haut,
montrant en 58 scènes l'histoire de la conquête de
l'Angleterre. L'histoire commence en 1064, lorsque
Edouard, Roi d'Angleterre, désigne Guillaume
comme son successeur sur le trône. C'est probable-
ment Odon de Conteville, Evêque de Bayeux, qui a
confié la réalisation de cette œuvre à un atelier anglo-
saxon.

En quelle année a eu lieu la conquête?

„Das menschliche Glück besteht aus so vielen Teilen, daß immer einige fehlen." — Bossuet (1627 – 1704), französischer Theologe

---

GRAMMATIK

Präsens der Verben
pouvoir, vouloir, devoir

pouvoir (können)	vouloir (wollen)	devoir (müssen)
je peux	je veux	je dois
tu peux	tu veux	tu dois
il peut	il veut	il doit
nous pouvons	nous voulons	nous devons
vous pouvez	vous voulez	vous devez
ils peuvent	ils veulent	ils doivent

Der „Teppich der Eroberung"

Wilhelm der Eroberer ist seit 900 Jahren tot. In Bayeux läßt ein einmaliges Meisterwerk aus dem 11. Jahrhundert seinen Ruhm weiterleben. Es handelt sich um den berühmten Wandteppich von Bayeux, 70 m lang, 50 cm hoch, der in 58 Szenen die Geschichte der Eroberung Englands zeigt. Die Geschichte beginnt 1064, als Eduard, König von England, Wilhelm zu seinem Nachfolger auf dem Thron ernennt. Es ist wahrscheinlich Odon de Conteville, Bischof von Bayeux, der dieses Werk von einer angelsächsischen Werkstatt hat ausführen lassen. In welchem Jahr fand die Eroberung statt?

1066

Bayeux liegt im Departement Calvados am Ärmelkanal.

Le métro

Mme Lebrun: *A Paris tout le monde prend le métro.*

Sabine: *Mais comment savoir lequel il faut prendre?*

Mme Lebrun: *Il y a toujours un plan de Métro sur lequel toutes les lignes sont notées. D'abord tu cherches le nom de la station où tu veux aller. Puis tu cherches le numéro de cette ligne et la direction. C'est très simple.*

Au Louvre

M. et Mme Lebrun n'ont pas le temps de s'occuper de Sabine. Elle a décidé d'aller au Louvre. Elle y va tôt parce qu'il y a beaucoup de choses à voir. Le soir, elle parle des tableaux, des sculptures et des statues. Elle a bien sûr vu la Joconde et la Vénus de Milo.

Die Metro

Frau Lebrun: In Paris fährt jeder mit der Metro.
Sabine: Aber woher weiß ich, welche ich nehmen muß?
Frau Lebrun: Es gibt immer einen Metroplan, auf dem alle
Strecken verzeichnet sind. Zuerst suchst du den
Namen der Station, zu der du fahren möchtest.
Dann suchst du die Nummer der Linie und die
Richtung. Es ist sehr einfach.

le plan de métro [plã də me'tro]	Metroplan
la ligne [liɲ]	Strecke, Linie
le numéro [nyme'ro]	Nummer
simple [sɛ̃plə]	einfach, leicht

Im Louvre

Herr und Frau Lebrun haben keine Zeit, sich mit Sabine zu be-
schäftigen. Sie hat beschlossen, in den Louvre zu gehen. Sie
geht schon früh dorthin, weil es dort so viele Dinge zu sehen
gibt. Am Abend erzählt sie von den Bildern, Plastiken und
Statuen. Natürlich hat sie auch La Joconde und die Venus von
Milo gesehen.

s'occuper de qn. [sɔky'pe]	sich mit j-m beschäftigen
la statue [sta'ty]	Statue
la sculpture [skyl'ty:r]	Plastik

Un week-end à la campagne

Marc: *Allô, Jean! Que penses-tu d'un week-end à la campagne? Nous pouvons loger dans notre maison de campagne.*

Jean: *C'est une idée fantastique! Est-ce que les filles vont être d'accord de se passer de la télé pour un week-end?*

Montmartre

Jean: *Sabine, si vous voulez je vais vous montrer Montmartre.*

Sabine: *Très volontiers!*

Jean: *C'est l'ancien quartier des peintres. Il y a des rues et des maisons pittoresques.*

Sabine: *Je vais peut-être acheter un petit tableau.*

Jean: *Beaucoup de peintres proposent des portraits-minutes aux touristes.*

Ein Wochenende auf dem Land

Marc: Hallo, Jean! Was hältst du von einem Wochenende auf dem Land? Wir können in unserem Wochenend-haus wohnen.

Jean: Das ist eine ausgezeichnete Idee. Ob die Mädchen damit einverstanden sein werden, für ein Wochen-ende auf das Fernsehen zu verzichten?

loger [lɔ'ʒe]	*hier:* wohnen; *sonst:* unterbringen
la maison de campagne [mɛ'zɔ̃ də kɑ̃'paɲ]	Wochenendhaus/Landhaus
se passer de qc [sə pɑ'se də]	auf etwas verzichten

Der Montmartre

Jean: Sabine, wenn Sie möchten, werde ich Ihnen heute den Montmartre zeigen.

Sabine: Sehr gerne!

Jean: Es ist das ehemalige Viertel der Maler. Es gibt dort malerische Straßen und Häuser.

Sabine: Vielleicht werde ich ein kleines Bild kaufen.

Jean: Viele Maler bieten den Touristen Schnell-Portraits an.

très volontiers [trɛ vɔlɔ̃'tje]	sehr gerne
le peintre ['pɛ̃:trə]	Maler
pittoresque [pitɔ'rɛsk]	malerisch
le portrait-minute [pɔr'trɛ mi'nyt]	Sofort-Portrait

Au Quartier Latin

Sabine: *J'aimerais aller au Quartier Latin.*
            J'ai lu dans mon guide que c'est un
            des plus vieux quartiers de Paris.
M. Lebrun: *Oui, c'est vrai. C'est le quartier des*
            écoles et des étudiants. La Sorbonne
            a été fondée en 1257. Malgré la
            décentralisation de l'université les
            étudiants sont chez eux au Quartier
            Latin.

Un menu français

Apéritif

Hors d'œuvre: Soupe à l'oignon

Plat principal:
Rôti de veau
Pommes de terre
Haricots verts

Fromage

Dessert: Mousse au chocolat

Café

Im Quartier Latin

Sabine: Ich würde gerne ins Quartier Latin gehen. Ich habe in meinem Reiseführer gelesen, daß es eines der ältesten Viertel von Paris ist.

Herr Lebrun: Ja, das ist richtig. Es ist das Viertel der Schulen und Studenten. Die Sorbonne wurde im Jahr 1257 gegründet. Trotz der Dezentralisierung der Universität sind die Studenten im Quartier Latin unter sich.*

* Trifft im Grunde genommen heute nicht mehr zu.

le quartier [kar'tje]	Viertel
fonder [fɔ̃'de]	gründen
malgré [mal'gre]	trotz
la décentralisation [desɑ̃traliza'sjɔ̃]	Dezentralisierung

Eine französische Speisekarte

Aperitif

Vorspeise: Zwiebelsuppe

Hauptgang:
Kalbsbraten
Kartoffeln
Grüne Bohnen

Käse

Nachtisch: Mousse au chocolat

Kaffee

le menu [mə'ny]	Speisekarte
le hors d'œuvre [ɔr'dœːvrə]	Vorspeise
le plat [pla]	Gang (Essen)
les haricots verts (f.) [ari'ko vɛːr]	grüne Bohnen
le veau rôti [vo ro'ti]	Kalbsbraten

Des projets pour les vacances

M. et Mme Lebrun et leur amie allemande Sabine ont décidé d'aller passer une semaine en Angleterre. Sabine propose prendre des informations sur le pays et sur les prix du ferry. Ils se mettent d'accord pour partir le mercredi suivant.

——————— EXERCICE ———————

Traduction

1. Er hat uns seinen Fotoapparat gezeigt; er hat ihn uns gezeigt; Sie haben ihn ihm gezeigt; du hast ihn ihnen gezeigt.
2. Er hat es uns gesagt; wir haben es ihm gesagt; er hat es euch erklärt; sie haben es dir erklärt.

Pläne für die Ferien

Herr und Frau Lebrun und ihre deutsche Freundin Sabine
haben beschlossen, für eine Woche nach England zu fahren.
Sabine schlägt vor, sich über das Land und die Preise der
Fähre zu informieren. Sie einigen sich auf den kommenden
Mittwoch als Abreisetag.

le projet [prɔ'ʒɛ]	Plan
le ferry [fɛ'ri]	Fähre
se mettre d'accord sur [sə 'mɛtrə da'kɔːr]	sich einigen über
le départ [de'paːr]	Abreise

Übersetzung

1. Il nous a montré son appareil photo; il nous l'a montré; vous le
lui avez montré; tu le leur as montré
2. Il nous l'a dit; nous le lui avons dit; il vous l'a expliqué; ils te
l'ont expliqué.

DIE EXPERTENECKE

«J'ai eu un cigare de mon chef» bedeutet keineswegs, daß der Chef eine Zigarre spendiert hat, sondern daß er eine Rüge erteilt hat.

─────── EXERCICE ───────

L'article

Complétez avec les articles le, la, l' *, et trouvez le mot intrus:*

1. ___ assiette   ___ verre   ___ couloir   ___ fourchette

2. ___ savon   ___ dentifrice   ___ doute   ___ lavabo

3. ___ lait   ___ yaourt   ___ farine   ___ beurre

4. ___ moutarde   ___ sel   ___ viande   ___ poivre

5. ___ cerise   ___ tomate   ___ poire   ___ fraise

La deuxième ville de France

Marseille fut fondée par les Grecs sur la Méditerranée. Une des curiosités de la ville est le Vieux Port, dont l'entrée est protégée par deux forteresses. Les Marseillais aiment prendre un café sur la fameuse Canebière. Pour avoir un beau point de vue sur la ville et la mer, il faut monter à la basilique de Notre-Dame-de-la-Garde.

Quel acteur célèbre naquit à Marseille?

Der Artikel

Ergänzen Sie mit den Artikeln le, la, l' und finden Sie das Wort, das nicht in die Reihe paßt:

1. l'assiette	le verre	le *couloir*	la fourchette
2. le savon	le dentifrice	le *doute*	le lavabo
3. le lait	le yaourt	la *farine*	le beurre
4. la moutarde	le sel	la *viande*	le poivre
5. la cerise	la *tomate*	la poire	la fraise

1. der Teller	das Glas	*der Korridor*	die Gabel
2. die Seife	die Zahnpasta	*der Zweifel*	das Wasch-becken
3. die Milch	der Joghurt	*das Mehl*	die Butter
4. der Senf	das Salz	*das Fleisch*	der Pfeffer
5. die Kirsche	*die Tomate*	die Birne	die Erdbeere

Die zweitgrößte Stadt Frankreichs

Marseille wurde von den Griechen am Mittelmeer gegründet. Eine der Sehenswürdigkeiten der Stadt ist der alte Hafen, dessen Eingang von zwei Festungen geschützt wird. Die Einwohner von Marseille trinken gerne einen Kaffee auf der berühmten Canebière. Um einen schönen Ausblick über die Stadt und das Meer zu haben, muß man zur Basilika Notre-Dame-de-la-Garde hinaufsteigen. Welcher berühmte Schauspieler wurde in Marseille geboren?

Fernandel (1903 – 1971)

Er war der beliebteste Komiker des französischen Kinos. Er spielte in Filmen von Marcel Pagnol und die Rolle von „Don Camillo", die ihn in den 50er Jahren weltberühmt machte.

La réservation

Sabine: *Bonjour, Monsieur. Je voudrais réserver trois places pour l'Angleterre.*

Employé: *Vous allez en avion?*

Sabine: *Non, nous allons prendre le ferry de Calais à Douvres.*

Employé: *Bon. Voilà vos billets. Il y a un bureau d'information à côté où l'on vous donnera d'autres renseignements.*

Visite de Versailles

Les Lebrun et Sabine vont visiter le château de Versailles. Ce château a été habité pendant 166 ans, de 1623 à 1789, par quatre rois successifs. Il a fallu plus de cinquante ans pour le construire. Le luxe du château, tout comme le parc avec ses statues, impressionnent les visiteurs.

Die Reservierung

Sabine: Guten Tag. Ich möchte drei Plätze für eine Reise nach England reservieren.
Angestellter: Nehmen Sie das Flugzeug?
Sabine: Nein, wir werden die Fähre von Calais nach Dover nehmen.
Angestellter: Gut. Hier sind Ihre Fahrkarten. Nebenan ist ein Informationsbüro, in dem man Ihnen weitere Auskünfte geben wird.

l'avion (m.) [a'vjɔ̃]	Flugzeug
le billet [bi'jɛ]	Fahrkarte
à côté [a ko'te]	nebenan

Besichtigung von Versailles

Die Lebruns und Sabine gehen das Schloß Versailles besichtigen. Dieses Schloß wurde 166 Jahre lang, von 1623 bis 1789, von vier Königen in Folge bewohnt. Es dauerte mehr als fünfzig Jahre, es zu erbauen. Der Luxus des Schlosses beeindruckt die Besucher ebenso wie der Park mit seinen Statuen.

le roi [rwa]	König
impressionner [ɛ̃prɛsjɔ'ne]	beeindrucken
le luxe [lyks]	Luxus
la statue [sta'ty]	Statue

*«Le savant n'est pas l'homme
qui fournit les vraies réponses;
c'est celui qui pose
les vraies questions.»*

Claude Lévi-Strauss

La côte Basque

A la fois accueillante et sauvage, la Côte d'Argent cultive avec talent les différences. En effet le littoral basque offre une multitude de panoramas sur une trentaine de kilomètres entre Bayonne et Hendaye, la ville frontière. C'est par la nationale 10 qui longe l'océan, que l'on découvre ses rochers, ses criques et ses petits ports colorés. Sans oublier les stations balnéaires «bon chic-bon genre» avec leurs centres de thalassothérapie.

Avec quel pays la France a-t-elle une frontière ici?

„Der Weise ist nicht der Mensch, der die richtigen Antworten gibt; er ist derjenige, der die richtigen Fragen stellt." – Claude Lévi-Strauss (* 1908), französischer Ethnologe

--------------------- GRAMMATIK ---------------------

Das Gerundium

Das Gerundium wird mit der Präposition en und dem Partizip Präsens des Verbs (ant-Endung) gebildet.
Mit dem Gerundium drückt man eine Handlung aus, die gleichzeitig mit einer anderen abläuft.

Beispiel: En lisant le livre, il a écouté de la musique.
              (Während er das Buch las, hörte er Musik.)

Mit dem Gerundium drückt man die Art und Weise, das Mittel, die Bedingung aus.

Beispiel: En faisant beaucoup d'exercices, vous apprendrez le français.
              (Indem Sie viele Übungen machen, lernen Sie Französisch.)

Die baskische Küste

Einladend und wild zugleich, pflegt die Silberküste mit Geschick ihre Verschiedenartigkeit. Tatsächlich bietet das baskische Küstengebiet in den dreißig Kilometern zwischen Bayonne und Hendaye, der Grenzstadt, eine Vielzahl von Ansichten. Auf der Nationalstraße 10 am Ozean entlang entdeckt man Felsen, Buchten und kleine bunte Häfen. Nicht zu vergessen die piekfeinen Badeorte mit ihren Meerwassertherapieanlagen. Zu welchem Land hat Frankreich hier eine Grenze?

Spanien/l'Espagne

La famille Lebrun fait ses valises

Mme Lebrun: *Sabine, tu as déjà fait tes valises?*
Sabine: *Je n'ai pas encore fini.*
Mme Lebrun: *N'oublie pas ton imp.erméable. Il pleut souvent en Angleterre.*
Sabine: *J'ai pris aussi deux pantalons, deux chemisiers, un pull-over et deux jupes.*

Le voyage en Angleterre

Les Lebrun et Sabine sont arrivés à Calais. Après les formalités de passage ils montent à bord de ferry. Sabine espère que la mer sera calme. Quand la mer est agitée, elle est toujours la première à avoir le mal de mer. Mais aujourd'hui elle a de la chance.

Die Familie Lebrun packt ihre Koffer

Frau Lebrun: Sabine, hast du schon deine Koffer gepackt?
Sabine: Ich bin noch nicht fertig.
Frau Lebrun: Vergiß deinen Regenmantel nicht. In England
regnet es oft.
Sabine: Ich habe auch zwei Hosen, zwei Blusen, einen
Pullover und zwei Röcke eingepackt.

l'imperméable (m.) [ɛ̃pɛrme'ablə]	Regenmantel
le chemisier [ʃ(ə)mi'zje]	Bluse
le pull-over [pylo'vɛːr]	Pullover
la jupe [ʒyp]	Rock

Die Reise nach England

Die Lebruns und Sabine sind in Calais angekommen. Nach
den Abfertigungsformalitäten gehen sie an Bord der Fähre.
Sabine hofft, daß das Meer ruhig sein wird. Wenn starker See-
gang herrscht, ist sie immer die erste, die seekrank wird. Aber
heute hat sie Glück.

calme [kalm]	ruhig
monter à bord [mɔ̃'te a bɔːr]	an Bord gehen
la mer est agitée [la mɛːr ɛ aʒi'te]	es herrscht starker Seegang
le mal de mer [mal də mɛːr]	Seekrankheit

EXERCICE

Complétez la grille avec les contraires de:

triste (3 lettres), court (4 lettres), faux (4 lettres), chaud (5
lettres), petit (5 lettres), étroit (5 lettres), difficile (6 lettres),
premier (7 lettres), bon (7 lettres).

Chez le marchand de fruits

Marchand: *Goûtez les fraises, elles sont sucrées.*
Mme Martin: *Combien coûtent les groseilles?*
Marchand: *C'est 25 F le
                         kilo.*
Mme Martin: *Donnez-moi
                         une barquette
                         de mûres,
                         250 g de
                         figues, un
                         melon et
                         encore une
                         barquette de
                         framboises.*

Ein Gitterrätsel

Füllen Sie die Kästchen aus mit dem Gegenteil von:

traurig – gai (3 Buchstaben), kurz – long, unecht –vrai (je 4 Buchstaben), heiß – froid, klein – grand, eng – large (je 5 Buchstaben), schwierig – facile (6 Buchstaben), erster – dernier, gut – mauvais (je 7 Buchstaben).

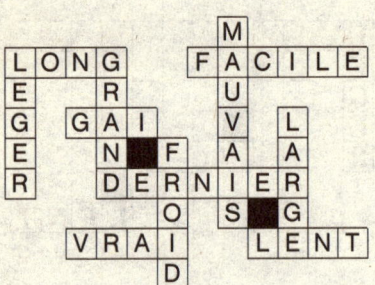

Beim Obsthändler

Händler: Probieren Sie die Erdbeeren, sie sind süß.
Frau Martin: Was kosten die Johannisbeeren?
Händler: 25 F das Kilo.
Frau Martin: Geben Sie mir ein Schälchen Brombeeren, 250 g Feigen, eine Melone und noch ein Schälchen Himbeeren.

goûter [gu'te]	probieren/kosten
la groseille [gro'zɛj]	Johannisbeere
la barquette [barkɛt]	(Papp-) Schälchen
la mûre [my:r]	Brombeere
la figue [fi:g]	Feige
le melon [mə'lɔ̃]	Melone
la framboise [frɑ̃'bwa:z]	Himbeere

618

A Londres

M. et Mme Lebrun et Sa-
bine passent leur troisième
journée à Londres. Le ma-
tin ils font un tour à travers
la ville et visitent Bucking-
ham Palace. L'après-midi ils
flânent dans la ville et
Sabine achéte quelques
souvenirs.

Le port

le port   la bouée
le bateau   le cargo
le navire   le marin
le transatlantique l'ancre

In London

Herr und Frau Lebrun und Sabine verbringen ihren dritten Tag
in London. Am Morgen machen sie eine Stadtrundfahrt und
besichtigen den Buckingham-Palast. Nachmittags bummeln
sie durch die Stadt, und Sabine kauft einige Souvenirs.

Londres [lɔ̃dr(ə)]	London
le tour à travers la ville [tuːr a tra'vɛːr la vil]	Stadtrundfahrt
flâner dans la ville [fla'ne dã la vil]	durch die Stadt bummeln
le souvenir [suv'niːr]	Andenken

Der Hafen

le port [pɔːr]	Hafen
le bateau [ba'to]	(Fluß)Schiff
le navire [na'viːr]	(See)Schiff
le transatlantique [trãzatlã'tik]	Ozeandampfer
la bouée [bu'e]	Boje
le cargo [kar'go]	Frachter
le marin [ma'rɛ̃]	Matrose, Seemann
l'ancre (f.) ['ãːkrə]	Anker

L'Opéra de Paris

Il a été construit sous Napoléon III par Charles Garnier. Il constitue la plus belle réussite monumentale du Second Empire. Le plafond a été décoré par un peintre français, né en Russie. Cette œuvre réalisée en 1964, est inspirée d'opéras et de ballets célèbres.

Qui est le peintre?

Quiz

1. Quel est le plus grand musée de Paris?
2. Quelle est la date de la prise de la bastille?
3. A quelles gares arrivent les trains en provenance d'Allemagne?
4. Quelles sont les couleurs du drapeau tricolore?
5. Qù se trouve le tombeau de l'Empereur Napoléon Ier?

Die Oper in Paris

Sie wurde unter Napoleon III. von Charles Garnier erbaut. Sie stellt das schönste monumentale Werk des Second Empire (1852 – 1870) dar. Die Decke wurde von einem französischen Maler gestaltet, der in Rußland geboren wurde. Dieses 1964 realisierte Werk ist inspiriert von berühmten Opern- und Ballettszenen. Wer war der Maler?

Marc Chagall (1887 – 1985)

Quiz

1. Welches ist das größte **Museum in Paris?**
   Der Louvre
2. Wann war die Erstürmung der Bastille?
   14. Juli 1789
3. An welchen Bahnhöfen kommen die Züge aus Deutschland an?
   Gare du Nord (Züge aus Norddeutschland) und Gare de l'Est (Züge aus Süddeutschland)
4. Welches sind die Farben der Trikolore?
   Blau, weiß, rot
5. Wo befindet sich das Grab des Kaisers Napoleon I.?
   Invalidendom (Dôme des Invalides)

L'opération de sauvetage

Sabine: *Qu'est-ce qu'il se passe en cas de nau-*
frage?

M. Lebrun: *Tu ne sais pas*
nager?

Sabine: *Bien sûr que si!*
Mais . . .

M. Lebrun: *Eh bien, sur tous*
les bateaux, il y a
des canots, des
bouées et des gilets
de sauvetage.

Retour en France

Le séjour en Angleterre est terminé et il faut rentrer en France. La mer est heureusement calme et
Sabine n'a plus peur de faire naufrage. Elle est sur
le pont et regarde les mouettes. Elle fait déjà des
projets pour sa dernière semaine à Paris.

Die Rettungsaktion

Sabine:	Was passiert bei einem Schiffbruch?
Herr Lebrun:	Kannst du nicht schwimmen?
Sabine:	Doch, natürlich! Aber . . .
Herr Lebrun:	Nun, es gibt auf allen Schiffen Rettungsboote, Ringe und Schwimmwesten.

l'opération de sauvetage (f.) [opera'sjɔ̃ də sov'ta:ʒ]	Rettungsaktion
le naufrage [no'fra:ʒ]	Schiffbruch
le canot [ka'no]	Boot
la bouée [bu'e]	Rettungsring
le gilet de sauvetage [ʒi'lɛ də sov'ta:ʒ]	Schwimmweste

Rückkehr nach Frankreich

Der Aufenthalt in England ist zu Ende, und man muß nach Frankreich zurückkehren. Glücklicherweise ist das Meer ruhig, und Sabine hat keine Angst mehr, daß sie in Seenot geraten werden. Sie ist auf Deck und beobachtet die Möwen. Sie macht schon Pläne für ihre letzte Woche in Paris.

le retour [rə'tu:r]	Rückfahrt, Rückkehr
lur le pont [syr lə pɔ̃]	auf Deck
la mouette [mwɛt]	Möwe
faire des projets [fɛ:r de prɔ'ʒɛ]	Pläne machen

Le temps

Quand il fait beau il y a du soleil et il fait chaud.
Quand il fait mauvais temps il fait froid et il pleut très souvent. Le vent souffle très fort. Il y a quelquefois des orages: l'éclair est suivi immédiatement d'un coup de tonnerre. Des bourrasques de neige ou de pluie sont d'autres sortes de tempête.

«Au teint, on juge l'étoffe;
au bouquet, le vin;
à l'odeur, la fleur;
au langage, l'homme.»

Proverbe allemand

Das Wetter

Wenn schönes Wetter ist, scheint die Sonne, und es ist warm. Wenn schlechtes Wetter ist, ist es kalt, und sehr häufig regnet es. Der Wind weht sehr stark. Manchmal gibt es Gewitter: Blitz und Donner folgen kurz aufeinander. Schnee- oder Regenstürme sind weitere Arten von Unwetter.

le vent [vã]	Wind
souffler [su'fle]	blasen
l'orage (m.) [ɔ'raːʒ]	Gewitter
l'éclair (m.) [e'klɛːr]	Blitz
la bourrasque [bu'rask]	Unwetter

„Nach dem Aussehen beurteilt man den Stoff, nach dem Bouquet den Wein, nach dem Duft die Blume, nach der Sprache den Menschen." – Deutsches Sprichwort

―――――――――― GRAMMATIK ――――――――――

Besondere Formen einiger Verben im Imperativ

avoir	être	savoir
aie!	sois!	sache!
ayons!	soyons!	sachons!
ayez!	soyez!	sachez!
haben	**sein**	**wissen**
hab!	sei!	wisse!
haben wir!	seien wir!	wissen wir!
habt!/	seid!/	wißt!/
haben Sie!	seien Sie!	wissen Sie!

Mit dem Imperativ drückt man aus: einen Befehl, eine Aufforderung, ein Verbot, einen Ratschlag, einen Wunsch oder eine Form der Höflichkeit.

Sabine montre des diapositives

Sabine:	*Voilà notre nouvelle maison. Et voilà la salle de séjour.*
Mme Lebrun:	*Qu'est-ce que c'est, dans le coin?*
Sabine:	*C'est notre chat. Il est toujours très curieux.*
Mme Lebrun:	*Et voilà ton mari et les enfants! Il y a des cadeaux partout. C'était Noël?*
Sabine:	*Oui, tu ne vois pas le sapin?*

Des mots anglais

le parking   le sandwich
le sweat-shirt   le football
le week-end   le jean
les waters   le camping

Sabine zeigt Dias

Frau Lebrun: Das ist unser neues Haus. Und das ist das Wohnzimmer.
Frau Lebrun: Was ist das in der Ecke?
Sabine: Das ist unsere Katze. Sie ist immer sehr neugierig.
Frau Lebrun: Und da sind dein Mann und die Kinder! Überall liegen Geschenke. War das Weihnachten?
Sabine: Ja, siehst du nicht den Tannenbaum?

la diapositive [djapozi'tiːv]	Dia
le coin [kwɛ̃]	Ecke
curieux [ky'rjø]	neugierig
le sapin [sa'pɛ̃]	Tannenbaum

Englische Wörter

le parking [par'kiŋ]	Parkplatz
le sweat-shirt [swit'ʃœrt]	Baumwoll-Sportjacke
le week-end [wik'ɛnd]	Wochenende
les waters (m.) [wa'tɛːr]	Toilette
le sandwich [sã'dwitʃ]	belegtes Butterbrot
le football [fut'boːl]	Fußball
le jean [dʒin]	Jeans
le camping [kã'piŋ]	Camping

Truffes au chocolat blanc

750 g de chocolat blanc en tablettes, 12 cl de crème fraîche, 2 cuillères à soupe de kirsch.

Réduisez 500 g de chocolat en copeaux, mettez-le dans une jatte. Râpez finement le reste et étalez-le sur un plateau. Faites cuire la crème sans couvrir 2 à 3 min. environ. Ajoutez les copeaux de chocolat et remuez pour les faire fondre. Ajoutez le kirsch et laissez refroidir. Formez des petites boulettes de la taille d'une noix, et roulez-les dans le chocolat râpé. Placez les truffes dans des caissettes en papier.

Voici une bonne idée pour un cadeau gourmand!

622

*«Plus une calomnie est
difficile à croire,
Plus pour la retenir
les sots ont de mémoire.»*

Casimir Delavigne

Weiße Schokoladentrüffel

750 g weiße Schokolade in Tafeln, 12 cl Crème fraîche, 2 Eßlöffel Kirsch.
500 g Schokolade zerkleinern und in eine Schüssel geben. Die übrige Schokolade fein reiben und auf einem Teller ausbreiten. Die Crème ohne den Topf zuzudecken, zum Kochen bringen. Ca. 2 – 3 Min. kochen. Die zerkleinerte Schokolade dazugeben, umrühren und zum Schmelzen bringen. Den Kirsch hinzugeben und alles erkalten lassen. Kleine Kügelchen formen (etwa nußgroß), in der geriebenen Schokolade wälzen. Die Trüffel in kleine Papierförmchen setzen.

Ein Tip für süße Geschenke!

„Je unglaublicher eine Verleumdung ist, desto besser ist das Gedächtnis der Dummen, sie zu behalten." – Casimir Delavigne (1793 – 1843), französischer Schriftsteller

─────────── GRAMMATIK ───────────

Plural von zusammengesetzten Substantiven

I. Substantiv + Substantiv: Beide Teile erhalten das Pluralzeichen:
le chou-fleur/les choux-fleurs (Blumenkohl)
Ausnahme:
les timbres-poste (Briefmarken)

II. Substantiv + Präposition + Substantiv: Nur das erste Substantiv erhält das Pluralzeichen:
la pomme de terre/les pommes de terre (Kartoffel)

III. Adjektiv + Substantiv: Beide Teile erhalten das Pluralzeichen:
la belle-sœur/les belles-sœurs (Schwägerin)
Ausnahmen: grand + fem. Substantive:
la grand-mère/les grand-mères (Großmutter)

Les catacombes

Sabine: *Jean, aujourd'hui j'aimerais bien visiter les catacombes. Tu y as déjà été?*

Jean: *Oui, c'est très intéressant. Il faut prendre le métro jusqu'à Denfert-Rocherau.*

Sabine: *Ce sont les vieilles carrières de Paris, n'est-ce pas?*

Jean: *Oui, c'est ça. En 1786, quand les anciens cimetières de Paris ont été fermés parce qu'ils étaient devenus trop petits, on a apporté les ossements aux carrières.*

Sabine fait des achats

Mme Lebrun: *Qu'est-ce que tu veux acheter?*

Sabine: *Une robe et des boucles d'oreilles.*

Mme Lebrun: *C'est tout?*

Sabine: *Mais non. J'ai aussi pensé à mon mari et à mes enfants. Je vais acheter de l'après-rasage pour mon mari et des jouets pour les enfants.*

Die Katakomben

Sabine: Jean, heute würde ich gerne die Katakomben be-
sichtigen. Warst du schon mal dort?
Jean: Ja, es ist sehr interessant. Man muß die Metro bis
Denfert-Rocherau nehmen.
Sabine: Es sind die alten Steinbrüche von Paris, nicht wahr?
Jean: Ja, das ist richtig. 1786, als die alten Friedhöfe von
Paris geschlossen wurden, weil sie zu klein geworden
waren, hat man die Gebeine zu den Steinbrüchen
gebracht.

les catacombes (f. pl.) [kata'kɔ̃:b]	Katakomben
la carrière [ka'rjɛ:r]	Steinbruch
le cimetière [sim'tjɛ:r]	Friedhof
les ossements (m. pl.) [ɔs'mã]	Gebeine

Sabine macht Einkäufe

Frau Lebrun: Was willst du kaufen?
Sabine: Ein Kleid und Ohrringe.
Frau Lebrun: Ist das alles?
Sabine: Aber nein. Ich habe auch an meinen Mann und
meine Kinder gedacht. Ich werde Rasierwasser
für meinen Mann und Spielzeug für die Kinder
kaufen.

la robe [rɔb]	Kleid
les boucles d'oreilles ['buklə dɔ'rɛj]	Ohrringe
la lotion après rasage / l'après-rasage (m.)	Rasierwasser
[lo'sjɔ̃ a'prɛ rɑ'za:ʒ]	
les jouets (m. pl.) [ʒwɛ]	Spielsachen

La Camargue

Un pays qui a gardé ses traditions. Ses terres produi-
sent du riz, du blé, de la vigne et des arbres fruitiers.
Une région où des milliers de touristes ne viennent
pas seulement pour voir vivre en liberté les chevaux
et les taureaux. Des fouilles dans les sables de la
Carmague ont révélé qu'une ville antique existe bien.
Est-ce la ville de la reine Sara, la reine d'un peuple
venu d'un pays mystérieux d'Asie pour s'installer aux
Saintes-Maries-de-la-Mer?

Quel rôle joue la ville des Saintes-Maries-de-la-Mer?

―――――――――――― EXERCICE ――――――――――――

Les pronoms

Remplacez les substantifs par des pronoms:

1. Mme Lenoir achète **le livre**.
2. Je téléphone **à mon ami**.
3. Vous connaissez **cet homme**.
4. Elle regarde souvent **la télévision**.
5. Ils donnent **des fleurs aux dames.**

Die Carmague

Ein Land mit alten Traditionen. Auf seinem Boden wachsen Reis, Weizen, Wein und Obstbäume. Eine Region, in die Tausende von Touristen kommen, und das nicht nur, um Pferde und Stiere in freier Natur leben zu sehen. Archäologische Funde haben ergeben, daß tatsächlich eine antike Stadt unter dem Sand der Carmague liegt. Ist es die Stadt der Königin Sara, die mit ihrem Volk aus einem mysteriösen Land in Asien kam und sich in Saintes-Maries-de-la-Mer ansiedelte? Welche Rolle spielt die Stadt Saintes-Maries-de-la-Mer?

Saintes-Maries-de-la-Mer ist alljährlich im Mai und im August der Wallfahrtsort der Zigeuner.

Die Pronomen
Ersetzen Sie die Substantive durch Pronomen:

1. Mme Lenoir l'achète (Frau Lenoir kauft **es**).
2. Je **lui** téléphone (ich rufe **ihn** an).
3. Vous le connaissez (Sie kennen **ihn**).
4. Elle **la** regarde souvent (sie schaut **es** oft an).
5. Ils **les leur** donnent (sie geben **sie ihnen**).

DIE EXPERTENECKE
Sigles français

Wichtige französische Kürzel (sigles):

A. C. F.	–	Automobile Club de France (Automobilclub Frankreich)
A. J.	–	Auberge de jeunesse (Jugendherberge)
c. à. d.	–	c'est-à-dire (das heißt)
B. D.	–	bande dessinée (Comic)
C. E.	–	Communauté Européenne (EG)
H. L. M.	–	habitation à loyer modéré (Wohnung zu mäßiger Miete; sozialer Wohnungsbau)
R. N.	–	route nationale (Nationalstraße)
TGV	–	train à grande vitesse (Hochgeschwindigkeitszug)

Le Sacré-Cœur

La Basilique du Sacré-Cœur se trouve sur une des plus hautes collines de Paris: la Butte Montmartre. Sa construction a commencée en 1876, mais elle n'a été achevée qu'en 1919. De là on peut voir tout le nord de Paris. Quand il fait beau, sa vue est magnifique.

Le laveur de carreaux

Mme Lebrun a fait des heures supplémentaires pendant ces dernières semaines. En outre, elle a passé beaucoup de temps avec Sabine. Elle n'a pas eu assez de temps pour le ménage. C'est pourquoi elle a chargé un laveur de carreaux de faire toutes les fenêtres de la maison.

Sacré-Cœur

Die Basilika Sacré-Cœur befindet sich auf einem der höchsten
Hügel von Paris: dem Butte Montmartre. 1876 begann man, sie
zu bauen, aber sie wurde nicht vor 1919 vollendet. Von dort aus
kann man den ganzen Norden von Paris überblicken. Bei
schönem Wetter bietet sie einen wunderbaren Ausblick.

la basilique [bazi'lik]	Basilika
la colline [kɔ'lin]	Hügel
la butte [byt]	Hügel
achever [aʃ've]	vollenden

Der Fensterputzer

Frau Lebrun hat in den letzten Wochen Überstunden gemacht.
Außerdem hat sie viel Zeit mit Sabine verbracht. Sie hat nicht
genügend Zeit für ihre Hausarbeit gehabt. Deshalb hat sie
einen Fensterputzer beauftragt, alle Fenster des Hauses zu
putzen.

les heures supplémentaires (f.) [dez œːr syplemã'tɛːr]	Überstunden
ces dernières semaines [se dɛr'nje s(ə)mɛn]	in den letzten Wochen
charger (qn de faire qc) [ʃar'ʒe]	(j-n mit etw.) beauftragen
le laveur de carreaux [la'vœːr də ka'ro]	Fensterputzer

Retour en Allemagne

Sabine:	*Le train part dans dix minutes!*
Mme Lebrun:	*Il y a encore une place libre dans ce compartiment.*
M. Lebrun:	*Je mets tes valises dans le filet. Au revoir, Sabine.*
Mme Lebrun:	*Au revoir et bon voyage.*
Sabine:	*Merci beaucoup pour tout. Et au revoir en Allemagne.*

*«Le Français
est un monsieur décoré
qui redemande du pain et qui
ignore la géographie.»*

Dicton

Rückfahrt nach Deuschland

Sabine:	Der Zug fährt in zehn Minuten ab!
Frau Lebrun:	In diesem Abteil ist noch ein Platz frei.
Herr Lebrun:	Ich werde die Koffer in das Gepäcknetz legen. Auf Wiedersehen, Sabine.
Frau Lebrun:	Auf Wiedersehen und gute Reise.
Sabine:	Vielen Dank für alles. Und auf Wiedersehen in Deutschland.

le filet [fi'lɛ]	Gepäcknetz
au revoir [o rə'vwa:r]	auf Wiedersehen
bon voyage [bɔ̃ vwa'ja:ʒ]	gute Reise

„Der Franzose ist ein Herr mit Auszeichnungen, der Brot nach-verlangt und der nichts von Geographie versteht." — Französische Redensart

---
GRAMMATIK

Der Imperativ

Der Imperativ (Befehlsform) Singular wird gebildet mit der Verbform der 1. Person Singular vom Indikativ Präsens:
Pense à fermer la porte! (Denk daran, die Tür zu schließen!)
Prends le parapluie! (Nimm den Regenschirm!)
Der Imperativ Plural wird gebildet mit der 1. und 2. Person Plural vom Indikativ Präsens:
Pensez à fermer la porte! (Denkt/Denken Sie daran, die Tür zu schließen!)
Prenons le parapluie! (Nehmen wir den Regenschirm!)

Savarin aux fruits

4-5 cuil. à soupe de lait, 3 cuil. à café de levure, 2 cuil. à café de sucre, 250 g de farine, du sel, 2 cuil. à soupe de sucre, 4 œufs battus, 100 g de beurre ramoli, zeste d'orange.

Avec ces ingrédients préparez une pâte levée.

Pour le sirop: 180 g de sucre, 15 cl d'eau, 3 cuil. à soupe de confiture d'abricots passée, 3 cuil. à soupe de rhum.

Versez la pâte dans le moule, laissez-la lever jusqu'aux 2/3 du moule. Cuire env. 40 min. au four à 200°. Démoulez. Faites cuire l'eau et le sucre, ajoutez la confiture et le rhum. Arrosez le savarin avec le sirop. Décorez avec des fruits de votre choix et de la crème fouettée.

Bon appétit!

Quel temps fera-t-il?

Jean consulte le bulletin de prévision météorologique sur le minitel, pour savoir quel temps il va faire cette semaine. Les températures sont en hausse, jusqu'à 38 degrés, le ciel est clair, mais en fin de semaine il y aura des tendances orageuses.

Getränkter Napfkuchen mit Früchten

4-5 Eßl. Milch, 3 Teel. Hefe, 2 Teel. Zucker (zum Auflösen der Hefe), 250 g Mehl, Salz, 2 Eßl. Zucker, 4 geschlagene Eier, 100 g weiche Butter, zerriebene Orangenschale.

Mit diesen Zutaten bereiten Sie einen Hefeteig.

Für den Sirup: *180 g Zucker, 15 cl Wasser, 3 Eßl. passierte Aprikosenkonfitüre, 3 Eßl. Rum.*

Den Teig in die Form füllen, gehen lassen, bis der Teig die Form zu 2/3 füllt. Im Backofen bei 200° ca. 40 Min. backen. Aus der Form nehmen. Das Wasser mit dem Zucker aufkochen, die Konfitüre und den Rum hinzugeben. Den Kuchen mit dem Sirup begießen. Mit Früchten Ihrer Wahl und Schlagsahne verzieren.

Guten Appetit!

Wie wird das Wetter?

Jean fragt die Wettervorhersage auf minitel ab, um zu wissen, wie das Wetter in dieser Woche wird. Die Temperaturen steigen bis 38 Grad, der Himmel ist klar, aber zum Ende der Woche bestehen Gewitterneigungen.

In Frankreich haben relativ viele Haushalte einen minitel-Anschluß. Das Gerät besteht aus einem kleinen Bildschirm und einer Tastatur. Es ist unmittelbar mit dem Telefon verbunden.

consulter [kɔ̃syl'te]	abfragen/befragen
le bulletin de prévision météorologique [byl'tɛ̃ də previ'zjɔ̃ meteɔrɔlɔ'ʒik]	Wettervorhersage
la température [tɑ̃pera'ty:r]	Temperatur
en hausse [ɑ̃ o:s]	steigen/steigend
le degré [də'gre]	Grad
le ciel [sjɛl]	Himmel
orageuse *(adj., f)* [ɔra'ʒøz]	Gewitter-
le minitel [mini'tɛl]	*entspricht in etwa dem Bildschirmtext (Btx)*

> *«Quand il y a à manger pour huit,*
> *il y en a pour dix.»*
>
> *Molière*

─────────── **GRAMMAIRE** ───────────

Le passé composé de quelques verbes irréguliers

J'ai **bu** une bouteille de vin rouge.
Tu **as pris** la bouteille d'eau minérale?
Ils **ont construit** une belle maison.
Elle **a reconnu** ma mère.
Nous nous **sommes assis** par terre.
J'**ai eu** mal aux dents.
Nous **avons cuit** de la viande.
Il m'**a offert** un livre.

„Wenn genügend zu essen da ist für acht, dann ist genügend da für zehn." – Molière (1622 – 1673), französischer Schriftsteller

─────────── GRAMMATIK ───────────

Der Imperativ (Befehlsform)

Der Imperativ wird gebildet mit den Verbformen der 1. Person Singular und der 1. und 2. Person Plural Präsens. Man konjugiert den Imperativ nur in der 2. Person Singular (z. B. nimm!) und der 1. und 2. Person Plural (z. B. nehmen wir! nehmt!).

Beispiele:

donner	– donne	– donnons	– donnez
finir	– finis	– finissons	– finissez
vendre	– vends	– vendons	– vendez
geben	– gib!	– geben wir!	– gebt!/geben Sie!
beenden	– beende!	– beenden wir!	– beendet!/ beenden Sie!
verkaufen	– verkauf!	– verkaufen wir!	– verkauft!/ verkaufen Sie!

─────────── GRAMMATIK ───────────

Das Passé Composé unregelmäßiger Verben

Ich habe eine Flasche Rotwein getrunken.
Hast du die Flasche Mineralwasser genommen?
Sie haben ein schönes Haus gebaut.
Sie hat meine Mutter wiedererkannt.
Wir haben uns auf den Boden gesetzt.
Ich habe Zahnschmerzen gehabt.
Wir haben Fleisch gebraten.
Er hat mir ein Buch geschenkt.

Sur le court de tennis

Jean s'est inscrit à un cours de tennis, c'est aujourd'hui sa première leçon. Il est déçu parce que
la monitrice ne lui laisse
que quelques minutes
pour jouer, d'abord elle
lui explique un tas de
choses: Ceci est la ligne
de service, ceci est la ligne
de côté pour jeu simple,
etc. etc.

Connaissez-vous le verbe?

*Trouvez les verbes correspondant aux substantifs
suivants:*

1. un apprentissage   2. un choix
3. une connaissance   4. un espoir
5. une destruction   6. une course
7. une permission   8. une correction
9. une blessure   10. une réparation

Auf dem Tennisplatz

Jean hat sich für einen Tenniskurs angemeldet, heute hat er seine erste Stunde. Er ist enttäuscht, weil die Lehrerin ihm nur einige Minuten Zeit zum Spielen läßt, zunächst erklärt sie ihm eine Menge: Dies ist die Aufschlaglinie, das ist die Seitenlinie für das Einzelspiel, usw. usw.

le court de tennis [ku:r də tɛ'nis]	Tennisplatz
le cours [ku:r]	Kurs
déçu *(adj.)* [de'sy]	enttäuscht
la monitrice [mɔni'tris]	Lehrerin *(Sport)*/Trainerin
un tas de choses [tɑ də ʃo:z]	eine Menge
la ligne de service [liɲ də sɛr'vis]	Aufschlaglinie

Kennen Sie das Verb?

Finden Sie das Verb, das von den folgenden Substantiven abgeleitet werden kann:

1. Lehre — *apprendre* (lernen)
2. Auswahl/Wahl — *choisir* (auswählen)
3. Kenntnis/Bekanntschaft — *connaître* (kennen)
4. Hoffnung — *espérer* (hoffen)
5. Zerstörung — *détruire* (zerstören)
6. Rennen — *courir* (rennen)
7. Erlaubnis — *permettre* (erlauben)
8. Verbesserung — *corriger* (verbessern)
9. Verletzung — *blesser* (verletzen)
10. Reparatur — *réparer* (reparieren)

Jean cherche un petit boulot

Jean voudrait gagner un peu d'argent pendant les vacances.
Chaque matin il prend le journal et lit les annonces.
Mais il ne trouve pas ce qu'il cherche. Il ne veut pas être baby-sitter ou faire la plonge. Mme Lebrun trouve qu'il est trop difficile.

L'île de la Cité

Si on regarde le plan de Paris on constate que la ville a la forme d'une ellipse. L'île de la Cité est presque exactement au centre. C'est ici que se trouve Notre-Dame, qui a été construite au 13ᵉ siècle. La Préfecture de Police et le Palais de Justice occupent presque la moitié de l'île, la cathédrale et son quartier occupent l'autre moitié.

Jean sucht einen Job

Während der Ferien will Jean ein wenig Geld verdienen. Jeden Morgen nimmt er die Zeitung und liest die Annoncen. Aber er findet nicht, was er sucht. Er will kein Babysitter sein oder Geschirr spülen. Frau Lebrun findet, daß er zu wählerisch ist.

le petit boulot [p(ə)ti bu'lo]	Job
gagner [ga'ɲe]	verdienen
l'annonce (f.) [a'nɔ̃s]	Anzeige, Inserat
le baby-sitter [bebisi'tœr]	Babysitter
difficile [difi'sil]	schwierig
la plonge [plɔ̃:ʒ]	(Geschirr-)Abwaschen

Die Ile de la Cité

Wenn man den Stadtplan von Paris betrachtet, kann man feststellen, daß die Stadt die Form einer Ellipse hat. Die Ile de la Cité befindet sich fast genau in der Mitte. Notre-Dame, die im 13. Jahrhundert erbaut wurde, befindet sich hier. Polizei und Gerichtshof nehmen fast die Hälfte der Insel ein, die Kathedrale und ihr Viertel die andere Hälfte.

l'île (f.) [il]	Insel
le plan [plɑ̃]	Karte, Lageplan
la justice [ʒys'tis]	Gericht, Gerechtigkeit
la moitié [mwa'tje]	Hälfte

GRAMMAIRE

Le contraire

loin	près
travailler	paresser
construire	détruire
la naissance	la mort
la silence	le bruit
sur	sous
rapide	lent
devant	derrière

640

Aujourd'hui, c'est «Mardi gras»

Dans quelques régions de France on fête le carnaval.
Les gens se déguisent avec des costumes ou des
masques. Dans d'autres
régions on mange des
spécialités en pâte frite
(différentes sortes de
beignets), ce qui illustre
le nom de ce jour.

GRAMMATIK

Das Gegenteil

loin	(weit)	près	(nah)
travailler	(arbeiten)	paresser	(faulenzen)
construire	(erbauen)	détruire	(zerstören)
la naissance	(Geburt)	la mort	(Tod)
la silence	(Ruhe, Stille)	le bruit	(Lärm)
sur	(auf)	sous	(unter)
rapide	(schnell)	lent	(langsam)
devant	(vor)	derrière	(hinter)

Heute ist Fastnacht

In einigen Regionen Frankreichs feiert man den Karneval. Die Leute verkleiden sich mit Kostümen oder Masken. In anderen Regionen ißt man ölgebackene Spezialitäten (verschiedene Krapfensorten), was den Namen des Tages veranschaulicht: Fetter Dienstag.

Mardi gras [mar'di gra]	Fastnacht; *wörtl.*: fetter Dienstag
se déguiser [sə degi'ze]	sich verkleiden
la pâte frite [pɑːt frit]	ölgebackene Teigwaren
le beignet [bɛ'ɲɛ]	Krapfen/Berliner Ballen

Couper du bois

Mme Dupont: *As-tu vu? Le chêne à côté de la maison est mort. Voudrais-tu me rendre un petit service et abattre cet arbre?*

M. Dupont: *Certaine-ment, si tu me passes une hache.*

«J'y monte souvent parce que c'est le seul endroit de Paris d'où on ne la voit pas.»

Guy de Maupassant sur la Tour Eiffel

Holzfällen

Frau Dupont: Schau mal! Die Eiche neben dem Haus ist tot.
Würdest du mir einen kleinen Gefallen tun und
sie fällen?
Herr Dupont: Sicherlich, wenn du mir eine Axt gibst.

couper du bois [ku'pe dy bwa]	Holz fällen
le bois [bwa]	Holz, Wald
le chêne [ʃɛn]	Eiche
le service [sɛr'vis]	Gefallen, Dienst
abattre [a'batrə]	fällen, schlagen
la hache [aʃ]	Axt

„Ich besteige ihn oft, weil es der einzige Ort in Paris ist, von dem
aus man ihn nicht sieht." — Guy de Maupassant (1850 – 1893)
über den Eiffelturm, französischer Schriftsteller; Märchen
(Contes de la bécasse), Novellen *(La maison Tellier)*, Romane
(Bel-Ami)

──────────── GRAMMATIK ────────────

Der Gebrauch des Imperfekts

Das Imperfekt antwortet auf die Fragen:
Was war schon? Was geschah regelmäßig? Was taten wir
immer?
Das Imperfekt beschreibt Handlungen und Vorgänge, bei
denen der Verlauf und nicht Anfang und Ende betont werden.
Beispiel:
*Jean **lisait** quand le téléphone a sonné.*
(Jean las, als das Telefon klingelte.)
*Jean **fumait** souvent des cigarettes.*
(Jean rauchte häufig Zigaretten.)

Le ramassage des vieux papiers

Hier il y avait dans la boîte aux lettres un avis du Secours catholique annonçant le ramassage de vieux papiers au profit d'une mission. Cela tombe bien, ainsi chacun peut débarrasser ses piles de revues, de journaux dont nous ferons des liasses. Il faudra les déposer sur le trottoir pour 7h^{00} demain matin.

La nouvelle femme de ménage

Mme Morin: *Jeannette, d'abord vous nettoyez toutes les vitres, puis vous aspirez partout; l'aspirateur se trouve dans le placard avec les produits d'entretien.*

Jeannette: *Bien, Madame, mais j'ai le vertige quand je monte sur l'échelle pour nettoyer les vitres...*

Altpapiersammlung

Gestern war im Briefkasten eine Ankündigung für eine Altpapiersammlung des Katholischen Hilfswerks zugunsten einer Mission. Das trifft sich gut, so kann jeder seine Zeitungs- und Zeitschriftenstapel loswerden. Wir werden sie bündeln. Die Bündel müssen bis 7.00 Uhr morgen früh auf dem Bürgersteig liegen.

le ramassage [rama'sa:ʒ]	Sammlung
l'avis *m* [a'vi]	Ankündigung/ Benachrichtigung
annoncer [anɔ̃'se]	ankündigen
le Secours catholique [s(ə)'ku:r katɔ'lik]	Katholisches Hilfswerk
au profit [o prɔ'fi]	zugunsten
cela tombe bien [sə'la tɔ̃b bjɛ̃]	das trifft sich gut
débarrasser [debara'se]	weg-/aufräumen, loswerden
la pile [pil]	Stapel
la liasse [ljas]	Bündel

Die neue Haushaltshilfe

Frau Morin: Jeannette, zunächst putzen Sie alle Fenster, dann saugen Sie überall Staub; Sie finden den Staubsauger im Abstellraum mit den Reinigungsprodukten.

Jeannette: Gut, aber mir wird schwindelig, wenn ich auf die Leiter steige, um die Fenster zu putzen...

la femme de ménage [fam də me'na:ʒ]	Haushaltshilfe
nettoyer [nɛtwa'je]	reinigen/putzen
la vitre ['vi:trə]	Fenster (Scheibe)
aspirer [aspi're]	staubsaugen
partout [par'tu]	überall
l'aspirateur *m* [aspira'tœ:r]	Staubsauger
le placard [pla'ka:r]	Abstellraum/ Wandschrank
l'entretien *m* [ãtrə'tjɛ̃]	Pflege/Reinigung
le vertige [vɛr'ti:ʒ]	Schwindel
l'échelle *f* [e'ʃɛl]	Leiter

Les partis politiques

Au sein des grands mouvements – l'opposition et la majorité – les partis et leurs noms ont souvent changé. Le Français moyen, pour s'y retrouver, leur a donné des appellations plus durables: communistes, socialistes, radi-
caux de gauche et
de droite, cen-
tristes, giscardiens,
gaullistes et «sans
étiquette».

———————— GRAMMAIRE ————————

Des «presque synonymes»

le voleur	le filou
le val	la vallée
l'usine	la fabrique
la tempête	l'orage
tandis que	pendant que
le salaire	les honoraires
la montagne	le mont
la façon	la manière

Politische Parteien

Innerhalb der beiden großen Richtungen — Opposition und Regierung — haben die Parteien und deren Namen oft gewechselt. Um sich zurechtzufinden, hat der Durchschnittsfranzose den Parteien langlebigere Bezeichnungen gegeben: Kommunisten, Sozialisten, Links- und Rechtsradikale, Zentristen, Giscardisten, Gaullisten und „Namenlose".

au sein [o sɛ̃]	innerhalb
la majorité [maʒɔri'te]	Mehrheit
moyen *adj.* [mwa'jɛ̃]	durchschnittlich
s'y retrouver [si: rətru've]	sich zurechtfinden
l'appellation *f* [apɛla'sjɔ̃]	Benennung/Bezeichnung
durable *adj.* [dy'rablə]	dauerhaft/langlebig

Ähnliche Wörter

le voleur [vɔ'lœːr]	Dieb
le filou [fi'lu]	Spitzbube, Langfinger
le val [val]	Tal (im Zusammenhang mit Namen)
la vallée [va'le]	Tal (geographisch)
l'usine (f.) [y'zin]	Betrieb, Werk
la fabrique [fa'brik]	Fabrik, Werk
la tempête [tɑ̃'pɛt]	(Gewitter-)Sturm
l'orage (m.) [ɔ'raːʒ]	Gewitter
tandis que [tɑ̃'di(s) kə]	während (zeitlich und gegensätzlich)
pendant que [pɑ̃'dɑ̃ kə]	während (zeitlich)
le salaire [sa'lɛːr]	(Arbeits-)Lohn
les honoraires (m.) [ɔnɔ'rɛːr]	Honorar
la montagne [mɔ̃'taɲ]	Berg
le mont [mɔ̃]	Berg (im Zusammenhang mit Namen)
la façon [fa'sɔ̃]	Form, Art und Weise
la manière [ma'njɛːr]	Art, Weise

Les élections municipales

Durant des semaines les candidats se sont «battus» à la télévision, lors de manifestations locales, par publications dans les journaux. Dimanche, enfin les citoyens voteront pour «leur candidat». Les bureaux de vote sont ouverts de 8 h^{00} à 20 h^{00}. Les scrutateurs dépouillent les bulletins de vote.

L'Europe a 35 ans

Le 25 mars 1957, la Belgique, l'Allemagne de l'Ouest, la France, l'Italie, le Luxembourg et les Pays-Bas signent le traité de Rome. La Communauté Economique Européenne est née. Depuis la CEE s'est agrandie, elle compte douze pays. D'ici la fin de cette année, les Douze veulent réaliser le Grand Marché intérieur où les hommes et les marchandises peuvent circuler librement.

Qui était le 1er président du Parlement européen?

Kommunalwahlen

Wochenlang haben sich die Kandidaten im Fernsehen, bei lokalen Veranstaltungen und durch Veröffentlichungen in den Zeitungen „bekämpft". Am Sonntag ist es soweit, die Bürger werden „ihren Kandidaten" wählen. Die Wahllokale sind von 8.00 bis 20.00 Uhr geöffnet. Die Wahlprüfer zählen die Stimmzettel aus.

l'élection *f* [elɛkˈsjɔ̃]	Wahl
municipal *adj.* [mynisiˈpal]	kommunal
se battre [sə ˈbatrə]	sich bekämpfen/schlagen
la manifestation [manifɛstɑˈsjɔ̃]	Veranstaltung
la publication [pyblikɑˈsjɔ̃]	Veröffentlichung
le citoyen [sitwaˈjɛ̃]	Bürger
voter [vɔˈte]	wählen/stimmen für
le scrutateur [skrytaˈtœːr]	Stimmzähler/Wahlprüfer
dépouiller [depuˈje]	auszählen/auswerten
le bulletin de vote [bylˈtɛ̃ də vɔt]	Stimmzettel

Europa ist 35 Jahre alt

Am 25. März 1957 unterzeichnen Belgien, Westdeutschland, Frankreich, Italien, Luxemburg und die Niederlande den Vertrag von Rom. Die Europäische Wirtschaftsgemeinschaft ist geboren. Seitdem ist die EWG gewachsen, zu ihr zählen 12 Länder. Bis zum Ende dieses Jahres wollen die Zwölf den Großen Binnenmarkt verwirklichen, wo freier Verkehr für Menschen und Waren besteht. Wer war der erste Präsident des Europäischen Parlaments?

Robert Schumann (1886-1963)

Schumann war 1958 – 1960 Präsident.

Les parties de la tête: Trouvez les mots!

X	R	E	B	R	A	B	Z
B	O	U	C	H	E	A	L
A	T	X	T	S	N	U	L
F	T	N	O	R	F	X	A
R	E	L	T	N	U	E	N
D	U	E	V	E	H	C	G
J	O	U	Y	Z	T	H	U
P	J	Y	E	N	S	E	E

La nouvelle voiture

M. Lebrun va chez Citroën. Le marchand de voitures lui montre le dernier modèle. Le vendeur lui explique le fonctionnement du moteur. M. Lebrun est très intéressé. C'est une voiture avec un catalyseur et ainsi favorable à l'environnement. En outre elle fait 75 chevaux.

Die Teile des Kopfes: Finden Sie die Wörter!

la barbe [barb]	Bart
la tête [tɛt]	Kopf
la joue [ʒu]	Wange
le cheveu [ʃvø]	Haar
les yeux (m.) [jø]	Augen
la langue [lɑ̃ːg]	Zunge
la bouche [buʃ]	Mund
le front [frɔ̃]	Stirn
le nez [ne]	Nase
la dent [dɑ̃]	Zahn

Das neue Auto

Herr Lebrun geht zu Citroën. Der Autohändler zeigt ihm das neueste Modell. Der Verkäufer erklärt ihm den Motor. Herr Lebrun ist sehr interessiert. Es ist ein Auto mit Katalysator und daher umweltfreundlich. Außerdem hat es 75 PS.

dernier [dɛr'nje]	neuester
le vendeur [vɑ̃'dœːr]	Verkäufer
le catalyseur [katali'zœːr]	Katalysator
favorable à l'environnement (m.)	umweltfreundlich
[favɔ'rablə a lɑ̃virɔn'mɑ̃]	
chevaux (m. pl.) [ʃvo]	Pferdestärken

651

Ouverture d'un compte en banque

Petra est allée à la banque pour ouvrir un compte.
L'employé lui explique qu'en France les chèques sont
prébarrés, qu'ils ne ser-
vent qu'à payer les notes
dans les magasins, les
restaurants etc. On ne
peut pas retirer de
l'argent liquide avec
ces chèques.

652

Préparatifs pour un long week-end

Comme vendredi c'est le 1er mai, c'est férié, on ne
travaille pas. Les amis ont décidé de faire de la
planche à voile sur le lac d'Annecy dans le Jura. Ils
ont réservé des places dans le TGV pour jeudi soir.
Jean partira en
camionnette, car il
doit transporter
les planches et
tout l'équipement.

Eröffnung eines Bankkontos

Petra ist zur Bank gegangen, um ein Konto zu eröffnen. Der Angestellte erklärt ihr, daß in Frankreich alle Scheckvordrucke „zur Verrechnung" ausgestellt sind und daß sie nur zur Begleichung von Rechnungen in Geschäften, Restaurants usw. dienen. Man kann kein Bargeld damit abheben.

le compte [kɔ̃:t]	Konto
retirer de l'argent [rəti're də lar'ʒɑ̃]	Geld abheben
l'argent liquide *m* [ar'ʒɑ̃ li'kid]	Bargeld
la note/la facture [nɔt/fɑk'ty:r]	Rechnung

Vorbereitungen für ein langes Wochenende

Da Freitag, der 1. Mai, ein Feiertag ist, arbeitet man nicht. Die Freunde haben beschlossen, auf dem See in Annecy im Jura zu surfen. Sie haben Plätze im TGV (Hochgeschwindigkeitszug) für den Donnerstagabend reserviert. Jean wird mit dem Kleintransporter fahren, denn er muß die Bretter und die Ausrüstungen befördern.

les préparatifs *m* [prepara'tif]	Vorbereitungen
le jour férié [ʒu:r fe'rje]	Feiertag
la planche à voile [plɑ̃:ʃ a vwal]	Surfbrett
faire de la planche à voile [fɛ:r də la plɑ̃:ʃ a vwal]	surfen
la camionnette [kamjɔ'nɛt]	Kleintransporter
l'équipement *m* [ekip'mɑ̃]	Ausrüstung

Les noces de diamant

Les grands-parents de Jean et Céline fêtent leurs noces de diamant. A cette occasion M. Martin a réservé une salle à l'hôtel pour la réception au champagne. Les amis et invités de la famille viennent présenter leurs félicitations au couple qui fête ses 60 ans de mariage.

──────── EXERCICE ────────

Les pronoms

Remplacez les objets directs et indirects par les pronoms:

1. Jean donne la clé à Marc.
2. Je montre les photos à mes amis.
3. Le guide nous montre la ville.
4. Mme Martin donnera la recette à Silke et à moi.
5. Pouvez-vous nous indiquer le chemin?
6. Qui t'a expliqué l'exercice?
7. J'envoie le colis à ma sœur.

Die diamantene Hochzeit

Die Großeltern von Jean und Céline feiern ihre diamantene Hochzeit. Herr Martin hat zu diesem Anlaß einen Saal im Hotel für den Champagnerempfang gemietet. Die Freunde und Gäste der Familie kommen, um dem Paar, das seinen 60. Hochzeitstag feiert, zu gratulieren.

la noce *(im Frz. oft Pl.)* [nɔs]	Hochzeit
la réception [resɛp'sjɔ̃]	Empfang
les félicitations [felisitɑ'sjɔ̃]	Gratulation/Glückwünsche
le couple ['kuplə]	Paar
les 60 ans de mariage [swasɑ̃t ɑ̃ də ma'rjaːʒ]	60. Hochzeitstag

Die Pronomen

Ersetzen Sie Akkusativ- und Dativ-Objekte durch die Pronomen:

1. Jean **la lui** donne.
2. Je **les leur** montre.
3. Le guide **nous la** montre.
4. Mme Martin **nous la** donnera.
5. Pouvez-vous nous l'indiquer?
6. Qui te l'a expliqué?
7. Je **le lui** envoie.

1. Jean gibt ihn ihm.
2. Ich zeige sie ihnen.
3. Der Reiseführer zeigt sie uns.
4. Frau Martin wird es uns geben.
5. Können Sie ihn uns zeigen?
6. Wer hat sie dir erklärt?
7. Ich schicke es ihr.

DIE EXPERTENECKE

L'institutrice demande à un élève qui semble dormir au fond de la classe: «Cite-moi deux pronoms.»
L'élève sursaute et dit: «Qui? Moi?»
Die Lehrerin sagt einem Schüler, der in der hinteren Reihe zu schlafen scheint: „Nenne mir zwei Pronomen." Der Schüler zuckt zusammen und sagt: „Wer? Ich?"

Les valises ne doivent peser que 20 kg

M. Morin: *Voyons Odile, tu ne peux pas emporter toutes ces affaires, tu sais que chacun de nous n'a droit qu'à 20 kg de bagages.*

Mme Morin: *Je mettrai une partie de mes affaires dans ta valise, tu n'as pas besoin de tant de choses.*

M. Morin: *Ah bon?*

A l'aéroport

L'employée: *Veuillez faire peser vos bagages juste en face. Ensuite vous passerez au contrôle, puis vous irez dans la salle d'attente. On annoncera votre vol.*

30 min. plus tard, les passagers pour le vol no. 2787 se rendent à la porte d'embarquement.

Die Koffer dürfen nur 20 kg wiegen

Herr Morin: Aber Odile, du kannst diese Sachen nicht alle mitnehmen, du weißt, daß jeder von uns nur 20 kg Gepäck haben darf.
Frau Morin: Ich werde einen Teil meiner Sachen in deinen Koffer packen, du brauchst ja nicht so viele Sachen.
Herr Morin: Ach so?

la valise [va'li:z]	Koffer
peser [pə'ze]	wiegen
avoir droit à [a'vwa:r drwa a]	Recht haben auf
les bagages *m* [ba'ga:ʒ]	Gepäck
Ah bon! (interjection) [a bɔ̃]	ach so!/so! (Ausruf)

Auf dem Flughafen

Angestellte: Bitte lassen Sie Ihr Gepäck gegenüber wiegen. Danach gehen Sie durch die Kontrolle, dann gehen Sie in den Wartesaal. Ihr Flug wird aufgerufen.
30 Minuten später begeben sich die Passagiere für den Flug Nr. 2787 zur Abflughalle.

l'aéroport *m* [aero'pɔ:r]	Flughafen
en face [ã fas]	gegenüber
la salle d'attente [sal da'tã:t]	Wartesaal
annoncer [anɔ̃'se]	ankündigen/aufrufen
se rendre à [sə'rã:drə a]	sich begeben
la porte d'embarquement [pɔrt dãbarkə'mã]	Abflughalle

Un voyage en bateau

Mme Morin: *Paul, tu as vu l'affichage à la réception? On propose un voyage en bateau vers les îles Loyauté. L'embarquement a lieu samedi à 7h³⁰.*

M. Morin: *Cela me semble intéressant. Nous irons réserver des billets à l'agence dans le port.*

La France en fête

Aujourd'hui, c'est la fête nationale en France. Les gens mettent des drapeaux «tricolores» aux fenêtres. Les rues, les terrasses des cafés sont décorées avec des guirlandes et des lampions. Un peu partout dans les villes sont dressées des estrades drapées de tentures bleu, blanc et rouge; les orchestres jouent de la musique, entre autre naturellement la Marseillaise. Les gens s'amusent et dansent. Le soir il y a un magnifique feu d'artifice.

Qu'est-ce qu'on célèbre?

Eine Schiffsreise

Frau Morin: Paul, hast du den Aushang an der Rezeption gesehen? Es wird eine Schiffsreise zu der Inselgruppe Loyauté angeboten. Um 7 Uhr 30 am Samstag sollen die Passagiere an Bord gehen.

Herr Morin: Das scheint interessant zu sein. Wir werden zur Agentur in den Hafen gehen, um die Fahrkarten zu reservieren.

Die Inselgruppe Loyauté liegt östlich von Neukaledonien. Das Archipel ist ebenfalls französisches Territorium und wird von Neukaledonien verwaltet.

l'affichage *m* [afiˈʃaːʒ]	Anschlag/Plakatierung
le bateau [baˈto]	Schiff
l'embarquement *m* [ãbarkəˈmã]	Einschiffen/ An-Bord-Gehen
le port [pɔːr]	Hafen

Frankreich feiert

Heute ist der Nationalfeiertag in Frankreich. Die Leute hängen blau-weiß-rote Fahnen in die Fenster. Die Straßen und die Terrassen der Cafés werden mit Girlanden und Lampions geschmückt. Überall in den Städten werden Podeste aufgestellt und mit blau-weiß-roten Tüchern behängt; die Kapellen spielen Musik, unter anderem natürlich die Marseillaise. Die Leute amüsieren sich und tanzen. Am Abend gibt es ein herrliches Feuerwerk. Was feiert man?

Man feiert den Sturm auf die Bastille im Jahre 1789.

EXERCICE

L'Impératif

Conjuguez les verbes suivants à l'impératif:

1. être soigneux
2. prendre courage
3. parler plus bas
4. faire l'exercice
5. finir la comédie
6. courir vite

Un après-midi «farniente»

Didier et ses amis sortent les chaises longues du garage, les nettoient puis les installent dans le jardin. Ils veulent jouer aux cartes, mais à peine sont-ils installés, les filles arrivent et chassent les garçons de leurs sièges pour s'y installer à leur tour pour prendre un bain de soleil.

Der Imperativ

Setzen Sie die folgenden Verben in den Imperativ:

1. sois soigneux   soyons soigneux   soyez soigneux
2. prends courage   prenons courage   prenez courage
3. parle plus bas   parlons plus bas   parlez plus bas
4. fais l'exercice   faisons l'exercice   faites l'exercice
5. finis la comédie   finissons la comédie   finissez la comédie
6. cours vite   courons vite   courez vite

1. *sei sorgfältig*   *seien wir sorgfältig*   *seid sorgfältig*
2. *faß Mut*   *fassen wir Mut*   *faßt Mut*
3. *sprich leiser*   *sprechen wir leiser*   *sprecht leiser*
4. *mach die Übung*   *machen wir die Übung*   *macht die Übung*
5. *beende die Komödie*   *beenden wir die Komödie* *beendet die Komödie*
6. *lauf schnell*   *laufen wir schnell*   *lauft schnell*

Ein Nachmittag zum Faulenzen

Didier und seine Freunde holen die Liegestühle aus der Garage, reinigen sie und stellen sie dann im Garten auf. Sie wollen Karten spielen, aber kaum haben sie sich hingesetzt, kommen die Mädchen und jagen sie von ihren Sitzen, um sich selbst darauf niederzulassen und ein Sonnenbad zu nehmen.

le farniente [farnjɛnˈte]	*aus dem Italienischen übernommen:* Nichtstun/ Faulenzen
la chaise longue [ʃɛːz lɔ̃ːg]	Liegestuhl
installer [ɛ̃staˈle]	aufstellen/sich niederlassen
chasser [ʃaˈse]	jagen/fortjagen
le bain de soleil [bɛ̃ də sɔˈlɛj]	Sonnenbad

Chez le coiffeur

Sylvie: *J'aimerais une coupe astucieuse me permet-*
tant de varier mes coiffures.
Coiffeur: *Tenez voici un album avec des modèles de*
coiffures variables. Je vous proposerais en tout
cas un
sham-
pooing
colorant
pour re-
donner
de l'éclat
à vos
cheveux.

La marquise conseillère de Louis XV

En février 1745 Louis XV la fait marquise, en avril, il l'installe à Versailles. Maîtresse en titre jusqu'en 1750, elle jouira jusqu'à sa mort de l'amitié du roi. Elle restera sa confidente, sa conseillère, son «ministre officieux». Ses résidences étaient de véritables musées. Elle protégea les écrivains et les philosophes tels que Rousseau et Voltaire, pour ne citer que les plus célèbres. Enfin elle a contribué à la fondation de l'Ecole Militaire et à la création de la manufacture de Sèvres.

Qui est-ce?

Beim Frisör

Sylvie: Ich möchte einen raffinierten Haarschnitt, mit dem ich meine Frisur variieren kann.

Frisör: Hier haben Sie ein Heft mit Modellen von veränderbaren Frisuren. Ich würde Ihnen auf jeden Fall ein Tönungsshampoo empfehlen, um Ihrem Haar neuen Glanz zu geben.

la coupe (de cheveux) [kup (də ʃvø]	Schnitt (Haar)
astucieux/se *adj.* [asty'sjø/z]	raffiniert
la coiffure [kwa'fyːr]	Frisur
proposer [prɔpo'ze]	empfehlen/vorschlagen
en tout cas [ɑ̃ tu kɑ]	in jedem/auf jeden Fall
l'éclat *m* [e'kla]	Leuchtkraft/Glanz

Die Marquise, Beraterin von Louis XV.

Im Februar 1745 macht Louis XV. sie zur Marquise, im April beruft er sie nach Versailles. Bis 1750 ist sie «Maîtresse en titre» (offiziell anerkannt), die Freundschaft des Königs genießt sie bis zu ihrem Tod. Sie bleibt seine Vertraute, seine Beraterin, sein „halbamtlicher Minister". Ihre Residenzen glichen wahren Museen. Sie protegierte auch Schriftsteller und Philosophen wie Rousseau und Voltaire, um nur die berühmtesten zu nennen. Sie hat auch an der Gründung der Militärschule und der Porzellanmanufaktur von Sèvres mitgewirkt. Wer ist das?

Madame de Pompadour

Trouvez le contraire

jeune
noir
pauvre
souvent
la sortie
trouver
mauvais
le client

664

A l'agence de location de véhicules

M. Martin: *Il me faut une voiture pour aller à Bor-*
deaux, mais je reviendrai en avion.

Employé: *Notre réseau*
d'agences couvre
la France entière,
vous pouvez re-
mettre la voiture
à l'agence de
Bordeaux.

663

─────────────── ÜBUNG ───────────────

Finden Sie das Gegenteil

jeune (jung)	vieux	(alt)
noir (schwarz)	blanc	(weiß)
pauvre (arm)	riche	(reich)
souvent (oft)	rarement	(selten)
la sortie (Ausgang)	l'entrée	(Eingang)
trouver (finden)	chercher	(suchen)
mauvais (schlecht)	bon	(gut)
le client (Kunde)	le vendeur	(Verkäufer)

664

In der Autovermietung

Herr Martin: Ich brauche ein Auto, um nach Bordeaux zu fahren, aber ich werde mit dem Flugzeug zurückkommen.

Angestellter: Unser Filialnetz deckt ganz Frankreich ab, Sie können das Auto bei der Autovermietung in Bordeaux abgeben.

la location [lɔkɑ'sjɔ̃]	Verleih, Vermietung
le véhicule [vei'kyl]	Fahrzeug
le réseau [re'zo]	Netz
couvrir [ku'vri:r]	decken
entier *(adj.)* [ɑ̃'tje]	ganz
remettre [rə'mɛtrə]	übergeben/zurückgeben

672

GRAMMAIRE

Le futur composé et le futur simple

Le futur composé

je **vais** travailler
tu **vas** travailler
il **va** travailler
nous **allons** travailler
vous all**ez** travailler
ils **vont** travailler

Le futur simple

je travailler**ai**
tu travailler**as**
il travailler**a**
nous travailler**ons**
vous travailler**ez**
ils travailler**ont**

La grève dans les transports en commun

Silke: *Il y a beaucoup de monde ce matin dans la station de métro!*

Céline: *Eh! Oui! Et il nous faudra attendre encore longtemps, les employés de la R.A.T.P. font la grève. Si nous allons à pied nous arriverons plus tôt qu'en métro.*

Das zusammengesetzte und das einfache Futur

Ich werde arbeiten.
Du wirst arbeiten.
Er wird arbeiten.
Wir werden arbeiten.
Ihr werdet arbeiten.
Sie werden arbeiten.

*Das **zusammengesetzte Futur** wird aus der konjugierten Form von 'aller' und dem Infinitiv des Verbs gebildet.*

*Das **einfache Futur** setzt sich meist aus dem Infinitiv des Verbs und einer Endung zusammen, die an die Formen des Verbs 'avoir' erinnert (je + travailler + **ai** = je travailler**ai**).*

*Das **zusammengesetzte Futur** wird hauptsächlich in der gesprochenen Sprache gebraucht, während man das **einfache Futur** meist in der Schriftsprache findet.*

Der Streik im öffentlichen Verkehr

Silke: Heute morgen sind viele Leute in der Metrostation.
Céline: Oh! Ja! Und wir müssen wohl noch lange warten, die Angestellten der R.A.T.P. streiken. Wenn wir zu Fuß gehen, sind wir eher da als mit der Metro.

la grève [grɛːv]	Streik
le monde [mɔ̃ːd]	*hier:* Leute; *sonst:* Welt
la R.A.T.P. (Régie autonome des transports parisiens) [reˈʒi otɔˈnɔm de trɑ̃sˈpɔːr pariˈzjɛ̃]	Verkehrsbetriebe der Stadt Paris
faire la grève [fɛːr la grɛːv]	streiken

Le barbecue

M. Martin prépare la braise. Il met du charbon de bois sur le foyer, il l'allume et active le feu à l'aide d'un soufflet. Il obtient une braise rouge, mais il attend qu'elle soit blanche pour y placer les brochettes, les andouillettes, les tranches de poitrine et les cuisses de poulet.

*«C'est un petit pas pour moi,
un grand pas pour l'humanité.»*

Neil Armstrong

667

Das Grillen

Herr Martin bereitet die Glut vor. Er legt Holzkohle auf den Grill, er zündet sie an und facht das Feuer mit dem Blasebalg an. Er bekommt eine rote Glut, aber er wartet bis sie weiß ist, bevor er die Spieße, die Würstchen, die Bauchspeckscheiben und die Hähnchenkeulen darauf legt.

le barbecue [barbə'kju]	das Grillen/der Grill
la braise [brɛːz]	Glut
le foyer [fwa'je]	Herd/Feuer
le soufflet ['suflɛ]	Blasebalg
la brochette [bro'ʃɛt]	Fleisch/Fleischspieß
l'andouillette (f) [ɑ̃'du'jɛt]	Würstchen
la tranche de poitrine [trɑ̃ʃ də pwa'triːn]	Bauchfleischscheibe
la cuisse de poulet [kɥis də pu'lɛ]	Hähnchenkeule

668

„Es ist ein kleiner Schritt für mich, ein großer Schritt für die Menschheit." — Neil Armstrong (*1930), US-amerikanischer Astronaut

──────────── GRAMMATIK ────────────

Der Plural der zusammengesetzten Substantive

1. **Substantiv + Präposition + Substantiv:** Das erste Substantiv wird angeglichen, das zweite bleibt unverändert:
des arcs-en-ciel (Regenbogen), des pains d'épice (Honigkuchen)
2. **Adverb + Substantiv:** Das Adverb bleibt unverändert, das Substantiv wird angeglichen:
des arrière-pensées (Hintergedanken)
3. **Verb + Substantiv:** Das Verb bleibt unverändert, das Substantiv wird verändert:
des couvre-lits (Tagesdecken)
Ausnahmen: Immer im Singular:
des gratte-ciel (Wolkenkratzer), des porte-plume (Federhalter), des porte-parole (Sprecher), des porte-monnaie (Geldbörsen)

─────── **EXERCICE** ───────

Complétez

Ecrivez appeler, s'appeler, rappeler ou épeler à la forme correcte.

1. Je ne sais pas comment vous _____ .
2. Je _____ Brugnier.
3. S'il vous plaît, pouvez-vous _____ votre nom?
4. Mlle Simon, _____ M. Dupuis pour l'inviter à la réunion.
5. M. Dupuis n'est pas là, je le _____ plus tard.

Calvados, Cidre, Camembert

Le Calvados est un département en Normandie où l'on récolte les pommes pour en faire soit du calvados, la fameuse eau-de-vie, soit du cidre, une boisson rafraîchissante et légèrement alcoolisée. Camembert est un village normand au sud de Lisieux, où, il y a environ 200 ans, une certaine Madame Marie Harel donna refuge à un prêtre en fuite devant les révolutionnaires cruels. Pour se montrer reconnaissant, le prêtre confia à Marie Harel une recette fromagère dont ses descendants ont su tirer profit et en ont fait le célèbre Camembert.

Ergänzen Sie!

Schreiben Sie appeler, s'appeler, rappeler, oder épeler in der korrekten Form.

1. Je ne sais pas comment vous **vous appelez.**
2. Je **m'appelle** Brugnier.
3. S'il vous plaît, pouvez-vous **épeler** votre nom?
4. Mlle Simon, **appelez** M. Dupuis pour l'inviter à la réunion.
5. M. Dupuis n'est pas là, je le **rappelle** plus tard.

1. *Ich weiß nicht, wie Sie heißen.*
2. *Ich heiße Brugnier.*
3. *Können Sie bitte Ihren Namen buchstabieren?*
4. *Fräulein Simon, rufen Sie Herrn Dupuis an, um ihn zur Versammlung einzuladen.*
5. *Herr Dupuis ist nicht da, ich rufe ihn später noch einmal an.*

Calvados, Cidre, Camembert

Calvados ist ein Departement in der Normandie, wo man Äpfel erntet, um daraus Calvados, den berühmten Apfelgeist, oder Cidre, ein erfrischendes, leicht alkoholisches Getränk, herzustellen. Camembert ist ein normannisches Dorf südlich von Lisieux, in dem vor etwa 200 Jahren eine gewisse Frau Marie Harel einen Priester auf der Flucht vor blutrünstigen Revolutionären schützte. Als Dank verriet der Priester Marie Harel ein Käserezept, wovon ihre Nachfahren profitierten und den berühmten Camembert herstellten.

671

Le week-end à Deauville

Mme Martin est en cure
à Deauville, ce samedi,
son mari et ses enfants
vont lui rendre visite.
Ils font de longues pro-
menades dans les lagunes.
Céline ramasse des co-
quillages, soudain, elle
aperçoit une méduse
et elle crie. Son frère se
moque d'elle.

672

L'heure

être à l'heure   à l'heure actuelle
tout à l'heure   à l'heure qu'il est
à tout à l'heure   de bonne heure
à toute heure   quelle heure est-il?

Das Wochenende in Deauville

Frau Martin macht eine Kur in Deauville, an diesem Samstag besuchen sie ihr Mann und ihre Kinder. Sie machen lange Spaziergänge im Wattenmeer. Céline sammelt Muscheln, plötzlich sieht sie eine Qualle und schreit. Ihr Bruder lacht sie aus.

la cure [ky:r]	Kur
rendre visite à qn ['rã:drə vi'zit a]	jemanden besuchen
la lagune [la'gy:n]	Wattenmeer
le coquillage [kɔki'ja:ʒ]	Muschel
soudain [su'dɛ̃]	plötzlich
apercevoir [apɛrsə'vwa:r]	sehen/erblicken
la méduse [me'dy:z]	Qualle
se moquer de qn [sə mɔ'ke də]	jemanden auslachen/ sich über jemanden lustig machen

Die Zeit

être à l'heure ['ɛtrə a lœ:r]	pünktlich sein
tout à l'heure [tut a lœ:r]	bald, soeben
à tout à l'heure [a tut a lœ:r]	auf Wiedersehen, bis gleich
à toute heure [a tut œ:r]	zu jeder Tageszeit
à l'heure actuelle [a lœ:r aktɥ'ɛl]	gegenwärtig
à l'heure qu'il est! [a lœ:r kil ɛ]	um diese Uhrzeit!
de bonne heure [də bɔn œ:r]	früh
quelle heure est-il? [kɛl œ:r ɛ'til]	wieviel Uhr ist es?

673

─── **EXERCICE** ───

Traduction

1. Es ist sehr warm, mir ist heiß.
2. An der Nordsee ist es sehr windig.
3. In den Alpen schneit es viel im Winter.
4. Nach dem Gewitter ist es angenehmer.
5. Wie ist das Wetter bei euch? Es ist sehr schön.
6. Letzte Woche war es kalt.

674

Les Grottes de St-Cézaire

Hans, le frère de Petra, parle de la féerie de l'eau et des siècles qu'il a pu admirer dans les Grottes de St-Cézaire. «Elles sont remarquables par la variété de leurs concrétions et par leur extraordinaire coloration rouge, elles sont uniques parmi ce genre de curiosités.»

Übersetzung

1. Il fait très chaud, j'ai chaud.
2. A la mer du nord il fait beaucoup de vent.
3. Dans les Alpes il neige beaucoup en hiver.
4. Après l'orage il fait meilleur.
5. Quel temps fait-il chez vous? Il fait très beau.
6. La semaine dernière il a fait froid.

DIE EXPERTENECKE

Entrer par la petite porte bedeutet nicht etwa, daß man durch eine kleine Tür hereinkommt, sondern daß man ganz unten anfängt, z. B. im Berufsleben.

Die Tropfsteinhöhlen von St-Cézaire

Hans, der Bruder von Petra, erzählt vom Zauber des Wassers und der Jahrhunderte, den er in den Höhlen von St-Cézaire bewundern konnte. „Sie sind bemerkenswert durch die Verschiedenheit ihrer Versteinerungen und ihre außergewöhnliche rote Farbbildung, sie sind einmalig unter solchen Sehenswürdigkeiten.

St-Cézaire liegt ca. 40 km nördlich von Cannes in Südfrankreich. Die Höhlen wurden zufällig bei Feldarbeiten entdeckt. Man geht bis zu 50 m in die Tiefe, der Rundgang erstreckt sich über 200 m.

la grotte [grɔt]	Höhle/Tropfsteinhöhle
la féerie [fe'ri]	Zauber
admirer [admi're]	bewundern
la concrétion [kɔ̃kre'sjɔ̃]	Versteinerung
unique [y'nik]	einmalig/einzigartig

675

«On a souvent besoin
d'un plus petit que soi.»

Jean de La Fontaine

676

Petra prépare le petit déjeuner

Petra: *Qui veut des œufs à la coque et qui veut des œufs-miroirs?*

Didier: *Des œufs-miroirs? Est-ce une spécialité allemande?*

Petra: *Je pense oui.*

Lorsque Petra sert la «spécialité», Didier éclate de rire: En français on dit des œufs sur le plat.

„Man braucht oft einen, der kleiner ist als man selbst". — Jean de La Fontaine (1621 – 1695), französischer Dichter

——————————————— GRAMMATIK ———————————————

Der Plural der zusammengesetzten Substantive

Verb + Verb: unveränderlich;
Beispiel: *un laissez-passer — des laissez-passer* (Passier-schein)

Sonderfälle
demi-, mi- und *semi-* sind unveränderlich;
Beispiel: *une demi-heure, des demi-heures* (eine halbe Stunde, halbe Stunden)

Petra bereitet das Frühstück

Petra: Wer möchte gekochte Eier und wer möchte Spiegel-eier *(œufs-miroirs)?*

Didier: Œufs-miroirs (Spiegeleier)? Ist das eine deutsche Spezialität?

Petra: Ich denke schon.

Als Petra die Spezialität serviert, bricht Didier in Lachen aus: Im Französischen heißt das: Des œufs sur le plat.

l'œuf *m* à la coque [œf a la kɔk]	weichgekochtes Ei (3 Min.)
l'œuf sur le plat [œf syr lə pla]	Spiegelei

La soirée dansante

Les invités sont masqués. Marc invite une jeune fille à danser avec lui. Marc voulant impressionner la jeune fille, lui raconte
qu'il est très fort en tennis,
qu'il fait des tournois.
L'animateur de la soirée
demande aux invités de
retirer les masques.
La jeune fille retire son
masque. C'est la monitrice
de tennis de Marc!

Gérardmer dans les Vosges

Située à 600 m d'altitude, elle mérite bien son surnom de Perle des Vosges. Avant tout, la ville est réputée pour son lac de 120 ha bordé de sapins. Il offre en plus de son eau limpide, tous les plaisirs possibles sur l'eau. On peut en faire le tour en canot, voilier, barque, pédalo ou planche à voile. On peut aussi faire de longues promenades dans les forêts de sapins et on découvre de charmantes cascades.

Quelles industries contribuent à la réputation de la région?

Der Tanzabend

Die Gäste sind maskiert. Marc fordert ein Mädchen zum Tanzen auf. Da Marc auf das Mädchen Eindruck machen will, erzählt er ihr, daß er sehr gut sei im Tennis, daß er an Turnieren teilnehme. Der Animateur des Abends bittet die Gäste, die Masken abzulegen. Das Mädchen zieht die Maske ab, es ist die Tennislehrerin von Marc!

masqué *(adj.)* [mas'ke]	maskiert
impressionner [ɛ̃prɛ'sjɔ̃ne]	beeindrucken
le tournoi [tur'nwa]	Turnier
retirer [rəti're]	ablegen,-heben,-nehmen
l'animateur *(m)* [anima'tœːr]	Animateur/Alleinunterhalter

Gérardmer in den Vogesen

In 600 m Höhe gelegen verdient die Stadt den Namen „Perle der Vogesen". Die Stadt ist vor allem wegen ihres 120 ha großen Sees, der von Tannen umgeben ist, berühmt. Dieser bietet außer seinem klaren Wasser alle erdenklichen Arten von Vergnügen auf dem Wasser. Man kann den See mit dem Kanu, dem Segelboot, dem Ruderboot, dem Tretboot oder mit dem Surfbrett befahren. Man kann ebenfalls lange Spaziergänge in den Tannenwäldern machen, wobei man reizvolle Wasserfälle entdeckt. Welche Industrien tragen zum Ruf der Region bei?

Holzverarbeitung, Textil- und Käseproduktion.

Gérardmer liegt im Departement Vosges, südlich von Saint Dié, inmitten einer Touristikregion. Im August feiert man hier ein großes Holzfällerfest.

Aux Puces

Silke:	*Elle vaut combien cette glace?*
Marchande:	*Cinq cents francs.*
Silke:	*C'est cher!*
Marchande:	*Oui, mais elle est bien conservée.*
Silke:	*Vous me la donnez pour trois cent cinquante francs, je l'achète.*

La Fête Nationale

Le 14 juillet 1789, le peuple prend la Bastille, symbole de la féodalité. Depuis, le 14 juillet est devenu la Fête Nationale française. On danse à Paris et partout en France pour fêter toute la nuit cet événement de la liberté. Les rues et les maisons sont décorées de guirlandes, de drapeaux et de lampions.

Auf dem Flohmarkt

Silke: Wieviel kostet dieser Spiegel?
Händlerin: Fünfhundert Franc.
Silke: Das ist teuer!
Händlerin: Ja, aber er ist gut erhalten.
Silke: Wenn Sie ihn mir für dreihundertfünfzig Franc
             geben, kaufe ich ihn.

Den Flohmarkt im Norden von Paris, Metrostation Porte de Clignancourt, sollte man sich auf keinen Fall entgehen lassen.

elle (ça) vaut combien? [ɛl (sa) vo kɔ̃'bjɛ̃]	wieviel kostet das?
la glace [glas]	*hier:* Spiegel; *sonst:* Eis
conservé *(adj.)* [kɔ̃sɛr've]	erhalten

Der Nationalfeiertag

Am 14. Juli 1789 stürmt das Volk die Bastille, das Wahrzeichen des Feudalsystems. Seitdem ist der 14. Juli der französische Nationalfeiertag. Man tanzt in Paris und überall in Frankreich, um die ganze Nacht durch das Ereignis der Freiheit zu feiern. Die Straßen und die Häuser sind geschmückt mit Girlanden, Fahnen und Lampions.

le symbole [sɛ̃'bɔl]	Wahrzeichen
la féodalité [feɔdali'te]	Feudalsystem/Feudalismus
l'événement *(m)* [evɛn'mã]	Ereignis
le drapeau [dra'po]	Fahne

A la banque

Employé: *Bonjour, Monsieur. Qu'y a-t-il pour votre service?*

M. Lebrun: *Je voudrais toucher un chèque. Voici ma carte d'identité.*

Employé: *Veuillez signer au verso, s'il vous plaît.*

682

─────── EXERCICE ───────

Le présent

Mettez les verbes au présent:

1. L'agent (peser) _____ la valise.
2. La cuisinière (peler) _____ les pommes de terre.
3. Céline se (lever) _____ très tard pendant les vacances.
4. M. Martin (amener) _____ des amis à dîner chez lui.
5. Nous (acheter) _____ les fruits de la saison au marché.

Auf der Bank

Angestellter: Guten Tag, mein Herr. Was kann ich für Sie tun?
Herr Lebrun: Ich möchte einen Scheck einlösen. Hier ist mein Ausweis.
Angestellter: Unterschreiben Sie bitte auf der Rückseite.

toucher un chèque [tu'ʃe œ̃ ʃɛk]	Scheck einlösen
la carte d'identité [kart didɑ̃ti'te]	Ausweis
le recto [rɛk'to]	Vorderseite
le verso [vɛr'so]	Rückseite

Das Präsens

Setzen Sie die Verben ins Präsens:

1. L'agent **pèse** la valise.
2. La cuisinière **pèle** les pommes de terre.
3. Céline se **lève** très tard pendant les vacances.
4. M. Martin **amène** des amis à dîner chez lui.
5. Nous **achetons** les fruits de la saison au marché.

1. Der Beamte wiegt den Koffer.
2. Die Köchin schält Kartoffeln.
3. Céline steht sehr spät auf in den Ferien.
4. Herr Martin bringt Freunde zum Abendessen mit nach Hause.
5. Wir kaufen das Obst der Saison auf dem Markt.

DIE EXPERTENECKE

Donner de la confiture aux cochons ist kein Hinweis auf eine besondere Art der Fütterung von Schweinen, sondern bedeutet: Perlen vor die Säue werfen. Wörtlich: Den Schweinen Konfitüre geben.

683

Les bateaux-bus

Depuis quelques années il existe un moyen de transport à Paris qui ne risque pas d'être pris dans un embouteillage, les bateaux-bus. Ils circulent sur la Seine, d'où on a une belle vue sur les environs, pour les touristes, c'est un avantage par rapport au Métro.

684

Du «sans plomb» s'il vous plaît

Pompiste: *Du super, le plein Monsieur?*
Automobi-
liste: *Du sans plomb, s'il vous plaît.*
Pompiste: *C'est à la pompe n° 9, là où il y a la longue queue, si vous êtes pressé, restez ici et prenez du super.*

691

Die Pendelschiffe

Seit einigen Jahren gibt es in Paris ein Verkehrsmittel, das nicht im Verkehrsstau steckenbleiben kann, die Pendelschiffe. Sie fahren auf der Seine, von wo aus man einen schönen Ausblick auf die Umgebung hat. Das ist für die Touristen ein Vorteil gegenüber der Metro.

Diese Pendelschiffe sind nicht identisch mit den kleinen Personenschiffen (bateaux-mouches), die Rundfahrten für Touristen machen. Die Pendelschiffe haben einen festen Fahrplan innerhalb des Linienverkehrs.

le moyen de transport [mwaˈjɛ̃ də trɑ̃sˈpɔːr]	Verkehrsmittel
l'embouteillage *m* [ɑ̃butɛˈjaːʒ]	Verkehrsstau

Bleifrei bitte

Tankwart: Super volltanken?
Autofahrer: Bleifrei bitte.
Tankwart: Das gibt es an der Säule Nr. 9, dort, wo die lange
    Schlange steht; wenn Sie es eilig haben, bleiben
    Sie hier, und nehmen Sie Super.

sans plomb [sɑ̃ plɔ̃]	bleifrei
la pompe [pɔ̃ːp]	Tanksäule
le pompiste [pɔ̃ˈpist]	Tankwart

«*Tant va la cruche à l'eau
qu'à la fin elle se casse.*»

Proverbe

L'arrosage clandestin

M. Martin: *Notre gazon va encore périr, depuis le 15
juillet, il est interdit d'arroser les jardins.*

Jean: *Si tu veux sauver
ton gazon, il
faut te lever de
bonne heure
pour l'arroser
sans que
quelqu'un ne
t'observe.*

„Der Krug geht solange zum Brunnen (wörtl.: Wasser), bis er bricht." — Sprichwort

---------------- GRAMMATIK ----------------

Partizip und Adjektiv

Unterschiedliche Schreibweise und Bedeutung bei Partizipien und Adjektiven:

Partizip Präsens	Adjektiv
provoquant (hervorrufend)	— provocant (provozierend)
fatiguant (ermüdend)	— fatigant (anstrengend)
différant (sich unterscheidend)	— différent (unterschiedlich)
négligeant (vernachlässigend)	— négligent (nachlässig)
précédant (vorangehend)	— précédent (vorherig)

Heimlich sprengen

Herr Martin: Unser Rasen wird wieder eingehen, seit dem 15. Juli ist es verboten, den Garten zu sprengen.

Jean: Wenn du deinen Rasen retten willst, mußt du früh aufstehen, um ihn zu sprengen, ohne daß dich jemand beobachtet.

l'arrosage *(m)* [aroˈzaːʒ]	gießen/sprengen
clandestin *(adj.)* [klɑ̃dɛsˈtɛ̃]	heimlich/illegal
le gazon [gɑˈzɔ̃]	Rasen
périr [peˈriːr]	eingehen
sauver [soˈve]	retten
de bonne heure [də bɔn œːr]	früh/in der Frühe
observer [ɔpsɛrˈve]	beobachten

Un bon bain de soleil

Pour ne pas se faire remarquer comme «nouvelle arrivée» à la plage, Céline prend un bain de soleil dans le jardin. Elle pratique la cérémonie d'appliquer du lait solaire tous les quarts d'heure et de se tourner à chaque fois. C'est son frère qui la réveille: «Tu es assez rouge, le coup de soleil est assez fort.»

L'écriture pour les aveugles

C'est le Français Louis Braille (1809 – 1852), qui a créé un système d'écriture en points saillants comprenant 63 combinaisons s'appliquant aux lettres et aux chiffres. Louis Braille était lui-même aveugle, à l'âge de 3 ans il s'était blessé à l'œil dans l'atelier de son père. A 10 ans il est entré à l'Institution des jeunes aveugles, c'est là qu'il a développé ce système qui a été adopté dans le monde entier.

Comment appelle-t-on cette écriture?

Ein intensives Sonnenbad

Um am Strand nicht als „Neuankömmling" aufzufallen, nimmt Céline ein Sonnenbad im Garten. Sie hält das Zeremoniell ein, sich viertelstündlich mit Sonnenmilch einzureiben und sich dabei jedes Mal umzudrehen. Ihr Bruder ist es, der sie aufweckt: „Du bist rot genug, der Sonnenbrand ist stark genug."

le bain de soleil [bɛ̃ də sɔ'lɛj]	Sonnenbad
se faire remarquer [sə fɛːr rəmar'ke]	auffallen
la plage [plaːʒ]	Strand
la cérémonie [seremɔ'ni]	Verlauf/Zeremoniell
le lait solaire [lɛ sɔ'lɛːr]	Sonnenmilch
le coup de soleil [ku də sɔ'lɛj]	Sonnenbrand

Die Blindenschrift

Es war der Franzose Louis Braille (1809 – 1852), der ein Schriftsystem entwickelt hat, das aus hervorstehenden Punkten in 63 Kombinationen für Buchstaben und Zahlen besteht. Louis Braille war selbst blind, im Alter von 3 Jahren hatte er sich in der Werkstatt seines Vaters an den Augen verletzt. Mit 10 Jahren kam er in eine Einrichtung für jugendliche Blinde, hier hat er dieses System entwickelt, das in der ganzen Welt übernommen wurde. Wie nennt man diese Schrift?

Brailleschrift / Ecriture braille

A la fête foraine

Céline:	*Vous m'attendez devant le grand huit, je vais écouter ce que me prédit la diseuse de bonne aventure.*
Luc:	*On va au stand de tir, tu nous rejoins là, d'accord?*

Une partie de plongée avec les corailleurs

Les corailleurs de Nouméa proposent aux amateurs de plongée sous-marine de descendre avec eux pour la pêche de coraux.
M. Morin prépare son scaphandre et ses palmes et le lendemain matin il accompagnera les corailleurs pour pêcher un souvenir du récif corallien au large de la Nouvelle-Calédonie.

Auf dem Jahrmarkt

Céline: Wartet auf mich vor der Achterbahn, ich gehe zur Wahrsagerin, um zu hören, was sie mir prophezeit.
Luc: Wir gehen zum Schießstand, du triffst uns dort, einverstanden?

le grand huit [grã ɥit]	Achterbahn
la diseuse de bonne aventure [diˈzœs də bɔn avãˈtyːr]	Wahrsagerin
prédire [preˈdiːr]	vorhersagen/prophezeien
le stand de tir [stãːd də tiːr]	Schießstand
rejoindre [rəˈʒwẽːdrə]	treffen
d'accord [daˈkɔːr]	einverstanden

Tauchen mit den Korallenfischern

Die Korallenfischer von Nouméa bieten den Liebhabern des Tauchsports an, mit ihnen zu tauchen, um Korallen zu fischen. Herr Morin legt seinen Taucheranzug und seine Flossen bereit. Am anderen Morgen wird er die Korallenfischer begleiten, um ein Andenken vom Korallenriff vor der Küste Neu-Kaledoniens mitzunehmen.

la plongée [plɔ̃ˈʒe]	Tauchen
le corailleur [kɔraˈjœːr]	Korallenfischer
l'amateur m [amaˈtœːr]	Liebhaber/Anhänger
le corail (pl. coraux) [kɔˈraj]	Koralle
le scaphandre [skaˈfãːdrə]	Taucheranzug
la palme [palm]	Flosse
le récif [reˈsif]	Riff
au large de [o larʒ də]	vor der Küste von

EXERCICE

Le pluriel des noms composés

Mettez au pluriel les noms composés suivants:

1. le tire-bouchon
2. le wagon-lit
3. l'arc-en-ciel
4. l'arrière-pensée
5. le laissez-passer
6. la carte routière
7. la belle-sœur
8. le porte-monnaie
9. la robe de chambre
10. le sourd-muet

Un tour en pédalo

Didier: *Et si nous allions faire de la barque sur le lac?*
Odile: *Je n'aime pas ramer, c'est fatigant. Nous pourrions faire du pédalo.*
Sylvie: *Je suis d'accord avec toi, Odile, de toute façon les garçons nous laisseraient la corvée.*

Setzen Sie folgende zusammengesetzte Substantive in den Plural:

1. *les tire-bouchons* (Korkenzieher) 2. *les wagons-lits* (Schlafwagen) 3. *les arcs-en-ciel* (Regenbogen) 4. *les arrière-pensées* (Hintergedanken) 5. *les laissez-passer* (Passierscheine) 6. *les cartes routières* (Straßenkarten) 7. *les belles-sœurs* (Schwägerinnen) 8. *les porte-monnaie* (Geldbörsen) 9. *les robes de chambre* (Morgenröcke) 10. *les sourds-muets* (Taubstumme)

DIE EXPERTENECKE

Sonner les cloches à quelqu'un heißt nicht: Bei jemandem läuten, sondern: Jemandem die Meinung sagen. (Wörtlich: Jemandem die Glocken läuten.)

Eine Tretbootfahrt

Didier: Wie wäre es, wenn wir eine Ruderbootfahrt auf dem See machten?

Odile: Ich mag nicht rudern, das ist anstrengend. Wir könnten eine Tretbootfahrt machen.

Sylvie: Ich bin ganz deiner Meinung Odile, die Jungen würden uns sowieso die Arbeit überlassen.

le pédalo [peda'lo]	Tretboot
la barque [bark]	Ruderboot
le lac [lak]	See
ramer [ra'me]	rudern
la corvée [kɔr've]	Arbeit/Last

A la plage

Qu'est-ce qu'on emporte lorsqu'on va à la plage?
Une serviette de bain, un tapis de plage, un maillot
de bain, une huile
solaire, une crème anti-
moustiques, des lunettes
de soleil, une lecture et
des jeux.

*«La grammaire est l'art de lever
les difficultés d'une langue;
mais il ne faut pas que le levier
soit plus lourd que le fardeau.»*

Antoine de Rivarol

Am Strand

Was nimmt man mit zum Strand? Ein Strandlaken, eine Strand-
matte, einen Badeanzug, ein Sonnenöl, ein Insektenschutzmit-
tel, eine Sonnenbrille, Lesestoff und Spiele.

la plage [pla:ʒ]	Strand
le tapis de plage [ta'pi də pla:ʒ]	Strandmatte
le maillot (de bain) [ma'jo (də bɛ̃)]	Badeanzug
l'huile solaire *f* [ɥil sɔ'lɛ:r]	Sonnenöl

„Die Grammatik ist die Kunst, die Schwierigkeiten einer Sprache zu beheben, aber der Hebel darf nicht schwerer sein als
die Last." – Antoine de Rivarol (1753 – 1801) französischer
Schriftsteller und Journalist

─────── GRAMMATIK ───────

Maskulinum oder Femininum

Je nach Geschlecht, ändert sich die Bedeutung dieser Wörter:

le manche	– der Stiel	le page	– der Page
la manche	– der Ärmel	la page	– die Seite
le pendule	– der Pendel	le poêle	– der Ofen
la pendule	– die Penduluhr	la poêle	– die Pfanne
le tour	– die Rundreise	le vase	– die Vase
la tour	– der Turm	la vase	– der Schlamm
le voile	– der Schleier	le vague	– die Leere
la voile	– das Segel	la vague	– die Welle

Au marché

Mme Lebrun: *Je voudrais un kilo de tomates et un chou-fleur. Ah oui, j'ai oublié les oignons.*

Marchand: *Combien en voulez-vous?*

Mme Lebrun: *J'en voudrais une livre, ça suffit.*

Pendre une crémaillère

Ce soir les Lebrun sont invités chez les Clerc, un jeune couple qui a emménagé il y a un mois. Ils pendent la crémaillère le 22 Septembre car c'est en même temps l'anniversaire de Madame Clerc. On lui apportera des cadeaux.

Auf dem Markt

Frau Lebrun: Ich hätte gerne ein Kilo Tomaten und einen Blumenkohl. Ach ja, ich habe die Zwiebeln vergessen.
Händler: Wieviele möchten Sie?
Frau Lebrun: Ich hätte gern ein Pfund, das reicht.

le chou-fleur [ʃu'flœːr]	Blumenkohl
l'oignon (m.) [ɔ'ɲɔ̃]	Zwiebel
la livre [liːvr]	Pfund
suffir [sy'fir]	ausreichen
le marchand [mar'ʃɑ̃]	Verkäufer, Händler

Ein Einweihungsessen geben

Heute abend sind die Lebruns bei den Clercs eingeladen, einem jungen Ehepaar, das vor einem Monat eingezogen ist. Sie geben die Einweihungsfeier am 22. September, denn es ist gleichzeitig der Geburtstag von Frau Clerc. Sie werden ihr Geschenke mitbringen.

le couple ['kuplə]	das Ehepaar
emménager [ɑ̃mena'ʒe]	umziehen
le cadeau [ka'do]	Geschenk
pendre la crémaillère ['pɑ̃drə la krema'jɛːr]	Einweihungsessen geben
l'anniversaire (m.) [anivɛr'sɛːr]	Geburtstag
apporter [apɔr'te]	mitbringen
car [kar]	denn

Les amis vont à la plage

Jean: *Le drapeau est orange, on va quand même à la plage?*

Luc: *Nous n'emportons pas le parasol, il risquerait de s'envoler. Si la mer est trop agitée, nous jouerons au volley-ball ou nous ramasserons des coquillages.*

─────── EXERCICE ───────

L' article

Complétez avec l'article qui convient:

1. L'article sur la pollution est à _____ page 5 du journal.

2. Quand vous visiterez Pise, vous verrez _____ tour qui penche.

3. _____ voile de la mariée est très long.

4. Cette année _____ Tour de France s'est terminé le 1er août.

5. Je suis tombé dans _____ vase, mon pantalon est sale.

6. _____ manche du balai est cassé.

697

Die Freunde gehen zum Strand

Jean: Die Fahne ist orange, gehen wir trotzdem zum Strand?

Luc: Wir nehmen den Sonnenschirm nicht mit, er könnte fortgeweht werden. Wenn das Meer zu unruhig ist, spielen wir Volleyball oder wir sammeln Muscheln.

Während der Ferienzeit wird an den französischen Stränden mit Fahnen in den Farben grün = ruhiges Meer, orange = Meer etwas unruhig; Baden nicht ungefährlich, rot = Baden verboten, den Badegästen signalisiert, ob das Baden möglich ist oder nicht.

le drapeau [dra'po]	Fahne
le parasol [para'sɔl]	Sonnenschirm
s'envoler [sɑ̃vɔ'le]	wegfliegen/davonwehen
agité *(adj.)* [aʒi'te]	unruhig/bewegt
le coquillage [kɔki'jaːʒ]	Muschel

698

Der Artikel
Ergänzen Sie mit dem richtigen Artikel:

1. L'article sur la pollution est à **la** page 5 du journal.
2. Quand vous visiterez Pise, vous verrez **la** tour qui penche.
3. **Le** voile de la mariée est très long.
4. Cette année **le** Tour de France s'est terminé le 1er août.
5. Je suis tombé dans **la** vase, mon pantalon est sale.
6. **Le** manche du balai est cassé.

1. Der Artikel über die Umweltverschmutzung ist auf Seite 5 in der Zeitung.
2. Wenn Sie Pisa besichtigen, sehen Sie den schiefen Turm.
3. Der Schleier der Braut ist sehr lang.
4. In diesem Jahr ist die Tour de France am 1. August zu Ende.
5. Ich bin in den Schlamm gefallen, meine Hose ist schmutzig.
6. Der Besenstiel ist kaputt.

DIE EXPERTENECKE

Quand vous dites à quelqu'un: Tu es bronzé comme un cachet d'aspirine, vous ne faites sans doute pas allusion à un beau teint brun. Wörtlich: Du bist gebräunt wie eine Aspirin-Tablette.

Le Musée National de l'Automobile

A Mulhouse on est fier d'avoir ce musée unique en
son genre. Il s'étend sur une superficie de quelque
10 000 m² dans un décor rappelant le style de vie des
anciens propriétaires, les frères Schlumpf, gros fabri-
cants de textile qui avaient l'ambition de posséder le
plus beau musée automobile du monde. Après
l'effondrement de leur entreprise, le musée est tombé
dans les mains de l'Etat et est devenu «Musée National de L'Automobile». On peut y voir environ 450
vieilles automobiles, et même le premier omnibus
avec 10 places assises!

Dans quelle région de France se trouve ce musée?

Le baptême de l'air

Silke: *J'ai lu dans le journal qu'à l'occasion de la
            journée porte ouverte à la base aéronavale, on
            propose le baptême
            de l'air en hélicop-
            tère. Qu'est-ce
            que c'est?*
Céline: *On appelle ainsi
            le premier vol
            effectué.*

Das nationale Automuseum

In Mulhouse ist man stolz auf dieses einmalige Museum. Es erstreckt sich über eine Fläche von ungefähr 10 000 m^2, die Ausstattung erinnert an den Lebensstil der einstigen Eigentümer, die Gebrüder Schlumpf, mächtige Textilfabrikanten, deren Ziel es war, das schönste Automobilmuseum der Welt zu besitzen. Nach dem Zusammenbruch ihrer Firma fiel das Museum in die Hände des Staates und wurde das „Musée National de L'Automobile". Man kann hier ca. 450 alte Autos und sogar den ersten Omnibus mit 10 Sitzplätzen sehen! In welcher Region Frankreichs befindet sich dieses Museum?

Elsaß/Alsace

Das Museum befindet sich in der rue de Colmar 192, in Mulhouse (Mülhausen). Es ist leicht zu finden, denn an allen Autobahnen und Zufahrtsstraßen stehen Hinweisschilder.

Der Jungfernflug

Silke: Ich habe in der Zeitung gelesen, daß anläßlich des Tages der offenen Tür auf dem Militärflughafen ein Jungfernflug mit dem Hubschrauber angeboten wird. Was ist das?

Céline: So nennt man den ersten Flug.

le baptême de l'air [ba'tɛːm də lɛːr]	Jungfernflug
la base aéronavale [bɑːz aerɔna'val]	Militärflughafen
à l'occasion de [a lɔkɑ'zjõ də]	anläßlich

Sylvie a peur

Pourquoi Sylvie n'aime-t-elle pas les chiens?
Parce que les voisins ont un gros bouledogue noir.
Le problème, c'est qu'ils ont la mauvaise habitude de laisser sortir ce chien dans la rue; alors, quand Sylvie rentre à la maison, il lui court après et aboie de façon menaçante.

─────────── EXERCICE ───────────

Trouvez le nom des instruments:

1. Disque de métal que l'on frappe avec un marteau.
2. Il a 4 cordes, on le tient entre l'épaule et le menton.
3. Il est en usage surtout dans l'armée.
4. Il a des clés et un bec comme celui de la clarinette.
5. Il est muni d'une coulisse pour produire des sons.
6. Il est muni d'un soufflet, on l'appelle aussi «le piano du pauvre».

1. _ **O N** _
2. _ _ _ _ _ **O N**
3. _ _ _ _ _ _ **O N**
4. _ _ _ _ _ _ _ **O N** _
5. _ _ _ _ _ _ **O N** _
6. _ _ _ _ _ _ _ _ **O N**

Sylvie hat Angst

Warum mag Sylvie keine Hunde? Weil die Nachbarn eine große schwarze Bulldogge haben. Das Problem ist, daß sie die schlechte Gewohnheit haben, diesen Hund auf die Straße rauszulassen; und so, wenn Sylvie nach Hause kommt, rennt er hinter ihr her und bellt bedrohlich.

la peur [pœ:r]	Angst
le voisin [vwa'zɛ̃]	Nachbar
mauvais/e [mo'vɛ]	schlecht
une habitude [abi'tyd]	Gewohnheit
laisser [lɛ'se]	lassen
aboyer [abwa'je]	bellen
la façon [fa'sɔ̃]	Art, Weise
menaçant/e [mǝna'sɑ̃]	bedrohlich

Finden sie die Namen der Instrumente

1. Metallscheibe, auf die man mit einem Hammer schlägt: *Gong* (Gong)
2. Es hat 4 Saiten, man hält es zwischen Kinn und Schulter: *Violon* (Geige)
3. Man benutzt es vor allem in der Armee: *Clairon* (Horn)
4. Es hat Klappen und ein Mundstück wie die Klarinette: *Saxophone* (Saxophon)
5. Es hat einen Schieber, um Töne zu erzeugen: *Trombone* (Posaune)
6. Es hat einen Faltenbalg, man nennt es auch „das Klavier der Armen": *Accordéon* (Akkordeon)

1. GONG
2. VIOLON
3. CLAIRON
4. SAXOPHONE
5. TROMBONE
6. ACCORDEON

Course à la fac

Luc: *Dépêche-toi Marc,*
on va arriver en
retard!

Marc: *Un instant, je dois*
m'habiller!

Sylvie: *Vous allez où?*

Luc: *Il y a une course de*
patins à roulettes
sur le campus.
Les trois meilleurs
gagnent une paire
de baskets!

Les prévisions météorologiques

Malheureusement la météo pour le week-end n'est pas bonne du tout. On annonce de nombreuses averses et peut-être même de l'orage. Les températures restent sous la normale et la puissance du vent augmente encore. Un temps de chien! Sylvie décide de rester à la maison.

Wettrennen an der Uni

Luc: Beeile dich, Marc, wir werden zu spät kommen!
Marc: Einen Augenblick, ich muß mich anziehen!
Sylvie: Wohin geht ihr?
Luc: Es findet ein Rollschuhwettrennen auf dem Uni-
          gelände statt. Die drei Besten gewinnen ein Paar
          Sportschuhe!

la faculté, fac [fakyl'te]	Universität, Uni
la course [kurs]	Wettrennen
se dépêcher [sə depɛ'ʃe]	sich beeilen
en retard [ã rə'ta:r]	zu spät
s'habiller [sabi'je]	sich anziehen
les patins à roulettes [pa'tɛ̃ a ru'let]	Rollschuhe
le meilleur [mɛ'jœ:r]	der Beste
la paire [pɛ:r]	Paar
les baskets [bas'kɛt] *(m.)*	Sportschuhe

Die Wettervorhersage

Leider ist die Wettervorhersage für das Wochenende gar nicht gut. Man meldet zahlreiche Regenschauer und vielleicht sogar Gewitter. Die Temperaturen bleiben unter dem Durchschnitt und die Windstärke steigt noch. Ein Hundewetter! Sylvie beschließt, zu Hause zu bleiben.

la prévision [previ'zjɔ̃]	Vorhersage
malheureusement [malœrøz'mã]	leider
annoncer [anɔ̃'se]	melden
une averse [a'vɛrs]	Schauer
un orage [ɔ'ra:ʒ]	Gewitter
la puissance [pɥi'sã:s]	Macht, Stärke
le vent [vã]	Wind
augmenter [ogmã'te]	steigen, zunehmen

Le futur

Formez **le futur composé** et **le futur simple** des verbes
suivants:

aider (tu)	rester (nous)
prendre (je)	rire (vous)
manger (il)	sortir (ils)
venir (elle)	dormir (elles)

Une «fana» de la radio

Marc: *Bonjour Mémé! Tu écoutes encore la radio?*
Grand- *Mais oui, comme ça, je suis au courant de*
mère: *l'actualité politique;*
il y a aussi des
débats intéressants,
des interviews de
stars et des émis-
sions musicales! Tu
veux bien passer sur
ondes moyennes...
c'est le dernier
bouton à gauche.

Das Futur

tu **vas** aider	tu aider**as**	du wirst helfen
je **vais** prendre	je prendr**ai**	ich werde nehmen
il **va** manger	il manger**a**	er wird essen
elle **va** venir	elle viendr**a**	sie wird kommen
nous **allons** rester	nous rester**ons**	wir werden bleiben
vous **allez** rire	vous rir**ez**	ihr werdet lachen
ils **vont** sortir	ils sortir**ont**	sie werden ausgehen
elles **vont** dormir	elles dormir**ont**	sie werden schlafen

Ein Radiofan

Marc: Guten Tag, Omi! Hörst du wieder Radio?
Großmutter: Ja; so bin ich auf dem laufenden über die aktuelle Politik; es gibt auch interessante Debatten, Interviews mit Filmstars und Musiksendungen! Kannst du bitte auf Mittelwelle umschalten... es ist der letzte Knopf links.

le fanatique [fanaˈtik]	Fanatiker
le fana [faˈna]	Fan
être au courant [ˈɛːtrə o kuˈrã]	auf dem laufenden sein
une actualité [aktɥaliˈte]	Gegenwart, Aktualität
une émission [emiˈsjõ]	Sendung
les ondes moyennes [õːd mwaˈjɛn]	Mittelwelle
le bouton [buˈtõ]	Knopf

Une chambre d'hôtel

Un couple belge cherche désespérément une chambre du côté de Saint-Tropez en plein mois d'août.

Au 12e hôtel, le portier répond au mari: «Il n'y a plus que la chambre nuptiale de libre.»
«Vous savez, dit le monsieur, nous sommes mariés depuis plus de 20 ans, alors ça ne convient pas très bien.»

Au rayon des tissus

Mme Lenoir: *Je voudrais voir des tissus pour rideaux.*
Vendeuse: *Voilà un beau motif à fleurs; il coûte 80 francs le mètre.*
Mme Lenoir: *C'est un peu trop bariolé pour le salon…*
Vendeuse: *Alors prenez ce tissu de velours rouge et un voilage blanc.*

Ein Hotelzimmer

Ein belgisches Paar sucht mitten im August (der Ferienmonat in Südfrankreich) verzweifelt ein Hotelzimmer in der Umgebung von Saint-Tropez. Im 12. Hotel sagt der Portier zu dem Ehemann: „Es ist nur noch die Hochzeitssuite frei." „Wissen Sie", sagt der Herr, „wir sind seit über 20 Jahren verheiratet, das ist also nicht sehr passend."

Den Franzosen macht es ebensoviel Spaß, Witze über die Belgier zu machen, wie den Deutschen über die Ostfriesen.

le couple ['kuplə]	Paar
désespérément *adv.* [dezɛspere'mɑ̃]	verzweifelt
nuptial/e *adj.* [nyp'sjɑl]	Hochzeits-, Braut-, Ehe-

In der Stoffabteilung

Frau Lenoir: Ich möchte gerne Gardinenstoffe sehen.
Verkäuferin: Hier haben Sie ein schönes Blumenmuster; das kostet 80 Francs pro Meter.
Frau Lenoir: Das ist etwas zu bunt fürs Wohnzimmer…
Verkäuferin: Dann nehmen Sie doch diesen roten Samtstoff und einen weißen Voilestoff.

le rayon [rɛ'jɔ̃]	Abteilung
le tissu [ti'sy]	Stoff
le rideau [ri'do]	Gardine
le motif [mɔ'tif]	Muster
bariolé/e [barjɔ'le]	bunt
le velours [v(ə)'lu:r]	Samt

Le vol de retour

A l'approche de l'aéroport de Roissy, l'hôtesse de l'air s'adresse aux passagers et leur demande de cesser de fumer et d'attacher leur ceinture de sécurité. Quelques minutes plus tard, l'avion atterrit, M. et Mme Morin sont heureux de remettre les pieds sur le sol de leur patrie.

Des menhirs jusqu'aux autonomistes

Une île avec 9000 ans d'histoire reflétant les efforts de colonialisation de presque tous les pays d'Europe. Sa situation stratégique favorable attira dès l'antiquité les colonisateurs. La domination française remonte à 1768, aujourd'hui encore c'est une île française. L'aspiration à l'autonomie de ses habitants s'explique de par son passé historique.

De quelle île s'agit-il?

Der Rückflug

Kurz vor dem Flughafen von Roissy (nordöstlich von Paris) bittet die Stewardeß die Passagiere, das Rauchen einzustellen und sich anzuschnallen. Einige Minuten später landet das Flugzeug. Herr und Frau Morin sind froh, ihre Füße wieder auf den Boden der Heimat zu setzen.

l'hôtesse de l'air *f* [oˈtɛs də lɛːr]	Stewardeß
attacher [ataˈʃe]	anschnallen/ anbinden
la ceinture de sécurité	Sicherheitsgurt
[sɛ̃ˈtyːr də sekyriˈte]	
atterrir [atɛˈriːr]	landen

Von den Menhiren zu den Autonomisten

Eine Insel mit 9000jähriger Geschichte, welche die Kolonialisierungsversuche fast aller Länder Europas widerspiegelt. Die strategisch günstige Lage der Insel lockte seit dem Altertum die Kolonialherren. Die französische Herrschaft beginnt 1768, sie ist noch heute eine französische Insel. Die Autonomiebestrebungen der Einwohner werden vor dem geschichtlichen Hintergrund verständlich. Um welche Insel handelt es sich?

La Corse/Korsika

Une montagne de courrier

Mme Morin: *Paul, où as-tu mis le courrier, je ne*
retrouve plus que les factures et deux
lettres.

M. Morin: *C'est tout ce qui reste du courrier, j'ai trié*
la publicité, regarde, il y a même une
lettre de
l'agence
de voyage
où nous
avions
réservé
notre vol!

Le taxi

Après avoir couru les magasins, Mme Lebrun se
dirige vers la file des taxis qui attendent le long du
trottoir. Lorsqu'elle arrive au taxi en tête de file,
le chauffeur descend et met ses sacs et paquets
dans la malle arrière. Un quart d'heure plus tard,
elle arrive devant chez elle. Elle paie la course: ça
fait 35 francs plus 5 francs de supplément pour les
sacs.

Ein Berg Post

Frau Morin:	Paul, wo hast du nur die Post hingelegt, ich sehe nur die Rechnungen und zwei Briefe.
Herr Morin:	Das ist alles, was von der Post übrig ist, ich habe die Werbung schon aussortiert. Sieh mal, es ist sogar ein Brief von der Reiseagentur dabei, bei der wir unseren Flug gebucht hatten.

le courrier [ku'rje]	Post (Sendungen)
la montagne [mɔ̃'taɲ]	Berg
la facture [fak'tyːr]	Rechnung
trier [tri'e]	sortieren
la publicité [pyblisi'te]	Werbung
l'agence ƒ [a'ʒɑ̃ːs]	Agentur

Das Taxi

Nachdem sie einen Einkaufsbummel gemacht hat, begibt sich Frau Lebrun zu der Taxi-Schlange, die entlang dem Bürgersteig wartet. Als sie bei dem Taxi an der Spitze der Reihe ankommt, steigt der Fahrer aus und packt ihre Taschen und Pakete hinten in den Kofferraum. Eine Viertelstunde später kommt sie zu Hause an. Sie bezahlt die Fahrt: Es macht 35 Francs zuzüglich 5 Francs für die Taschen.

courir les magasins [ku'riːr le maga'zɛ̃]	einen Einkaufsbummel machen
la file [fil]	Schlange (fig.)
le trottoir [trɔ'twaːr]	Bürgersteig
en tête [ɑ̃ tɛt]	an der Spitze
le sac [sak]	Tasche
le paquet [pa'kɛ]	Paket, Einkaufstüte
la malle [mal]	Kofferraum
la course [kurs]	(Taxi-)Fahrt
le supplément [syple'mɑ̃]	Zuschlag

Des conteneurs, des conteneurs...

Le décor dans les villes est de plus en plus «enrichi» par des conteneurs destinés au recyclage d'ordures les plus diverses, verre blanc, verre de couleur, papier, boîtes en fer blanc. Il y aurait même déjà des conteneurs sophisti-qués, qui trient les verres selon leur couleur et les séparent des autres déchets!

--- EXERCICE ---

Traduisez:

1) Alle Straßen dieser Stadt sind schmal.
2) Das Telefon klingelt alle 5 Minuten.
3) Warum schläfst du den ganzen Tag?
4) Alle diese Anzüge sind teuer.
5) Großmutter hört alles.
6) Wir sind den ganzen Nachmittag zu Hause.

Container, Container....

Das Bild der Städte wird zunehmend durch Container „berei-chert", die für das Recycling der verschiedensten Abfälle be-stimmt sind, Weißglas, Buntglas, Papier, Weißblech. Es soll sogar schon hochentwickelte Container geben, die das Glas nach der Farbe sortieren und von anderen Abfällen trennen! *

Pilotprojekt in Frankreich

enrichi *adj.* [ãri'ʃi]	bereichert
l'ordure *f* [ɔr'dy:r]	Abfall
le déchet *m* [de'ʃɛ]	Abfall
sophistiqué *adj.* [sɔfisti'ke]	*hier:* hochentwickelt; *sonst:* anspruchsvoll
trier [tri'e]	sortieren
séparer [sepa're]	trennen

Übersetzen Sie:

1) Toutes les rues de cette ville sont étroites.
2) Le téléphone sonne toutes les 5 minutes.
3) Pourquoi dors-tu toute la journée?
4) Tous ces costumes sont chers.
5) Grand-mère entend tout.
6) Nous sommes à la maison tout l'après-midi.

DIE EXPERTENECKE

«*C'est de l'hébreu pour moi*» ist kein Hinweis auf Sprachkenntnisse, sondern es bedeutet: „*Das sind böhmische Dörfer für mich.*" — (Wörtl.: Das ist he-bräisch für mich.)

Un pique-nique

Nicolas: *Je vous invite à un pique-nique pour fêter mon anniversaire.*

Didier: *Nous pourrons prendre notre glacière, elle est assez grande pour mettre les boissons et les desserts.*

Nicolas: *Ma mère prépare de bons sandwichs, des salades et une tarte.*

Ville de pèlerinage

De tous les pays du monde viennent des trains, des cars, des avions remplis de malades dont ce voyage est le dernier espoir. Ils viennent ici pour boire de cette eau miraculeuse et en emporter à la maison. 31 malades guéris de façon inexplicable en ce lieu, dont 24 reconnus officiellement comme des miraculés depuis 1945. C'est depuis les apparitions de Marie à une petite bergère, Bernadette Soubirous, de février à juillet 1858, que cette jolie ville des Pyrénées est un lieu d'espoir et de réconfort pour beaucoup.

De quelle ville s'agit-il?

Ein Picknick

Nicolas: An meinem Geburtstag lade ich euch zu einem Picknick ein.
Didier: Wir können unsere Kühlbox nehmen, sie ist groß genug für die Getränke und den Nachtisch.
Nicolas: Meine Mutter bereitet gute belegte Brote, Salate und
eine Obsttorte vor.

la glacière [gla'sjɛːr]	Kühlbox
la boisson [bwa'sɔ̃]	Getränk
le sandwich [sɑ̃'dwitʃ]	belegtes Brot
la tarte [tart]	Torte/(Obsttorte)

Ein Pilgerort

Aus allen Ländern der Welt kommen Züge, Busse und Flug-
zeuge voll mit Kranken, für die diese Reise die letzte Hoffnung
ist. Sie kommen hierher, um von diesem Wunderwasser zu trinken und um etwas davon mit nach Hause zu nehmen. 31 Kranke
wurden auf wundersame Weise an diesem Ort geheilt, darunter
sind 24 offiziell anerkannte Wunder seit 1945. Seitdem Maria
der kleinen Schäferin Bernadette Soubirous vom Februar bis
zum Juli 1858 erschien, ist diese hübsche Stadt in den Pyrenäen für viele ein Ort der Hoffnung und des Trostes. Um welche
Stadt handelt es sich?

Lourdes

Un ordinateur personnel portable

M. Morin: *Cet ordinateur est vraiment aussi performant que le promet la publicité?*

Vendeur: *Oui Monsieur, vous disposez d'une puissance de traitement de 640 KB. Si vous n'avez pas de courant à disposition, une batterie rechargeable assure l'alimentation.*

«Mieux vaut mécontenter par cent refus que manquer à une seule promesse.»

Proverbe chinois

Herr Morin: Dieser Computer ist wirklich so leistungsfähig, wie es die Werbung verspricht?

Verkäufer: Ja, Sie verfügen über eine Arbeitskapazität von 640 KB*. Wenn kein Strom zur Verfügung steht, versorgt eine aufladbare Batterie das Gerät.

KB = Kilobyte; der Speicher hat eine Kapazität von 640.000 Zeichen.

l'ordinateur personnel *m* [ɔrdinaˈtœːr pɛrsɔˈnɛl]	Personalcomputer
portable *adj.* [pɔrˈtablə]	tragbar
performant *adj.* [pɛrfɔrˈmɑ̃]	leistungsfähig
disposer de qc [dispoˈze də]	verfügen über etwas
la puissance de traitement [pɥiˈsɑ̃ːs də trɛtˈmɑ̃]	Arbeitskapazität
rechargeable *adj.* [rəʃarˈʒablə]	aufladbar
l'alimentation *f* [alimɑ̃tɑˈsjɔ̃]	*hier:* Versorgung; *sonst:* Ernährung

„Es ist besser, durch hundert Ablehnungen Anlaß zur Unzufriedenheit zu geben, als ein einziges Versprechen nicht zu halten." — Chinesisches Sprichwort

—————————— GRAMMATIK ——————————

Unveränderliche zusammengesetzte Substantive

le gratte-ciel/les gratte-ciel (Wolkenkratzer)

le porte-monnaie/les porte-monnaie (Geldbörse)

le porte-parole/les porte-parole (Sprecher)

le pare-brise/les pare-brise (Windschutzscheibe)

l'abat-jour/les abat-jour (Lampenschirm)

Einige zusammengesetzte Substantive haben dem Sinn nach immer das Pluralzeichen am zweiten Substantiv, auch im Singular. Sie haben auch im Plural kein s am ersten Substantiv:

le porte-bagages/les porte-bagages (Gepäckträger)

le porte-avions/les porte-avions (Flugzeugträger)

le pare-chocs/les pare-chocs (Stoßstange)

La vie est belle

Sylvie:	*Garçon! un jus d'orange s'il vous plaît!*
Marc:	*Un demi pour moi. Ah! il fait si beau, le printemps est là, enfin …*
Michel:	*Et les terrasses de café sont l'endroit idéal pour admirer les jolies filles …*
Monique:	*Tais-toi, je vais devenir jalouse!*

On casse les prix!

Le discount «Brico» fait des soldes de printemps. M. Lenoir profite de l'occasion pour se procurer du matériel pour la maisonnette: des tuiles, des carreaux pour la salle de bains et de la moquette. Les prix au rabais sont très avantageux. Mais la voiture de M. Lenoir est trop petite!

Das Leben ist schön

Sylvie:	Herr Ober, einen Orangensaft bitte!
Marc:	Ein Bier für mich. Ah! Es ist so schönes Wetter, der Frühling ist endlich da...
Michel:	Und die Straßencafés sind der ideale Ort, um hübsche Mädchen zu bewundern...
Monique:	Sei still! Ich werde noch eifersüchtig!

le jus [ʒy]	Saft
le demi [d(ə)'mi]	Bier (kleines Glas)
le printemps [prɛ̃'tɑ̃]	Frühling
un endroit [ɑ̃'drwa]	Platz, Ort
admirer [admi're]	bewundern
se taire [sə tɛːr]	schweigen

Die Preise purzeln!

Das Discountgeschäft „Brico" macht einen Frühlingsausverkauf. Herr Lenoir nutzt die Gelegenheit, um sich Material für das Häuschen zu beschaffen: Dachziegel, Kacheln fürs Badezimmer und Teppichboden. Die Angebotspreise sind sehr vorteilhaft. Aber Herrn Lenoirs Auto ist zu klein!

les soldes (m.) [sɔld]	Ausverkauf
se procurer [sə prɔky're]	sich beschaffen
la tuile [tɥil]	Dachziegel
le carreau [kɑ'ro]	Kachel
la salle de bains [sal də bɛ̃]	Badezimmer
la moquette [mɔ'kɛt]	Teppichboden
avantageux/-euse [avɑ̃ta'ʒø]	vorteilhaft

Préparatifs pour le barbecue

Mme Lenoir:	*Marc, va chercher le charbon de bois et allume le feu, d'accord?*
Sylvie:	*Je m'occupe de la viande et des saucisses. Quelles sauces faut-il?*
Mme Lenoir:	*De la mayonnaise, du ketchup et de la moutarde. Oh zut! on a oublié les baguettes! Chéri, tu vas vite chez le boulanger?*

Jeanne d'Arc

Cette fille de paysans sauva la France pendant la guerre de Cent Ans. A la tête d'une armée loyale, elle délivra la ville d'Orléans de l'occupation anglaise et permit ainsi le couronnement de Charles VII. Un an après (1430), elle fut capturée et livrée aux Anglais. Elle fut condamnée comme hérétique et brûlée vive.

Qu'est-ce qui fut à l'origine de la vocation héroïque de Jeanne d'Arc?

Vorbereitungen für das Grillfest

Frau Lenoir: Marc, hole die Holzkohle und zünde das Feuer an, ja?
Sylvie: Ich kümmere mich um das Fleisch und die Würstchen. Welche Soßen brauchen wir?
Frau Lenoir: Mayonnaise, Ketchup und Senf. Ach! Wir haben die Baguettes vergessen! Schatz, gehst du schnell zum Bäcker?

les préparatifs [prepara'tif]	Vorbereitungen
le charbon de bois [ʃar'bɔ̃ də bwa]	Holzkohle
allumer [aly'me]	anzünden
le feu [fø]	Feuer
la viande [vjɑ̃:d]	Fleisch
la saucisse [so'sis]	Würstchen
la sauce [so:s]	Soße
la moutarde [mu'tard]	Senf
le boulanger [bulɑ̃'ʒe]	Bäcker

Ein Preis

Nach dem Testament eines schwedischen Chemikers, der sich mit der Entwicklung von Sprengstoffen einen Namen machte, werden jedes Jahr bestimmte Preise für die wichtigsten Entdeckungen in der Physik, Chemie, Ökonomie und Physiologie bzw. Medizin vergeben. Es gibt auch einen Preis für denjenigen, der die „Brüderschaft der Nationen" am meisten gefördert hat, und für „denjenigen, der im Bereich der Literatur das herausragendste Werk idealistischer Prägung produziert hat". Wie heißen der Chemiker und der Preis?

Alfred Bernhard Nobel (1833 – 96) – Nobel Prize

Le vernissage

Marc: *Je ne comprends rien à la peinture abstraite. Ce grand tableau noir et blanc par exemple! Qu'est-ce que ça signifie?*

Luc: *Ici l'artiste repré-sente les deux grands aspects de la vie: l'ombre et la lumière, le bien et le mal...*

Marc: *Tu es vraiment un amateur d'art, toi?*

Le festival de Cannes

Tous les ans au mois de mai, le festival de Cannes accueille les grandes vedettes du cinéma inter-national. Les nouveaux films sont soumis à l'appré-ciation d'un jury, qui décerne plusieurs prix, dont la Palme d'Or. Mais l'événement se joue tout autant sur la Croisette, où les célébrités paradent dans les beaux cafés du bord de mer.

A quelle année remonte la fondation du festival?

Die Ausstellungseröffnung

Marc: Ich verstehe nichts von abstrakter Malerei. Dieses große schwarz-weiße Bild zum Beispiel! Was bedeutet das?

Luc: Hier stellt der Künstler die zwei großen Aspekte des Lebens dar: Schatten und Licht, das Gute und das Böse...

Marc: Du bist wohl wirklich ein Kunstliebhaber?

le vernissage [vɛrni'saːʒ]	Ausstellungseröffnung
la peinture [pɛ̃'tyːr]	Malerei
abstrait/e [aps'trɛ]	abstrakt
un artiste [ar'tist]	Künstler
représenter [rəprezã'te]	darstellen
un amateur [ama'tœːr]	Liebhaber

Das Festival von Cannes

Jedes Jahr im Mai begrüßt das Festival von Cannes die berühmten Filmstars des internationalen Kinos. Die neuen Filme werden von einer Jury begutachtet, und diese verleiht dann mehrere Preise, darunter die Goldene Palme. Aber das Ereignis spielt sich ebenso auf der Croisette ab, wo die Prominenten sich in den schönen Cafés am Meer bewundern lassen. In welchem Jahr wurde das Festival gegründet?

1946

Bis 1950 wurden die Festspiele im Herbst abgehalten, seither finden sie jährlich im Frühjahr statt. Die höchste Auszeichnung für den besten Film ist die Goldene Palme.

M. Lenoir en voyage d'affaires

Secrétaire: *Voilà votre agenda, Monsieur.*
M. Lenoir: *Voyons... arrivée à Cologne à 9 heures;*
rendez-vous avec
le directeur à
9 heures 30. Vi-
site de l'usine à
11 heures; déjeu-
ner à midi.
Secrétaire: *Et l'après-midi,*
vous assistez
à l'assemblée
générale des
actionnaires.

Les pucerons

C'est la catastrophe dans le jardin; comme il fait chaud, il y a une invasion de pucerons sur les géraniums et les fraisiers.
Marc a une bonne idée: il faut trouver des cocci- nelles pour exterminer toutes ces bestioles indésirables. Mais qui a le temps de chercher les cocci- nelles?

Herr Lenoir auf Geschäftsreise

Sekretärin: Hier ist Ihr Terminkalender.
Herr Lenoïr: Schauen wir mal… Ankunft in Köln um 9 Uhr.
Verabredung mit dem Direktor um 9 Uhr 30.
Besichtigung der Fabrik um 11 Uhr; Mittagessen
um zwölf.
Sekretärin: Und am Nachmittag wohnen Sie der General-
versammlung der Aktionäre bei.

un agenda [aʒɑ̃'da]	Terminkalender
une arrivée [ari've]	Ankunft
la visite [vi'zit]	Besichtigung, Besuch
une usine [y'zin]	Fabrik
un après-midi [aprɛmi'di]	Nachmittag
assister [asis'te]	beiwohnen, unterstützen
une assemblée [asɑ̃'ble]	Versammlung
un actionnaire [aksjɔ'nɛːr]	Aktionär

Blattläuse

Im Garten gibt es eine Katastrophe; da das Wetter warm ist,
findet eine Invasion von Blattläusen auf den Geranien und den
Erdbeerpflanzen statt. Marc hat eine gute Idee: Man muß
Marienkäfer finden, um all diese unerwünschten Tierchen aus-
zurotten. Aber wer hat Zeit, die Marienkäfer zu suchen?

le puceron [pys'rɔ̃]	Blattlaus
une invasion [ɛ̃va'zjɔ̃]	Invasion
le géranium [ʒera'njɔm]	Geranie
la coccinelle [kɔksi'nɛl]	Marienkäfer
exterminer [ɛ́kstɛrmi'ne]	ausrotten
la bestiole [bɛs'tjɔl]	Tierchen
indésirable [ɛ̃dezi'rablə]	unerwünscht

Retour de voyage

Tante Christine: *Hé, taxi! Je vais en direction du Bois de Vincennes.*

Chauffeur: *Où sont vos bagages?*

Tante Christine: *Là, ces deux valises, le sac de voyage et le paquet. Attention, c'est fragile!*

Chauffeur: *Bon, je charge tout dans le coffre.*

Roscoff

Normalement Roscoff est une petite ville de 4000 habitants. Mais de juin à septembre quelque 50 000 touristes viennent s'y reposer à la plage, visiter la vieille ville et le port. Les bateaux de pêche sortent en mer pour pêcher la langouste et le homard. Au XVIIIe siècle, Roscoff fut un «repaire de corsaires».

Dans quelle région se trouve cette petite ville?

Rückkehr von der Reise

Tante Christine:	He, Taxi! Ich fahre in Richtung Bois de Vincennes.
Fahrer:	Wo ist Ihr Gepäck?
Tante Christine:	Da, diese zwei Koffer, die Reisetasche und das Paket. Vorsicht, es ist zerbrechlich!
Fahrer:	Gut, ich verlade alles in den Kofferraum.

la direction [dirɛk'sjɔ̃]	Richtung
les bagages [ba'gaʒ]	Gepäck
la valise [va'li:z]	Koffer
le sac [sak]	Tasche
attention! [atɑ̃'sjɔ̃]	Vorsicht!
fragile [fra'ʒil]	zerbrechlich
charger [ʃar'ʒe]	verladen, beladen
le coffre ['kɔfrə]	Kofferraum, Truhe

Roscoff

Normalerweise ist Roscoff ein Städtchen mit 4000 Einwohnern. Aber von Juni bis September kommen etwa 50 000 Touristen, die sich dort an den Stränden erholen und die Altstadt mit dem Hafen besichtigen. Die Fischerboote fahren aufs Meer, um Langusten und Hummer zu fischen. Im 18. Jahrhundert war Roscoff ein Piratennest. In welcher Gegend befindet sich dieses Städtchen?

In der Bretagne

Roscoff liegt nicht weit von Morlaix. Es ist ein beliebter Ort für Meeresheilkuren.

Les meilleures recettes

Mme Lenoir est un vrai cordon bleu. Elle règne sur une cuisine bien équipée et possède au moins une douzaine de casseroles. Heureusement qu'elle a aussi un lave-vaisselle! Elle trouve souvent son inspiration dans un vieux livre de recettes de grand-mère. Sa spécialité est la pâtisserie.

«Le cinéma,
c'est une industrie,
mais malheureusement,
c'est aussi un art.»

Jean Anouilh

Die besten Rezepte

Frau Lenoir ist eine perfekte Köchin. Sie regiert über eine gut ausgestattete Küche und besitzt mindestens ein Dutzend Kochtöpfe. Zum Glück hat sie auch eine Geschirrspül-maschine! Oft findet sie ihre Anregungen in einem alten Koch-buch der Großmutter. Ihre Spezialität ist Kuchenbacken.

la recette [rə'sɛt]	Rezept
équipé/e [eki'pe]	ausgestattet
la casserole [kas'rol]	Kochtopf
le lave-vaisselle [lavvɛ'sɛl]	Geschirrspülmaschine
une inspiration [ɛ̃spira'sjɔ̃]	Anregung

„Der Film ist eine Industrie, aber leider ist er auch eine Kunst.“
— Jean Anouilh (1910 – 1987), französischer Dramatiker und Regisseur

———————————— GRAMMATIK ————————————

Dritte Konjugation

Die dritte Konjugation bezieht sich auf Verben, die mit -oir enden, z. B.: recevoir (bekommen), apercevoir (bemerken), décevoir (enttäuschen)

recevoir (bekommen)
je reçois
tu reçois
il reçoit
nous recevons
vous recevez
ils reçoivent

Comme un poisson dans l'eau

Monique: *Zut! J'ai mon maillot de bain, ma serviette, mais pas de bonnet de bain.*

Sylvie: *Tu peux en acheter à la caisse. Regarde Luc, il saute du plongeoir de 5 mètres! Il nage vraiment comme un poisson dans l'eau!*

Le voyage d'affaires

M. Martin doit se rendre à Francfort et il demande à sa secrétaire d'organiser le voyage. Elle téléphone à l'aéroport pour réserver le vol. Puis elle envoie un téléfax à l'hôtel pour réserver la chambre, et un autre téléfax à la société Deutsch pour confirmer le rendez-vous convenu pour lundi à 14h.

Wie ein Fisch im Wasser

Monique: Verflixt! Ich hab meinen Badeanzug, mein Handtuch, aber keine Bademütze.
Sylvie: Du kannst eine an der Kasse kaufen. Schau mal
Luc an, er springt vom 5-Meter-Turm! Er schwimmt
wirklich wie ein Fisch im Wasser!

le maillot de bain [maˈjo də bɛ̃]	Badeanzug
la serviette [sɛrˈvjɛt]	Handtuch
le bonnet de bain [bɔˈnɛ də bɛ̃]	Bademütze
sauter [soˈte]	springen
le plongeoir [plɔ̃ˈʒwaːr]	Sprungturm
nager [naˈʒe]	schwimmen

Die Geschäftsreise

Herr Martin muß nach Frankfurt reisen, und er bittet seine Sekretärin, die Reise zu organisieren. Sie ruft am Flughafen an, um
den Flug zu reservieren. Danach schickt sie ein Telefax zum
Hotel, um das Zimmer zu reservieren, und ein weiteres Telefax
zu der Firma „Deutsch", um den für Montag, 14.00 Uhr verein-
barten Termin zu bestätigen.

le voyage d'affaires [vwaˈjaːʒ daˈfɛːr]	Geschäftsreise
se rendre [sə ˈrɑ̃ːdrə]	fahren nach/sich begeben
le vol [vɔl]	Flug
confirmer [kɔ̃firˈme]	bestätigen
le rendez-vous [rɑ̃deˈvu]	Termin
convenir [kɔ̃vˈniːr]	vereinbaren

L'embarras du choix

Sylvie: *Bonjour, je voudrais essayer les chaussures noires à talon qui sont en vitrine.*

Vendeuse: *Oui, quelle taille faites-vous?*

Sylvie: *Du 37... Hm, elles ont l'air un peu trop hivernales.*

Vendeuse: *Prenez donc ces escarpins en daim gris; ou ces ballerines avec le joli nœud...*

A l'hôpital

Monsieur Lebrun se trouve à l'hôpital après avoir eu un accident bénin en réparant le toit de la maison. Madame Lebrun lui rend visite cet après-midi. Elle lui apporte un journal sportif, des fruits et un roman policier de son auteur préféré. Il espère rentrer chez lui bientôt.

Die Qual der Wahl

Sylvie: Guten Tag, ich möchte die schwarzen Schuhe mit Absatz probieren, die im Schaufenster sind.
Verkäuferin: Ja, welche Schuhgröße haben Sie?
Sylvie: 37... Hm, die sehen etwas zu winterlich aus.
Verkäuferin: Nehmen Sie doch diese grauen Wildleder-pumps; oder diese Ballerinas mit der hübschen Schleife...

un embarras [ɑ̃baˈrɑ]	Schwierigkeit, Verwirrung
le choix [ʃwa]	Auswahl
la chaussure [ʃoˈsyːr]	Schuh
le talon [taˈlɔ̃]	Hacke, Ferse
hivernal/e [iveːrˈnal]	winterlich
un escarpin [ɛskarˈpɛ̃]	Pumps
le daim [dɛ̃]	Wildleder
la ballerine [balˈrin]	Tanzschuh, Ballerina

Im Krankenhaus

Herr Lebrun befindet sich im Krankenhaus, nachdem er einen kleinen Unfall hatte, als er das Dach des Hauses reparierte. Frau Lebrun besucht ihn heute nachmittag. Sie bringt ihm eine Sportzeitung mit, Obst und einen Krimi seines Lieblingsautors. Er hofft sehr, daß er bald nach Hause zurückkehren kann.

bénin [beˈnɛ̃]	klein, nicht schlimm (Unfall)
l'accident (m.) [aksiˈdɑ̃]	Unfall
le toit [twa]	Dach
rendre une visite (à qn) [rɑ̃ːdrə yn viˈzit]	(jdn) besuchen
le journal du sport [ʒurˈnal dy spɔːr]	Sportzeitung
le roman policier [rɔˈmɑ̃ poliˈsje]	Kriminalroman, Detektivroman
l'auteur (m.) [oˈtœːr]	Autor
préféré [prefeˈre]	Lieblings-

«*Le sort
de l'humanité en général
sera celui qu'elle méritera.*»

Albert Einstein

La blanquette de veau

Ingrédients: *1 kg de veau en morceaux, 20 g de farine,
50 g de beurre, 1 verre de vin blanc, 2 verres d'eau,
2 oignons, thym/laurier, sel, poivre.*

Faire rissoler la viande et les oignons coupés dans le
beurre; saler, poivrer, ajouter le thym et le laurier.
Saupoudrer doucement avec la farine, remuer avec
une cuillère jusqu'à ce que la sauce épaississe.
Ajouter le vin blanc et l'eau. Laisser mijoter pendant
2 heures. Servir avec du riz.

Bon appétit!

„Das Schicksal der gesamten Menschheit wird jenes sein, das sie verdient hat." — Albert Einstein (1879–1955), deutscher Physiker

─────────── GRAMMATIK ───────────

Familie und Verwandte

l'homme (Mann)	la femme (Frau)
le grand-père (Großvater)	la grand-mère (Großmutter)
le père (Vater)	la mère (Mutter)
le fils (Sohn)	la fille (Tochter)
le frère (Bruder)	la sœur (Schwester)
l'oncle (Onkel)	la tante (Tante)
le cousin (Vetter)	la cousine (Kusine)
le neveu (Neffe)	la nièce (Nichte)
le beau-père (Schwiegervater)	la belle-mère (Schwiegermutter)
le gendre (Schwiegersohn)	la bru (Schwiegertochter)

Kalbsragout

Zutaten: *1 kg Kalbfleisch in Stücken, 20 g Mehl, 50 g Butter, 1 Glas Weißwein, 2 Glas Wasser, 2 Zwiebeln, Thymian/Lorbeer, Salz, Pfeffer.*

Das Fleisch und die geschnittenen Zwiebeln in der Butter anbraten; Salz, Pfeffer, Thymian und Lorbeer hinzufügen. Vorsichtig mit dem Mehl bestreuen, mit einem Löffel umrühren, bis die Soße andickt. Weißwein und Wasser hinzufügen. Etwa zwei Stunden langsam kochen lassen. Mit Reis servieren.

Guten Appetit!

Un mélomane

M. Lenoir est un mélomane.
Il aime beaucoup la
musique classique, surtout
les symphonies et l'opéra.
Il est très fier de sa chaîne
stéréo. Depuis peu, il a
découvert les disques
compacts qu'il apprécie
pour la perfection de
l'enregistrement musical.

Un nouveau collaborateur

Secrétaire: *M. Lenoir, je viens de recevoir un téléfax de*
M. Busch à Cologne.

M. Lenoir: *Voyons ... Ah!*
il accepte notre
offre d'emploi.
Très bien, c'est
un excellent
ingénieur.
Envoyez-lui son
contrat de travail
par retour du
courrier.

Ein Musikfreund

Herr Lenoir ist ein Musikfreund. Er mag sehr gern klassische Musik, vor allem Symphonien und Opern. Er ist sehr stolz auf seine Stereoanlage. Seit kurzem hat er die CDs entdeckt, die er wegen der perfekten Musikaufnahme schätzt.

le mélomane [melɔ'man]	Musikfreund
un opéra [ɔpe'ra]	Oper
la chaîne stéréo [ʃɛn stere'o]	Stereoanlage
le disque [disk]	Schallplatte
la perfection [pɛrfɛk'sjɔ̃]	Vollkommenheit
un enregistrement [ɑ̃rəʒistrə'mɑ̃]	Aufnahme

Ein neuer Mitarbeiter

Sekretärin: Herr Lenoir, ich habe soeben ein Telefax von Herrn Busch in Köln erhalten.

Herr Lenoir: Sehen wir mal ... Ah, er nimmt unser Stellenangebot an. Sehr gut, er ist ein ausgezeichneter Ingenieur. Senden Sie ihm seinen Arbeitsvertrag postwendend.

le collaborateur [kɔlabɔra'tœ:r]	Mitarbeiter
le téléfax [tele'faks]	Telefax
une offre d'emploi ['ɔfrə dɑ̃'plwa]	Stellenangebot
le contrat [kɔ̃'tra]	Vertrag
par retour du courrier [rə'tur dy ku'rje]	postwendend

La grotte des Demoiselles

Ces grottes prodigieuses se trouvent à quelque 40 km de Nîmes. On y accède par un funiculaire; la plus grande caverne a une longueur de 120 m, une largeur de 80 m et une hauteur de près de 50 m. On l'appelle la Cathédrale. Elle est remplie de stalagmites qui semblent soutenir la voûte. L'une d'entre elles évoque une statue de la Vierge à l'Enfant.

Dans quel département de la France se situe la grotte des Demoiselles?

La mode de l'été

Mme Lenoir: *Non, Sylvie, tu ne vas pas acheter cette mini- jupe! Elle est vraiment trop courte et moulante.*

Sylvie: *Tu ne comprends rien aux goûts de la jeunesse! Avec un bustier décolleté et cette jupe, j'ai le style de Marilyn Monroe!*

Die Grotte des Demoiselles

Diese fantastischen Grotten sind etwa 40 km von Nîmes entfernt. Man kommt mit einer Drahtseilbahn hinein; die größte
Höhle ist 120 m lang, 80 m breit und 50 m hoch. Man nennt sie
die Kathedrale. Sie ist voller Tropfsteine, die den Eindruck
erwecken, als stützten sie die Decke. Einer dieser Tropfsteine
erinnert an eine Statue der Muttergottes mit dem Kind. In
welchem Departement Frankreichs befindet sich die Grotte
des Demoiselles?

Im Hérault

Während des Dreißigjährigen Krieges fanden dort verfolgte
Calvinisten Zuflucht.

Sommermode

Frau Lenoir: Nein, Sylvie, du wirst diesen Minirock nicht
kaufen! Er ist wirklich zu kurz und enganliegend.
Sylvie: Du verstehst nichts vom Geschmack der Jugend!
Mit einem ausgeschnittenen Mieder und diesem
Rock habe ich den Look von Marilyn Monroe!

la mini-jupe [mini'ʒyp]	Minirock
court/e [ku:r]	kurz
moulant/e [mu'lã]	enganliegend
le goût [gu]	Geschmack
la jeunesse [ʒœ'nɛs]	Jugend
le bustier [byst'je]	Mieder
le décolleté [dekɔl'te]	Ausschnitt

La chance sourit

Mme Lenoir joue parfois au loto. La semaine dernière, elle a marqué six petites croix sur son bulletin en s'inspirant de sa date de naissance. Manifestement, elle est née sous une bonne étoile, puisqu'elle a gagné une belle somme. Elle veut s'acheter une décapotable.

EXERCICE

Le passé composé

Mettez ces phrases au passé composé:

1. Il n'apprend pas sa leçon.
2. Je suis étudiant.
3. Vous prenez un café?
4. Tu lis un livre intéressant.
5. Nous recevons ta lettre.
6. Elles préfèrent le film américain.
7. Je vois jouer cet enfant dans la rue.

Das Glück lacht

Manchmal spielt Frau Lenoir Lotto. Letzte Woche hat sie sich beim Setzen der sechs Kreuzchen auf ihrem Lottoschein von ihrem Geburtsdatum anregen lassen. Offensichtlich ist sie unter einem guten Stern geboren, da sie eine schöne Summe gewonnen hat. Sie will sich ein Kabriolett kaufen.

la chance [ʃɑːs]	Glück
la semaine [s(ə)'mɛːn]	Woche
dernier/-ière [dɛr'nje]	letzter
la croix [krwa]	Kreuz
le bulletin [byl'tɛ̃]	Schein
la naissance [nɛ'sɑ̃ːs]	Geburt
manifestement [manifɛstə'mɑ̃]	offensichtlich
né/e [ne]	geboren
une étoile [e'twal]	Stern

Das „Passé composé"

Setzen Sie diese Sätze ins Passé composé:

1. Il n'**a** pas **appris** sa leçon (er hat seine Lektion nicht gelernt).
2. J'**ai été** étudiant (ich bin Student gewesen).
3. Vous **avez pris** un café (haben Sie einen Kaffee getrunken)?
4. Tu **as lu** un livre intéressant (du hast ein interessantes Buch gelesen).
5. Nous **avons reçu** ta lettre (wir haben deinen Brief bekommen).
6. Elles **ont préféré** le film américain (sie haben den amerikanischen Film lieber gemocht).
7. J'**ai vu** jouer cet enfant dans la rue (ich habe dieses Kind auf der Straße spielen sehen).

DIE EXPERTENECKE

Le passé immédiat
Die unmittelbare Vergangenheit wird durch venir de + Infinitif ausgedrückt:
Je viens d'arriver (ich bin soeben angekommen).

Fête sur le campus

Sylvie: *La sono est super! et le disk-jockey a l'air tellement mignon!*

Luc: *Marc, apporte-nous cinq verres de vin! Ah! enfin de la musique pour danser. Viens, Simone, tu m'as promis la prochaine danse.*

Les mystères de l'informatique

Marc apprend à travailler sur un ordinateur. Il veut taper le texte de son exposé. Sylvie lui montre comment utiliser les différentes touches de fonction, par exemple pour souligner un mot. Mais Marc ne peut pas mémoriser toutes ces données et il s'énerve vite!

Party an der Uni

Sylvie: Die Musikanlage ist super! Und der Disk-Jockey sieht so süß aus!
Luc: Marc, bring uns fünf Gläser Wein! Ah, endlich Musik zum Tanzen. Komm, Simone, du hast mir den nächsten Tanz versprochen.

la sono [sɔ'no]	Musikanlage
avoir l'air [a'vwa:r lɛr]	aussehen
mignon/ne [mi'ɲɔ̃]	süß, niedlich
le verre [vɛ:r]	Glas
danser [dɑ'se]	tanzen
prochain/e [prɔ'ʃɛ̃]	nächster, nächste

Die Geheimnisse der Informatik

Marc lernt, auf einem Computer zu arbeiten. Er will den Text für seinen Vortrag tippen. Sylvie zeigt ihm, wie man die verschiedenen Funktionstasten benutzt, zum Beispiel um ein Wort zu unterstreichen. Aber Marc kann sich das nicht alles merken und regt sich schnell auf.

le mystère [mis'tɛ:r]	Geheimnis
apprendre [a'prɑ̃:drə]	lernen
utiliser [ytili'ze]	benutzen
la touche [tuʃ]	Taste
souligner [suli'ɲe]	unterstreichen
mémoriser [memɔri'ze]	auswendig lernen
s'énerver [senɛr've]	sich aufregen

La patience du baby-sitter

Thomas: *Tu as vu mon train électrique et mon nounours qui parle; je vais te montrer mon jeu de meccano...*

Sylvie: *Quel enfant gâté! Non, il est temps d'aller au lit. On va ranger tes jouets et puis, bonne nuit!*

EXERCICE

Traduction:

1. Er ist um neun Uhr gegangen.
2. Wir sind in den Bus gestiegen.
3. Hast du dir die Haare gewaschen?
4. Sie hat in England geheiratet.
5. Ihr seid nachts nach Hause gekommen.
6. Ich habe mich geirrt.
7. Sie sind in Paris geblieben.

Die Geduld des Babysitters

Thomas: Du hast meine elektrische Eisenbahn und meinen sprechenden Teddybär gesehen; jetzt zeig ich dir mein Baukastenspiel...

Sylvie: Was für ein verwöhntes Kind! Nein, es ist Zeit, ins Bett zu gehen. Wir werden dein Spielzeug aufräumen und dann, gute Nacht!

la patience [pa'sjã:s]	Geduld
le nounours [nu'nurs]	Teddybär
le meccano [meka'no]	Baukastenspiel
gâté/e [gɑ'te]	verwöhnt
aller au lit [a'le o li]	ins Bett gehen
ranger [rã'ʒe]	aufräumen
le jouet [ʒwɛ]	Spielzeug

Übersetzung

1. Il est parti à neuf heures.
2. Nous sommes montés dans le bus.
3. Est-ce-que tu t'es lavé les cheveux?
4. Elle s'est mariée en Angleterre.
5. Vous êtes rentrés à la maison dans la nuit.
6. Je me suis trompée.
7. Ils sont restés à Paris.

DIE EXPERTENECKE

Une expression

Monter un bateau à quelqu'un bedeutet nicht, jemanden zu einer Bootsfahrt einladen, sondern ihm einen Bären aufbinden.

Chez le poissonnier

Mme Lenoir: *Vous avez de la sole fraîche?*
Vendeur: *Oui Madame, elle a été livrée ce matin.*
Mais je vous
recommande
les truites
de mer.
Mme Lenoir: *Bon, donnez-*
moi six truites
et un kilo de
moules.

Jean de La Fontaine

Ce poète (1621–1695) acquit une réputation mondiale grâce à ses Fables. Contrairement aux conceptions de son temps, qui considérait les animaux comme des mécanismes privés d'âme, La Fontaine les observait avec plaisir. Il leur donna des traits de caractère humains et leur fit jouer les drames grotesques de la société d'autrefois («Les grenouilles qui demandent un roi»).

De quelle région Jean de La Fontaine est-il originaire?

Beim Fischhändler

Frau Lenoir: Haben Sie frische Seezunge?
Verkäufer: Ja, sie wurde heute morgen geliefert. Aber ich empfehle Ihnen die Seeforellen.
Frau Lenoir: Gut, geben Sie mir sechs Forellen und ein Kilo Miesmuscheln.

le poissonnier [pwasɔ'nje]	Fischhändler
la sole [sɔl]	Seezunge
livrer [li'vre]	liefern
recommander [rəkɔmɑ̃'de]	empfehlen
la truite [trɥit]	Forelle
la moule [mul]	Miesmuschel

Jean de La Fontaine

Dieser Dichter (1621–1695) wurde durch seine Fabeln welt-berühmt. Im Gegensatz zur Auffassung vieler seiner Zeitge-nossen, die in Tieren nur seelenlose Mechanismen sahen, beobachtete La Fontaine sie mit Vergnügen. Er stattete sie mit menschlichen Charakterzügen aus und ließ sie die grotesken Dramen der damaligen Gesellschaft spielen („Die Frösche suchen einen König"). Aus welcher Gegend stammte Jean de la Fontaine?

Er wurde in Château-Thierry geboren.

Dieses Städtchen liegt an der Marne, einem Nebenfluß der Seine, im Departement Aisne.

La gueule de bois

Bientôt c'est les examens, mais depuis hier, Marc a terriblement mal à la tête. Il reste au lit et avale des aspirines. Il prétend qu'il a trop bûché son cours de droit. Sylvie dit que Marc a trop bu aux fêtes: il a la gueule de bois!

*«La jeunesse est
le temps d'étudier la sagesse;
la vieillesse est
le temps de la pratiquer.»*

Jean-Jacques Rousseau

Kater

Bald sind Prüfungen, aber seit gestern hat Marc schreckliche Kopfschmerzen. Er bleibt im Bett und schluckt Aspirin. Er behauptet, daß er für seinen Jura-Kurs zuviel gebüffelt hat. Sylvie sagt, daß Marc auf den Parties zuviel getrunken hat: Er hat einen Kater!

la gueule de bois [gœl də bwa]	Katzenjammer/Kater (eigentl.: Maul aus Holz)
bientôt [bjɛ̃'to]	bald
terrible [tɛ'riblə]	schrecklich
avaler [ava'le]	schlucken
prétendre [pre'tã:drə]	behaupten
bûcher [by'ʃe]	büffeln
le droit [drwa]	Recht/Jura

„Die Jugend ist die Zeit, die Weisheit zu studieren; das Alter ist die Zeit, sie auszuüben." — Jean-Jacques Rousseau (1712–1778), französischer Philosoph

——————————— GRAMMATIK ———————————

Tout, toute, tous, toutes

▷ tout vor Substantiv ohne Artikel: jeder
   Tout homme est mortel. (Jeder Mensch ist sterblich.)
▷ tout vor Substantiv mit Artikel (Singular): ganz
   Toute la famille est là. (Die ganze Familie ist da.)
▷ tout vor Substantiv mit Artikel (Plural): alle
   Tous les amis sont venus. (Alle Freunde sind gekommen.)
▷ tout bedeutet auch „alles" oder „ganz":
   Je comprends tout. (Ich verstehe alles.)
   Allez tout droit. (Gehen Sie geradeaus.)

─────────── **EXERCICE** ───────────

Tout

Ajoutez la forme de «tout» qui convient:

1. Marc étudie _____ la nuit pour ses examens.

2. Il est _____ content de partir en vacances.

3. J'ai fait _____ mes bagages.

4. Nous visitons _____ la ville.

5. Elle prend le bus _____ les jours.

6. Tu as _____ oublié.

752

Envol immédiat!

Hôtesse de l'air: *«Les passagers à destination de Miami sont priés de se présenter au contrôle de sécurité.»*

Mme Lenoir: *Vite! tu as bien fait enregistrer tous nos bagages?*

M. Lenoir: *Ne t'énerve pas! Notre vol ne part pas avant une heure. Allons faire un tour au magasin «Duty-free».*

Setzen Sie die passende Form von „tout" ein:

1. Marc étudie **toute** la nuit (Marc studiert die **ganze** Nacht).
2. Il est **tout** content de partir en vacances (er ist **sehr** froh, in Urlaub zu fahren).
3. J'ai fait **tous** mes bagages (ich habe **all** mein Gepäck gepackt).
4. Nous visitons **toute** la ville (wir besichtigen die **ganze** Stadt).
5. Elle prend le bus **tous** les jours (sie nimmt **jeden** Tag den Bus).
6. Tu as **tout** oublié (du hast **alles** vergessen).

DIE EXPERTENECKE

Le poisson

Heureux comme un poisson dans l'eau – glücklich wie ein Fisch im Wasser

Engeuler quelqu'un comme du poisson pourri — jemanden zur Schnecke machen (wie faulen Fisch beschimpfen)

Finir en queue de poisson – ohne befriedigendes Ergebnis enden (als Fischschwanz enden)

Fertig zum Start!

Stewardeß: „Die Passagiere mit Bestimmungsort Miami werden gebeten, sich bei der Sicherheitskontrolle zu melden."

Frau Lenoir: Schnell! Hast du all unser Gepäck richtig aufgegeben?

Herr Lenoir: Reg dich nicht auf! Unser Flug startet nicht vor einer Stunde. Gehen wir erstmal in den „Duty-free-shop".

un envol [ɑ̃'vɔl]	Abflug
une hôtesse de l'air [o'tɛs də lɛːr]	Stewardeß
la destination [dɛstinɑ'sjɔ̃]	Bestimmungsort
prier [pri'e]	beten
la sécurité [sekyri'te]	Sicherheit
enregistrer [ɑ̃rəʒis'tre]	eintragen, registrieren
le vol [vɔl]	Flug

Voyager en train

En été, la SNCF est prise d'assaut par des centaines
de milliers de vacanciers. Même s'il y a beaucoup
de trains supplémentaires, il vaut mieux réserver
longtemps à l'avance sa place assise ou sa couchette.
Il existe une Carte Jeune qui offre 50% de réduction;
il est également possible de prendre un billet train +
vélo (vous pouvez alors prendre votre vélo comme un
bagage à main).

Connaissez-vous la formule France-Pass?

Vive l'indépendance!

Avec leur nouvelle amie, Marc et Sylvie savourent
leurs vacances comme jamais auparavant. Ute a
pris une voiture de
location pour la semaine:
ainsi, ils ont plus de
liberté pour explorer
l'île à volonté. Comme
ils ont décidé de parta-
ger les frais, c'est Marc
qui paie l'essence
aujourd'hui.

Reisen mit der Bahn

Im Sommer wird die SNCF (die französische Eisenbahnge-
sellschaft) von mehreren hunderttausend Urlaubern erstürmt.
Auch wenn es viele Sonderzüge gibt, ist es besser, seinen
Sitzplatz oder Liegewagen lange im voraus zu reservieren.
Es gibt eine Jugendkarte, die Ermäßigung von 50% bietet; man
kann auch eine Fahrkarte „train + vélo" kaufen (dann können
Sie Ihr Fahrrad als Handgepäck mitnehmen). Kennen Sie den
France-Pass?

> *Ein Sonderangebot speziell für Touristen*

Mit dem France-Paß können Sie zu einem günstigen Pau-
schalpreis zwei oder vier Wochen lang durch Frankreich mit
der Bahn fahren.

Es lebe die Unabhängigkeit!

Mit ihrer neuen Freundin genießen Marc und Sylvie ihre Ferien
wie nie zuvor. Ute hat einen Mietwagen für die Woche genommen: So haben sie mehr Freiheit, die Insel nach Belieben
zu erforschen. Da sie beschlossen haben, die Unkosten zu
teilen, zahlt Marc heute das Benzin.

une indépendance [ɛ̃depɑ̃ˈdɑ̃:s]	Unabhängigkeit
savourer [savuˈre]	genießen
jamais [ʒaˈmɛ]	nie
la location [lɔkɑˈsjɔ̃]	Miete
la liberté [libɛrˈte]	Freiheit
à volonté [a vɔlɔ̃ˈte]	nach Belieben
partager [partaˈʒe]	teilen
les frais [frɛ]	Unkosten
l'essence [eˈsɑ̃:s]	Benzin

---------------- **EXERCICE** ----------------

Les conjonctions

Trouvez les conjonctions justes:

1. Tu veux boire du thé _____ de l'eau?

2. Je dois partir tôt, _____ ma mère est malade.

3. Ils aiment bien la plage, _____ ils ne supportent pas le soleil.

4. Elle n'est _____ Française, _____ Anglaise: elle est Allemande.

5. D'accord! nous allons _____ à Paris.

756

Un bon pilote

Ute: *Quel est le meilleur chemin pour aller à La Soufrière? Regarde sur la carte.*

Marc: *Au prochain carre-four, tu dois tourner à droite; 20 km plus loin, on arrive à un village; là c'est la deuxième route à gauche, puis c'est tout droit.*

Sylvie: *On fait une pause pour se dégourdir les jambes?*

763

755

Die Bindewörter

Finden Sie die richtigen Bindewörter:

1. Tu veux boire du thé **ou** de l'eau (willst du Tee **oder** Wasser trinken)?
2. Je dois partir tôt, **car** ma mère est malade (ich muß früh fortgehen, **da** meine Mutter krank ist).
3. Ils aiment bien la plage, **mais** ils ne supportent pas le soleil (sie mögen den Strand gerne, **aber** sie vertragen nicht die Sonne).
4. Elle n'est **ni** Française, **ni** Anglaise: elle est Allemande (sie ist **weder** Französin **noch** Engländerin: sie ist Deutsche).
5. D'accord! nous allons **donc** à Paris (einverstanden! Wir fahren **also** nach Paris).

DIE EXPERTENECKE

Le cœur

avoir le cœur sur la main – offenherzig sein
avoir du cœur – Mut haben
il a le cœur gros – Es ist ihm schwer ums Herz

756

Ein guter Lotse

Ute: Was ist der beste Weg, um nach La Soufrière zu kommen? Schau mal auf die Landkarte.

Marc: An der nächsten Kreuzung mußt du rechts abbiegen; 20 km weiter kommen wir in ein Dorf; da ist es die zweite Straße links, dann immer geradeaus.

Sylvie: Machen wir eine Pause, um uns die Beine zu vertreten?

le chemin [ʃ(ə)'mɛ̃]	Weg
la carte [kart]	Karte, Landkarte
le carrefour [kar'fuːr]	Kreuzung
le village [vi'laːʒ]	Dorf
la route [rut]	Landstraße
dégourdir [degur'diːr]	beleben, entspannen
la jambe [ʒɑ̃ːb]	Bein

764

Faire la queue à la banque

Ute doit aller à la banque
pour changer de l'argent,
car elle n'a que des chè-
ques de voyage libellés en
dollars. Il y a une longue
queue d'attente devant le
guichet. La raison en est
le pont du 14 juillet: les
banques ont pris congé
le vendredi; les clients
prennent un numéro
et attendent leur tour.

———— EXERCICE ————

La comparaison

Faites des phrases en employant le comparatif:

1. Le pain français est blanc/le pain allemand

2. Mon petit frère/grand que moi

3. La vie en ville est fatigante/la vie à la campagne

4. Ce film dure deux heures/l'autre aussi

5. Lire un livre est intéressant/regarder la télé

Schlange stehen vorm Bankschalter

Ute muß zur Bank gehen, um Geld zu wechseln, denn sie hat nur in Dollar ausgestellte Reiseschecks. Die Warteschlange vor dem Schalter ist lang. Der Grund dafür ist das lange Wochenende vom 14. Juli: Die Banken haben den Freitag freigenommen. Die Kunden nehmen eine Nummer und warten, bis sie dran sind.

faire la queue [fɛr la kø]	Schlange stehen
changer [ʃɑ̃'ʒe]	wechseln
libellé/e [libɛ'le]	ausgestellt, abgefaßt
le guichet [gi'ʃɛ]	Schalter
le pont [pɔ̃]	Brücke, hier: langes Wochenende
prendre congé ['prɑ̃:drə kɔ̃'ʒe]	frei nehmen
attendre [a'tɑ̃:drə]	warten

Der Vergleich

Bilden Sie Sätze mit dem Komparativ:

1. Le pain français est **plus** blanc **que** le pain allemand (französisches Brot ist weißer als deutsches).

2. Mon petit frère est **moins** grand **que** moi (mein kleiner Bruder ist weniger groß als ich).

3. La vie en ville est **plus** fatigante **que** la vie à la campagne (das Leben in der Stadt ist ermüdender als auf dem Land).

4. Ce film est **aussi** long **que** l'autre (dieser Film dauert ebenso lange wie der andere).

5. Lire un livre est **plus** intéressant **que** regarder la télé (ein Buch zu lesen ist interessanter als Fernzusehen).

Les photos des vacances

Didier a invité les amis pour une soirée «Diapositives». Il y a des scènes amusantes à voir, Nicolas fait le commentateur ce qui fait encore plus rire. Chacun choisit les prises qui lui plaisent le mieux et Didier en fera développer des photos.

*«L'amour est
la sagesse du fou
et la folie du sage.»*
Samuel Johnson

Ferienphotos

Didier hat die Freunde zu einem Dia-Abend eingeladen. Es gibt lustige Szenen zu sehen, Nicolas kommentiert die Bilder, was noch mehr Spaß bringt. Jeder sucht sich die Schnappschüsse aus, die ihm am besten gefallen, und davon läßt Didier Bilder entwickeln.

la diapositive [djapozi'tiːv]	Dia
le commentateur [kɔmɑ̃ta'tœːr]	Kommentator
la prise [priːz]	Foto/Schnappschuß
développer [devlɔ'pe]	entwickeln

„Liebe ist die Weisheit der Toren und die Torheit der Weisen." – Samuel Johnson (1709 – 1784), englischer Moralist

———————————— GRAMMATIK ————————————

Steigerung des Adjektivs: Komparativ

Der Komparativ wird mit plus/moins/aussi que vor dem Adjektiv gebildet:

plus grand (größer)
moins beau (weniger schön)
aussi beau que (ebenso schön wie)

Beispiele:
Il est **plus** intelligent **que** son frère.
(Er ist intelligenter als sein Bruder.)
La France est **moins** grande **que** l'Amérique.
(Frankreich ist weniger groß als Amerika.)
Tu es **aussi** beau **que** lui.
(Du bist ebenso schön wie er.)

Un écrivain populaire

Qui, dans sa jeunesse, n'a pas lu les aventures pas-
sionnantes de «Un voyage au centre de la terre» ou
«Le tour du monde en 80 jours»? Dans ses romans
d'anticipation scientifique, ce grand visionnaire a
décrit des exploits et des découvertes qui devaient
se révéler très proches de la réalité. Le premier
sous-marin atomique français fut baptisé «Nautilus»
en son honneur.

Quel est cet écrivain?

La visite du port de plaisance

Luc: *Ils sont vraiment*
      impressionnants,
      ces yachts.
Jean: *Ça me plairait*
      de faire une virée
      en mer avec
      un tel bateau.
Luc: *Viens, je t'invite*
      à faire un tour
      en pédalo.

761

Ein populärer Schriftsteller

Wer hat nicht in seiner Jugend die spannenden Abenteuer „Reise zum Mittelpunkt der Erde" oder „Reise um die Welt in 80 Tagen" gelesen? In seinen wissenschaftlichen Zukunftsromanen hat dieser große Visionär Leistungen und Entdeckungen beschrieben, die sich als sehr wirklichkeitsnah erweisen sollten. Das erste französische Atom-U-Boot wurde ihm zu Ehren „Nautilus" getauft. Wie heißt dieser Schriftsteller?

Jules Verne (1828 – 1905)

Er wurde in Nantes geboren und ist der Verfasser von über hundert Büchern zum Thema „Fantastische Reisen".

762

Die Besichtigung des Yachthafens

Luc: Sie sind wirklich beeindruckend, diese Yachten.
Jean: Es würde mir gefallen, eine Fahrt auf dem Meer mit solch einem Schiff zu machen.
Luc: Komm, ich lade dich zu einer Tretbootfahrt ein.

le port de plaisance [pɔːr də plɛˈzɑ̃ːs]	Yachthafen
le yacht [jɔt]	die Yacht
la virée [viˈre]	Tour/Spritztour

─── EXERCICE ───

Le pluriel

Mettez au pluriel les mots soulignés:

1. Mme Martin achète le <u>chou-fleur</u> au marché.
2. Les touristes visitent le <u>porte-avions</u>.
3. Je fais la queue au guichet pour acheter un <u>timbre-poste</u>.
4. Le <u>porte-monnaie</u> dans la vitrine me plaît beaucoup.
5. Après l'orage, on voit l'<u>arc-en-ciel</u>.

Impressions de la visite au zoo

Moi, dit un petit garçon qui visite le jardin zoologique pour la première fois, ça ne me plairait pas du tout d'être une girafe. Chaque matin ça me ferait trop de cou à laver!

Setzen Sie die unterstrichenen Wörter in den Plural:

1. Mme Martin achète les **choux-fleurs** au marché.
2. Les touristes visitent les **porte-avions.**
3. Je fais la queue au guichet pour acheter des **timbres-poste.**
4. Les **porte-monnaie** dans la vitrine me plaisent beaucoup.
5. Après l'orage, on voit les **arcs-en-ciel.**

1. Frau Martin kauft Blumenkohl auf dem Markt.
2. Die Touristen besichtigen die Flugzeugträger.
3. Ich stehe in der Schlange am Schalter, um Briefmarken zu kaufen.
4. Die Geldbörsen im Schaufenster gefallen mir sehr.
5. Nach dem Gewitter sieht man die Regenbögen.

DIE EXPERTENECKE

Vivre aux frais de la princesse ist kein Hinweis darauf, daß man bei einer Prinzessin eingeladen ist, sondern bedeutet: Auf Staatskosten oder auf Kosten der Firma leben (reisen, essen usw.).

Eindrücke nach einem Zoobesuch

Mir würde es gar nicht gefallen, eine Giraffe zu sein, sagt ein kleiner Junge, der zum ersten Mal einen zoologischen Garten besucht. Das wäre mir zu viel Hals zu waschen jeden Morgen!

l'impression *f* [ɛ̃prɛ'sjɔ̃]	Eindruck
la girafe [ʒi'raf]	Giraffe
le cou [ku]	Hals

l'offre d'emploi

Famille française, par-
lant français, allemand
et anglais, deux enfants,
cherche une jeuns fille
au pair sérieuse pour au
moins 2 mois (juillet/
août). Vie de famille, belle
chambre avec douche.
Photo souhaitée. S'adresser
à Madame Lebrun, 3 rue
Saint Jacques, 75005 Paris.

A la papeterie

Jean et son ami Pierre vont à la papeterie pour
acheter du matériel de dessin. Jean a besoin d'une
gomme, de papier à dessin et de quelques crayons
de couleurs. Son copain achète un bloc de papier
à dessin, du fusain, une règle et un nouveau stylo.
Sur le chemin du retour, Pierre s'aperçoit qu'il a
oublié d'acheter des cartouches. Ils retournent
tous les deux au magasin en courant, mais il est
déjà fermé.

Das Stellenangebot

Französische Familie, die französisch, deutsch und englisch spricht, zwei Kinder, sucht ein Au-pair-Mädchen für mindestens zwei Monate (Juli/August). Familienanschluß, schönes Zimmer mit Dusche. Foto erbeten. Wenden Sie sich an Frau Lebrun, 3 rue Saint Jacques, 75005 Paris.

l'annonce (f.) [a'nɔ̃ːs]	Zeitungsinserat, Zeitungsannonce
l'offre (f.) d'emploi ['ɔfrə dã'plwa]	Stellenangebot
au moins [o mwɛ̃]	mindestens, wenigstens
s'adresser à [sadrɛ'se a]	schreiben, sich wenden an

Im Schreibwarengeschäft

Jean und sein Freund Pierre gehen zum Schreibwarengeschäft, um Zeichenmaterial zu kaufen. Jean braucht ein Radiergummi, Zeichenpapier und einige Buntstifte. Sein Freund kauft einen Zeichenblock, Zeichenkohle, ein Lineal und einen neuen Füller. Auf dem Rückweg merkt Pierre, daß er vergessen hat, Tintenpatronen zu kaufen. Sie rennen beide zurück zum Laden, aber es ist schon geschlossen.

la papeterie [pap'tri]	Schreibwarengeschäft
le matériel [mate'rjɛl]	Material
la gomme [gɔm]	Radiergummi
le bloc [blɔk]	Block
le fusain [fy'zɛ̃]	Zeichenkohle
la règle ['rɛglə]	Lineal
la cartouche [kar'tuʃ]	Tintenpatrone

*«Connaître
ce qui lui était caché,
c'est la griserie, l'honneur et
la perte de l'homme.»*

Colette

Poète tendre et violent

Né à Neuilly-sur-Seine en 1900, il a passé l'essentiel
de sa vie à Paris. Enfant il a connu la pauvreté. Il a
écrit des poèmes, des scénarios, des textes de chan-
sons. Un recueil de poèmes avec le titre significatif
«Paroles» a connu un succès qui dure encore. La
chanson «les feuilles mortes» a fait le tour du monde.
Les films «Le jour se lève», «Les Enfants du Paradis»
se rangent parmi les plus beaux films français d'avant
1945. Il croyait fondamentalement que l'homme était
fait pour le bonheur et que la vie pouvait être belle.

Qui est-ce?

„Kennenlernen, was ihm verborgen war, das ist der Rausch, die Ehre und der Untergang des Menschen." – Colette (1873 – 1954), französische Romanschriftstellerin

---------------------------- GRAMMATIK ----------------------------

Die Bindewörter

Bindewörter verknüpfen Sätze oder Satzteile miteinander. Die gebräuchlichsten im Französischen sind:

> mais (aber), ou (oder), et (und),
> donc (also), or (nun aber/folglich),
> ni (weder/noch), car (da)

Beispiele:
Je viens **donc** à cinq ou six heures (ich komme also um fünf oder sechs Uhr).
Il n'a **ni** père, **ni** mère (er hat weder Vater noch Mutter).

Ein Dichter – empfindsam und ungestüm

1900 in Neuilly-sur-Seine geboren, hat er den größten Teil seines Lebens in Paris verbracht. Als Kind lernte er die Armut kennen. Er schrieb Gedichte, Drehbücher, Liedertexte. Eine Gedichtesammlung mit dem vielsagenden Titel „Paroles" (Worte) hat einen bis heute anhaltenden Erfolg. Das Lied „Les feuilles mortes" (Herbstlaub) ging um die Welt. Die Filme „Die Sonne geht auf", „Die Kinder des Paradieses" zählen zu den schönsten französischen Filmen vor 1945. Er glaubte grundsätzlich, daß der Mensch für das Glück bestimmt ist und daß das Leben schön sein kann. Wer ist das?

Jacques Prévert (1900-1977)

La justice pénale en France

Elle juge tous les actes d'infraction à la loi.
Le Code Pénal a une double action: l'action publique
et l'action civile. Le mi-
nistère public réclame
une punition: action pu-
blique. La partie civile
réclame la réparation du
dommage: action civile.

--- EXERCICE ---

Le superlatif

Traduisez:

1. Gegen Durst gibt es nichts Besseres als
   Zitronentee.
2. Das ist die unglaublichste Geschichte, die ich je
   gehört habe!
3. In den Sommerferien krank sein ist das
   Schlimmste.
4. China ist das am meisten bevölkerte Land der
   Welt.
5. Das ist die geringste meiner Sorgen.

Die Strafgerichtsbarkeit in Frankreich

Sie beurteilt alle Gesetzesverstöße. Das Strafgesetzbuch sieht ein doppeltes Verfahren vor: Die Strafverfolgung und die Nebenklage. Der Staatsanwalt fordert die Strafe: Verfolgungsverfahren. Der Nebenkläger fordert die Entschädigung: Nebenklage.

la justice pénale [ʒys'tis pe'nal]	**Strafgerichtsbarkeit**
l'infraction *f* [ɛ̃frak'sjɔ̃]	**Verstoß**
la loi [lwa]	**Gesetz**
le Code Pénal [kɔd pe'nal]	**Strafgesetzbuch**
la punition [pyni'sjɔ̃]	**Strafe**
le dommage [dɔ'ma:ʒ]	**Schaden**

Der Superlativ

Übersetzen Sie:

1. Contre la soif, il n'y a rien de meilleur que le thé au citron.
2. C'est l'histoire la plus incroyable que j'ai jamais entendue!
3. Etre malade pendant les vacances d'été, c'est le pire.
4. La Chine est le pays le plus peuplé du monde.
5. C'est le moindre de mes soucis.

DIE EXPERTENECKE

«Le cœur»

S'en donner à cœur joie	– quietschvergnügt sein
vider son cœur	– sein Herz ausschütten
«Je veux en avoir le cœur net.»	– „Ich will mir darüber Klarheit verschaffen."

Une nuit d'été

Il a fait chaud et lourd toute la journée. Enfin l'orage éclate avec des éclairs qui illuminent tout le ciel.

A chaque coup de tonnerre, Marc se bouche les oreilles. Soudain, il y a une panne de courant. Heureusement, M. Lenoir a récemment fait installer un paratonnerre. Au loin, on entend les sirènes des pompiers.

Un artiste non-conformiste

Autodidacte au style très personnel, cet artiste a créé d'étranges peintures: un peu naïves, mais pleines d'inventions. Sa carrière fut inhabituelle; d'abord employé des douanes à Paris, il commença à peindre à l'âge de 36 ans. Ayant pris une retraite anticipée, il participa aux expositions du Salon des Indépendants et se consacra à l'expression de son monde imaginaire.

Qui est ce peintre?

Eine Sommernacht

Den ganzen Tag über war es heiß und schwül. Endlich bricht das Gewitter los, mit Blitzen, die den ganzen Himmel erleuchten. Bei jedem Donnerschlag hält sich Marc die Ohren zu. Plötzlich fällt der Strom aus. Zum Glück hat Herr Lenoir kürzlich einen Blitzableiter anbringen lassen. In der Ferne hört man die Sirenen der Feuerwehr.

lourd/e [luːr]	schwer, schwül
un orage [ɔˈraːʒ]	Gewitter
éclater [eklaˈte]	platzen, ausbrechen
un éclair [eˈklɛːr]	Blitz
le tonnerre [tɔˈnɛːr]	Donner
la panne de courant [pan də kuˈrɑ̃]	Stromausfall
loin [lwɛ̃]	fern
les pompiers [pɔ̃ˈpje]	Feuerwehr

Ein Außenseiter in der Kunst

Als Autodidakt mit einem höchst persönlichen Stil schuf dieser Künstler seltsame Gemälde: etwas naiv, aber sehr einfallsreich. Seine Laufbahn war ungewöhnlich; erst Zollbeamter in Paris, begann er im Alter von 36 zu malen. Er ließ sich vorzeitig pensionieren, nahm an den Ausstellungen des Salon des Indépendants teil und widmete sich der Darstellung seiner imaginären Welt. Wer ist dieser Künstler?

„Le douanier Rousseau" (der Zöllner Rousseau, 1844 – 1910)

Seine Traumvisionen haben einen wichtigen Einfluß auf Picasso, Léger und die Surrealisten ausgeübt.

Une inondation

Sylvie: *Papa! viens vite, il y a une inondation dans la salle de bains!*

M. Lenoir: *Bon sang! Une fuite dans la con- duite d'eau de l'évier. Dis à Ma- man de couper l'eau et apporte une serpillière. Je vais essayer de boucher le trou avec un garrot de plastique.*

Les vendanges

Les amis Nicolas, Didier et Hans, le frère de Petra, se sont présentés chez un viticulteur pour aider dans les vendanges. Celui-ci leur explique leur travail: «Vous cueillez les grappes et les mettez dans ces paniers que vous verserez dans ces cuves, dans lesquelles le raisin sera transporté jusqu'au pressoir.»

Überschwemmung

Sylvie: Vati! Komm schnell, das Badezimmer ist überschwemmt!
Herr Lenoir: Verflucht! Ein Leck in der Wasserleitung zum
Waschbecken. Sag Mutti, sie soll das Wasser
abstellen und bring einen Scheuerlappen. Ich
werde versuchen, das Loch mit einem Plastik-
stöpsel zuzustopfen.

inonder [inɔ̃'de]	überschwemmen
la fuite [fɥit]	Leck, Flucht
la conduite d'eau [kɔ̃'dɥit do]	Wasserleitung
un évier [e'vje]	Waschbecken
la serpillière [sɛrpi'jɛr]	Scheuerlappen
boucher [bu'ʃe]	zustopfen
le garrot [ga'ro]	Knebel, Stöpsel

Die Weinlese

Die Freunde Nicolas, Didier und Hans, Petras Bruder, melden
sich bei einem Winzer, um bei der Weinlese zu helfen. Dieser
erklärt ihnen ihre Arbeit: „Ihr pflückt die Trauben und legt sie
in diese Körbe, die ihr dann in diese Kübel ausschüttet; darin
werden die Trauben zu den Pressen transportiert."

*Zur Zeit der Weinlese können sich in Frankreich Schüler und
Studenten bei den Winzern melden, um bei der Lese zu helfen.
Man verdient zwar nicht sehr viel dabei, aber man lernt nette
Leute kennen, und es macht Spaß!*

le viticulteur [vitikyl'tœ:r]	Winzer
les vendanges f [vã'dã:ʒ]	Weinlese
la grappe [grap]	Traube
le panier [pa'nje]	Korb
la cuve [ky:v]	Kübel
le raisin [rɛ'zɛ̃]	Weintrauben
le pressoir [prɛ'swa:r]	Presse

───────── EXERCICE ─────────

L'imparfait

Conjuguez à l'imparfait les verbes suivants aux person-
nes indiquées:

(je) manger	(nous) placer
(tu) lancer	(vous) ranger
(il) plonger	(ils) rincer

Comprendre les recettes

Petra: *Je viens d'acheter ce merveilleux livre de*
              cuisine, mais je ne comprends pas ces expres-
              sions . . . faire
              revenir, égout-
              ter, faire sauter,
              tamiser etc.
Sylvie: *Attends, je vais*
              te faire un petit
              lexique.

Das Imperfekt

*Konjugieren Sie im Imperfekt folgende Verben in der angege-
benen Person:*

je mangeais (ich aß)   *nous placions* (wir stellten)
tu lançais (du warfst)   *vous rangiez* (ihr ordnetet)
il plongeait (er tauchte)   *ils rinçaient* (sie spülten aus)

DIE EXPERTENECKE

Ausdrücke mit „bois" (Holz)

avoir la gueule de bois = einen Kater haben
un chèque en bois = ein ungedeckter Scheck
montrer visage de bois = keine Miene verziehen

Rezepte verstehen

Petra: Ich habe mir eben dieses schöne Kochbuch gekauft,
          aber ich verstehe diese Ausdrücke *„faire revenir,
          égoutter, faire sauter, tamiser"* usw. nicht.
Sylvie: Warte, ich werde dir ein Glossar zusammenstellen.

le livre de cuisine ['li:vrə də kµi'zin]	Kochbuch
faire revenir [fɛːr rəv'niːr]	schmoren
égoutter [egu'te]	abtropfen
faire sauter [fɛːr so'te]	anbraten/braten
tamiser [tami'ze]	sieben
le lexique [lɛk'sik]	Glossar/Vokabular/ Wortschatz

Les peintres se mettent à l'œuvre

Les peintres arrivent avec leurs échelles, leurs seaux, leurs pinceaux et les différents matériaux. L'un d'eux mélange la poudre de couleur avec l'huile dans un seau, puis il fait des essais sur le bois d'une fenêtre jusqu'à ce qu'il ait obtenu la nuance qui plaît à Mme Morin.

Chez le marchand de vins

M. Lenoir: *Ma cave commence à se vider; vous avez de bons crus en stock?*

Marchand: *Oui, j'ai un excellent Saint-Emilion de 1985: un vin très fruité, à boire dans l'année.*

M. Lenoir: *Et des vins du pays?*

Marchand: *Je vous recommande le Roussillon en bonbonnes, ou en fûts, que vous pouvez embouteiller vous-même.*

Die Maler gehen ans Werk

Die Maler kommen mit ihren Leitern, ihren Eimern, Pinseln und den verschiedenen Materialien. Einer von ihnen mischt das Farbpulver mit dem Öl im Eimer, dann macht er Streichproben auf dem Holz eines Fensters, bis er den Ton erhält, der Frau Morin gefällt.

le peintre ['pɛ̃:trə]	Maler/Anstreicher
l'échelle *f* [e'ʃɛl]	Leiter
le seau [so]	Eimer
le pinceau [pɛ̃'so]	Pinsel
mélanger [melɑ̃'ʒe]	mischen
la poudre de couleur ['pu:drə də ku'lœ:r]	Farbpulver
obtenir [ɔptə'ni:r]	erhalten/bekommen
la nuance [nɥɑ̃:s]	Farbton

Beim Weinhändler

Herr Lenoir: Mein Weinkeller wird allmählich leer; haben Sie gute Jahrgänge auf Lager?
Händler: Ja, ich habe einen vorzüglichen Saint-Emilion 1985: ein sehr fruchtiger Wein, den Sie dieses Jahr trinken können.
Herr Lenoir: Und Landweine?
Händler: Ich empfehle Ihnen den Roussillon in Korbflaschen oder in Fässern, aus denen Sie selbst in Flaschen umfüllen können.

la cave [ka:v]	Keller
vide [vid]	leer
le cru [kry]	Wein (Jahrgang)
le stock [stɔk]	Lager
fruité/e [frɥi'te]	fruchtig
la bonbonne [bɔ̃n'bɔn]	Korbflasche
le fût [fy]	Faß
embouteiller [ɑ̃butɛ'je]	in Flaschen füllen

EXERCICE

Les mots croisés

Trouvez les sept mois qui rentrent dans les cases:

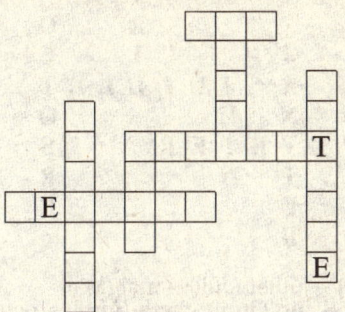

780

Un métier utile

Le plombier est venu réparer la fuite d'eau dans la salle de bains. Accroupi par terre et armé d'un chalumeau, il chauffe le métal pour ressouder le point de rupture. Il porte des lunettes spéciales pour protéger ses yeux. C'est un travail difficile, qui exige beaucoup de précision.

Kreuzworträtsel

Finden Sie die sieben Monate, die in die Kästchen passen:

```
              M A I
                V
                R      O
      J         I      C
      A   J U I L L E  T
      N   U             O
    F E V R I E R       B
      I   N             R
      E                 E
      R
```

février (Februar) – juillet (Juli) – mai (Mai)
janvier (Januar) – juin (Juni) - avril (April) – octobre (Oktober)

Ein nützlicher Beruf

Der Klempner ist gekommen, um das Leck im Badezimmer zu reparieren. Am Boden hockend und mit einem Lötrohr bewaffnet, erhitzt er das Metall, um die Bruchstelle zusammenzuschweißen. Er trägt eine Spezialbrille zum Schutz der Augen. Die Arbeit ist schwierig und verlangt viel Genauigkeit.

le métier [me'tje]	Beruf
le plombier [plɔ̃'bje]	Klempner
accroupi/e [akru'pi]	hockend
le chalumeau [ʃaly'mo]	Lötrohr
souder [su'de]	schweißen
la rupture [ryp'ty:r]	Bruch
les lunettes [ly'nɛt]	Brille
exiger [ɛgzi'ʒe]	fordern, verlangen
précis/e [pre'si]	genau

Avignon

Aux XIVe et XVe siècles, la ville d'Avignon était le centre du monde chrétien, ainsi que celui de l'art et de la science. A cause de l'insécurité qui régnait à cette époque, le palais des Papes, d'architecture gothique, fut construit comme une forteresse; le pape Innocent VI fit entourer la cité de remparts, longs de 4 km.

Quel événement culturel se déroule actuellement, comme tous les ans, à Avignon?

782

*«A l'œuvre
on connaît l'artisan.»*

Proverbe

Avignon

Im 14. und 15. Jahrhundert war Avignon das Zentrum der christlichen Welt sowie der damaligen Künste und Wissenschaften. Wegen der Unsicherheit, die zu dieser Zeit herrschte, wurde der gotische Papstpalast wie eine Festung aufgebaut; Papst Innozenz VI. ließ sogar eine 4 km lange Festungsmauer um die Stadt errichten. Welches kulturelles Ereignis findet gerade, wie jedes Jahr, in Avignon statt?

> *Das Festival von Avignon*

Jeden Sommer wird Avignon zur großen Bühne des zeitgenössischen Theaters; neben Prestigeveranstaltungen im Palast produzieren sich auch zahlreiche kleine Truppen in den Straßen der Stadt.

„Am Werk erkennt man den Meister." — Sprichwort

─────────── GRAMMATIK ───────────

Endungen bei weiblichen Personenbezeichnungen

un époux	une épouse	Gatte/Gattin
un héros	une héroïne	Held/Heldin
un docteur	une doctoresse	Arzt/Ärztin
un hôte	une hôtesse	Gast
un dieu	une déesse	Gott/Göttin
un roi	une reine	König/Königin

Changer de décor

Mme
Lenoir: *Chéri, il faut repenser l'ameublement du salon. Avec ces nouveaux rideaux, toute l'harmonie des couleurs est dérangée.*

M. Lenoir: *Hm... si tu m'avais demandé mon avis d'abord... Bon; on pourrait faire retapisser le divan... Moi, j'aimerais bien changer le lustre et trouver un tapis plus sobre.*

Aller au cinéma

Didier téléphone à Nicolas pour lui demander s'il a envie d'aller au cinéma avec lui.

Didier: *Allô Nicolas? Dis-donc, on passe un bon film de science fiction au REX, on y va?*

Nicolas: *D'accord, on se voit à 8 h^{00} devant le REX.*

Tapetenwechsel

Frau Lenoir: Schatz, wir müssen die Innenausstattung des Wohnzimmers überdenken. Mit diesen neuen Gardinen ist die ganze Farbharmonie gestört.
Herr Lenoir: Hm ... wenn Du mich vorher um meine Meinung gefragt hättest ... Nun gut, wir könnten das Sofa neu beziehen lassen ... Ich würde gerne den Leuchter ersetzen und einen schlichteren Teppich finden.

le décor [de'kɔːr]	Verzierung, Dekoration
un ameublement [amœblə'mã]	Möblierung, Innenausstattung
déranger [derã'ʒe]	stören
un avis [a'vi]	Meinung
tapisser [tapi'se]	tapezieren, überziehen
le divan [di'vã]	Sofa
le lustre ['lystr]	Leuchter
le tapis [ta'pi]	Teppich

Ins Kino gehen

Didier ruft Nicolas an, um ihn zu fragen, ob er Lust hat, mit ihm ins Kino zu gehen.
Didier: Hallo Nicolas? Sag mal, im REX wird ein guter Science-Fiction-Film gezeigt, sollen wir hingehen?
Nicolas: Einverstanden, wir treffen uns um 8.00 Uhr vor dem REX.

avoir envie [a'vwaːr ã'vi]	Lust haben

Le vieux libraire

Sylvie: *Bonjour Monsieur, je cherche un livre sur l'histoire des chevaliers du Graal.*

Libraire: *Ah! j'ai une vieille édition en deux volumes, qui date du temps de ma jeunesse. Un exemplaire unique, avec reliure en cuir...*

Sylvie: *Euh, vous avez aussi quelque chose comme des bandes dessinées sur ce thème?*

786

L'adverbe

Traduisez:

1. Er hat sehr höflich geantwortet.
2. Ich habe nicht gut verstanden.
3. Du fährst zu nervös!
4. Wir sind bequem gereist.
5. Sylvie möchte ruhig ihr Buch lesen.
6. Ich spiele besser Tennis als du.
7. Ihr arbeitet enorm viel.

785

Der alte Buchhändler

Sylvie: Guten Tag, ich suche ein Buch über die Geschichte der Gralsritter.

Buchhändler: Ah! Ich habe eine alte Ausgabe in zwei Bänden, die noch aus meiner Jugend stammt. Ein einmaliges Exemplar, mit Ledereinband...

Sylvie: Hm, haben Sie auch etwas wie einen Comic strip zu diesem Thema?

le libraire [liˈbrɛːr]	Buchhändler
une histoire [isˈtwaːr]	Geschichte
le chevalier [ʃ(ə)vaˈlje]	Ritter
une édition [ediˈsjɔ̃]	Ausgabe
le volume [vɔˈlym]	Band (eines Buches), Volumen
la reliure [rəˈljyːr]	Einband
la bande dessinée [bɑ̃d desiˈne]	Comic

786

Das Adverb

Übersetzen Sie:

1. Il a répondu très **poliment**.
2. Je n'ai pas **bien** compris.
3. Tu conduis trop **nerveusement**!
4. Nous avons voyagé **comfortablement**.
5. Sylvie veut lire son livre **tranquillement**.
6. Je joue **mieux** au tennis que toi.
7. Vous travaillez **énormément**.

┌─── DIE EXPERTENECKE ───┐

Le mal

«Elle n'est pas mal.» – „Sie sieht nicht übel aus."
se donner du mal – sich Mühe geben
avoir le mal de mer – seekrank sein
tomber de mal en pis – vom Regen in die Traufe kommen (vom Schlechten ins Schlimmste fallen)

Une visite surprise

Le facteur vient de passer pour remettre un télé-
gramme: „Arrive demain midi Orly stop Ute".

Marc et Sylvie sont fous
de joie à l'idée de revoir
leur amie. Ils font des
plans pour lui offrir un
agréable week-end: visite
des curiosités de la ville,
faire du lèche-vitrines,
sortie en discothèque
le soir...

Au grenier

Mme Lebrun a une occupation
pour cet après-midi: Elle doit
ranger le grenier. Jusqu'à maintenant, on n'a fait qu'y entasser
des objets inutiles. On peut
comprendre qu'il y règne un
grand désordre. Mais avec
du temps on arrive à ce qu'on
veut.

Ein Überraschungsbesuch

Der Briefträger kam soeben vorbei und übergab ein Telegramm: „Ankomme morgen mittag Orly stop Ute". Marc und Sylvie sind verrückt vor Freude bei dem Gedanken, ihre Freundin wiederzusehen. Sie machen Pläne, um ihr ein angenehmes Wochenende zu bieten: Sehenswürdigkeiten der Stadt besichtigen, einen Schaufensterbummel machen, abends in die Disco ausgehen ...

la surprise [syr'pri:z]	Überraschung
le facteur [fak'tœ: r]	Briefträger
remettre [rə'mɛtrə]	überbringen, abgeben
fou/folle [fu]	verrückt
la joie [ʒwa]	Freude
revoir [rə'vwa:r]	wiedersehen
les curiosités [kyrjozi'te]	Sehenswürdigkeiten

Auf dem Dachboden

Frau Lebrun hat eine Beschäftigung für heute nachmittag: Sie muß den Dachboden aufräumen. Bis jetzt hat man dort nur überflüssige Dinge abgestellt. Man kann sich vorstellen, daß dort große Unordnung herrscht. Aber mit der Zeit erreicht man, was man will.

ranger [rɑ̃'ʒe]	aufräumen
le grenier [grə'nje]	Dachboden
entasser [ɑ̃ta'se]	abstellen, anhäufen
le désordre [de'zɔrdrə]	Unordnung
inutile [iny'til]	unnütz

EXERCICE

Devinette

Pour aller de «gains» à «barre» il vous suffit de changer une lettre du mot précédent:

G	A	I	N	S
	A			
				S
M				
				E
		R		
B	A	R	R	E

790

Une nouvelle antenne

L'ouragan de la nuit passée a arraché l'antenne de télévision. Le ramoneur, qui vient justement ramoner les cheminées ce matin, raconte à Mme Morin que lui, il avait fait installer une antenne satellite, et que maintenant il captait environ 30 chaînes du monde entier.

797

789

Kleines Rätsel

Um von „gains" bis „barre" zu gelangen, müssen Sie nur einen Buchstaben vom vorhergehenden Wort verändern:

G A I N S   Pl. von *gain*/Verdienst

G A I E S   Fem. Pl. von *gai*/fröhlich

G A R E S   Pl. von *gare*/Bahnhof

M A R E S   Pl. von *mare*/Tümpel

M A R E E   Gezeiten

M A R R E   Partizip von *se marrer*/lachen (Umgangsspr.)

B A R R E   Stange

790

Eine neue Antenne

Der Sturm letzte Nacht hat die Antenne heruntergerissen. Der Schornsteinfeger, der gerade heute morgen die Schornsteine kehrt, erzählt Frau Morin, daß er eine Parabolantenne hat installieren lassen und daß er nun ungefähr 30 Programme aus aller Welt empfängt.

l'ouragan *m* [uraˈgɑ̃]	Sturm/Orkan
arracher [araˈʃe]	herunter-/aus-/abreißen
le ramoneur [ramɔˈnœːr]	Schornsteinfeger
la cheminée [ʃ(ə)miˈne]	Schornstein/Kamin
capter [kapˈte]	empfangen (Sender/Wellen)

Pigalle bouge, Pigalle change

Au détour des années 1900 on y dansait le meilleur Cancan: quadrilles et hurlements dans un frou-frou de pantalons de dentelle. Pigalle a tout connu, les revues patriotiques de la grande guerre, les spectacles osés. A présent Pigalle prend le train du rock. Les ailes du Moulin Rouge se mettent à tourner plus vite. Funk, rasta, rock français et la house music prennent la relève des revues à plumes et paillettes. «La Loco-motive», «La Cigale», «L'Elysée-Montmartre» ont subi un lifting complet et affichent désormais le tout rock européen avec des noms comme: Les Dogs, Simple Minds, Los Lobos.

«On peut faire semblant d'être grave, on ne peut pas faire semblant d'avoir de l'esprit.»

Sacha Guitry

Pigalle in Bewegung, Pigalle im Umbruch

Um 1900 tanzte man dort den besten Cancan: Quadrillen, Geheule im Geraschel der Spitzenunterröcke. Pigalle hat alles gesehen, patriotische Revuen während des großen Krieges, gewagte Vorstellungen. Nun paßt sich Pigalle der Rockwelle an. Die Flügel des Moulin Rouge drehen sich schneller. Funk, Rasta, französischer Rock und die House Music lösen die Federschmuck- und Paillettenrevuen ab. Die Lokale „La Locomotive", „La Cigale", „L'Elysée-Montmartre" haben eine Verjüngungskur durchgemacht und stehen von nun an ganz im Zeichen des europäischen Rocks mit Namen wie: Les Dogs, Simple Minds, Los Lobos.

„Man kann vorgeben, bedeutend zu sein, man kann jedoch nicht vorgeben, geistreich zu sein." (Wörtlich: Geist zu haben.) — Sacha Guitry (1885–1957) französischer Schauspieler, Filmautor, Schriftsteller (Komödien)

––––––––––––––––––––– GRAMMATIK –––––––––––––––––––––

Das Gerundium

Das Gerundium wird gebildet mit dem *participe présent* (*-ant*-Endung der Verben) und der Präposition *en*, die ihm vorangestellt wird:
Beispiel: *vouloir – nous voulons – voulant* (part. prés.)

en voulant

Beispiel: *A l'école maternelle les enfants apprennent en jouant.* (Im Kindergarten lernen die Kinder beim Spielen.)

Le débat télévisé

M. Morin doit assister à un débat télévisé au sujet du travail des femmes. Ne connaissant pas très bien ses interlocuteurs, il s'en fait une image en regardant d'anciennes émissions enregistrées sur cassette vidéo, et en lisant des publications réalisées par certains d'entre eux.

Première journée à l'école maternelle

Julie, la cousine de Didier et Sylvie, est fière, elle va «à l'école». En France, les enfants, dès l'âge de 3 ou 4 ans, vont à l'école maternelle, où ils jouent, chantent, mais font aussi déjà des exercices d'écriture et de calcul. Il y a des écoles pilotes, où les petits apprennent en jouant une langue étrangère.

Die Fernsehdiskussion

Herr Morin soll an einer Fernsehdiskussion über die Berufstätigkeit der Frauen teilnehmen. Da er seine Gesprächspartner nicht sehr gut kennt, verschafft er sich ein Bild, indem er sich frühere Sendungen auf Videokassette anschaut, und er liest Veröffentlichungen von einigen von ihnen.

assister [asis'te]	*hier:* teilnehmen; *sonst:* mitwirken/-arbeiten
le débat [de'ba]	Debatte/Diskussion
l'interlocuteur *m* [ɛ̃tɛrlɔky'tœːr]	Gesprächspartner
l'émission *f* [emi'sjɔ̃]	Sendung
la publication [pyblika'sjɔ̃]	Veröffentlichung

Der erste Tag im Kindergarten

Julie, die Kusine von Didier und Sylvie, ist stolz, sie geht „in die Schule". In Frankreich gehen die Kinder ab 3 oder 4 Jahren in den Kindergarten (genannt *école maternelle* oder *petite école* = kleine Schule), wo sie spielen, singen, aber auch schon Schreib- und Rechenübungen machen. Es gibt Modellschulen, wo die Kleinen eine Fremdsprache spielerisch erlernen.

fier/fière *adj.* [fje/fjɛr]	stolz
dès (préposition) [dɛ]	ab/sobald
l'école maternelle *f* [e'kɔl matɛr'nɛl]	*entspricht:* Kindergarten

Le musée du XIXe siècle

Le musée en chiffres: jusqu'en 1939 une gare désservant les provinces du Sud-Ouest, le trafic réduit ne justifia plus son entretien, elle était menacée de destruction. En 1973 elle fut classée monument historique et on décida de l'aménager en musée. Les travaux ont duré 6 ans, mobilisé 100 entreprises et 1200 ouvriers. Le musée a créé 628 emplois. Les collections rassemblent 2.300 peintures, 250 pastels, 1.500 sculptures, 100 objets d'art et 13.000 photographies. Le musée permet l'exposition permanente de 4.000 œuvres surtout du XIXe siècle.

De quel musée s'agit-il?

Une visite au musée

Mme Morin téléphone à son amie:

Mme Morin: *Allô Anne, j'ai lu dans le journal qu'il y a une exposition de Paul Cézanne au Museé d'Orsay.*

Anne: *Oh, j'aime beaucoup ce pionnier de l'art moderne. D'accord, on passera un bel après-midi au musée.*

Das Museum des XIX. Jahrhunderts

Das Museum in Zahlen: Bis 1939 ein Bahnhof für Züge in die Provinzen des Süd-Westens, der geringe Verkehr rechtfertigte den Unterhalt nicht mehr, so war er vom Abbruch bedroht. 1973 wurde er unter Denkmalschutz gestellt, und man beschloß, ihn als Museum zu nutzen. Die Arbeiten dauerten 6 Jahre, mobilisierten 100 Firmen und 1.200 Arbeiter. Das Museum schuf 628 Arbeitsplätze. Die Sammlung umfaßt 2.300 Gemälde, 250 Pastellgemälde, 1.500 Skulpturen, 100 Kunstobjekte und 13.000 Fotografien. Das Museum ermöglicht die Dauerausstellung von 4.000 Werken hauptsächlich des 19. Jahrhunderts. Um welches Museum handelt es sich?

Das Musée d'Orsay in Paris

Ein Museumsbesuch

Frau Morin ruft ihre Freundin an:
Frau Morin: Hallo Anne, ich habe in der Zeitung gelesen, daß es eine Ausstellung von Paul Cézanne im Museum Orsay gibt.
Anne: Oh, ich mag diesen Pionier der modernen Kunst sehr. Einverstanden, wir werden einen schönen Nachmittag im Museum verbringen.

| l'exposition *f* [ɛkspozi'sjɔ̃] | Ausstellung |
| le pionnier [pjɔ'nje] | Pionier |

Promenade à Montmartre

Sylvie: *Ouf, je suis complètement épuisée et j'ai les pieds gonflés!*

Marc: *On va casser la croûte dans ce bistrot.*

Ute: *J'adore ces peintres du dimanche! Ces petits paysages de Montmartre sont peints avec beaucoup de talent. Je vais demander à cet artiste de dessiner mon portrait...*

*«Rien n'est plus aisé
à faire qu'un mauvais livre,
si ce n'est une mauvaise critique.»*

Voltaire

Spaziergang durch Montmartre

Sylvie: Uff, ich bin total erschöpft, und meine Füße sind ge-
schwollen!

Marc: Wir werden in dieser Kneipe einen kleinen Imbiß
nehmen.

Ute: Ich liebe diese Sonntagsmaler! Diese kleinen Land-
schaftsbilder von Montmartre sind mit viel Talent gemalt. Ich werde diesen Künstler fragen, ob er mir
mein Porträt zeichnet...

épuisé/e [epɥi'ze]	erschöpft
gonflé/e [gõ'fle]	geschwollen
casser la croûte [ka'se la krut]	einen Imbiß nehmen
le peintre ['pɛ̃:trə]	Maler
le paysage [pei'za:ʒ]	Landschaft
dessiner [desi'ne]	zeichnen

„Nichts ist leichter zu machen als ein schlechtes Buch, es sei
denn eine schlechte Kritik." — Voltaire (1694 – 1778), französischer Schriftsteller

---

GRAMMATIK

Unregelmäßige Verben

ouvrir (öffnen)	croire (glauben)	faire (machen)	lire (lesen)
j'ouvre	je crois	je fais	je lis
tu ouvres	tu crois	tu fais	tu lis
il ouvre	il croit	il fait	il lit
nous ouvrons	nous croyons	nous faisons	nous lisons
vous ouvrez	vous croyez	vous faites	vous lisez
ils ouvrent	ils croient	ils font	ils lisent

Partizip Perfekt:

ouvre	cru	fait	lu

L'étudiante allemande

En fait, Ute est venue à
Paris pour suivre un cours
intensif de français. Elle
commence aujourd'hui; il y
a des étudiants du monde
entier. Pendant la première
leçon, le professeur leur fait
passer un test, pour évaluer
leur niveau. Ensuite, il y a
une heure de laboratoire de
langues. Ute a le trac!

EXERCICE

Les temps

Mettez le verbe à la forme et au temps qui convient:

1. Maintenant vous ne (dire) _____ plus que
   vous ne (comprendre) _____ pas.
2. Nous (faire) _____ une petite pause.
3. Hier, ils (ouvrir) _____ un nouveau magasin.
4. Dans sa jeunesse, elle (lire) _____ beaucoup
   de livres.
5. Je (croire) _____ qu'il ne (aller) _____
   pas venir demain.

Die deutsche Studentin

Eigentlich ist Ute nach Paris gekommen, um an einem Intensivkurs in Französisch teilzunehmen. Sie beginnt heute. Die Studenten kommen aus der ganzen Welt. In der ersten Lektion läßt sie der Lehrer einen Test machen, um ihr Niveau einzuschätzen. Dann folgt eine Stunde im Sprachlabor. Ute hat Lampenfieber!

suivre un cours ['sɥiːvrə œ̃ kuːr]	bei einem Kurs mitmachen
le monde [mɔ̃ːd]	Welt
la leçon [lə'sɔ̃]	Lektion
évaluer [eva'lɥe]	einschätzen
la langue [lɑ̃ːg]	Sprache, Zunge
le trac [trak]	Lampenfieber

Die Zeiten

Setzen Sie das Verb in die richtige Form und Zeit:

1. Maintenant vous ne **dites** plus que vous ne **comprenez** pas (jetzt **sagt** ihr nicht mehr, daß ihr nicht **versteht**).
2. Nous **faisons** une petite pause (wir **machen** eine kleine Pause).
3. Hier, ils **ont ouvert** un nouveau magasin (gestern **haben** sie einen neuen Laden **eröffnet**).
4. Dans sa jeunesse, elle **a lu** beaucoup de livres (in ihrer Jugend **hat** sie viele Bücher **gelesen**).
5. Je **crois** qu'il ne **va** pas **venir** (ich **glaube**, daß er morgen nicht **kommen wird).**

```
┌──────────── DIE EXPERTENECKE ────────────┐
```

La sieste

Faire la sieste: Eine Mittagspause machen, normalerweise nach dem Essen („sieste" kommt vom Lateinischen sexta hora: die sechste Stunde des Tages).

801

Tintin et Milou

Ce héros pour les jeunes de 7 à 77 ans naquit en 1929!
Par le biais des aventures du petit reporter téméraire,
leur auteur a évoqué, non sans critique, le monde
contemporain. Tintin et Milou ont parcouru la
planète entière (Chine, Tibet, Afrique) et ils furent
même les premiers hommes sur la lune! Leurs
histoires ont été traduites en 30 langues.

Qui fut l'auteur de Tintin?

802

La chambre d'amis

Ca y est! Ute emménage dans la chambre d'amis pour
la durée de son séjour à Paris. Marc et Luc sont partis
en voiture, pour chercher
ses affaires à l'hôtel.
Le déménagement n'est
pas très difficile: deux
valises et une caisse de
livres: toute une collection
de dictionnaires, quelques
œuvres littéraires et des
livres de classe.

Tim und Struppi

Dieser Held für junge Leser von 8 bis 80 wurde 1929 geboren! Mit den Abenteuern des kleinen wagemutigen Reporters hat der Autor, nicht ohne Kritik, unsere Gegenwart beschrieben. Tim und Struppi haben die ganze Erde bereist (China, Tibet, Afrika), und sie waren sogar die ersten Menschen auf dem Mond! Ihre Geschichten wurden in 30 Sprachen übersetzt. Wer war der Autor von Tintin?

> *Hergé (Georges Rémi)*

Dieser weltberühmte Zeichner war kein Franzose, sondern stammte aus Belgien.

Das Gästezimmer

Es ist soweit! Ute zieht für die Dauer ihres Parisaufenthaltes in das Gästezimmer ein. Marc und Luc sind mit dem Auto losgefahren, um ihre Sachen aus dem Hotel zu holen. Der Umzug ist nicht sehr schwierig: zwei Koffer und eine Kiste Bücher: eine ganze Sammlung Wörterbücher, einige literarische Werke und Schulbücher.

emménager [ãmena'ʒe]	einziehen
la durée [dy're]	Dauer
le séjour [se'ʒu:r]	Aufenthalt
une affaire [a'fɛ:r]	Sache
le déménagement [demenaʒ'mã]	Umzug
la collection [kɔlɛk'sjõ]	Sammlung
le dictionnaire [diksjɔ'nɛr]	Wörterbuch
une œuvre ['œ:vrə]	Werk

Les aiguilleurs du ciel sont en grève

Haut-parleur: *«Messieurs, Mesdames, les passagers du vol 111 à destination de Paris sont priés de se rendre dans la salle d'attente A.»*
Dans la salle d'attente l'employée explique aux voyageurs qu'en raison de la grève, les vols intérieurs sont annulés pour la journée du lundi.

*«L'histoire est
une galerie de tableaux
où il y a peu d'originaux
et beaucoup de copies.»*

Alexis de Tocqueville

Die Fluglotsen streiken

Lautsprecherstimme: „Meine Damen, meine Herren, die Passagiere des Fluges 111 nach Paris werden gebeten, sich im Warteraum A einzufinden."
Im Warteraum erklärt die Angestellte den Passagieren, daß aufgrund des Streiks alle Inlandflüge für den Montag annulliert sind.

l'aiguilleur du ciel *(m)* [egɥiˈjœːr dy sjɛl]	Fluglotse
la grève [grɛːv]	Streik
la salle d'attente [sal daˈtãːt]	Warteraum/-saal
le haut-parleur [o parˈlœːr]	Lautsprecher
le vol intérieur [vɔl ɛ̃teˈrjœːr]	Inlandflug

„Die Geschichte ist eine Gemäldegalerie, wo es wenig Originale, aber viele Kopien gibt." — Alexis de Tocqueville (1805 – 1859), französischer Historiker

GRAMMATIK
Der Superlativ

Der Superlativ wird mit le plus und le moins gebildet:

C'est l'homme **le plus** riche du monde
(das ist der reichste Mann der Welt).
Ma voiture est **la plus** rapide (mein Auto ist das schnellste).
L'Australie est le continent **le moins** peuplé
(Australien ist der am wenigsten bevölkerte Kontinent).

Ausnahmen
bon → meilleur → le/la meilleur/e
(gut → besser → der/die/das beste)
mauvais → pire → le/la pire
(schlecht→ schlechter → der/die/das schlechteste)

Le cours à l'université populaire

Mme Morin va s'inscrire à un cours d'allemand à l'université populaire, pour apprendre au moins quelques «bribes».
Quand Petra retournera en Allemagne à la fin de l'année, M. et Mme Morin l'accompagneront, et Mme Morin aimerait au moins maîtriser les phrases de courtoisie élémentaires.

Marcel Pagnol

Il est né le 28 février 1895 à Aubagne dans les Bouches-du-Rhône. Plus tard sa famille s'est installée à Marseille qui est resté le centre d'activités littéraires de Marcel Pagnol. Il est sans doute l'écrivain français le plus populaire de ce siècle. Dans ses œuvres il décrit les couleurs et les parfums de la Provence. Les deux premiers romans de sa trilogie «La Gloire de mon père», «Le Château de ma mère» et «Le Temps des secrets», une œuvre autobiographique, ont été mis en scène, les films ont également connu un grand succès sur les écrans allemands.

Quelle était l'autre activité de Marcel Pagnol?

Der Kurs an der Volkshochschule

Frau Morin meldet sich zu einem Deutschkurs an der Volks-
hochschule an, um wenigstens ein paar „Brocken" zu lernen.
Wenn Petra am Jahresende nach Deutschland zurückkehrt,
werden Herr und Frau Morin sie begleiten, und Frau Morin
möchte wenigstens die wichtigsten Höflichkeitswendungen
beherrschen.

la bribe *umgspr.* [brib]	Brocken (Fremdsprache)
maîtriser [mɛtri'ze]	beherrschen
élémentaire *adj.* [elemã'tɛːr]	*hier:* wichtigster;
	sonst: grundlegend
la courtoisie [kurtwa'zi]	Höflichkeit

Marcel Pagnol (1895 – 1974)

Er wurde am 28. Februar 1895 in Aubagne, im Departement
Bouches-du-Rhône, geboren. Später zog seine Familie nach
Marseille um, von wo aus Marcel Pagnol seinen literarischen
Aktivitäten nachging. Er ist wahrscheinlich der populärste fran-
zösische Schriftsteller dieses Jahrhunderts. Er beschreibt in
seinen Werken die Farben und den Duft der Provence. Die bei-
den ersten Romane seiner Trilogie „Le Gloire de mon père", „Le
Château de ma mère" und „Le Temps des secrets", eine Autobio-
graphie, wurden verfilmt. Die Filme waren auch auf deutschen
Leinwänden ein Erfolg. Welcher anderen Tätigkeit ging Marcel
Pagnol nach?

Er war auch Filmemacher.

Lapin aux pruneaux à la crème

Ingrédients: *1 lapin, moutarde, 250 g de beurre, 2 dl de crème, poivre fraîchement moulu, 250 g de pruneaux bouillis, persil.*

Enduire les morceaux de lapin de moutarde et faire revenir dans le beurre. Saler, puis retirer la viande de la cocotte; dégraisser le jus, remettre la viande, ajouter la crème et le poivre. Laisser cuire doucement (50 mn). Disposer la viande dans un plat, verser la moitié de la sauce, garnir avec pruneaux et persil; servir le reste de la sauce dans une saucière.

Bon appétit!

Trop de devoirs!

Ute: *Ce prof est trop exigeant! Hier soir, j'ai passé trois heures sur une traduction et aujourd'hui il nous donne encore des devoirs...*

Marc: *Eh oui, c'est ça qu'on appelle un cours intensif.*

Ute: *Cinq exercices sur les conjugaisons, deux sur le sub-jonctif et un résumé de texte, c'est trop! On va boire un verre?*

Kaninchen mit Pflaumen und Sahne

Zutaten: *1 Kaninchen, Senf, 250 g Butter, 2 dl Sahne, frisch-gemahlener Pfeffer, 250 g gekochte Pflaumen, Petersilie.*

Die Kaninchenstücke mit Senf bestreichen und in der Butter anbraten. Salzen, dann das Fleisch aus dem Kochtopf nehmen; die Brühe entfetten, das Fleisch zurücktun, die Sahne und den Pfeffer hinzugeben. Köcheln lassen (50 min). Das Fleisch in einer Schüssel anrichten, die Hälfte der Soße darübergießen, mit Pflaumen und Petersilie garnieren; den Rest Soße in einem Soßennapf servieren.

Guten Appetit!

Zuviel Hausaufgaben!

Ute: Dieser Lehrer ist zu anspruchsvoll! Gestern abend habe ich drei Stunden mit einer Übersetzung ver-bracht, und heute gibt er uns schon wieder Hausauf-gaben...

Marc: Tja, das nennt man einen Intensivkurs.

Ute: Fünf Übungen zu den Konjugationen, zwei zum Kon-junktiv und eine Textzusammenfassung, das ist zuviel! Gehen wir einen trinken?

les devoirs [d(ə)'vwaːr]	Hausaufgaben
exigeant/e [ɛgzi'ʒɑ̃]	anspruchsvoll
la traduction [tradyˈksjɔ̃]	Übersetzung
un exercice [ɛgzɛrˈsis]	Übung
la conjugaison [kɔ̃ʒygɛ'zɔ̃]	Konjugation
le subjonctif [sybʒɔ̃kˈtif]	Konjunktiv
le résumé [rezyˈme]	Zusammenfassung

─────────── **EXERCICE** ───────────

Les nationalités

Trouver le mot juste:

1. Les habitants de l'Angleterre sont les _____
2. A Madrid, on parle _____
3. Le Chianti est un vin _____
4. Les Vikings étaient les ancêtres
   des _____
5. La drachme est une monnaie _____
6. Au Nord de la France vivent les _____

810

Un mode d'emploi incompréhensible

Ute a acheté un petit magnétocassette pour écouter ses cours de français. Normalement, elle peut aussi enregistrer ses propres réponses, mais elle n'y réussit pas. Avec l'aide de Marc, elle essaie de lire le mode d'emploi; il est incompréhensible, sans doute parce qu'il s'agit d'une traduction du japonais.

Die Nationalitäten

Finden Sie das richtige Wort:

1. Les habitants de l'Angleterre sont les **Anglais** (die Einwohner Englands sind die Engländer).
2. A Madrid, on parle **espagnol** (in Madrid spricht man Spanisch).
3. Le Chianti est un vin **italien** (Chianti ist ein italienischer Wein).
4. Les Vikings étaient les ancêtres des **Danois** (die Wikinger waren die Vorfahren der Dänen).
5. La drachme est une monnaie **grecque** (die Drachme ist eine griechische Münze).
6. Au Nord de la France vivent les **Belges** (im Norden Frankreichs leben die Belgier).

DIE EXPERTENECKE

Les continents

Les cinq continents sont habités par les Européens, les Américains, les Africains, les Asiatiques et les Australiens.

Eine unverständliche Bedienungsanleitung

Ute hat einen kleinen Kassettenrekorder gekauft, um ihre Französischlektionen abzuhören. Normalerweise kann sie auch ihre eigenen Antworten aufnehmen, aber es gelingt ihr nicht. Mit der Hilfe von Marc versucht sie, die Bedienungsanleitung zu lesen; sie ist unverständlich, wahrscheinlich weil es sich um eine Übersetzung aus dem Japanischen handelt.

le mode d'emploi [mɔd dɑ̃'plwa]	Bedienungsanleitung
le magnétocassette [maɲetoka'sɛt]	Kassettenrekorder
enregistrer [ɑ̃rəʒis'tre]	aufnehmen
réussir [rey'siːr]	gelingen, schaffen
incompréhensible [ɛ̃kɔ̃preɑ̃'siblə]	unverständlich
sans doute [sɑ̃ dut]	wahrscheinlich

Vacances à Arcachon

Situé à 60 km de Bordeaux, Arcachon attire de nombreux vacanciers. Son principal attrait est la mer, avec une plage bien protégée, à l'intérieur du bassin d'Arcachon. Au Sud d'Arcachon, il faut visiter la dune du Pilat: avec ses 114 m, c'est la plus haute dune d'Europe! Les plus courageux en escaladent la pente abrupte, pour découvrir un superbe panorama de l'Océan Atlantique.

Quelle est la grande spécialité d'Arcachon?

«Un ambassadeur est
un honnête homme
que l'on envoie mentir à l'étranger
pour le bien de son pays.»

Henry Wotton

Ferien in Arcachon

Arcachon (60 km von Bordeaux) lockt viele Urlauber an. Der größte Reiz dieser Stadt ist das Meer, mit einem gut geschützten Strand innerhalb der Bucht von Arcachon. Etwas südlich von Arcachon muß man die Düne Pilat besichtigen: Mit ihren 114 m ist sie die höchste Düne Europas! Die Mutigeren erklimmen den steilen Hang, um das prächtige Panorama des Atlantischen Ozeans zu entdecken. Was ist Arcachons Spezialität?

> *Die Austern*

Die Austernzucht ist ein wichtiger Wirtschaftszweig der Bucht von Arcachon.

„Ein Botschafter ist ein ehrlicher Mann, den man ins Ausland schickt, damit er für das Wohl seines Landes lügt." – Henry Wotton, englischer Botschafter im 17. Jahrhundert

——————————— GRAMMATIK ———————————

Feminine Substantive mit Besonderheiten

Das Femininum einiger Substantive weicht im Stamm vom Maskulinum ab:

le dieu — le déesse
Gott — **Göttin**

le roi — la reine
König — **Königin**

l'empereur — l'impératrice
Kaiser — **Kaiserin**

─── **EXERCICE** ───

Les dates

Ecrivez les dates suivantes en toutes lettres:

1. 01 – 04   5. 31 – 12
2. 05 – 08   6. 25 – 06
3. 10 – 11   7. 21 – 01
4. 14 – 07   8. 18 – 03

814

Jersey, une île toute proche de la France ...

... néanmoins toute anglaise concernant les mœurs.
Cette île dans la Manche, à 20 km de la côte française,
est indépendante depuis près de 800 ans pour ce qui
est des affaires intérieures. Jersey a sa propre monnaie, ses propres timbres et son propre charme.
Cependant la gastronomie française s'y est imposée
au plaisir des gourmets!

Est-ce qu'on roule à gauche ou à droite à Jersey?

Die Datumsangaben

Schreiben Sie folgende Daten in Buchstaben:

1. le premier avril
2. le cinq août
3. le dix novembre
4. le quatorze juillet
5. le trente et un décembre
6. le vingt-cinq juin
7. le vingt et un janvier
8. le dix-huit mars.

DIE EXPERTENECKE

Sagt jemand „Ce n'est pas très catholique", so meint er: Das kommt mir spanisch vor. Wörtlich: Das ist nicht sehr katholisch.

Jersey, eine Insel ganz nah an Frankreich ...

... jedoch ganz englisch in ihren Sitten. Diese Insel im Ärmelkanal, 20 km von der französischen Küste entfernt, ist seit fast 800 Jahren unabhängig in ihren inneren Angelegenheiten. Jersey hat eine eigene Währung, eigene Briefmarken und seinen eigenen Charme. Zur Freude der Feinschmecker hat sich dort jedoch die französische Kochkunst durchgesetzt! Fährt man auf Jersey links oder rechts?

Man fährt dort links.

Au bureau de poste

Ute: *S'il-vous-plaît, je voudrais envoyer cette lettre en recommandé.*

Employé: *Pour l'Allemagne? cela fait 20 francs.*

Ute: *Ah! il me faut aussi cinq timbres pour l'Europe, deux pour les Etats-Unis et un carton pour colis. Où est-ce que je peux acheter une télécarte?*

Employé: *Au guichet 5.*

Une nouvelle fenêtre

Il y a eu un orage terrible. Le grand chêne a été touché par la foudre. Après l'orage, le jardin était jonché de branches. L'une d'entre elles a cassé la lucarne en tombant. Le charpentier a travaillé presque toute la journée pour la remplacer.

Auf der Post

Ute: Bitte, ich möchte diesen Brief per Einschreiben
                  schicken.
Angestellter: Nach Deutschland? Das kostet 20 Francs.
Ute: Ah, ich brauche auch fünf Briefmarken für Eu-
                  ropa, zwei für die Vereinigten Staaten und einen
                  Karton für ein Postpaket. Wo kann ich eine Tele-
                  fonkarte kaufen?
Angestellter: Am Schalter 5.

envoyer [ãvwa'je]	schicken
en recommandé [ã rəkɔmã'de]	per Einschreiben
le timbre ['tɛːbrə]	Briefmarke
les Etats-Unis [etazy'ni]	Vereinigte Staaten
le colis [kɔ'li]	Paket
la télécarte [tele'kart]	Telefonkarte

Ein neues Fenster

Es hat ein fürchterliches Gewitter gegeben. Die große Eiche ist
vom Blitz getroffen worden. Nach dem Unwetter war der Garten voll von Ästen. Einer von ihnen hat beim Herunterfallen das
Dachfenster zerbrochen. Der Zimmermann hat fast den ganzen
Tag gearbeitet, um es zu ersetzen.

l'orage (m.) [ɔ'raːʒ]	Gewitter
la branche [brãːʃ]	Ast, Zweig
la lucarne [ly'karn]	Dachfenster
le charpentier [ʃarpã'tje]	Zimmermann
casser [ka'se]	zerbrechen

«*Il vaut mieux
ne pas réfléchir du tout
que ne pas réfléchir assez.*»

Tristan Bernard

On va boire un coup

Jean: *On va au café du coin, on boit un coup en attendant l'ouverture du cinéma?*
Luc: *D'accord.*
Fabrice: *C'est à mon tour de payer le pot, qu'est-ce que vous buvez?*

„Besser ist es, gar nicht nachzudenken, als nicht genügend nachzudenken." — Tristan Bernard (1866 – 1947), französischer Roman- und Theaterautor

---

GRAMMATIK

Bildung des Futurs

Infinitiv + ai/as/a/ons/ez/ont

	porter (tragen)	**lire** (lesen)	**prendre** (nehmen)
je	porterai	lirai	prendrai
tu	porteras	liras	prendras
il	portera	lira	prendra
nous	porterons	lirons	prendrons
vous	porterez	lirez	prendrez
ils	porteront	liront	prendront

Gehen wir einen trinken

Jean: Gehen wir in der Kneipe an der Ecke etwas trinken, bis das Kino öffnet?
Luc: Einverstanden.
Fabrice: Diesmal gebe ich einen aus, was trinkt ihr?

le café du coin [ka'fe dy kwɛ̃]	Eckkneipe
boire un coup *(fam.)* [bwaːr œ̃ ku]	einen trinken
payer le pot *(fam.)* [pɛ'je lə po]	einen ausgeben

819

EXERCICE

L'accord du participe passé

Accordez, s'il le faut, le participe passé:

1. Les photos que tu as **pris** ___ sont réussies.

2. Nous avons **mangé** ___ des fruits au dessert.

3. Avez-vous **mangé** ___ les fruits que nous avons **cueilli** ___ ?

4. Céline aime beaucoup la robe que sa mère lui a **acheté** ___ .

5. Où est la revue? Je l'ai **mis** ___ sur la table du salon.

820

La récolte du vin

Klaus, le frère de Silke, vient passer 15 jours en France. Il s'est inscrit chez un viticulteur pour aider dans la récolte du vin. Chaque année, vers l'automne, les viticulteurs font appel aux jeunes pour récolter les raisins.

Angleichung des Partizip Perfekt

Gleichen Sie, wenn nötig, das Partizip an:

1. Les photos que tu as **prises** sont réussies.
2. Nous avons **mangé** des fruits au dessert.
3. Avez-vous **mangé** les fruits que nous avons **cueillis**?
4. Céline aime beaucoup la robe que sa mère lui a **achetée**.
5. Où est la revue? Je l'ai **mise** sur la table du salon.

1. Die Fotos, die du gemacht hast, sind gelungen.
2. Wir haben Obst zum Nachtisch gegessen.
3. Habt ihr das Obst gegessen, das wir gepflückt haben?
4. Céline mag das Kleid, das ihr ihre Mutter gekauft hat, sehr.
5. Wo ist die Zeitschrift? Ich habe sie auf den Wohnzimmertisch gelegt.

DIE EXPERTENECKE

Il a mordu à l'hameçon ist keineswegs eine Erfolgs-meldung beim Angeln, sondern bedeutet: Er ist jemandem auf den Leim gegangen. Wörtlich: Er hat angebissen am Angelhaken.

Die Weinlese

Klaus, der Bruder von Silke, kommt für 14 Tage nach Frankreich. Er hat sich bei einem Weinbauern als Aushilfe für die Weinlese angemeldet. Jedes Jahr zum Herbst suchen die Winzer junge Leute für das Ernten der Weintrauben.

Wenn man im Deutschen den Zeitbegriff 14 Tage meint, sagt man im Französischen „15 jours"!

la récolte [re'kɔlt]	Ernte/Lese
le viticulteur [vitikyl'tœːr]	Weinbauer/Winzer
aider [ɛ'de]	helfen
l'automne *(m)* [o'tɔn]	Herbst
faire appel [fɛːr a'pɛl]	suchen/zurückgreifen
le raisin [rɛ'zɛ̃]	Weintraube

Quel vin choisir?

Le mariage des plats et des vins obéit à certaines lois:
Les poissons et les fruits de mer se servent avec un
vin blanc sec. Les volailles sont servies avec des vins
du Rhône, des Côtes-de-Provence ou des Bordeaux.
Les viandes rouges se servent avec des Bordeaux ou
des Beaujolais. Les desserts peuvent êtres accompagnés de vins blancs liquoreux. On peut même – c'est
considéré comme un luxe – faire tout un repas au
champagne...

Comment s'appelle la capitale du champagne?

La dégustation de vin

M. Martin a invité son ami allemand à visiter une
célèbre cave de vin en Alsace. Le viticulteur leur fait
déguster un millésime de
1975, puis il les invite à
dîner. Tout le long du
repas ils ont l'occasion
de faire la connaissance
de vins délicieux.

821

Welchen Wein wählen?

Die Harmonie von Gerichten und Weinen „gehorcht" bestimmten Gesetzen: Fische und Meeresfrüchte werden mit einem trockenen Weißwein serviert. Geflügel wird mit Weinen von Rhône, Côtes-de-Provence, oder aus Bordeaux serviert. Zu rotem Fleisch trinkt man Bordeaux oder Beaujolais. Zum Dessert kann man likörartige Weißweine servieren. Man kann sogar – es gilt als Luxus — eine ganze Mahlzeit mit Champagner einnehmen...
Wie heißt die Hauptstadt des Champagners?

Epernay

822

Die Weinprobe

Herr Martin hat seinen deutschen Freund zum Besuch einer berühmten Weinkellerei im Elsaß eingeladen. Der Winzer läßt sie einen Jahrgangswein aus dem Jahre 1975 probieren, danach lädt er sie zum Abendessen ein. Während des Essens haben sie Gelegenheit, delikate Weine kennenzulernen.

la dégustation [degysta'sjɔ̃]	Probe/Kostprobe
célèbre *(adj.)* [se'lɛbrə]	berühmt
la cave [ka:v]	Keller/Kellerei
faire déguster [fɛ:r degys'te]	kosten lassen/ probieren lassen
le millésime [mille'zim]	*hier:* Jahrgangswein; *sonst:* Jahreszahl (auf Münzen)

830.

La première leçon

Mme Morin ne doit pas seulement s'appliquer à prononcer le h aspiré en allemand, il lui faut aussi retenir
les genres différant du français en allemand; table,
chaise, jupe, lune, étoile sont par exemple masculins
en allemand; soleil,
chocolat, pantalon
sont féminins, et
pour comble, il y a
le neutre!

—————— EXERCICE ——————

Le gérondif

Transformez les phrases en utilisant le gérondif:

1. Quand je suis entré, j'ai vu que le boucher coupait
   la viande.
2. L'actrice écoutait la musique et lisait une revue.
3. Le conducteur a doublé un camion, il a causé un
   accident.
4. Pendant que la vendeuse pesait le fromage, elle me
   racontait l'histoire.
5. Si les élèves apprenaient la grammaire, ils feraient
   moins de fautes.

Die erste Unterrichtsstunde

Frau Morin muß sich nicht nur bemühen, das aspirierte deutsche h auszusprechen, sie muß auch die im Deutschen vom Französischen abweichenden Genera behalten: Tisch, Stuhl, Rock, Mond, Stern sind im Deutschen z. B. maskulin (im Französischen feminin); Sonne, Schokolade, Hose sind feminin (im Französischen maskulin), und zu allem Überfluß gibt es noch das Neutrum!

s'appliquer [a'plike]	sich bemühen
différer [dife're]	abweichen/ sich unterscheiden
pour comble (Redewendung) [pur 'kɔ̃:blə]	zu allem Überfluß

Das Gerundium

Formen Sie die Sätze um durch Gebrauch des Gerundiums:

1. En entrant, j'ai vu que le boucher coupait la viande.
   Beim Eintreten habe ich gesehen, daß der Metzger das Fleisch schnitt.
2. L'actrice écoutait la musique en lisant une revue.
   Die Schauspielerin hörte Musik, während sie eine Zeitschrift las.
3. En doublant un camion, le conducteur a causé un accident.
   Beim Überholen eines LKW hat der Fahrer einen Unfall verursacht.
4. La vendeuse me racontait l'histoire en pesant le fromage.
   Während die Verkäuferin den Käse abwog, hat sie mir die Geschichte erzählt.
5. En apprenant la grammaire, les élèves feraient moins de fautes.
   Würden die Schüler die Grammatik lernen, machten sie weniger Fehler.

Le téléphone

Vous êtes en France et vous voulez téléphoner, vous pouvez utiliser une des cabines téléphoniques placées dans les lieux publics. Il vous faut:
▶ des pièces de 1F, 2F ou 5F
▶ ou une télécarte qu'on achète dans les bureaux de tabac.

«Celui qui médit auprès de toi médira de toi.»

Proverbe français

Das Telefon

Sind Sie in Frankreich und möchten telefonieren, können Sie eine der Telefonzellen benutzen, die an öffentlichen Plätzen stehen. Sie benötigen:
▶ 1F-, 2F- oder 5F-Stücke
▶ oder eine Telefonkarte, die man in den „Bureaux de tabac" (konzessionierte Bars oder Cafés) erhält.

Es ist ratsam, sich eine Telefonkarte zu besorgen, denn die meisten Telefonzellen funktionieren mit der Karte.

le lieu public [ljø py'blik]	öffentlicher Ort
la pièce [pjɛs]	(Geld-) Stück
se procurer [prɔky're]	sich etwas beschaffen

„Wer zu dir schlecht redet, wird über dich schlecht reden." — Französisches Sprichwort

———— GRAMMATIK ————

Das Adverb

Einige Adverbien bilden ihre Steigerungsformen unregelmäßig (nicht mit „plus" und „moins"):

bien	— mieux	— le mieux
gut	— besser	— am besten
peu	— moins	— le moins
wenig	— weniger	— am wenigsten
beaucoup	— plus	— le plus
viel	— mehr	— am meisten

Un cours d'allemand par correspondance

Mme Martin: *Si nous suivions un cours d'allemand par correspondance, nous pourrions apprendre quelques mots pour recevoir les parents de Silke à la fin de l'année.*

M. Martin: *Je nous vois répéter les phrases de la bande comme des perroquets.*

—————— EXERCICE ——————

Mots croisés

Horizontalement:
1. Les enfants français appellent leur mère ainsi.
3. Cent centimètres = un?
5. Nous mangeons dans la _____ à manger.

Verticalement:
1. Paul et Pierre sont dans la même classe, ils ont les _____ professeurs. 3. Le fer est un _____ 5. Ma cousine est la _____ de mes parents.

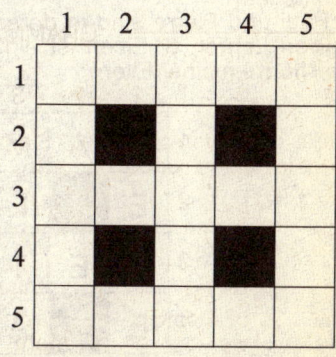

Ein Fernkurs für Deutsch

Frau Martin: Wenn wir einen Fernkurs in Deutsch belegen würden, könnten wir einige Worte lernen, um am Jahresende Silkes Eltern empfangen zu können.

Herr Martin: Ich sehe uns schon die Sätze auf dem Band nachsprechen wie ein Papagei.

le cours par correspondance [kuːr paːr kɔrɛspɔ̃ˈdɑ̃ːs]	Fernkursus
suivre un cours [ˈsɥiːvrə œ̃ kuːr]	einen Kurs belegen
la bande [bɑ̃ːd]	das Band
le perroquet [pɛrɔˈkɛ]	Papagei

Kreuzworträtsel

Waagerecht:
1. Die französischen Kinder nennen ihre Mutter so **(Maman)**.
3. Hundert Zentimeter = ein **Meter**. 5. Wir essen im Eß**zimmer**.

Senkrecht:
1. Paul und Pierre sind in derselben Klasse, sie haben die-**selben** Lehrer. 3. Eisen ist ein **Metall**. 5. Meine Kusine ist die **Nichte** meiner Eltern.

	1	2	3	4	5
1	M	A	M	A	N
2	E	■	E	■	I
3	M	E	T	R	E
4	E	■	A	■	C
5	S	A	L	L	E

A qui est le balladeur?

M. Martin:	*Jean, tu veux bien ranger ton balladeur qui traîne là!*
Jean:	*Ce n'est pas le mien, il est à maman, elle apprend donc l'allemand, l'as-tu oublié?*

Etre malade en France

Si vous tombez malade en France, il est recommandé d'avoir de l'argent sur vous, car le médecin vous demande de payer tout de suite. Ensuite vous pouvez vous faire rembourser une partie des dépenses médicales (environ 80%) à la Caisse de Sécurité sociale ou auprès de votre caisse d'assurance maladie.

Wem gehört der Walkman?

Herr Martin: Jean, würdest du wohl deinen Walkman wegräu-
men, der hier herumliegt!
Jean: Es ist nicht meiner, er gehört Mama, sie lernt doch
Deutsch, hast du das vergessen?

le balladeur [bala'dœ:r]	Walkman
ranger [rɑ̃'ʒe]	auf-/wegräumen
traîner [trɛ'ne]	*hier:* herumliegen;
	sonst: ziehen/langsam gehen
oublier [ubli'e]	vergessen

Krank sein in Frankreich

Wenn Sie in Frankreich krank werden, ist es empfehlenswert,
Geld dabei zu haben, denn der Arzt verlangt sofortige Bezah-
lung. Sie können sich dann einen Teil (ca. 80%) der Behand-
lungskosten bei der *Sécurité sociale* oder bei Ihrer Krankenkasse erstatten lassen.

*Die „Caisse de Sécurité sociale" ist in Frankreich die Pflicht-
versicherungskasse der Sozialversicherung.*
*Es ist unbedingt ratsam, bei einer Reise nach Frankreich einen
Berechtigungsschein seiner Krankenkasse in Deutschland
ausstellen zu lassen.*

tomber malade [tɔ̃'be ma'lad]	krank werden
rembourser [rɑ̃bur'se]	erstatten
la dépense médicale	Behandlungskosten
[de'pɑ̃:s medi'kal]	

La commande de vin

Viticulteur: *Dans quels récipients devons-nous vous livrer le vin?*
M. Klein: *En bouteilles.*
Viticulteur: *Vu la quantité que vous commandez, je vous conseille de le faire venir en fûts et de l'embouteiller chez vous.*

Une inondation

D'abord, il y a eu une forte tempête, puis la pluie est tombée à torrents pendant près d'une heure. Dans les rues l'eau coulait comme un ruisseau, on aurait cru que c'était le déluge. Les caves des maisons étaient inondées et il a fallu appeler les pompiers.

Die Weinbestellung

Winzer: In welchen Behältern sollen wir Ihnen den Wein liefern?
Herr Klein: In Flaschen.
Winzer: In Anbetracht der Menge, die Sie bestellen, rate ich Ihnen, den Wein in Fässern kommen zu lassen und ihn zu Hause in Flaschen abzufüllen.

le récipient [resi'pjɑ̃]	Behälter
la bouteille [bu'tɛj]	Flasche
la quantité [kɑ̃ti'te]	Menge
le fût [fy]	Faß
embouteiller [ɑ̃butɛ'je]	in Flaschen füllen/abfüllen
chez vous [ʃe vu]	zu Hause (bei Ihnen)

Eine Überschwemmung

Zuerst gab es einen starken Sturm, dann regnete es fast eine Stunde lang in Strömen. In den Straßen floß das Wasser wie ein Bach, man hätte glauben können, es sei die Sintflut. Die Keller der Häuser waren überschwemmt, und die Feuerwehr mußte gerufen werden.

l'inondation f [inɔ̃dɑ'sjɔ̃]	Überschwemmung
la tempête [tɑ̃'pɛt]	Sturm
le torrent [tɔ'rɑ̃]	Wasserfall
la pluie tombe à torrents [plɥi tɔ̃:b a tɔ'rɑ̃]	es regnet in Strömen
le déluge [de'ly:ʒ]	Sintflut
le pompier [pɔ̃'pje]	Feuerwehrmann
les pompiers [pɔ̃'pje]	Feuerwehr

Un beau jardin

Mme Morin répartit les tâches pour les travaux impé-
ratifs dans le jardin:
Didier taillera les haies.
Sylvie et Petra couperont
le gazon avec la tondeuse.
M. Morin s'occupera de
la coupe des arbustes à
fruits et à fleurs. Mme
Morin va semer les
fleurs devant fleurir
au début de l'été.

*«La fin de l'espoir
est le commencement
de la mort.»*
    Charles de Gaulle

Ein schöner Garten

Frau Morin verteilt die Aufgaben, die dringend im Garten erledigt werden müssen:
Didier wird die Hecken schneiden. Sylvie und Petra werden den Rasen mit dem Rasenmäher schneiden. Herr Morin wird die Obst- und Blumensträucher beschneiden. Frau Morin wird die Blumen säen, die im Frühsommer blühen sollen.

répartir [repar'ti:r]	verteilen
la tâche [tɑʃ]	Aufgabe
tailler [tɑ'je]	schneiden
la haie [ɛ]	Hecke
le gazon [gɑ'zɔ̃]	Rasen
l'arbuste *m* [ar'byst]	Strauch
semer [s(ə)'me]	säen

„Das Ende der Hoffnung ist der Anfang des Sterbens." – Charles de Gaulle (1890 – 1970), Präsident der Republik Frankreich 1959 – 1969

────────── GRAMMATIK ──────────

Die nahe Vergangenheit

Die nahe Vergangenheit, passé immédiat (was soeben geschah), drückt man im Französischen mit venir de, im Präsens konjugiert, und dem Infinitiv des Verbs aus:

Beispiel: Il vient de sortir de la maison.
  Er ist soeben aus dem Haus gegangen.

Une facture salée

Ute vient de recevoir la facture de l'hôtel; elle est horrifiée: 600 francs pour trois nuitées, OK, mais 100 francs pour trois petits-déjeuners, cela lui semble un peu exagéré. Ensuite on lui compte 150 francs pour deux coups de fil en Allemagne, 80 francs pour le nettoyage de sa veste et 50 francs pour la télévision. Au total: 980 francs, une fortune!

L'invitation à la campagne

Mme Martin: *Tante Sophie nous invite, ça nous fera du bien de prendre l'air de la campagne.*

Jean: *Il n'y a pas une arrière-pensée cachée dans cette invitation? N'est-ce pas la pleine période des récoltes?*

Eine gepfefferte Rechnung

Ute hat soeben die Rechnung des Hotels bekommen; sie ist entsetzt: 600 Francs für drei Übernachtungen, okay, aber 100 Francs für drei Frühstücke scheinen ihr etwas übertrieben. Dann berechnet man ihr 150 Francs für zwei Telefonate nach Deutschland, 80 Francs für die Reinigung ihrer Jacke und 50 Francs für den Fernseher. Insgesamt 980 FF, ein Vermögen!

la facture [fak'ty:r]	Rechnung
horrifié/e [ɔri'fje]	entsetzt
la nuitée [nɥi'te]	Übernachtung
exagéré/e [ɛgzaʒe're]	übertrieben
compter [kɔ̃'te]	rechnen, berechnen
le coup de fil [ku də fil]	Telefonat
le nettoyage [nɛtwa'ja:ʒ]	Reinigung
la fortune [fɔr'tyn]	Vermögen

Die Einladung aufs Land

Frau Martin: Tante Sophie lädt uns ein. Es wird uns guttun, die Luft auf dem Lande zu atmen.
Jean: Gibt es bei dieser Einladung nicht einen versteckten Hintergedanken? Ist nicht jetzt Haupterntezeit?

l'arrière-pensée (f) [ari'jɛ:r pã'se]	Hintergedanke
cacher [ka'ʃe]	verbergen/verstecken
la pleine période des récoltes [plɛn pe'rjɔd de re'kɔlt]	Haupterntezeit

---

EXERCICE

<u>Le futur</u>

Mettez les verbes au futur:

1. Nous (dormir) _____ longtemps.
2. Tu (prendre) _____ des leçons de français.
3. Ils (partir) _____ mardi prochain.
4. Je (écrire) _____ une lettre à Michel.
5. Vous ne (arriver) _____ pas avant midi.
6. Elle (payer) _____ sa facture demain.

838

<u>Un week-end à la campagne</u>

M. et Mme Lenoir sont à la campagne, chez des amis qui ont une ferme. A l'aube, ils sont réveillés par le chant du coq et vont se promener dans les prairies des environs. Ensuite, Mme Lenoir aide la fermière à nourrir les poulets, tandis que son mari apprend à traire les vaches. C'est moins simple qu'il ne pensait!

Das Futur

Setzen Sie die Verben ins Futur:

1. Nous **dormirons** longtemps (wir **werden** lange **schlafen**).
2. Tu **prendras** des leçons de français (du **wirst** Französisch-unterricht **nehmen**).
3. Ils **partiront** mardi prochain (sie **werden** nächsten Dienstag **fortfahren**).
4. J'**écrirai** une lettre à Michel (ich **werde** Michel einen Brief **schreiben**).
5. Vous **n'arriverez pas** avant midi (ihr **werdet** nicht vor Mittag **ankommen**).
6. Elle **payera** sa facture demain (sie **wird** ihre Rechnung morgen **bezahlen**).

Ein Wochenende auf dem Land

Herr und Frau Lenoir sind auf dem Land bei Freunden, die einen Bauernhof haben. In der Morgendämmerung werden sie vom Krähen des Hahnes geweckt, und sie gehen in den Wiesen der Umgebung spazieren. Dann hilft Frau Lenoir der Bäuerin beim Hühnerfüttern, während ihr Mann lernt, die Kühe zu melken. Es ist weniger einfach, als er dachte!

à la campagne [a la kɑ̃'paɲ]	auf dem Land
la ferme [fɛrm]	Bauernhof
l'aube [o:b]	Morgendämmerung
se réveiller [sə revɛ'je]	aufwachen
le coq [kɔk]	Hahn
les environs [ɑ̃vi'rɔ̃]	Umgebung
le poulet [pu'lɛ]	Huhn
traire [trɛ:r]	melken
la vache [vaʃ]	Kuh

La pétanque

Les joueurs de pétanque réunis sur une place sont une image typique des villes et des villages provençaux. Ce jeu connu depuis l'Antiquité se répand en Provence au début du XXe siècle et le premier concours de pétanque se tient à La Ciotat en 1910. Il s'agit de lancer ses boules (de métal) de manière à être le plus près du but (cochonnet: petite boule en bois) et d'écarter les boules de l'adversaire.

Où se trouve La Ciotat?

Une panne de courant

Sylvie: *Zut! les plombs ont sauté, on n'y voit plus rien...*

Marc: *Où est la lampe de poche?*
Je descends à la cave...

Sylvie: *Aah! la lumière fonctionne à nouveau; mais pas le lustre du salon: toutes les ampoules sont fichues.*

Das Boulespiel

Auf einem Platz versammelte Boulespieler sind ein typisches Bild der provenzalischen Städte und Dörfer. Dieses seit dem Altertum bekannte Spiel verbreitete sich in der Provence zu Beginn des 20. Jahrhunderts, und der erste Wettbewerb wurde 1910 in La Ciotat veranstaltet. Es geht darum, seine Kugeln (aus Metall) so zu werfen, daß sie möglichst nah ans Ziel (cochonnet, eine kleine Holzkugel) rollen und die Kugeln des Gegners wegzustoßen. Wo liegt La Ciotat?

Am Mittelmeer, etwa 30 km östlich von Marseille

Es ist ein beliebter Badeort, aber auch ein Hafen mit einer großen Schiffswerft.

Der Stromausfall

Sylvie: Mist! Die Sicherungen sind durchgebrannt, man sieht gar nichts mehr...

Marc: Wo ist die Taschenlampe? Ich gehe in den Keller runter....

Sylvie: Aah! Das Licht funktioniert wieder; aber der Leuchter im Wohnzimmer nicht: Alle Birnen sind kaputt.

le courant [ku'rɑ̃]	Strom
les plombs [plɔ̃]	Sicherungen
sauter [so'te]	springen
la cave [kaːv]	Keller
la lumière [ly'mjɛːr]	Licht
une ampoule [ɑ̃'pul]	Birne (elektrische)

Martin le ramoneur

Martin vient chez les Lenoir pour ramoner la cheminée. C'est un excellent acrobate: équipé de ses brosses, il grimpe sur le toit à l'aide d'une grande échelle; après le ramonage, il vient boire le café. Mais Mme Lenoir ne veut pas qu'il s'assoie sur le divan parce qu'il est plein de suie.

—————— EXERCICE ——————

Une devinette

Trouvez les mots pour faire la transition:

J	O	U	R
N	U	I	T

partie du visage
sentiment agréable
tissu fin et raffiné
noircit les cheminées
verbe (3e personne du singulier)

Schornsteinfeger Martin

Martin kommt zu den Lenoirs, um den Schornstein zu fegen.
Er ist ein ausgezeichneter Akrobat: Mit seinen Bürsten ausgestattet, klettert er aufs Dach über eine große Leiter; nach dem
Schornsteinfegen kommt er Kaffeetrinken. Aber Frau Lenoir
möchte nicht, daß er sich aufs Sofa setzt, weil er voller Ruß-
flecken ist.

le ramoneur [ramɔˈnœːr]	Schornsteinfeger
la cheminée [ʃ(ə)miˈne]	Schornstein
équipé/e [ekiˈpe]	ausgestattet
la brosse [brɔs]	Bürste
une échelle [eˈʃɛl]	Leiter
la suie [sɥi]	Ruß

Ein kleines Rätsel

Finden Sie die Übergangswörter:

(Tag)
Teil des Gesichts (Wange)
angenehmes Gefühl (Freude)
feiner, edler Stoff (Seide)
schwärzt die Schornsteine (Ruß)
Verb (3. Person Singular) (folgt)
(Nacht)

```
J  O  U  R
J  O  U  E
J  O  I  E
S  O  I  E
S  U  I  E
S  U  I  T
N  U  I  T
```

Le roi le plus populaire en France

Venu de sa Province du Béarn, au pied des Pyrénées,
conquérir Paris, il se fait catholique pour être roi.
Il pense d'abord à rétablir la paix entre protestants et
catholiques: l'Edit de Nantes (1598) permet aux protestants de pratiquer leur religion. La misère était
grande dans les campagnes: il diminue les impôts et,
avec l'aide de Sully, il favorise l'élevage et la culture
du blé. Il veut que «tous les Français puissent mettre
la poule au pot chaque dimanche».

Quel roi est-ce?

Au guichet automatique

Didier: *Je suis fauché et les banques sont fermées le
          lundi.*
Sylvie: *Tu peux aller au
          guichet automa-
          tique, avec ta
          carte bancaire tu
          peux retirer de
          l'argent.*
Didier: *J'ai oublié mon
          numéro de code
          confidentiel!*

Der populärste König von Frankreich

Er kam aus seiner Provinz Béarn, am Fuße der Pyrenäen, um Paris zu erobern, er wurde katholisch, um König werden zu können. Zuerst wollte er den Frieden zwischen Protestanten und Katholiken wieder herstellen: Das Edikt von Nantes (1598) erlaubte es den Protestanten, ihre Religion auszuüben. Das Elend auf dem Lande war groß: Er senkte die Steuern, und mit der Hilfe von Sully, förderte er die Viehzucht und den Weizenanbau. Er wollte, daß „jeder Franzose jeden Sonntag ein Huhn im Topf hätte". Welcher König ist es?

Henry IV. (1553—1610), König von Navarre 1562 — 1610, König von Frankreich 1589 — 1610

Am Geldautomaten

Didier: Ich bin blank, und die Banken sind montags geschlossen.
Sylvie: Du kannst zum Geldautomaten gehen; mit deiner Kreditkarte kannst du Geld abheben.
Didier: Ich habe meine Geheimnummer vergessen!

le guichet automatique [giˈʃɛ ɔtɔmaˈtik]	Geldautomat
être fauché [ˈɛːtrə foˈʃe]	(umgspr.) blank sein
la carte bancaire [kart bɑ̃ˈkɛːr]	Kreditkarte
retirer de l'argent [rətiˈre də larˈʒɑ̃]	Geld abheben
le code confidentiel [kɔd kɔ̃fidɑ̃ˈsjɛl]	Geheimnummer

Le permis de conduire

Marc: *Bonjour, je voudrais suivre des cours pour passer le permis de conduire.*

Secrétaire: *Vous devez d'abord passer un examen pour le code de la route; ensuite vous prenez des leçons de conduite avec nos moniteurs agréés.*

Marc: *Bien; je peux m'inscrire dès aujourd'hui?*

Secrétaire: *Voilà les formulaires d'inscription.*

Une ancienne légende

Fuyant la Judée, Marie-Jakobé, Marie-Salomé, leur servante Sara et quelques chrétiens échouèrent sur une plage de Camargue. Ils y bâtirent une chapelle en l'honneur de la Sainte Vierge et y vécurent jusqu'à leur mort. Au XVe siècle, on découvrit les restes des trois femmes enterrées dans la chapelle. Depuis, les gitans font de grands pèlerinages à cet endroit.

Comment s'appelle ce lieu saint?

Der Führerschein

Marc: Guten Tag, ich möchte Unterricht nehmen, um den Führerschein zu machen.

Sekretärin: Sie müssen erst eine Prüfung über die Straßenverkehrsordnung ablegen; dann nehmen Sie bei unseren zugelassenen Fahrschullehrern Fahrstunden.

Marc: Gut; kann ich mich schon heute einschreiben?

Sekretärin: Hier sind die Einschreibeformulare.

le permis de conduire [pɛrˈmi də kɔ̃ˈdɥiːr]	Führerschein
le code de la route [kɔd də la rut]	Straßenverkehrsordnung
moniteur [mɔniˈtœːr]	Fahrschullehrer
agréé/e [agreˈe]	amtlich zugelassen
inscrire [ɛ̃ˈskriːr]	einschreiben

Eine alte Sage

Auf der Flucht aus Judäa strandeten Maria-Jakobe, Maria-Salome, ihre Magd Sara und einige Christen an der Küste der Camargue. Sie bauten eine Kapelle zu Ehren der Heiligen Jungfrau und lebten dort bis zu ihrem Tode. Im 15. Jahrhundert entdeckte man die Reste der in der Kapelle begrabenen drei Frauen. Seitdem machen die Zigeuner große Pilgerfahrten an diesen Ort. Wie heißt dieser heilige Ort?

Les Saintes-Maries-de-la-Mer

Heute ist es ein beliebter Ferienort; aber die Pilgerfahrten der Zigeuner zu Ehren ihrer Schutzheiligen Sara gibt es immer noch.

Attention, chien méchant!

Cela devait arriver: les voisins sont partis le week-end sans attacher leur chien. L'animal affamé s'est

échappé et vagabonde dans les rues du quartier. Il est devenu agressif et renverse les poubelles pour trouver quelque chose à manger. M. Lenoir est allé avertir la S.P.A., la société protectrice des animaux.

«La bêtise insiste toujours.»

Albert Camus

Vorsicht, bissiger Hund!

Es mußte passieren: Die Nachbarn sind übers Wochenende weggefahren, ohne ihren Hund anzubinden. Das ausgehungerte Tier ist entlaufen und streicht in den Straßen des Viertels umher. Es ist aggressiv geworden und wirft die Mülleimer um, um etwas zu fressen zu finden. Herr Lenoir hat es dem Tierschutzverein gemeldet.

méchant/e [meˈʃɑ̃]	böse, hier: bissig
attacher [ataˈʃe]	anbinden
affamé/e [afaˈme]	ausgehungert
échappé/e [eʃaˈpe]	entlaufen, geflüchtet
vagabonder [vagabɔ̃ˈde]	herumstreichen
renverser [rɑ̃vɛrˈse]	umwerfen
la poubelle [puˈbɛl]	Mülleimer

„Dummheit ist immer aufdringlich." — Albert Camus (1913 – 1960), französischer Schriftsteller, Literatur-Nobelpreis 1957

──────────── GRAMMATIK ────────────

„Passé compose" mit „avoir"

Das Angleichen des Partizips der Verben, die im Passé composé mit avoir konjugiert werden:

Steht im Satz das direkte Objekt nach avoir, so bleibt das Partizip unverändert.

Beispiel: Les amis ont mangé *les glaces* au dessert.
              Die Freunde haben Eis zum Nachtisch gegessen.

Steht das direkte Objekt vor avoir, so wird das Partizip nach Geschlecht und Zahl dem Objekt angeglichen.

Beispiel: Les glaces *que* les enfants ont mang**ées** au dessert, étaient délicieuses.
              Die Eisbecher, die die Kinder zum Nachtisch gegessen haben, waren köstlich.

856

Une réception huppée

Le directeur: *Chers amis, je porte un toast aux futurs succès de notre société...*

Mme Lenoir: *Ah! ce champagne me monte à la tête; chéri, veux-tu me chercher une assiette de crudités au buffet?*

M. Lenoir: *Bien sûr; avec quelques canapés au caviar ou au homard...*

EXERCICE

Le pronom relatif

Traduisez:

1. Das Buch, das ich lese, ist sehr spannend.
2. Kennt ihr die Frau, die so gut singt?
3. Ich habe einen Bruder, der in Spanien lebt.
4. Das Auto, von dem ich träume, ist zu teuer.
5. Er hat den Film gesehen, den ich ihm empfohlen habe.
6. Der Freund, den ich gerne mag, ist Engländer.
7. Hier ist der Lehrer, von dem ich dir erzählt habe.

Ein vornehmer Empfang

Direktor:	Liebe Freunde, ich erhebe mein Glas auf die zukünftigen Erfolge unserer Firma...
Frau Lenoir:	Ah! Dieser Champagner steigt mir zu Kopfe; Schatz, würdest du mir einen Teller Rohkost vom Büfett bringen?
Herr Lenoir:	Ja sicher; und einige Kaviar- oder Hummerhappen...

la réception [resεp'sjɔ̃]	Empfang
huppé/e [y'pe]	vornehm
porter un toast [pɔr'te œ̃ tost]	sein Glas erheben auf
le succès [syk'sε]	Erfolg
une assiette [a'sjεt]	Teller
les crudités [krydi'te]	Rohkost
le homard [ɔ'ma:r]	Hummer

Das Relativpronomen

Übersetzung:

1. Le livre que je lis est très passionnant.
2. Connaissez-vous la femme qui chante si bien?
3. J'ai un frère qui vit en Espagne.
4. La voiture dont je rêve est trop chère.
5. Il a vu le film que je lui ai recommandé.
6. L'ami que j'aime bien est Anglais.
7. Voici le professeur dont je t'ai parlé.

--- *DIE EXPERTENECKE* ---

prendre

Prendre son temps	— sich Zeit nehmen
Prendre de la peine à	— sich Mühe geben
Prendre au sérieux	— ernst nehmen
Prendre la parole	— das Wort ergreifen
Prendre froid	— sich erkälten

Inauguration d'une succursale

L'entreprise de M. Lenoir s'agrandit. Demain, une nouvelle succursale sera inaugurée dans la banlieue parisienne; l'adjoint au maire prononcera un discours, ensuite ce sera au tour de M. Lenoir: il doit faire un rapport sur le développement de la société. Il s'est bien préparé. Mais il est nerveux quand même.

Les animaux domestiques

le chat	le chien
le cheval	le cochon
la chèvre	le coq
le canard	l'âne
la brebis	l'oie
la poule	le mouton
le veau	la vache

Einweihung einer Filiale

Das Unternehmen von Herrn Lenoir vergrößert sich. Morgen wird eine neue Filiale in einem Pariser Vorort eröffnet; der stellvertretende Bürgermeister wird eine Rede halten, dann ist Herr Lenoir an der Reihe: Er muß über die Entwicklung der Firma sprechen. Er hat sich gut vorbereitet, aber ist dennoch nervös.

une inauguration [inogyraˈsjɔ̃]	Einweihung
agrandir [agrɑ̃ˈdiːr]	vergrößern
la succursale [sykyrˈsal]	Filiale
la banlieue [bɑ̃ˈljø]	Vorort
le maire [mɛːr]	Bürgermeister
le discours [disˈkuːr]	Rede
le rapport [raˈpɔːr]	Bericht
le développement [devlɔpˈmɑ̃]	Entwicklung

Haustiere

le chat [ʃa]	Katze
le cheval [ʃval]	Pferd
la chèvre [ˈʃɛːvrə]	Ziege
le canard [kaˈnaːr]	Ente
la brebis [brəˈbi]	Schaf
la poule [pul]	Huhn
le veau [vo]	Kalb
le chien [ʃjɛ̃ː]	Hund
le cochon [kɔˈʃɔ̃]	Schwein
le coq [kɔk]	Hahn
l'âne (m.) [ɑːn]	Esel
l'oie (f.) [wa]	Gans
le mouton [muˈtɔ̃]	Hammel
la vache [vaʃ]	Kuh

Le meilleur film de l'année

Luc: *Allons au cinéma; il faut absolument voir le nouveau «Casanova».*

Sylvie: *Avec Alain Delon, mon acteur préféré!*

Marc: *Bof! il se fait vieux… Je trouve qu'Yves Montand dans son dernier rôle est beaucoup plus impression-nant.*

Sylvie: *On y va à la séance de 20 heures?*

——————— EXERCICE ———————

Formez le passé composé et l'imparfait

1. Vous me dites au revoir.
2. Je me lève à l'heure.
3. Elle prend une tasse de chocolat.
4. Ils font une promenade dans les jardins de Blois.
5. Est-ce que tu manges beaucoup de croissants?
6. Je sais mes leçons.
7. Nous venons te voir.

Der beste Film des Jahres

Luc: Gehen wir ins Kino; wir müssen unbedingt den neuen „Casanova" sehen.
Sylvie: Mit Alain Delon, meinem Lieblingsschauspieler!
Marc: Bah! Er wird alt... Ich finde Yves Montand in seiner letzten Rolle viel eindrucksvoller.
Sylvie: Gehen wir zur 20-Uhr-Vorstellung?

le cinéma [sine'ma]	Kino
absolument [apsɔly'mɑ̃]	unbedingt
un acteur [ak'tœːr]	Schauspieler
le rôle [roːl]	Rolle
impressionant/e [ɛ̃prɛsjɔ̃'nɑ̃]	beeindruckend, eindrucksvoll
la séance [se'ɑ̃s]	Vorstellung

Bilden Sie das passé composé und das imperfait

1. Vous m'**avez dit** au revoir.   Vous me **disiez** au revoir.
2. Je **me suis levé** à l'heure.   **Je me levais à l'heure.**
3. Elle **a pris** une tasse de chocolat.
   Elle **prenait** une tasse de chocolat.
4. Ils **ont fait** une promenade dans les jardins de Blois.
   Ils **faisaient** une promenade dans les jardins de Blois.
5. Est-ce que tu **as mangé** beaucoup de croissants?
   Est-ce tu **mangeais** beaucoup de croissants?
6. J'ai **su** mes leçons.   Je **savais** mes leçons.
7. Nous **sommes venus** te voir.   Nous **venions** te voir.

1. Sie sagten mir auf Wiedersehen.
2. Ich stand pünktlich auf.
3. Sie trank eine Tasse Kakao.
4. Sie machten in den Gärten von Blois einen Spaziergang.
5. Hast du viele Croissants gegessen?
6. Ich konnte meine Lektionen.   7. Wir besuchten dich.

La Toussaint

Mme Martin: *Jean, Céline, vous n'oubliez pas que cet après-midi nous irons au cimetière?*

Jean: *Comment pourrait-on oublier que chaque année c'est le même rituel, on fait le tour des cimetières …*

Les meubles de vos rêves

Sylvie et Monique imaginent comment elles aménageront leur propre appartement. Pour la chambre à coucher, Sylvie veut un lit et une armoire en bois blanc; Monique pense à des fauteuils de cuir pour son salon, avec des étagères modernes en aluminium, une table basse en verre fumé et un tapis persan.

Allerheiligen

Frau Martin: Jean, Céline, ihr vergeßt nicht, daß wir heute nachmittag auf den Friedhof gehen?
Jean: Wie könnte man vergessen, daß sich jedes Jahr das gleiche Ritual vollzieht, wir machen die „Friedhofsrunde" …

la Toussaint [tu'sɛ̃]	Allerheiligen
le cimetière [sim'tjɛ:r]	Friedhof
le rituel [ri'tɥɛl]	Ritual

Die Möbel ihrer Träume

Sylvie und Monique stellen sich vor, wie sie ihre eigene Wohnung einrichten werden. Im Schlafzimmer möchte Sylvie ein Bett und einen Schrank aus weißem Holz; Monique denkt an Ledersessel für ihr Wohnzimmer, mit modernen Aluminiumregalen, einem Couch-Tisch aus Rauchglas und einem Perserteppich.

le meuble ['mœ:blə]	Möbel
imaginer [imaʒi'ne]	sich vorstellen
aménager [amena'ʒe]	einrichten
un appartement [apartə'mɑ̃]	Wohnung
une armoire [ar'mwa:r]	Schrank
le fauteuil [fo'tœj]	Sessel

EXERCICE

La forme féminine

Mettre au féminin:

1. J'achète deux pains chez **le boulanger**.
2. **L'ambassadeur** est invité chez **le président**.
3. **Ce gitan** est **un homme fier**.
4. **Le marchand** de légumes est **malade**.
5. Je vois **le nouveau voisin**.
6. **Il** est habill**é** comme **un prince**.

858

Un match de foot

Luc: *Hé Marc! j'ai deux tickets d'entrée pour le match de foot de ce soir. L'équipe nationale du Brésil joue contre les Italiens; je parie que Maradona va marquer deux buts.*

Marc: *Moi, je supporte les Brésiliens; leur gardien de but est génial et les avant-centres sont très audacieux.*

1. J'achète deux pains chez **la boulangère** (ich kaufe zwei Brote bei der Bäckersfrau).
2. **L'ambassadrice** est invitée chez **la présidente** (die Botschafterin ist bei der Präsidentin eingeladen).
3. **Cette gitane** est **une femme fière** (diese Zigeunerin ist eine stolze Frau).
4. **La marchande** de légumes est **malade** (die Gemüsehändlerin ist krank).
5. Je vois **la nouvelle voisine** (ich sehe die neue Nachbarin).
6. **Elle** est habillée comme une **princesse** (sie ist wie eine Prinzessin gekleidet). .

┌────────────── *DIE EXPERTENECKE* ──────────────┐

Des exceptions

un artiste (Künstler) → une artiste; un élève (Schüler) → une élève; un Russe (Russe) → une Russe; un enfant (Kind) → une enfant; un Turc (Türke) → une Turque; un époux (Ehegatte) → une épouse; un fou (Verrückter) → une folle; un vieux (Alter) → une vieille

└──┘

Ein Fußballspiel

Luc: He Marc! Ich habe zwei Eintrittskarten für das Fußballspiel heute abend. Die Nationalmannschaft von Brasilien spielt gegen die Italiener; ich wette, daß Maradona zwei Tore schießt.

Marc: Ich bin für die Brasilianer; ihr Torwart ist toll, und die Mittelstürmer sind sehr draufgängerisch.

une équipe [e'kip]	Mannschaft
parier [pa'rje]	wetten
le but [byt]	Tor, Ziel
supporter [sypɔr'te]	unterstützen
le gardien [gar'djɛ̃]	Wächter, hier: Torwart
un avant-centre [avɑ̃'sɑ̃:trə]	Mittelstürmer
audacieux/-ieuse [oda'sjø]	kühn, draufgängerisch

Une féministe avant l'heure

C'est sous un pseudonyme que cette femme exceptionnelle écrivit ses romans humanistes. Elle quitta
son mari pour mener une vie indépendante et eut des
liaisons spectaculaires avec Musset et Chopin. Elle
revendiquait pour les femmes le droit à la passion;
dans ses premiers romans, elle décrit le conflit entre
l'amour et les conventions sociales, qu'elle dut endu-
rer dans sa propre vie.

Qui est cette femme?

La corvée de la vaisselle

Le lave-vaisselle est cassé:
Marc enrage, car c'est lui
qui doit faire la vaisselle
aujourd'hui; il s'arrache
littéralement les cheveux
devant les piles d'assiettes,
les couverts en argent et
les verres en cristal; au
moment d'essuyer la
soupière, elle lui tombe
des mains et se brise en
mille morceaux!

Eine Vorläuferin des Feminismus

Diese außergewöhnliche Frau schrieb ihre von Menschlichkeit geprägten Romane unter einem Pseudonym. Sie verließ ihren Mann, um ein selbständiges Leben zu führen und hatte aufsehenerregende Liebschaften mit Musset und Chopin. Sie forderte das Recht auf Leidenschaft für die Frauen; in ihren ersten Romanen beschreibt sie den Konflikt zwischen Liebe und gesellschaftlichen Konventionen, den sie selbst durchmachen mußte. Wer ist diese Frau?

> *George Sand (1804–1876)*

Sie war eine wichtige Figur in den literarischen Kreisen Frankreichs. Ihre bekanntesten Romane sind: „Consuélo" (1845), „La petite Fadette" (1849) und „Histoire de ma vie" (Geschichte meines Lebens, 1854/55).

Der Abwaschdienst

Die Geschirrspülmaschine ist kaputt: Marc ärgert sich schwarz, weil er heute den Abwasch machen muß. Er rauft sich buchstäblich die Haare angesichts der Stapel von Tellern, Silberbesteck und Kristallgläsern. Als er gerade die Suppenschüssel abtrocknet, fällt sie ihm aus den Händen und zerbricht in tausend Stücke!

la corvée [kɔr've]	Frondienst, Last
faire la vaisselle [fɛːr la və'sɛl]	Geschirr abwaschen
enrager [ãra'ʒe]	sich schwarz ärgern
littéralement [literal'mã]	buchstäblich
la pile [pil]	Stapel
les couverts [ku'vɛːr]	Besteck
essuyer [esɥi'je]	abwischen, abtrocknen
se briser [sə bri'ze]	zerbrechen

La coupe de cheveux

Coiffeur: *Voulez-vous une permanente comme d'habitude?*

Mme Lenoir: *Oui, mais je veux changer de coupe; quelque chose de plus jeune...*

Coiffeur: *Je peux couper plus court, dégager la nuque avec un léger dégradé derrière... Avec des bigoudis moins épais, votre coiffure sera plus aérée.*

─────────── EXERCICE ───────────

Le pronom relatif

Mettez le pronom relatif qui convient:

1. Il travaille la nuit, _____ est difficile pour la vie de famille.

2. Dis-moi _____ tu veux.

3. C'est toi _____ m'as ouvert la porte?

4. Mangez _____ vous aimez.

5. _____ nous lui avons raconté l'a beaucoup choqué.

Der Haarschnitt

Friseur: Wollen Sie eine Dauerwelle wie üblich?
Frau Lenoir: Ja, aber ich möchte den Haarschnitt ändern;
                  etwas Jugendlicheres...
Friseur: Ich kann das Haar kürzer schneiden, den Nacken
                  frei lassen, mit einer leichten Abstufung hinten...
                  Mit weniger dicken Lockenwicklern wird Ihre
                  Frisur luftiger.

la coupe [kup]	Schnitt
le coiffeur [kwaˈfœːr]	Friseur
la permanente [pɛrmaˈnɑ̃t]	Dauerwelle
la nuque [nyk]	Nacken
dégrader [degraˈde]	abstufen, nuancieren
le bigoudi [biguˈdi]	Lockenwickler
aéré/e [aeˈre]	luftig

Das Relativpronomen

Setzen Sie das passende Relativpronomen ein:

1. Il travaille la nuit, **ce qui** est difficile pour la vie de famille (er arbeitet nachts, **was** für das Familienleben schwierig ist).
2. Dis-moi **ce que** tu veux (sag mir, **was** du möchtest).
3. C'est toi **qui** m'as ouvert la porte (bist du derjenige, **der** mir die Tür geöffnet hat)?
4. Mangez **ce que** vous aimez (eßt, **was** ihr mögt).
5. **Ce que** nous lui avons raconté l'a beaucoup choqué (**was** wir ihm erzählt haben, hat ihn sehr schockiert).

--- DIE EXPERTENECKE ---

L'argent en argot

„Geld" in der Umgangssprache (argot):
le fric, l'oseille (f), le magot, le blé, le pognon, la thune,
le flouze...

Au concert

M. et Mme Lenoir sont allés écouter un concert à l'Opéra de Paris. Au programme, il y a un concerto pour flûte et violons de Mozart, une suite pour violoncelle de Bach et un concerto pour piano solo de Chopin. Pendant l'entracte, nos amis vont se désaltérer et font la connaissance d'une vieille cantatrice.

Un cadeau royal

Henri II, roi de France de 1547 à 1559, offrit ce château à sa maîtresse, Diane de Poitiers. Diane fit construire un pont pour relier le bâtiment, à l'origine un moulin à eau, à la rive du Cher. A la mort du roi, sa femme Catherine de Médicis expulsa sa rivale et fit ériger les deux étages qui donnèrent sa forme actuelle à ce château, considéré comme le plus beau des châteaux de la Loire.

De quel château s'agit-il?

Im Konzert

Herr und Frau Lenoir sind zu einem Konzert in die Pariser Oper gegangen. Auf dem Programm steht ein Konzertstück für Flöte und Geigen von Mozart, eine Cello-Suite von Bach und ein Konzertstück für Solo-Klavier von Chopin. In der Pause gehen unsere Freunde ihren Durst löschen und lernen eine alte Opernsängerin kennen.

le concerto [kɔ̃sɛr'to]	Konzertstück
la flûte [flyt]	Flöte
le violon [vjɔ'lɔ̃]	Geige
le violoncelle [vjɔlɔ̃'sɛl]	Cello
le piano [pja'no]	Klavier
un entracte [ɑ̃'trakt]	Pause
se désaltérer [sə dezalte're]	seinen Durst löschen
la cantatrice [kɑ̃ta'tris]	Opernsängerin

Ein königliches Geschenk

Henri II., der König Frankreichs von 1547 bis 1559, schenkte dieses Schloß seiner Geliebten, Diane de Poitiers. Diane ließ eine Brücke bauen, die das Gebäude, das ursprünglich eine Wassermühle war, mit dem Ufer des Cher verbindet. Nach dem Tode des Königs vertrieb seine Frau, Catherine de Médicis, ihre Rivalin; sie ließ das Schloß durch zwei Etagen erweitern, womit es seine gegenwärtige Form erhielt: Es wird nun als das schönste der Loire-Schlösser betrachtet. Um welches Schloß handelt es sich?

Das Schloß von Chenonceaux

Es liegt am Fluß Cher. Andere bekannte Loire-Schlösser sind Chambord, Azay-le-Rideau, Blois und Amboise.

865

Au jardin public

Sylvie: *L'automne est vraiment une belle saison: les couleurs des arbres, les feuilles mortes qui tombent, tout cela est tellement romantique!*

Monique: *Regarde cette vieille femme qui donne à manger aux pigeons; elle vient ici tous les jours.*

Sylvie: *Et l'après-midi, il y a un clochard qui vient invariablement lire son journal sur le même banc.*

866

*«On ne naît pas femme:
on le devient.»*

Simone de Beauvoir

Im Stadtpark

Sylvie: Der Herbst ist wirklich eine schöne Jahreszeit: Die bunten Farben der Bäume, das fallende Laub, es ist alles so romantisch!

Monique: Schau mal, diese alte Frau, die die Tauben füttert, sie kommt jeden Tag hierher.

Sylvie: Und nachmittags kommt ein Penner, der stets auf derselben Bank seine Zeitung liest.

un automne [o'tɔn]	Herbst
la saison [sɛ'zɔ̃]	Jahreszeit
la feuille [fœj]	Blatt
le pigeon [pi'ʒɔ̃]	Taube
un été [e'te]	Sommer
un hiver [i'vɛːr]	Winter
le clochard [klɔ'ʃaːr]	Penner

„Man wird nicht als Frau geboren, man wird zu ihr gemacht".
— Simone de Beauvoir (1908 – 1986), französische Schriftstellerin und Theoretikerin der Frauenbewegung

---

GRAMMATIK

Bildung des Konditionals

Infinitiv + folgende Endungen:
-ais, -ais, -ait, -ions, -iez, -aient

aimer	(lieben)
j'aimerais	(ich würde lieben)
tu aimerais	(du würdest lieben)
il aimerait	(er würde lieben)
nous aimerions	(wir würden lieben)
vous aimeriez	(ihr würdet lieben)
ils aimeraient	(sie würden lieben)

Le musée de l'Homme

Marc est allé au musée de l'Homme pour voir une exposition sur les grandes époques de l'humanité.
Il y a des salles consacrées
aux peuples primitifs, avec
des reconstitutions de leur
mode de vie: les cases, les
costumes et les outils.
Marc s'intéresse tout particulièrement aux crânes
d'hommes préhistoriques
et aux masques de sorciers
africains.

EXERCICE

Le conditionnel

Traduisez en français:

1. Ich möchte gerne ins Kino gehen.

2. Du könntest der Großmutter schreiben.

3. Bei schönem Wetter würde er spazierengehen.

4. Hätten Sie ein Glas Wasser für mich?

5. Würdest du kommen, wenn ich dich einlade?

Das Museum für Völkerkunde

Marc ist ins Museum für Völkerkunde gegangen, um sich eine Ausstellung über die großen Epochen der Menscheit anzuschauen. Einige Säle sind den Urvölkern gewidmet mit Nachbildungen ihrer Lebensweise: Hütten, Kleidung und Werkzeuge. Marc interessiert sich besonders für die Schädel von prähistorischen Menschen und für die Masken der afrikanischen Hexenmeister.

l'humanité (f.) [ymani'te]	Menschheit
le peuple primitif [ˈpœplə primiˈtif]	Urvolk
reconstituer [rəkɔ̃stiˈtɥe]	wiederherstellen, nachbilden
la case [kɑːz]	Hütte
un outil [uˈti]	Werkzeug
le crâne [krɑːn]	Schädel
le sorcier [sɔrˈsje]	Hexenmeister

Das Konditional

Übersetzen Sie:

1. J'aimerais aller au cinéma.
2. Tu pourrais écrire à la grand-mère.
3. Par beau temps, il irait se promener.
4. Auriez-vous un verre d'eau pour moi?
5. Viendrais-tu si je t'invite?

DIE EXPERTENECKE

Etre poli

Konditional wird als Höflichkeitsform gebraucht:

«Je voudrais un kilo de pommes»
(ich möchte ein Kilo Äpfel)
«Pourriez-vous me dire où est le métro?»
(könnten Sie mir sagen, wo die Metro ist?)

Une promenade avec obstacles

Céline: *Le raccourci que tu nous fais prendre révèle bien des obstacles. Les ornières profondes et pleines de boue nous obligent à développer des dons de funambule.*

Jean: *Eh bien, tes leçons d'acrobatie vont te servir.*

Il était aviateur et écrivain

Par sa mère cet écrivain a des origines provençales. Orphelin de père il est élevé par les Jésuites. Après avoir essayé divers métiers, il se voue à l'aviation et devient pilote. En 1935, son avion s'abat en plein Sahara. Son camarade et lui sont sauvés par des Bédouins après trois jours. Après l'armistice, il va aux Etats-Unis, où il écrit le «Petit Prince». Dans son œuvre on trouve quelques allusions à cette aventure.

Qui est-ce?

Ein Spaziergang mit Hindernissen

Céline: Die Abkürzung, die du uns nehmen läßt, birgt viele Hindernisse. Die tiefen Pfützen voller Schlamm zwingen uns, Seiltänzerfähigkeiten zu entwickeln.
Jean: Na bitte, deine Akrobatikstunden werden dir jetzt nützlich sein.

l'obstacle *(m)* [ɔpˈstaklə]	Hindernis
le raccourci [rakurˈsi]	Abkürzung
l'ornière *(f)* [ɔrˈnjɛːr]	Pfütze/Wagenspur im Feldweg
profond *(adj.)* [prɔˈfɔ̃]	tief
la boue [bu]	Schlamm
le don [dɔ̃]	Fähigkeit/Begabung
le funambule [fynãˈbyl]	Seiltänzer

Er war ein Flieger und ein Schriftsteller

Von mütterlicher Seite ist dieser Schriftsteller Provenzale. Als Halbwaise wird er bei den Jesuiten erzogen. Nachdem er sich in verschiedenen Berufen versucht hat, widmet er sich der Fliegerei und wird Pilot. 1935 stürzt sein Flugzeug mitten in der Sahara ab. Sein Freund und er werden nach drei Tagen von Beduinen gerettet. Nach dem Waffenstillstand geht er in die Vereinigten Staaten, wo er „Der kleine Prinz" schreibt. In seinem Werk findet man einige Hinweise auf dieses Abenteuer. Wer ist das?

Antoine de Saint-Exupéry (1900–1944)

In seinem Werk "Terre des Hommes" ist das Abenteuer des Absturzes genau beschrieben.

Au cinéma

Deux bavards n'arrêtent
pas de discuter pendant la
séance. Leur voisin excédé
leur dit: «S'il vous plaît,
je n'entends rien du tout!»
«Et alors, ça vous intéresse
ce que nous disons?
On vous racontera tout
à l'entracte.»

Une bataille dans le ciel

Luc: *Mon cerf-volant vole plus haut que le tien!*
           Avec deux loopings d'un coup!

Marc: *Attention! une ra-*
           fale de vent, mon
           guerrier japonais
           va rattraper ton
           papillon...

Luc: *Atterrissage forcé*
           dans l'arbre...
           bravo!

Marc: *J'aurai ma*
           revanche!

Im Kino

Zwei Plauderer hören nicht auf, während der Vorführung zu sprechen. Ihr gereizter Nachbar sagt zu ihnen: „Bitte, ich kann gar nichts hören!" − „Wieso, interessiert es Sie, worüber wir sprechen? In der Pause werden wir Ihnen alles erzählen."

le bavard [ba'va:r]	Plauderer
la séance (de cinéma) [se'ãs (də sine'ma)]	Vorführung (Film)
excédé *(adj.)* [ɛkse'de]	gereizt/außer sich
· l'entracte *(m)* [ã'trakt]	Pause (Kino/Theater)

Eine Himmelsschlacht

Luc: Mein Drachen fliegt höher als deiner! Mit zwei Loopings auf einmal!

Marc: Achtung! Ein Windstoß, und mein japanischer Krieger wird deinen Schmetterling einholen...

Luc: Notlandung im Baum... Bravo!

Marc: Ich werde meine Revanche haben!

la bataille [ba'ta:j]	Schlacht
le ciel [sjɛl]	Himmel
le cerf-volant [sɛrvɔ'lã]	Drache
la rafale de vent [ra'fal də vã]	Windstoß
le guerrier [gɛ'rje]	Krieger
le papillon [papi'jõ]	Schmetterling
un atterrissage [atɛri'sa:ʒ]	Landung

Un naufrage célèbre

En juin 1816, la frégate «Méduse» fit naufrage et ses 150 marins se réfugièrent sur un radeau qu'ils avaient construit. Celui-ci dériva pendant 13 jours; lorsqu'enfin un navire découvrit le radeau, il n'y avait que 15 survivants. Les autres avaient été victimes de tempêtes, d'une mutinerie, de la faim, du désespoir et même du cannibalisme. Un peintre a illustré cet événement dramatique dans une peinture célèbre;

lequel?

Marc a la fringale

Marc: *Il y a encore des spaghettis? Je reprendrais bien une deuxième assiette...*

Mme Lenoir: *Sers-toi; mais n'oublie pas tes manières de table en mangeant; tu vas t'étouffer en dévorant tes nouilles à cette vitesse-là!*

Marc: *C'est à cause du match de foot, ça m'a creusé l'appétit!*

Ein berühmter Schiffbruch

Die Fregatte „Medusa" erlitt im Juni 1816 Schiffbruch, und ihre 150 Matrosen retteten sich auf ein Floß, das sie sich gebaut hatten. Dieses trieb 13 Tage lang auf dem Meer. Als ein Schiff endlich das Floß entdeckte, blieben nur noch 15 Überlebende. Die anderen waren den Stürmen, einer Meuterei, dem Hunger, der Verzweiflung und sogar dem Kannibalismus zum Opfer gefallen. Ein Maler hat dieses dramatische Ereignis in einem bekannten Gemälde wiedergegeben; welcher?

Théodore Géricault (1791 – 1824)

Er malte «Le Radeau de la Méduse» („Das Floß der Medusa", 1818/19); dieses monumentale Gemälde (4,91 x 7,16 m) ist im Musée du Louvre in Paris zu sehen.

Marc hat Kohldampf

Marc: Gibt es noch Spaghettis? Ich würde gerne einen zweiten Teller essen...

Frau Lenoir: Bediene dich, aber vergiß deine Tischmanieren nicht beim Essen; wenn du deine Nudeln so schnell verschlingst, wirst du noch ersticken!

Marc: Das Fußballspiel hat mich so hungrig gemacht!

la fringale [frɛ̃'gal]	Kohldampf, Heißhunger
une assiette [a'sjɛt]	Teller
les manières [ma'njɛːr]	Manieren
étouffer [etu'fe]	ersticken
dévorer [devo're]	verschlingen
la nouille [nuj]	Nudel
creuser [krø'ze]	bohren, graben

Tempête en mer

La nuit passée, une tempête catastrophique a fait rage dans la Manche. Plusieurs bateaux de pêcheurs se sont trouvés en grande détresse. Deux voiliers avec des équipages peu expérimentés ont fait naufrage; heureusement les secours sont arrivés à temps pour sauver ces marins d'eau douce.

──────────── EXERCISE ────────────

Le gérondif

Transformez en employant le gérondif:

1. Il prend un bain et écoute la radio.

2. Vous apprenez le français et lisez le journal.

3. Tu joues au loto et deviendras riche.

4. Elle se promène et chante.

5. Je veux vivre et m'amuser.

Sturm auf See

Vergangene Nacht hat ein katastrophaler Sturm im Ärmelkanal gewütet. Mehrere Fischerboote befanden sich in großer
Not. Zwei Segelboote mit unerfahrener Mannschaft haben
Schiffbruch erlitten; zum Glück sind die Hilfskräfte rechtzeitig
gekommen, um die Landratten zu retten.

la Manche [mãːʃ]	Ärmelkanal
le bateau [baˈto]	Boot
la détresse [deˈtrɛs]	Not
le voilier [vwaˈlje]	Segelboot
un équipage [ekiˈpaːʒ]	Mannschaft
le naufrage [noˈfraːʒ]	Schiffbruch
les secours [s(ə)ˈkuːr]	Hilfe
le marin d'eau douce	eigentl. Süßwassermatrose,
[maˈrɛ̃ do dus]	hier: Landratte
sauver [soˈve]	retten

Das Gerundium

Ändern Sie die Sätze um, indem Sie das Gerundium verwenden:

1. Il prend un bain en écoutant la radio (er nimmt ein Bad und hört
   dabei Radio).
2. Vous apprenez le français en lisant le journal (ihr lernt
   Französisch, indem ihr die Zeitung lest).
3. Tu deviendras riche en jouant au loto (du wirst reich werden,
   indem du Lotto spielst).
4. Elle se promène en chantant (sie geht singend spazieren).
5. Je veux vivre en m'amusant (ich möchte leben und mich dabei
   amüsieren).

DIE EXPERTENECKE

Deux expressions

«Il me casse les pieds!» — „Er fällt mir auf den Wecker"
«Il payera les pots cassés» — „Er wird den Schaden
  bezahlen müssen"

L'artisanat est à la mode

Sylvie: *Alors tu abandonnes tes études pour devenir potière?*

Jacqueline: *J'en ai marre de m'abîmer les yeux sur les livres; je vais louer un atelier en Provence et faire de la poterie artistique.*

Sylvie: *Et tu vas t'abîmer les mains en travaillant la terre et l'argile!*

Soufflé au roquefort

Ingrédients: *40 g de beurre, 50 g de farine, 1/4 l de lait, 6 œufs, 100 g de roquefort.*

Faire une béchamel avec 30 g de beurre, la farine, le lait, les 6 jaunes d'œufs et les 6 blancs battus en neige ferme. Incorporer le roquefort écrasé. Verser le mélange dans un moule à soufflé beurré. Cuire à four assez vif 20 minutes environ.

Bon appétit!

Kunsthandwerk liegt im Trend

Sylvie: Du gibst also dein Studium auf, um Töpferin zu werden?

Jacqueline: Ich hab es satt, mir die Augen über Büchern zu verderben; ich werde eine Werkstatt in der Provence mieten und Kunstkeramik machen.

Sylvie: Und du wirst dir die Hände verderben, indem du mit Ton und Lehm arbeitest!

un artisanat [artiza'na]	Kunsthandwerk
le potier [pɔ'tje]	Töpfer
en avoir marre [ɑ̃ a'vwaːr maːr]	es satt haben
abîmer [abi'me]	verderben
louer [lwe]	mieten
un atelier [atə'lje]	Werkstatt
une argile [ar'ʒil]	Lehm, Ton

Roquefort-Auflauf

Zutaten: *40 g Butter, 50 g Mehl, 1/4 l Milch, 6 Eier, 100 g Roquefort-Käse.*

Mit 30 g Butter, dem Mehl, der Milch, den 6 Eigelb und den 6 steif geschlagenen Eiweiß eine Béchamel-Soße machen. Den zu Creme zerdrückten Roquefort hinzufügen. Die Mischung in eine gefettete Auflaufform geben. Bei ziemlich starker Hitze ungefähr 20 Minuten lang im Ofen backen.

Guten Appetit!

Soirée au coin du feu

M. et Mme Lenoir ont passé la soirée en tête-à-tête.
M. Lenoir a coupé quelques bûches pour allumer un
feu dans la cheminée.

Ils y ont fait griller des
châtaignes, tout en buvant
du vin chaud et en évo-
quant leur anniversaire de
mariage: dans cinq jours,
ils vont fêter leurs noces
d'argent!

———————— EXERCICE ————————

Les prépositions «de» et «à»

Complétez avec de *ou* à:

1. Le paquet _____ cigarettes

2. La machine _____ écrire

3. Le couteau _____ pain

4. Le couteau _____ cuisine

5. Le sac _____ voyage

6. Les lunettes _____ soleil

Abend am Kaminfeuer

Herr und Frau Lenoir haben den Abend in trauter Zweisamkeit verbracht. Herr Lenoir hat einige Holzscheite zerhackt, um ein Feuer im Kamin anzuzünden. Sie haben Kastanien geröstet, Glühwein getrunken und ihren Hochzeitstag besprochen: In fünf Tagen werden sie ihre Silberhochzeit feiern!

en tête-à-tête [ɑ̃ tɛta'tɛːt]	unter vier Augen
la bûche [byʃ]	Holzscheit
griller [gri'je]	rösten
la châtaigne [ʃɑ'tɛɲ]	Kastanie
évoquer [evɔ'ke]	besprechen, erwähnen
les noces (f.) [nɔs]	Hochzeitsfeier

Die Präpositionen „de" und „à"

Ergänzen Sie mit de *oder* à:

1. Le paquet **de** cigarettes
2. La machine **à** écrire
3. Le couteau **à** pain
4. Le couteau **de** cuisine
5. Le sac **de** voyage
6. Les lunettes **de** soleil

1. Die Zigarettenschachtel
2. Die Schreibmaschine
3. Das Brotmesser
4. Das Küchenmesser
5. Die Reisetasche
6. Die Sonnenbrille

881

Chez le traiteur

Mme Martin va chez le traiteur et lui demande de lui composer un menu. Il lui propose: Canapés d'épi-nards au parmesan —
Jambon glacé avec des
tranches d'ananas —
Timballe de haricots
noirs parfumée à l'ail et
au laurier – Variétés de
fromage — Glace au sirop
d'érable et aux noix.

882

Dangereux chasseurs

Marc: *Avec l'ouverture de la chasse, c'est devenu dangereux de se promener en forêt.*

Sylvie: *Je déteste ces chas-seurs du Dimanche qui friment telle-ment, avec leurs grosses carabines et cartouchières.*

Luc: *Quand on pense qu'ils tirent sur tout ce qui bouge et abattent surtout des petits oiseaux!*

Beim Feinkosthändler

Frau Martin geht zum Feinkosthändler und bittet ihn, ihr ein Menü zusammenzustellen. Er schlägt ihr vor: Kanapees mit Spinat und Parmesan – Glasierter Schinken mit Ananasscheiben – Schwarze-Bohnen-Terrine mit Knoblauch und Lorbeer gewürzt – Käseplatte – Eis mit Ahornsirup und Nüssen.

le traiteur [trɛˈtœːr]	Feinkosthändler
les épinards *(m)* [epiˈnaːr]	Spinat
le jambon [ʒɑ̃ˈbɔ̃]	Schinken
les haricots *(m)* [ariˈko]	Bohnen
la timballe [tɛ̃ˈbal]	Topf/Terrine
l'ail *(m)* [aj]	Knoblauch
le laurier [lɔˈrje]	Lorbeer(baum)
l'érable *(m)* [eˈrablə]	Ahorn
la noix [nwa]	Nuß

Gefährliche Jäger

Marc: Mit der Eröffnung der Jagdsaison ist es gefährlich geworden, im Wald spazierenzugehen.
Sylvie: Ich verabscheue diese Sonntagsjäger, die so schrecklich angeben, mit ihren dicken Flinten und Patronentaschen.
Luc: Wenn man bedenkt, daß sie auf alles schießen, was sich bewegt, und vor allem kleine Vögel abknallen!

dangereux/-euse [dɑ̃ˈʒrø]	gefährlich
le chasseur [ʃaˈsœːr]	Jäger
la chasse [ʃas]	Jagd
détester [detɛsˈte]	verabscheuen
frimer [friˈme]	angeben
la carabine [karaˈbin]	Flinte
la cartouchière [kartuˈʃjɛːr]	Patronentasche
abattre [aˈbatrə]	abschießen, niederschlagen

——— EXERCICE ———

Mots croisés

Horizontalement:
1. Utile pour se laver.
2. Donne son goût au pastis.
3. Sœur de mon père.
4. Point cardinal.

Verticalement:
1. Important pour bien vivre.
2. Egal à 365 jours.
3. Bonne carte.
4. 3e pers. sing. de venir.
5. Partie du squelette.
6. Utilisé en cuisinant.

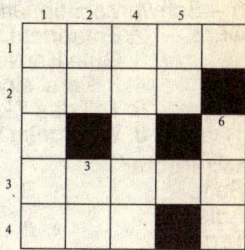

884

Un week-end en Belgique

Pour leurs noces d'argent, M. et Mme Lenoir sont partis en Belgique; aujourd'hui ils visitent la capitale, Bruxelles. Mme Lenoir grignote des pralines et s'extasie devant les dentelles bruxelloises exposées en vitrine, mais son mari l'entraîne dans un bistrot, parce qu'il meurt d'envie de boire une bonne bière belge.

Waagerecht:
1. Nützlich beim Waschen.
2. Gibt dem Pastis seinen Geschmack.
3. Schwester meines Vaters.
4. Himmelsrichtung.

Senkrecht:
1. Wichtig, um gut zu leben.
2. Entspricht 365 Tagen.
3. Gute Karte.
4. 3. Pers. sing. von venir.
5. Teil des Skeletts.
6. Wird beim Kochen benutzt.

		1	2	4	5	
Waagerecht:	1	S	A	V	O	N
1. Seife						
2. Anis	2	A	N	I	S	
3. Tante		N		E		S (6)
4. Osten	3	T	A (3)	N	T	E
	4	E	S	T		L

Senkrecht:
1. Gesundheit
2. Jahr
3. As
4. kommt
5. Knochen
6. Salz

Ein Wochenende in Belgien

Zu ihrer Silberhochzeit sind Herr und Frau Lenoir nach Belgien gefahren; heute besichtigen sie die Hauptstadt Brüssel. Frau Lenoir nascht Pralinen und gerät in Verzückung vor den Auslagen Brüsseler Spitze, aber ihr Mann zieht sie in eine Kneipe, weil er unbändige Lust hat, ein gutes belgisches Bier zu trinken.

la capitale [kapi'tal]	Hauptstadt
grignoter [griɲɔ'te]	naschen, knabbern
s'extasier [sɛksta'zje]	in Verzückung geraten
la dentelle [dɑ̃'tɛl]	Spitze
entraîner [ɑ̃trɛ'ne]	ziehen, mitreißen
mourir [mu'ri:r]	sterben

La Belgique

Dans ce petit pays voisin de la France, une bonne
moitié de la population parle français. Bruxelles,
«capitale de l'Europe», attire beaucoup de visiteurs
étrangers qui viennent admirer la «Grand'Place» et
saluer la statue cocasse du petit héros local:
«Manneken-Pis». La beauté architecturale du
baroque flamand se retrouve dans les villes de Gand,
Bruges et Anvers.

Quelle est la grande spécialité culinaire de la Belgique?

Une ville moyenâgeuse

Mme Lenoir:	*Cette ville me fait plonger dans le passé; c'est si romantique, ces ruelles anciennes et ces canaux…*
M. Lenoir:	*C'est la raison pour laquelle Bru- ges est appelée la «Venise du Nord». On peut faire un tour en bateau.*
Mme Lenoir:	*Oh oui! et après, on va manger des gaufres dans un joli café.*

Belgien

In diesem kleinen Nachbarland Frankreichs spricht gut die Hälfte der Bevölkerung Französisch. Brüssel, „Hauptstadt Europas", zieht viele ausländische Touristen an; sie bewundern die „Grand'Place" und das drollige Standbild des kleinen einheimischen Helden: „Männeken-Pis". Die architektonische Schönheit des flämischen Barocks findet man ebenfalls in den Städten Gent, Brügge und Antwerpen. Welches ist die große kulinarische Spezialität in Belgien?

Miesmuscheln mit Pommes frites

Ein beliebtes Gericht sind die Muscheln. Sie werden meistens in Weißwein gekocht, mit Sellerie und Zwiebeln.

Eine mittelalterliche Stadt

Frau Lenoir: Diese Stadt versetzt mich in die Vergangenheit; es ist so romantisch, diese alten Gassen und die Kanäle...

Herr Lenoir: Aus diesem Grund wird Brügge das „Venedig des Nordens" genannt. Wir können eine Bootsfahrt machen.

Frau Lenoir: Oh ja! Und danach gehen wir in einem hübschen Café Waffeln essen.

moyenâgeux/-euse [mwajɛnɑˈʒø]	mittelalterlich
le passé [paˈse]	Vergangenheit
la ruelle [rɥɛl]	Gasse
le canal [kaˈnal]	Kanal
la gaufre [ˈgoːfrə]	Waffel

«*Seules les femmes*
voient vraiment les choses.
Les hommes
n'ont jamais qu'une idée.»

Marcel Aymé

L'embarras des étrennes

Silke aimerait faire des cadeaux originaux à ses parents et à son frère, mais elle est bien embarrassée car il y a tant de jolies choses.
Céline lui donne des conseils: «Les santons feraient sans doute plaisir à ta maman. Et une véritable pipe de Saint-Claude réjouirait ton père.»

„Nur die Frauen sehen die Dinge tatsächlich. Die Männer haben immer nur eine Ahnung." — Marcel Aymé (1902 – 1967), französischer Schriftsteller

---

GRAMMATIK

Das Imperfekt

Das Imperfekt schildert einen Zustand bzw. einen vom Sprecher unvollendet gesehenen Vorgang in der Vergangenheit, oder es bezeichnet eine sich wiederholende Handlung, eine Gewohnheit oder Sitte. Bildung des Imperfekts:

Stamm der ersten Person Plural Präsens +
-ais, -ais, -ait, -ions, -iez, -aient.

porter	(tragen)
je portais	(ich trug)
tu portais	(du trugst)
il portait	(er trug)
nous portions	(wir trugen)
vous portiez	(ihr trugt)
ils portaient	(sie trugen)

Der Streß mit den Geschenken

Silke möchte ihren Eltern und ihrem Bruder originelle Geschenke machen, aber sie ist ziemlich ratlos, weil es so viele hübsche Dinge gibt. Céline gibt ihr Ratschläge: „Die Santons würden deiner Mutter bestimmt Freude machen. Und eine echte Pfeife aus Saint-Claude würde deinen Vater erfreuen."

Saint-Claude im Jura gilt als die „Hauptstadt" der Pfeifenherstellung.

les étrennes *(f)* [eˈtrɛn]	Geschenke zu Neujahr/ Weihnachten
l'embarras *(m)* [ɑ̃baˈra]	Streß/Ratlosigkeit/Schwierigkeit
original [ɔriʒiˈnal]	originell
le santon [sɑ̃ˈtɔ̃]	*kunsthandwerklich gefertigte Krippenfiguren aus Ton mit Originaltrachten aus der Provence*
la pipe [pip]	Pfeife
réjouir [reˈʒwiːr]	erfreuen
véritable *(adj.)* [veriˈtablə]	echt

Le travail du jardinier

M. Martin fait venir un jardinier pour effectuer les travaux automnaux dans le jardin.

Jardinier: *Il me faut un sécateur pour tailler les arbres.*

M. Martin: *Vous n'oublierez pas de débroussailler le buisson dans le fond du jardin.*

─────────── EXERCICE ───────────

Le futur immédiat

Complétez au futur immédiat:

1. Céline _____ écrire la lettre tout de suite.

2. Dans un instant vous _____ prendre le déjeuner.

3. Jean et Marc _____ prendre l'autobus.

4. Dans quelques minutes vous _____ voir le spectacle.

5. Je _____ écouter les informations.

Die Arbeit des Gärtners

Herr Martin läßt einen Gärtner kommen, um die Herbstarbeiten im Garten erledigen zu lassen.

Gärtner: Ich brauche eine Baumschere, um die Bäume zu beschneiden.

Herr Martin: Vergessen Sie nicht, das Gestrüpp aus den Büschen am Gartenende zu entfernen.

effectuer [efɛk'tɥe]	erledigen
automnal *(adj.)* [otɔm'nal]	herbstlich/Herbst-
le sécateur [seka'tœːr]	Rosen-/Baumschere
tailler [tɑ'je]	schneiden/beschneiden
débroussailler [debrusɑ'je]	Gestrüpp entfernen
le buisson [bɥi'sɔ̃]	Busch/Buschwerk
le fond [fɔ̃]	*hier:* am Ende
	sonst: hinten/unten

Die nahe Zukunft

Ergänzen Sie mit dem futur immédiat:

1. Céline **va** écrire la lettre tout de suite.
2. Dans un instant vous **allez** prendre le déjeuner.
3. Jean et Marc **vont** prendre l'autobus.
4. Dans quelques minutes vous **allez** voir le spectacle.
5. Je vais écouter les informations.

1. Céline wird den Brief gleich schreiben.
2. In einem Augenblick werdet ihr zu Mittag essen.
3. Jean und Marc werden den Bus nehmen.
4. In einigen Minuten werden Sie die Vorführung sehen.
5. Ich werde Nachrichten hören.

DIE EXPERTENECKE

«Je n'ai pas de bol» bedeutet keineswegs „Ich habe keine Tasse", sondern „Ich habe kein Glück".

Dans un restaurant en Belgique

M. Klein: *Quel vin conseillez-vous avec la casserole du chasseur?*

Garçon: *Je vais appeler le sommelier.*

Sommelier: *Je vous recommande ce Bourgogne de nonante.*

M. Klein: *Il se situe où, ce vignoble?*

Sommelier: *Nonante veut dire quatre-vingt-dix.*

Les départements français

La France est divisée en départements portant le nom d'un fleuve, d'une rivière (parfois de deux), d'une montagne ou d'un autre détail géographique. Les départements sont numérotés dans l'ordre alphabétique. Les départements de l'Ile-de-France ne sont cependant pas dans l'ordre alphabétique, car ils n'ont été créés qu'en 1964 suite à la forte extension de la région parisienne. Vous retrouvez ces numéros dans les codes postaux et sur les plaques minéralogiques des voitures.

Pourquoi le Territoire de Belfort a-t-il le n° 90?

In einem Restaurant in Belgien

Herr Klein:	Welchen Wein empfehlen Sie zum Jägertopf?
Kellner:	Ich rufe den Kellermeister.
Kellermeister:	Ich empfehle diesen Bourgogne de nonante (von 1990).
Herr Klein:	Wo befindet sich dieses Weingut?
Kellermeister:	Nonante bedeutet neunzig.

septante = 70
octante (Belgien)/
huitante (Schweiz) = 80   } *In Belgien und in der Romanischen Schweiz*
nonante = 90

---

la casserole du chasseur [kasˈrɔl dy ʃaˈsœːr]   Jägertopf (kulinarisch)

le sommelier [sɔməˈlje]   Kellermeister

nonante [nɔˈnãːt] = quatre-vingt-dix   neunzig (in Belgien und in der Romanischen Schweiz)

Die französischen Departements

Frankreich ist in Departements eingeteilt. Diese sind nach einem großen oder kleinen Fluß (manchmal zwei), nach einem Berg oder nach einem anderen geographischen Detail benannt. Die Departements sind in alphabetischer Reihenfolge numeriert. Die Departements der Ile-de-France sind jedoch nicht in der alphabetischen Folge, denn sie wurden erst 1964, infolge der starken Ausbreitung der Pariser Region, gegründet. Sie finden diese Nummern in den Postleitzahlen und auf den Autokennzeichen wieder.
Warum hat das Territoire de Belfort die Nummer 90?

Weil es erst 1922 den Status eines Departements erhielt, bis dahin gab es lediglich 89 Departments.

La lampe ne marche pas

Céline: *Jean, tu pourrais m'aider à changer l'ampoule de la lampe dans ma chambre, je ne parviens pas à la visser.*

Jean: *Montre-moi ça, tu as acheté une ampoule trop grande pour la douille de ta lampe.*

Des cartes d'invitation originales

Jean a reçu une imprimante laser pour son anniversaire. Sa sœur lui demande s'il ne pourrait pas lui concevoir des cartes d'invitation en Arts déco sur son ordinateur, surtout qu'avec sa nouvelle imprimante ses résultats sont dignes d'une imprimerie.

Die Lampe funktioniert nicht

Céline: Jean, würdest du mir helfen, die Birne in der Lampe meines Zimmers zu wechseln, ich kann sie nicht festdrehen.

Jean: Zeig mal her, du hast eine für deine Lampe zu große Birne gekauft.

marcher [mar'ʃe]	*hier:* funktionieren; *sonst:* gehen/laufen
l'ampoule *(f)* [ã'pul]	*hier:* Birne; *sonst:* Blase/Ampulle
parvenir [parvəni:r]	es schaffen
visser [vi'se]	festdrehen/festschrauben
la douille [duj]	Fassung

Originelle Einladungskarten

Jean hat zu seinem Geburtstag einen Laserdrucker bekommen. Seine Schwester bittet ihn, ihr Einladungskarten im Jugendstil auf seinem Computer zu entwerfen, da er mit seinem neuen Drucker druckereiähnliche Ergebnisse erzielt.

l'imprimante laser *(f)* [ɛ̃pri'mã:t la'zɛ:r]	Laserdrucker
concevoir [kɔ̃sə'vwa:r]	entwerfen
Arts déco [a:r de'ko]	Jugendstil
l'ordinateur *(m)* [ɔrdina'tœ:r]	Computer
digne *(adj.)* [diɲ]	-würdig/-ähnlich
l'imprimerie *(f)* [ɛ̃prim'ri]	Druckerei

Les joueurs de cartes

Michel: *On augmente la mise pour cette partie?*
Marc: *Attention, il a certainement tous les atouts en main!*
Michel: *Qui ne risque rien, n'a rien...*
Luc: *Hé! on joue ou pas? Je t'avertis, Michel: interdit de tricher!*

896

EXERCICE

L'imparfait

Mettez les phrases à l'imparfait:

1. Elle veut devenir actrice.

2. Je vais me promener tous les jours.

3. Vous pensez partir en Italie?

4. Tu choisis toujours le meilleur vin.

5. Nous vendons nos fruits au marché.

Die Kartenspieler

Michel: Erhöhen wir den Einsatz für diese Partie?
Marc: Vorsicht, der hat bestimmt alle Trümpfe in der Hand!
Michel: Wer nichts riskiert, gewinnt auch nichts...
Luc: He, spielen wir oder nicht? Ich warne dich, Michel: Mogeln ist verboten!

augmenter [ogmãˈte]	erhöhen, wachsen
la mise [miːz]	Einsatz
un atout [aˈtu]	Trumpf
risquer [risˈke]	riskieren
avertir [avɛrˈtiːr]	warnen
interdit/e [ɛ̃tɛrˈdi]	verboten
tricher [triˈʃe]	mogeln

Das Imperfekt

Setzen Sie die Sätze ins Imperfekt:

1. Elle **voulait** devenir actrice (sie wollte Schauspielerin werden).
2. J'**allais** me promener tous les jours (ich ging jeden Tag spazieren).
3. Vous **pensiez** partir en Italie (dachtet ihr daran, nach Italien zu fahren)?
4. Tu **choisissais** toujours le meilleur vin (du wähltest immer den besten Wein).
5. Nous **vendions** nos fruits au marché (wir verkauften unser Obst auf dem Markt).

DIE EXPERTENECKE

Nota bene

Das Imperfekt von être bildet man mit ét- + entsprechende Endungen: j'étais – ich war
Das Imperfekt steht auch in der indirekten Rede:
«Il m'a dit que sa mère **était** malade.» — Er hat mir gesagt, daß seine Mutter krank war.

Les dernières récoltes

Les Lenoir sont retournés chez leurs amis à la campagne. Marc et Sylvie aident à cueillir les pommes; les fruits sont bien mûrs et Mme Lenoir veut en entreposer quelques douzaines de kilos dans sa cave, comme provisions pour l'hiver. Entre-temps, M. Lenoir a ramassé des champignons dans la forêt.

Un héros de la Révolution française

Ce médecin et politicien était réputé pour la violence de ses opinions politiques, qu'il publiait dans son journal «l'Ami du peuple». Après la fuite manquée de Louis XVI, il réclama la destitution du roi et l'instauration d'une dictature du peuple. Face au risque d'un complot aristocratique, il fit guillotiner beaucoup de gens. Il mourut dans sa baignoire, assassiné par la jeune Charlotte Corday.

Qui est ce héros?

Die letzten Ernten

Die Lenoirs sind wieder zu ihren Freunden aufs Land gefahren. Marc und Sylvie helfen beim Apfelpflücken; das Obst ist schön reif, und Frau Lenoir will davon einige Dutzend Kilos in ihrem Keller lagern, als Vorrat für den Winter. Inzwischen hat Herr Lenoir Pilze im Wald gesammelt.

la récolte [reˈkɔlt]	Ernte
cueillir [kœˈjiːr]	pflücken
mûr/e [myːr]	reif
entreposer [ɑ̃trəpoˈze]	lagern
les provisions [prɔviˈzjɔ̃]	Vorrat
entre-temps [ɑ̃trəˈtɑ̃]	inzwischen
ramasser [ramaˈse]	aufsammeln
le champignon [ʃɑ̃piˈɲɔ̃]	Pilz

Ein Held der französischen Revolution

Dieser Arzt und Politiker war bekannt für die Leidenschaftlichkeit seiner politischen Meinungen, die er in der Zeitung „l'Ami du peuple" („Der Volksfreund") veröffentlichte. Nach der gescheiterten Flucht von Louis XVI. verlangte er die Absetzung des Königs und die Einführung einer Volksdiktatur. In Anbetracht eines drohenden aristokratischen Komplotts ließ er viele Menschen köpfen. Er starb in seiner Badewanne, ermordet durch die junge Charlotte Corday. Wer ist dieser Held?

> Jean-Paul Marat (1743 – 1793)

Seinen Tod hat der Maler Jacques-Louis David in dem berühmten Gemälde „Der Tod Marats" (1793) verewigt.

Le jardin en automne

Le jardinier des Morin a beaucoup de travail.
Après les fortes tempêtes tous les arbres à feuilles
caduques ont perdu leur feuillage, il faut ramasser
les feuilles mortes, tondre une dernière fois le gazon
avant l'hiver et
tailler les haies.

On va boire un coup?

A la sortie du cinéma les amis ont soif.
Nicolas: *On va boire un coup chez «Gaston»?*
Didier: *C'est une bonne*
           idée, allez, les
           filles, on vous
           paye une tour-
           née.

Ils entrent dans le café et
s'installent au comptoir,
puis chacun commande
une boisson.

Der Garten im Herbst

Der Gärtner der Morins hat viel Arbeit. Nach den starken Stürmen haben alle Laubbäume ihre Blätter verloren, das Laub muß zusammengerecht werden. Der Rasen und die Hecke müssen ein letztes Mal vor dem Winter geschnitten werden.

l'automne *m* [o'tɔn]	Herbst
l'arbre à feuilles caduques ['arbrə a fœj ka'dyk]	Laubbaum
le feuillage [fœ'jaːʒ]	Laub
tondre ['tɔ̃ːdrə]	*hier:* Rasen schneiden; *sonst:* scheren
tailler la haie [tɑ'je la ɛ]	die Hecke schneiden

Wollen wir ein Glas zusammen trinken?

Die Freunde kommen aus dem Kino und sind durstig.
Nicolas: Wollen wir bei „Gaston" ein Glas zusammen trinken?
Didier: Das ist eine gute Idee, kommt Mädels, wir geben euch eine Runde aus.
Sie gehen in das Café, setzen sich an die Theke, und jeder bestellt ein Getränk.

boire un coup [bwaːr œ̃ ku]	etwas trinken
avoir soif [a'vwaːr swaf]	durstig sein/Durst haben
la tournée [tur'ne]	Runde
le comptoir [kɔ̃'twaːr]	Theke
la boisson [bwa'sɔ̃]	Getränk

«Un beau livre,
c'est celui qui sème à foison
les points d'interrogation.»

Jean Cocteau

──────────── EXERCICE ────────────

En/y

Complétez avec «en» ou «y»:

1. Il aime bien ce vin: il _____ a bu cinq verres.
2. Tu es allé au cinéma hier? — Non, j'_____ vais ce soir.
3. J 'aime les livres; on _____ trouve beaucoup d'informations.
4. C'est un terrible accident; j'_____ ai entendu parler à la télévision.
5. Les fantômes, tu _____ crois?

„Ein schönes Buch ist jenes, das in Hülle und Fülle Fragen stellt." – Jean Cocteau (1889 – 1963)

--------------------------------- GRAMMATIK ---------------------------------

„En" und „y"

Als Adverb ersetzt en den Ort, von dem man kommt, y den Ort, an dem man sich befindet oder zu dem man geht:
> Tu étais **à Paris**? Oui, j'**en** viens.
> (Warst du in Paris? Ja, ich komme von dort.)
> J'**y** habite. (Ich wohne dort).

Als Fürwort der 3. Person ersetzt en das Objekt im Genitiv und y das Objekt im Dativ:
> Tu as reçu une lettre **de Marc**? Oui, j'**en** ai reçu une.
> (Hast du einen Brief von Marc bekommen? Ja, ich habe einen von ihm bekommen.)
> Il pense **aux vacances**? Oui, il **y** pense beaucoup.
> (Denkt er an die Ferien? Ja, er denkt viel daran.)

En/y

Ergänzen Sie mit «en» oder «y»:

1. Il aime bien ce vin; il **en** a bu cinq verres. (Er mag diesen Wein: er hat fünf Gläser **davon** getrunken.)
2. Tu es allé au cinéma hier? – Non, j'**y** vais ce soir. (Warst du gestern im Kino? Nein, ich gehe **dort** heute abend **hin**.)
3. J'aime les livres; on **y** trouve beaucoup d'informations. (Ich liebe Bücher; man findet **darin** viele Informationen.)
4. C'est un terrible accident; j'**en** ai entendu parler à la télévision. (Es ist ein schrecklicher Unfall; ich habe **davon** im Fernsehen gehört.)
5. Les fantômes, tu **y** crois? (Gespenster, glaubst du **daran**?)

┌────────── *DIE EXPERTENECKE* ──────────┐

Deux expressions

«Il a une araignée — Er hat nicht alle Tassen
  dans le plafond»   im Schrank.
«Il perd la boule» — Bei ihm ist 'ne Schraube locker.

└────────────────────────────────────┘

Un cycliste malheureux

Marc allait toujours à l'université à vélo. Mais depuis
dix jours il pleut sans arrêt et avant-hier, Marc a
dérapé sur la chaussée
glissante. A part quelques
bosses, il n'a pas été
blessé, mais son vélo
est en mauvais état: il
faut réparer le guidon,
remplacer les phares et
refaire les freins.

La République française

La France est une république démocratique dont la
Constitution a été promulguée le 4. 10. 1958, après
référendum national. Son Parlement se compose de
l'Assemblée nationale (577 députés) et du Sénat
(319 sénateurs). Le Président de la République est élu
au suffrage universel pour une période de sept ans.
Il nomme le Premier ministre qui formera et dirigera
le gouvernement. Les ministres sont responsables
devant le Parlement.

*Quelle fut la première femme qui exerça la fonction du
Premier ministre?*

Ein Radfahrer mit Pech

Marc fuhr immer mit dem Fahrrad zur Universität. Aber seit zehn Tagen regnet es ununterbrochen. Vorgestern ist Marc auf der glatten Fahrbahn ausgerutscht. Abgesehen von einigen Beulen hat er sich nicht verletzt, aber sein Fahrrad ist in schlechtem Zustand: Er muß den Lenker reparieren, die Scheinwerfer ersetzen und die Bremsen erneuern.

déraper [deraˈpe]	ausrutschen
la chaussée [ʃoˈse]	Fahrbahn
la bosse [bɔs]	Beule
blessé/e [bleˈse]	verletzt
le guidon [giˈdɔ̃]	Lenkrad, Lenker
le phare [faːr]	Scheinwerfer, Leuchtturm
le frein [frɛ̃]	Bremse

Die französische Republik

Frankreich ist eine demokratische Republik, deren Verfassung am 4. 10. 1958 nach einer Volksabstimmung erlassen wurde. Das Parlament setzt sich aus der Nationalversammlung (577 Abgeordnete) und dem Senat (319 Senatoren) zusammen. Der Präsident der Republik wird in einer allgemeinen Wahl für eine Dauer von sieben Jahren gewählt. Er ernennt den Ministerpräsidenten, der die Regierung bildet und leitet. Die Minister sind vor dem Parlament verantwortlich. Wer war die erste Frau im Amt des Ministerpräsidenten?

Edith Cresson (1934)*

Sie wurde im Mai 1991 Regierungschefin. Ein Jahr später wurde sie von Pierre Bérégovoy abgelöst. Beide gehören der „Parti socialiste" (PS, „Sozialistische Partei") an.

Une tragédie antique

Monique: *Ouf! nous sommes arrivées juste à temps; le rideau se lève!*

Sylvie: *Au premier acte, le chœur annonce à la reine que ses fils sont morts à la guerre...*

Monique: *Zut! je vois à peine la scène!*

Sylvie: *A l'entracte, on demandera à l'ouvreuse si on peut changer de place.*

Une reine impopulaire

Marie Antoinette (1755 – 1793), fille de l'empereur François Ier et de sa femme Marie-Thérèse d'Autriche, était une reine impopulaire. En 1770, elle a épousé le futur roi de France, Louis XVI. Elle l'a poussé à résister à la Révolution. Elle est morte sur l'échafaud il y a 200 ans.

Savez-vous la date exacte de son exécution?

Eine antike Tragödie

Monique:	Uff! Wir sind gerade rechtzeitig gekommen; der Vorhang geht auf!
Sylvie:	Im ersten Akt verkündet der Chor der Königin, daß ihre Söhne im Krieg gestorben sind...
Monique:	Mist! Ich sehe kaum die Bühne!
Sylvie:	In der Pause fragen wir die Platzanweiserin, ob wir die Plätze wechseln können.

un acte [akt]	Akt
le chœur [kœːr]	Chor
annoncer [anɔ'se]	verkünden
la guerre [gɛːr]	Krieg
à peine [a pɛːn]	kaum, eben erst
la scène [sɛːn]	Bühne
une ouvreuse [u'vrøz]	Platzanweiserin

Eine ungeliebte Königin

Marie-Antoinette (1755 – 1793), Tochter des Kaisers François I. und seiner Frau Maria Theresia von Österreich war eine ungeliebte Königin. 1770 heiratete sie den zukünftigen König von Frankreich, Louis XVI. Sie drängte ihn, der Revolution Widerstand zu leisten. Sie starb vor 200 Jahren auf dem Schafott. Kennen Sie das genaue Datum ihrer Hinrichtung?

Es war der 16. Oktober 1793

Le cours de couture

Silke et Céline se sont inscrites à un cours de couture.
Le premier jour le professeur donne une liste des
accessoires à apporter pour
la leçon suivante: des
ciseaux, des épingles, des
aiguilles, de la craie de
tailleur, un mètre-ruban
et un dé de couture.

Tout augmente sauf les salaires

Employé: *Monsieur le directeur, voyez, les cotisations
sociales, les taux de t.v.a., le loyer, tout aug-
ment. Je vous
serais reconnais-
sant si vous
m'accordiez une
augmentation
salariale.*

Directeur: *Eh bien, vos
performances
ont baissé...*

Der Nähkurs

Silke und Céline haben sich zu einem Nähkurs angemeldet. Am ersten Tag gibt ihnen die Lehrerin eine Liste der Gegenstände, die sie zur nächsten Stunde mitbringen sollen: Eine Schere, Stecknadeln, Nähnadeln, Schneiderkreide, ein Maßband und einen Fingerhut.

l'accessoire *(m)* [aksɛ'swa:r]	Gegenstand/Zubehör
les ciseaux *(m. pl.)* [si'zo]	Schere
l'épingle *(f)* [e'pɛ̃:glə]	Stecknadel
l'aiguille *(f)* [e'gɥij]	Nadel
la craie [krɛ]	Kreide
le mètre-ruban ['mɛ:trə ry'bã]	Maßband
le dé de couture [de də ku'ty:r]	Fingerhut

Alles steigt, nur die Löhne nicht

Angestellter: Sehen Sie, Herr Direktor, die Sozialbeiträge, die Mehrwertsteuersätze, die Miete, alles steigt. Ich wäre Ihnen dankbar, wenn Sie mir eine Lohnerhöhung gewährten.
Direktor: Also, Ihre Leistungen sind gesunken...

le salaire [sa'lɛ:r]	Lohn
la cotisation sociale [kɔtiza'sjɔ̃ sɔ'sjal]	Sozialbeitrag
le taux de t.v.a. [to də te ve a] (taxe sur la valeur ajoutée) [taks syr la va'lœ:r aʒu'te]	Mehrwertsteuersatz
le loyer [lwa'je]	Miete
l'augmentation *(f)* [ogmãta'sjɔ̃]	Erhöhung
la performance [pɛrfɔr'mã:s]	Leistung

A l'école de journalisme

Pour Sylvie, l'année scolaire vient à peine de commencer. Aujourd'hui, elle assiste à son premier cours d'histoire contemporaine.
Le professeur leur fait un résumé des principales tendances de la politique internationale. La semaine prochaine, chaque étudiant devra rédiger un petit reportage sur le thème du chômage.

--- EXERCICE ---

L'accord du participe

Conjuguez au passé composé:

1. Je _____ (voir) son amie;
   je _____ (la/rencontrer) hier.
2. Vous _____ (aimer) la pizza que sa
   mère _____ (faire) pour dîner?
3. Elle _____ (aller) à Munich l'an dernier.
4. Où est ma veste? — Je _____ (la/mettre)
   dans l'armoire.
5. Ils _____ (revenir) de vacances.

Auf der Journalistenschule

Für Sylvie hat das Schuljahr eben erst begonnen. Heute nimmt sie am ersten Seminar für zeitgenössische Geschichte teil. Der Professor resümiert die Haupttendenzen der internationalen Politik. Nächste Woche muß jeder Student eine kleine Reportage zum Thema Arbeitslosigkeit verfassen.

le journalisme [ʒurnaˈlism]	Journalismus
scolaire [skɔˈlɛːr]	Schul-
contemporain/e [kɔ̃tɑ̃pɔˈrɛ̃]	zeitgenössisch
le résumé [rezyˈme]	Zusammenfassung
la tendance [tɑ̃ˈdɑ̃ːs]	Tendenz
rédiger [rediˈʒe]	verfassen
le chômage [ʃoˈmaːʒ]	Arbeitslosigkeit

Die Angleichung des Partizips

Konjugieren Sie im Perfekt:

1. J'**ai vu** son amie; je **l'ai rencontrée** hier. (Ich habe seine Freundin gesehen; ich habe sie gestern getroffen.)
2. Vous **avez aimé** la pizza que sa mère **a faite** pour dîner? (Mochten Sie die Pizza, die seine Mutter zum Abendessen gemacht hat?)
3. Elle **est allée** à Munich l'an dernier. (Sie ist letztes Jahr nach München gefahren.)
4. Où est ma veste? – Je **l'ai mise** dans l'armoire. (Wo ist meine Jacke? – Ich habe sie in den Schrank gelegt.)
5. Ils **sont revenus** de vacances. (Sie sind aus dem Urlaub zurückgekommen.)

DIE EXPERTENECKE
Trop cher!
«Cela vaut une fortune» und «Cela coûte les yeux de la tête» bedeutet beides, daß etwas wirklich **sehr** teuer ist.

Débordée de travail

Sylvie: *Tu as vu mon emploi du temps? Sept heures de cours par jour; une douzaine de matières secondaires telles que l'économie, la linguistique et la sténo!*

Marc: *Eh oui! la vie d'étudiant, c'est pas toujours du gâteau.*

Sylvie: *Et regarde mon agenda; dès janvier, il y a un mois de stage chez Paris-Match!*

Une visite en Alsace

Colmar a largement conservé son caractère médiéval. Dans l'église Saint-Martin (XIIIe-XIVe siècle), les touristes peuvent admirer la «Vierge» de Martin Schongauer. Dans la vieille ville, beaucoup de maisons à colombages s'ornent de balcons garnis de fleurs et le promeneur fatigué aime s'asseoir à l'une des nombreuses terrasses de café pour y déguster un verre de vin blanc.

Connaissez-vous le seul vin rouge d'Alsace?

Arbeitsüberlastung

Sylvie: Hast du meinen Stundenplan gesehen? Sieben Stunden Unterricht pro Tag; ein Dutzend Nebenfächer wie Wirtschaft, Linguistik und Steno!

Marc: Ja, ja! Das Studentenleben ist nicht immer ein Kinderspiel.

Sylvie: Schau mal, mein Terminkalender; ab Januar mache ich einen Monat Praktikum bei Paris-Match!

déborder [debɔr'de]	überfluten, überlasten
un emploi du temps [ɑ̃'plwa dy tɑ̃]	Stundenplan
l'économie (f.) [ekɔnɔ'mi]	Wirtschaft
un agenda [aʒɛ̃'da]	Terminkalender
le stage [sta:ʒ]	Praktikum

Ein Besuch im Elsaß

Colmar hat seinen mittelalterlichen Charakter weitgehend bewahrt. In der Kirche Sankt-Martin (13. – 14. Jahrhundert) können die Touristen die „Jungfrau" von Martin Schongauer bewundern. In der Altstadt sind viele Fachwerkhäuser mit blumengeschmückten Balkons verziert, und der müde Spaziergänger läßt sich gerne auf einer der zahlreichen Caféterrassen nieder, um ein Glas Weißwein zu genießen. Kennen Sie den einzigen elsässischen Rotwein?

Blauer Spätburgunder

Riesling, Muscat, Pinot, Sylvaner und Traminer sind fruchtige Weißweine, die vor allem im Elsaß angebaut werden.

Nouvelles du Madagascar

Marc: *Devine qui nous envoie une carte postale du Madagascar?*

Sylvie: *C'est certainement Ute, le globe-trotter infatigable.*

Marc: *Gagné! Elle dit que les indigènes sont très hospitaliers et qu'elle a deux soupirants qui veulent l'épouser!*

«L'enfer, c'est d'avoir perdu l'espoir.»

A. J. Cronin

Nachricht aus Madagaskar

Marc:	Rate mal, wer uns eine Postkarte aus Madagaskar schickt?
Sylvie:	Bestimmt Ute, der unermüdliche Weltenbummler.
Marc:	Gewonnen! Sie schreibt, daß die Einheimischen sehr gastfreundlich sind und sie zwei Verehrer hat, die sie heiraten wollen.

deviner [d(ə)vi'ne]	raten
le globe-trotter [glɔbtrɔ'tœːr]	Weltenbummler
un indigène [ɛ̃di'ʒɛːn]	Einheimischer
hospitalier/-ière [ɔspita'lje]	gastfreundlich
le soupirant [supi'rɑ̃]	Verehrer
épouser [epu'ze]	heiraten

„Die Hölle ist der Verlust der Hoffnung." — A. J. Cronin (1896 – 1981), englischer Romanschriftsteller

---

GRAMMATIK

Der Bedingungssatz

Handelt es sich um eine Bedingung, die **nicht** erfüllbar scheint, so steht im Konditionalsatz (si ...) das **Imperfekt** und im Hauptsatz **Konditional**:

Si j'avais du temps, je partirais à Berlin. (Wenn ich Zeit hätte, würde ich nach Berlin fahren.)

Handelt es sich um eine **erfüllbare** Bedingung, so steht im Konditionalsatz das **Präsens** und im Hauptsatz **Präsens** oder **Futur**:

S'il fait beau, je vais me promener. (Wenn es schön ist, gehe ich spazieren.)
Si tu reviens bientôt, ta mère sera contente. (Wenn du bald heimkehrst, wird deine Mutter froh sein.)

915

La commande de vin

Le Beaujolais nouveau est arrivé! M. Lenoir, qui avait passé une commande chez M. Blanc, son marchand de vin, va prendre livraison de ses 24 bouteilles. Comme le Beaujolais est un vin qu'il faut boire jeune, ils décident d'en déguster un petit verre. M. Blanc va chercher un tire-bouchon, puis ils trinquent à leur santé.

916

─── EXERCICE ───

Si

Formez des phrases au conditionnel:

1. Il (être riche) acheter une villa à Nice.

2. Tu (finir vite tes devoirs) pouvoir jouer.

3. Je (avoir de la chance) gagner au loto.

4. Tu (vouloir) manger au restaurant demain.

Die Weinbestellung

Der neue Beaujolais ist angekommen! Herr Lenoir, der bei seinem Weinhändler, Herrn Blanc, eine Bestellung aufgegeben hatte, geht seine 24 Flaschen in Empfang nehmen. Da der Beaujolais ein Wein ist, den man jung trinken soll, beschließen sie, ein Gläschen davon zu kosten. Herr Blanc holt einen Korkenzieher, dann stoßen sie auf ihr Wohl an.

la commande [kɔˈmãːd]	Bestellung
la livraison [livrɛˈzõ]	Lieferung
déguster [degysˈte]	kosten, abschmecken
le tire-bouchon [tirbuˈʃõ]	Korkenzieher
trinquer [trɛ̃ˈke]	(beim Trinken) anstoßen

Falls

Bilden Sie Bedingungssätze:

1. S'il était riche, il achèterait une villa à Nice. (Wenn er reich wäre, würde er eine Villa in Nizza kaufen.)
2. Si tu finis vite tes devoirs, tu pourras jouer. (Wenn du deine Schularbeiten schnell beendest, kannst du spielen.)
3. Si j'avais de la chance, je gagnerais au loto. (Wenn ich Glück hätte, würde ich im Lotto gewinnen.)
4. Si tu veux, nous irons manger au restaurant demain. (Wenn du möchtest, gehen wir morgen im Restaurant essen.)

--- DIE EXPERTENECKE ---

Avec des si...

«Avec des si, on mettrait Paris en bouteille».
Ja, mit einigen Wenns könnte man Paris in eine Flasche stecken ... Oder: Wenn meine Oma Räder hätte, wär' sie ein Omnibus!

Pays secret et lumineux

C'est cette région au nord de Paris, une région à plusieurs facettes: celle de Guillaume le Conquérant, celle des plages du débarquement, du casino de Deauville et de la Route du Camembert. Mais il y a aussi d' autres facettes, plus lumineuses, plus attachantes, car si secrètes. Celle des falaises de craie blanche qui tombent à pic dans la mer au pays de Caux, entre le Havre, Rouen et Dieppe. Ici la lumière est si exceptionnelle qu'elle inspira des peintres comme Eugène Boudin (1824 – 1898) ou Claude Monet (1840 – 1926).

Quelle région est-ce?

Les cours de ballet

Sylvie:	*Je vais m'inscrire aux cours de ballet moderne à l'école de danse «Ballar».*
M. Morin:	*C'est un peu tard pour devenir une danseuse étoile.*
Sylvie:	*Dans le ballet moderne, il n'y a pas de danseuse étoile.*

Geheimnisvolles, leuchtendes Land

Das ist die Region nördlich von Paris, eine Region mit vielen Gesichtern: das von Wilhelm dem Eroberer, das der Strände der Landung (der Alliierten im zweiten Weltkrieg), der Casinos von Deauville und der Route du Camembert. Aber es gibt auch andere Gesichter, leuchtender, anziehender, weil sie so geheimnisvoll sind. Die der weißen Kreidefelsen, die in der Region von Caux, zwischen Le Havre, Rouen und Dieppe steil ins Meer fallen. Hier ist das Licht so außergewöhnlich, daß Maler wie Eugène Boudin und Claude Monet inspiriert wurden. Welche Region ist das?

Die Normandie

918

Der Ballettunterricht

Sylvie: Ich werde mich zum Ballettunterricht in der Tanz-schule „Ballar" anmelden.
Herr Morin: Es ist etwas zu spät, um Primaballerina zu werden.
Sylvie: Beim modernen Ballett gibt es keine Primaballe-rina.

la danseuse étoile [dã'sœz e'twal] Primaballerina

DIE EXPERTENECKE

Mener la danse = Rädelsführer sein.
(Wörtl.: Den Tanz anführen.)

La fête travestie

M. Morin a invité à une fête, il ne fait pas encore trop froid pour faire un barbecue dans le jardin, le thème: western. Lorsque les premiers invités sont arrivés, on pouvait voir les jeans, les chemises et les bottes que les papas ont empruntés à leurs fils. Les dames n'avaient d'autre solution que de s'adresser à une location de costumes.

Le plus grand savant français

Il n'était pas médecin comme beaucoup le croient. Il était chimiste et biologiste. En établissant de façon irréfutable que la vie ne pouvait naître de rien et qu'un microbe était toujours à la base d'une infection, il a ouvert une ère nouvelle dans la médecine et dans la chirurgie. Il a dû lutter pour imposer ses théories qui aujourd'hui sont si évidentes. Il a découvert le vaccin contre la rage et la méthode de conservation par pasteurisation. On le considère à juste titre comme un grand bienfaiteur de l'humanité.

Qui est-ce?

Ein Kostümfest

Herr Morin hat zu einer Party eingeladen. Es ist noch nicht zu kalt, um im Garten zu grillen, das Thema: Western. Als die ersten Gäste gekommen sind, hat man die Jeanshosen, die Hemden und die Stiefel sehen können, die die Väter von ihren Söhnen entliehen hatten. Die Damen hatten keine andere Wahl, als sich an einen Kostümverleih zu wenden.

la fête travestie [fɛːt travɛsˈti]	Kostümfest
le thème [tɛːm]	Thema
la botte [bɔt]	Stiefel
emprunter [ɑ̃prœˈte]	(ent)leihen

Der berühmteste französische Forscher

Er war nicht Arzt, wie viele es annehmen. Er war Chemiker und Biologe. Als er unwiderlegbar begründete, daß Leben nicht aus nichts entstehen kann und immer eine Mikrobe Ursache einer Infektion ist, hat er der Medizin und der Chirurgie ein neues Zeitalter eröffnet. Er mußte kämpfen, um seine Theorien, die heute so selbstverständlich sind, durchzusetzen. Er entdeckte die Schutzimpfung gegen die Tollwut und die Konservierungsmethode durch Pasteurisierung. Man betrachtet ihn mit Recht als großen Wohltäter der Menschheit. Wer ist es?

Louis Pasteur (1822—1895)

Un incendie s'est déclaré

Sylvie préparait le souper lorsque le téléphone a
sonné. En bavardant, elle a oublié la poêle sur le feu,
celle-ci s'est mise à brûler et a mis le feu à la cuisine.
Vite elle alerta les pompiers qui ont réussi à éteindre
le feu sans qu'il
y ait eu trop de
dégats.

A l'exposition

Petra accompagnera M. Morin à l'exposition qui se
tient du 5 au 8 novembre. Elle aura la charge d'ac-
cueillir les clients allemands au stand de la maison
Morin; elle leur proposera des boissons et des en-cas.
Elle fera également
l'interprète en cas
de nécessité.

Ein Feuer ist ausgebrochen

Sylvie bereitete das Abendessen vor, als das Telefon klingelte.
Beim Plaudern vergaß sie die Pfanne auf dem Herd, diese fing
Feuer und setzte die Küche in Brand. Schnell alarmierte sie die
Feuerwehr, der es gelang, das Feuer zu löschen, ohne daß es
zu großen Schaden gab.

l'incendie *m* [ɛ̃sɑ̃'di]	Brand/Feuer
bavarder [bavar'de]	plaudern
la poêle [pwɑ:l]	Pfanne
alerter [alɛr'te]	alarmieren
le dégat [de'gɑ]	Schaden

Auf der Messe

Petra wird Herrn Morin zu der Messe, die vom 5. bis 8. November stattfindet, begleiten. Es wird ihre Aufgabe sein, die deutschen Kunden am Stand der Firma Morin zu empfangen; sie wird ihnen Getränke und kleine Häppchen reichen. Falls notwendig, wird sie auch dolmetschen.

l'exposition *f* [ɛkspozi'sjɔ̃]	Messe/Ausstellung
se tenir [sə t(ə)'ni:r]	stattfinden
la charge [ʃarʒ]	Aufgabe
accueillir [akœ'ji:r]	empfangen
l'en-cas *m* [ɑ̃'kɑ]	vorbereitete Happen, Imbiß
l'interprète *m* [ɛ̃tɛr'prɛt]	Dolmetscher

—— EXERCICE ——

Mots croisés

1. On peut y dîner
2. Il danse
3. On peut y danser
4. 12 heures
5. Elle nous indique l'heure
6. Le contraire de sortir

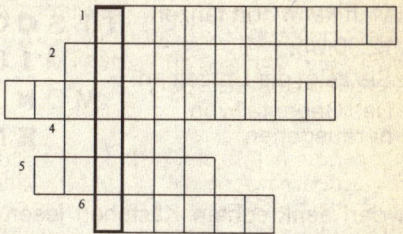

Dans les cases verticales vous lisez le nom d'un auteur de pièces de théâtre.

Vin d'honneur

M. Morin profite de la foire pour présenter à ses clients allemands le nouveau responsable de la succursale à Francfort.
Ce vendredi soir il offre le vin d'honneur auquel sont invités les amis, clients et quelques em- ployés de la maison.

Kreuzworträtsel

1. Man kann dort essen.	**R** E S T A U R A N T
2. Er tanzt	D **A** N S E U R
3. Man kann dort tanzen	D I S **C** O T H E Q U E
4. 12.00 Uhr	M **I** D I
5. Sie zeigt die Uhrzeit an	M O **N** T R E
6. Das Gegenteil von herausgehen	**E** N T R E R

In den senkrechten Kästchen lesen Sie den Namen eines Autors von Theaterstücken.

Jean Racine (1639–1699), französischer Schriftsteller, Dramen wie z. B. „Andromache", „Britannicus", „Iphigenia in Aulis".

Offizieller Empfang

Herr Morin nutzt die Messe, um seinen deutschen Kunden den neuen Leiter der Niederlassung in Frankfurt vorzustellen. An diesem Freitagabend gibt er einen offiziellen Empfang, zu dem Freunde, Kunden und einige Angestellte der Firma eingeladen sind.

le vin d'honneur [vɛ̃ dɔnœːr]	Empfang/offizieller Empfang
le responsable [rɛspɔ̃'sablə]	Leiter
la succursale [sykyr'sal]	Niederlassung/Filiale

Attention: verglas!

L'hiver est là, plus tôt que prévu; les températures nocturnes descendent à moins 6 degrés et le matin, toutes les routes sont verglacées. Les accidents de la route s'accumulent, aussi la police recommande aux automobilistes d'être particulièrement prudents.
Mme Lenoir est inquiète parce qu'elle attend son mari.

EXERCICE

Les noms composés

Traduisez:

1. Der Arbeitsvertrag wurde für ein Jahr unterzeichnet.
2. Mein Fahrrad hat einen Gepäckträger.
3. Das Wahrzeichen von New York sind die Wolkenkratzer.
4. Wo habe ich meinen Bleistiftanspitzer hingelegt?
5. Heute abend gibt es Rosenkohlauflauf.

Achtung: Glatteis!

Der Winter ist da, früher als erwartet; die nächtlichen Temperaturen fallen bis zu 6 Grad Minus, und morgens sind alle Straßen vereist. Die Verkehrsunfälle häufen sich, also rät die Polizei den Autofahrern, besonders vorsichtig zu sein. Frau Lenoir ist besorgt, weil sie auf ihren Mann wartet.

le verglas [vɛrˈglɑ]	Glatteis
nocturne [nɔkˈtyrn]	nächtlich
le degré [dəˈgre]	Grad
un automobiliste [otɔmɔbiˈlist]	Autofahrer
prudent/e [pryˈdɑ̃]	vorsichtig
inquiet/-iète [ɛ̃ˈkjɛ]	besorgt

Die zusammengesetzten Substantive

Übersetzen Sie:

1. Le contrat de travail a été signé pour un an.
2. Mon vélo a un porte-bagages.
3. Le symbole de New York, ce sont les gratte-ciel.
4. Où ai-je mis mon taille-crayon?
5. Ce soir, il y aura du soufflé de choux de Bruxelles.

--- *DIE EXPERTENECKE* ---

Le pluriel

Plural von einigen zusammengesetzten Wörtern:
les timbres-poste / les pommes de terre / les belles-mères / les porte-monnaie / les tire-bouchons
die Briefmarken / die Kartoffeln / die Schwiegermütter / die Geldbörsen / die Korkenzieher

Les musiciens ambulants

Depuis quelques jours, un groupe de musiciens tziga-
nes fait fureur sur les Champs-Elysées. Ils sont cinq à
faire chanter leurs violons
avec un entrain endiablé
et le benjamin de la troupe
exécute aussi quelques
danses folkloriques.
Immobile dans le flot des
piétons, Sylvie ne parvient
plus à le quitter des yeux.

Coluche

Cet acteur très populaire incarne le personnage du
Français moyen, râleur et irrespectueux. Au music-
hall, ses sketches ont fait rire la France entière. Mais
il a toujours su toucher le public par son caractère
humain et généreux. En 1985, il a créé les Restaurants
du Cœur, qui distribuent des repas gratuits aux plus
démunis. Coluche a tourné un film avec Gérard
Depardieu;

lequel?

Die Straßenmusikanten

Seit einigen Tagen spielt eine Gruppe von Zigeunermusikanten mit Riesenerfolg auf den Champs-Elysées. Sie sind fünf, die ihre Geigen mit leidenschaftlichem Schwung erklingen lassen, und der Jüngste der Truppe führt auch einige Volkstänze vor. Sylvie, unbeweglich mitten im Strom der Fußgänger, kann ihn nicht mehr aus den Augen lassen.

le musicien [myzi'sjɛ̃]	Musikant
ambulant/e [ɑ̃by'lɑ̃]	umherziehend
le tzigane [tsi'gan]	Zigeuner
un entrain [ɑ̃'trɛ̃]	Schwung
immobile [immɔ'bil]	unbeweglich
le flot [flo]	Strom, Welle
le piéton [pje'tɔ̃]	Fußgänger
quitter [ki'te]	verlassen

928

Coluche

Dieser beliebte Schauspieler verkörpert die Figur des mittelmäßigen Franzosen, respektlos und mit allem unzufrieden. Bei seinen Auftritten hat er mit Sketchen ganz Frankreich zum Lachen gebracht. Aber auch sein großzügiger und menschlicher Charakter hat die Öffentlichkeit stets beeindruckt. 1985 gründete er die Restaurants du Cœur („Restaurants mit Herz"), die kostenlose Mahlzeiten an die Bedürftigen verteilen. Coluche hat einen Film zusammen mit Gérard Depardieu gedreht; welchen?

„La femme de mon pote" („Die Frau meines Freundes")

Regisseur war Bertrand Blier (1983). Coluche (eigentl. Michel Colucci) starb am 19. Juni 1986 in Alter von 41 Jahren bei einem Motorradunfall.

*«Si tu veux
que ton rêve se réalise,
ne reste pas endormi.»*

Proverbe yiddish

Le budget pour Noël

Mme Lenoir:	*Il est temps de penser aux fêtes de Noël. J'ai vu que le supermarché propose déjà du foie gras. Quel budget prévoyons-nous pour la nourriture?*
M. Lenoir:	*J'avais oublié que pour ma femme, Noël est une affaire sérieuse. J'espère que 1000 Francs suffiront?*
Mme Lenoir:	*Si tu te charges du champagne!*

„Wenn du willst, daß dein Traum Wirklichkeit wird, dann schlafe nicht weiter." — Jiddisches Sprichwort

---

GRAMMATIK

Verwendung des Konditionals

1. Mit dem Konditional drückt man einen Ratschlag aus:
   A ta place je mettrais un pullover.
   (An deiner Stelle würde ich einen Pullover anziehen.)
2. Mit dem Konditional drückt man höfliches Bitten aus:
   Pourriez-vous me dire l'heure?
   (Könnten Sie mir sagen, wie spät es ist?)
3. Mit dem Konditional drückt man Vermutungen aus:
   Il aurait gagné au loto.
   (Er soll (angeblich) im Lotto gewonnen haben.)

Das Haushaltsgeld für Weihnachten

Frau Lenoir: Es wird Zeit, ans Weihnachtsfest zu denken. Ich habe gesehen, daß der Supermarkt schon Gänseleberpastete anbietet. Was für ein Budget sollen wir fürs Essen vorsehen?

Herr Lenoir: Ich hatte vergessen, daß Weihnachten für meine Frau eine ernste Angelegenheit ist. Ich hoffe, daß 1000 Francs ausreichen?

Frau Lenoir: Wenn du dich um den Champagner kümmerst!

le budget [byd'ʒɛ]	Budget, Haushalt
le foie gras [fwa grɑ]	Gänseleberpastete
prévoir [pre'vwɑːr]	vorsehen
la nourriture [nuri'tyːr]	Nahrung
une affaire [a'fɛːr]	Angelegenheit, Geschäft
sérieux/-euse [se'rjø]	ernst
se charger de [sə ʃar'ʒe də]	sich kümmern um

La perruche de grand-mère

Un jour, Marc a eu l'idée géniale d'offrir une perruche à grand-mère, pour lui tenir compagnie. M. et Mme Lenoir avaient quelques doutes, mais grand-mère est enchantée. Elle veut maintenant acheter une cage plus grande et un oiseau mâle; elle se dit que peut-être sa perruche va pondre un œuf!

932

─────── EXERCISE ───────

Non

Mettez les phrases à la forme négative:

1. Il vient toujours le matin.
2. Je suis allée au cinéma.
3. Tu me réveilleras à 9 heures.
4. Nous connaissons tout le monde ici.
5. Ton frère? je l'ai vu hier.
6. Elle comprend tout.

Großmutters Wellensittich

Eines Tages hatte Marc die geniale Idee, der Großmutter einen Wellensittich zu schenken, damit er ihr Gesellschaft leistet. Herr und Frau Lenoir hatten gewisse Zweifel, aber Großmutter ist entzückt. Sie möchte nun einen größeren Käfig und einen männlichen Vogel kaufen; sie meint, daß ihr Wellensittich vielleicht ein Ei legen wird!

la perruche [pɛ'ryʃ]	Wellensittich
le doute [dut]	Zweifel
la cage [ka:ʒ]	Käfig
un oiseau [wa'zo]	Vogel
mâle [mɑ:l]	männlich
pondre ['põ:drə]	Eier legen

Nein

Setzen Sie die Sätze in die Negativform:

1. Il **ne** vient **jamais** le matin. (Er kommt **nie** morgens.)
2. Je **ne** suis **pas** allée au cinéma. (Ich bin **nicht** ins Kino gegangen.)
3. Tu **ne** me réveilleras **pas** à 9 heures. (Du wirst mich **nicht** um 9 Uhr wecken.)
4. Nous **ne** connaissons **personne** ici. (Wir kennen hier **niemand**.)
5. Ton frère? je **ne** l'ai **pas** vu hier. (Deinen Bruder? Ich habe ihn gestern **nicht** gesehen.)
6. Elle **ne** comprend **rien**. (Sie versteht **nichts**.)

--- DIE EXPERTENECKE ---

Les pronoms indéfinis

tout le monde (jedermann) / personne (niemand)
toujours (immer) / jamais (nie)
tout (alles) / rien (nichts)
partout (überall) / nulle part (nirgends)
tout à fait (völlig) / nullement (überhaupt nicht)

«*On défend bien plus férocement
sa chance que son droit.*»

Jean Guéhenno

Au garage

M. Lenoir: *Je voudrais faire réviser ma voiture; avec le froid qu'il fait, il faut sans doute verser de l'anti-gel dans le radiateur.*

M. Dupont: *Oui, c'est une précaution indispensable. En outre, si vous pensez partir aux sports d'hiver, je vous conseille aussi de vous équiper avec des pneus-neige.*

„Man verteidigt sein Glück viel vehementer als sein Recht."
— Jean Guéhenno (1890 – 1978), französischer Schriftsteller,
Mitglied der Académie Française

---------- GRAMMATIK ----------

Die Präpositionen „à" und „de" als Bindewort zwischen Substantiven

Will man einen Gegenstand als Gefäß benennen, verbindet man die Substantive mit à:

Beispiel: Mme Mauriac a acheté six **verres à liqueur.**
            Frau Mauriac hat sechs Likörgläser gekauft.

Will man den Inhalt benennen, verbindet man die Substantive mit de:

Beipiel: Elle a bu deux verres de liqueur.
            Sie hat zwei Gläser Likör getrunken.

In der Autowerkstatt

Herr Lenoir: Ich möchte meinen Wagen überholen lassen; bei dieser Kälte muß man sicherlich Frostschutzmittel in den Kühler gießen.

Herr Dupont: Ja, das ist eine unentbehrliche Vorsichtsmaßnahme. Außerdem, falls Sie zum Wintersport fahren wollen, rate ich Ihnen auch, das Auto mit Winterreifen auszustatten.

réviser [reviˈze]	überprüfen, überholen
un anti-gel [ɑ̃tiˈʒɛl]	Frostschutzmittel
le radiateur [radjaˈtœːr]	Kühler
la précaution [prekoˈsjɔ̃]	Vorsichtsmaßnahme
indispensable [ɛ̃dispɑ̃ˈsablə]	unentbehrlich
le pneu [pnø]	Reifen

Les échos de la bourse

M. Lenoir a placé une partie de son patrimoine en actions; de temps en temps il va consulter son agent de change. Ces trois derniers mois, les opérations en bourse sont à la hausse; en vue des dépenses de Noël, M. Lenoir décide de vendre quelques actions bien cotées!

A la foire à Paris

M. Klein: *Deux cartes permanentes, s'il-vous-plaît.*
Caissière: *Avez-vous la carte d'exposant?*
M. Klein: *Je suis visiteur.*
Caissière: *Ici c'est l'entrée-exposants. Passez aux caisses 7 à 25, c'est l'entrée-visiteurs.*

Börsennachrichten

Herr Lenoir hat einen Teil seines Vermögens in Aktien angelegt; von Zeit zu Zeit läßt er sich von seinem Börsenmakler beraten. In den letzten drei Monaten zeigen die Börsengeschäfte eine steigende Tendenz; im Hinblick auf die Weihnachtsausgaben beschließt Herr Lenoir, einige gut notierte Aktien zu verkaufen!

la bourse [burs]	Börse
le patrimoine [patri'mwan]	Vermögen
un agent de change [a'ʒɑ̃ də ʃɑ̃:ʒ]	Börsenmakler
consulter [kɔ̃syl'te]	um Rat fragen
la hausse [o:s]	Steigerung
en vue de [ɑ̃ vy də]	im Hinblick auf
la dépense [de'pɑ̃:s]	Ausgabe
coté/e [ko'te]	notiert

Auf der Messe in Paris

Herr Klein: Zwei Dauerkarten, bitte.
Kassiererin: Haben Sie eine Ausstellerkarte?
Herr Klein: Ich bin Besucher.
Kassiererin: Hier ist der Eingang für Aussteller. Gehen Sie zu den Kassen 7 bis 25, das sind die Besuchereingänge.

la foire [fwa:r]	Messe
la carte permanente [kart pɛrma'nɑ̃:t]	Dauerkarte
la caissière [kɛ'sjɛ:r]	Kassiererin
l'exposant *(m)* [ɛkspo'zɑ̃]	Aussteller
le visiteur [vizi'tœ:r]	Besucher

──────── EXERCICE ────────

Les adverbes

Complétez avec l'adverbe correct:

1. Il est négligent, il fait _____ son travail.

2. C'est un élève brillant, il réussit _____ ses examens.

3. La tempête devient violente, le vent souffle _____ .

4. Yves est un enfant indépendant, il aime entreprendre des activités _____ de son frère.

Le marché de Noël

Mme Lenoir: *Il paraît qu'à Clignancourt, il y a un marché de Noël avec de l'artisanat. Allons-y pour voir si nous trouvons quelques nouveaux santons pour orner notre crèche.*

Sylvie: *Je t'accompagne volontiers. J'y débusquerai peut-être de jolis bijoux, comme cadeaux pour mes amies.*

Die Adverbien

Ergänzen Sie mit dem passenden Adverb:

1. Il est négligent, il fait **négligemment** son travail.
2. C'est un élève brillant, il réussit **brillamment** ses examens.
3. La tempête devient violente, le vent souffle **violemment.**
4. Yves est un enfant indépendant, il aime entreprendre des activités **indépendamment** de son frère.

1. Er ist nachlässig, er macht seine Arbeit nachlässig.
2. Das ist ein glänzender Schüler, er besteht seine Prüfungen glänzend.
3. Der Sturm wird heftig, der Wind bläst heftig.
4. Yves ist ein selbständiges Kind, er mag es, Aktivitäten unabhängig von seinem Bruder zu unternehmen.

DIE EXPERTENECKE

Mettre de l'eau dans son vin bedeutet nicht, daß man seinen Wein verdünnen möchte, sondern, daß man seine Ansprüche herabsetzt. Wörtlich: Wasser in seinen Wein gießen.

Weihnachtsmarkt

Frau Lenoir: Es gibt angeblich in Clignancourt einen Weihnachtsmarkt mit Kunsthandwerk. Gehen wir mal gucken, ob wir einige neue Krippenfiguren finden, um unsere Krippe zu verzieren.

Sylvie: Ich begleite dich gerne. Vielleicht kann ich dort netten Schmuck aufstöbern, als Geschenk für meine Freundinnen.

le santon [sɑ̃'tɔ̃]	Krippenfigur
la crèche [krɛʃ]	Krippe
orner [ɔr'ne]	verzieren
accompagner [akɔ̃pa'ɲe]	begleiten
débusquer [debys'ke]	aufstöbern
le bijou [bi'ʒu]	Schmuck

Le grand jour approche!

M. Lenoir: *Il est magnifique ce sapin! On pourra le replanter dans le jardin...*

Sylvie: *Voilà les boules de Noël, les guirlandes et les bougies. Aide-moi à accrocher celles qui vont tout en haut.*

Marc: *Ensuite je décorerai l'arbre avec des cheveux d'ange.*

La veille de Noël

Demain, ça y est! Mme Lenoir et Sylvie vont préparer le réveillon de Noël. Au menu il y aura des huîtres, des fonds d'artichauts au foie gras, un gratin de pommes de terres avec des cèpes, du fromage et une bûche aux marrons. Après le dîner, toute la famille ira à l'église pour la messe de minuit.

Der große Tag rückt heran!

Herr Lenoir: Er ist herrlich, dieser Tannenbaum! Wir werden ihn im Garten wieder einpflanzen können ...

Sylvie: Hier sind die Weihnachtskugeln, die Girlanden und die Kerzen. Hilf mir, diejenigen, die ganz nach oben kommen, aufzuhängen.

Marc: Danach werde ich den Baum mit Lametta schmücken.

approcher [aprɔˈʃe]	näher kommen
magnifique [maɲiˈfik]	herrlich
la boule [bul]	Kugel
la bougie [buˈʒi]	Kerze
accrocher [akrɔˈʃe]	aufhängen
en haut [ã o]	oben
un ange [ãːʒ]	Engel

Heiligabend

Morgen ist es soweit! Frau Lenoir und Sylvie werden das Weihnachtsessen vorbereiten. Auf dem Menü stehen: Austern, Artischockenherzen mit Gänseleber, Kartoffelauflauf mit Steinpilzen, Käse und Kastanienkuchen. Nach dem Essen wird die ganze Familie zur Mitternachtsmette in die Kirche gehen.

le réveillon [reveˈjɔ̃]	Festessen am Heiligen Abend
une huître [ˈɥiːtrə]	Auster
le gratin [graˈtɛ̃]	Auflauf
le cèpe [sɛp]	Steinpilz
le artichaut [artiˈʃo]	Artischocke
le marron [maˈrɔ̃]	(Eß-)Kastanie

EXERCICE

Les prépositions «à» et «de»

Mettez la préposition correcte, à ou de?

1. Est-ce que je dois mettre les verres _____ champagne sur la table?

2. Au bureau M. Martin boit au moins 10 tasses _____ café.

3. Cette boîte sert à quoi? C'est une boîte _____ bijoux.

4. J'ai acheté une boîte _____ cigares à mon père.

5. Ne mets pas de l'eau dans la carafe _____ vin.

942

Un Noël blanc

Marc: *Réveille-toi et regarde: il a neigé cette nuit; le paysage est tout blanc!*

Sylvie: *C'est un vrai miracle! Viens, on prend la luge et on va au parc.*

Mme Lenoir: *Habillez-vous chaudement, sans oublier le bonnet, l'écharpe et les gants!*

Setzen Sie die richtige Präposition ein, à *oder* de?

1. Est-ce que je dois mettre les verres **à** champagne sur la table?
2. Au bureau, M. Martin boit au moins 10 tasses **de** café.
3. Cette boîte sert à quoi? C'est une boîte **à** bijoux.
4. J'ai acheté une boîte **de** cigares à mon père.
5. Ne mets pas de l'eau dans la carafe **à** vin.

1. Soll ich die Champagnergläser auf den Tisch stellen?
2. Im Büro trinkt Herr Martin mindestens 10 Tassen Kaffee.
3. Wozu dient dieses Kästchen? Das ist ein Schmuckkästchen.
4. Ich habe meinem Vater eine Schachtel Zigarren gekauft.
5. Schütte kein Wasser in die Weinkaraffe.

DIE EXPERTENECKE

Faire la pluie et le beau temps ist keine meteorologische Ankündigung, sondern bedeutet: Tonangebend sein. Wörtlich: Den Regen und das schöne Wetter machen.

Weiße Weihnachten

Marc: Wach auf und schau mal: Es hat diese Nacht geschneit; die Landschaft ist ganz weiß!

Sylvie: Ein wahres Wunder! Komm, wir holen den Schlitten und gehen in den Park.

Frau Lenoir: Zieht euch warm an, und vergeßt nicht Mütze, Schal und Handschuhe!

neiger [nɛ'ʒe]	schneien
le paysage [pei'zɑ:ʒ]	Landschaft
le miracle [mi'rɑ:klə]	Wunder
la luge [ly:ʒ]	Rodelschlitten
le bonnet [bɔ'nɛ]	Mütze
le gant [gɑ̃]	Handschuh
une écharpe [e'ʃarp]	Schal

EXERCICE

L'impératif

Mettez les phrases à l'impératif:

1. Tu me réponds.
2. Vous étudiez vite votre leçon.
3. Tu reviens à la maison.
4. Nous allons au supermarché.
5. Tu fermes la porte.
6. Vous apportez du gâteau à Marc.
7. Tu t'assieds sur la chaise.

«*Tout ce qui augmente la liberté
augmente la responsabilité.*»

Victor Hugo

Der Imperativ

Setzen Sie die Sätze in den Imperativ:

1. Réponds-moi! (Antworte mir!)
2. Etudiez-la vite! (Studiert sie schnell!)
3. Reviens à la maison! (Komm nach Hause zurück!)
4. Allons-y! (Gehen wir dorthin!)
5. Ferme la porte! (Mach die Tür zu!)
6. Apportez-lui du gâteau! (Bringt ihm Kuchen!)
7. Assieds-toi là! (Setz dich dort hin!)

DIE EXPERTENECKE

Les pronoms indéfinis

quelques (einige); la plupart (die meisten); quelqu'un (jemand); chacun/chacune (jeder/jede); quelque chose (etwas); certains (gewisse); plusieurs (mehrere)

„Alles, was die Freiheit erhöht, erhöht die Verantwortung." — Victor Hugo (1802 – 1885), französischer Dichter und Schriftsteller

--- GRAMMATIK ---

Ausdrücke mit „faire"

faire croire	– weismachen
faire changer d'avis	– umstimmen
faire connaître	– mitteilen
faire entrer	– hereinführen
faire faire	– etwas veranlassen
se faire examiner	– sich untersuchen lassen
faire voir	– zeigen
faire penser	– an etwas erinnern

Au spectacle

Mme Martin: *Il joue bien le premier rôle.*
Mme Klein: *Oui, le spectacle est formidable.*
Mme Martin: *C'est dommage que je m'y sois prise si tard pour réserver les places et que nos maris se retrouvent au 2ᵉ balcon.*

La collection de timbres

Luc est un collectionneur de timbres passionné. Il en a de tous les coins du monde. Comme Marc a reçu une lettre de Ute, il lui apporte quelques timbres du Congo. Luc se réjouit, parce que ce sont des timbres rares, appartenant à une édition spéciale consacrée à l'indépendance de la République.

In der Vorstellung

Frau Martin: Der Hauptdarsteller spielt gut.
Frau Klein: Ja, die Vorstellung ist hervorragend.
Frau Martin: Es ist schade, daß ich die Reservierungen so spät
vornahm und unsere Männer auf dem 2. Balkon
gelandet sind.

le spectacle [spɛk'taklə]	Vorstellung
formidable [fɔrmi'dablə]	hervorragend
dommage [dɔ'ma:ʒ]	schade
le premier rôle [prə'mje ro:l]	Hauptdarsteller (im Theater)

Die Briefmarkensammlung

Luc ist ein leidenschaftlicher Briefmarkensammler. Er hat
welche aus aller Herren Länder. Da Marc einen Brief von Ute erhalten hat, bringt er ihm einige Briefmarken aus dem Kongo mit.
Luc freut sich, weil es seltene Marken sind, die zu einer Sonder-
ausgabe zur Unabhängigkeit der Republik gehören.

la collection [kɔlɛk'sjɔ̃]	Sammlung
se réjouir [sə re'ʒwi:r]	sich freuen
rare [ra:r]	selten
une édition spéciale [edi'sjɔ̃ spe'sjal]	Sonderausgabe
appartenir [apartə'ni:r] ·	angehören
une indépendance [ɛ̃depɑ̃'dɑ̃:s]	Unabhängigkeit

La publicité à la télévision

Les chaînes de télévision privées, notamment, TF 1 et M 6, passent de plus en plus de spots publicitaires pendant les films et les émissions. Des sondages ont révélé que les coupures gênent 3 Français sur 4.

948

Des masques effroyables

Jean: *Marc, avez-vous encore les gros potirons dans votre jardin?*

Marc: *Oui, pourquoi?*

Jean: *On peut en faire d'effroyables masques. On les vide, on taille des figures et on allume des bougies à l'intérieur.*

Werbung im Fernsehen

Die privaten Fernsehsender, insbesondere TF 1 und M 6, senden immer mehr Werbespots während der Filme oder Sendungen. Umfragen haben ergeben, daß die Unterbrecherwerbung 3 von 4 Franzosen stört.

la publicité [pyblisi'te]	Werbung
la chaîne de télévision [ʃɛn də televi'zjɔ̃]	Fernsehsender
notamment *(adv.)* [nɔta'mɑ̃]	insbesondere/nämlich
TF 1, M 6	private Fernsehsender in Frankreich
l'émission *(f)* [emi'sjɔ̃]	Sendung
le sondage [sɔ̃'da:ʒ]	Umfrage
la coupure [ku'py:r]	*hier:* Unterbrecherwerbung; *sonst:* Unterbrechung
révéler [reve'le]	herausfinden/zutagebringen/ enthüllen
gêner [ʒɛ'ne]	stören

Schreckliche Masken

Jean: Marc, habt ihr noch die großen Kürbisse in eurem Garten?
Marc: Ja, warum?
Jean: Man kann daraus schreckliche Masken machen. Man höhlt sie aus, schnitzt Gesichter in die Schale und zündet eine Kerze im Innern an.

le masque [mask]	Maske
effroyable *(adj.)* [efrwa'jablə]	schrecklich
le potiron [pɔti'rɔ̃]	Kürbis
vider [vi'de]	*hier:* aushöhlen; *sonst:* leeren
tailler [tɑ'je]	schnitzen
la bougie [bu'ʒi]	Kerze
allumer [aly'me]	anzünden
l'intérieur *(m)* [ɛ̃te'rjœ:r]	Innere

Armistice du 11 novembre 1918

Le 11 novembre est un jour férié en France en com-
mémoration de l'armistice de 1918. Dans la nuit du 8
au 9 novembre 1918, une délégation allemande conduite par le secrétaire d'Etat Erzberger est convoyée
dans un train la menant dans la forêt de Compiègne à
Rethondes. Là un autre train attend déjà, c'est celui
du maréchal Foch et de la délégation alliée. Les
pourparlers commencent le 9 novembre à 9 h. Le 11
novembre à 5 h du matin l'armistice est signé et doit
prendre effet le même jour à 11 h du matin. Un autre
armistice a été signé au même endroit.

Lequel?

—————————— EXERCICE ——————————

Adverbe ou adjectif?

Complétez les phrases avec: bon, bien, mal ou mauvais.

1. Dans ce coin du jardin, à l'abri du vent,
   il fait _____ .
2. Il y a eu un malentendu.
   Elle m'a _____ compris.
3. Ces roses sentent _____ .
4. Il a dû sortir prendre l'air,
   car il s'est senti _____ .
5. Je trouve ce livre _____ ,
   mais l'adaption au film est _____ .

Waffenstillstand vom 11. November 1918

Der 11. November ist in Frankreich ein Feiertag zum Gedenken an den Waffenstillstand von 1918. In der Nacht vom 8. zum 9. November 1918 wird eine deutsche Delegation, angeführt vom Staatssekretär Erzberger, in einen Zug geleitet. Dieser führt sie in den Wald von Compiègne in Rethondes. Hier wartet bereits ein anderer Zug, der des Marschall Foch und der alliierten Delegation. Die Verhandlungen beginnen am 9. November um 9.00 Uhr. Am 11. November um 5.00 Uhr morgens ist der Waffenstillstand unterzeichnet und tritt am gleichen Tag um 11.00 Uhr morgens in Kraft. Ein anderer Waffenstillstand ist am gleichen Ort unterzeichnet worden. Welcher?

Der Waffenstillstand von 1940

Adverb oder Adjektiv?

Ergänzen Sie die Sätze mit: bon, bien (gut), mal oder mauvais (schlecht).

1. Dans ce coin du jardin, à l'abri du vent, il fait **bon.**
   In dieser Gartenecke, vor dem Wind geschützt, ist es angenehm.
2. Il y a eu un malentendu. Elle m'a **mal** compris.
   Es hat ein Mißverständnis gegeben. Sie hat mich falsch verstanden.
3. Ces roses sentent **bon.**
   Diese Rosen riechen gut.
4. Il a dû sortir prendre l'air, car il s'est senti **mal.**
   Er mußte an die frische Luft, denn ihm war schlecht.
5. Je trouve ce livre **bien**, mais l'adaption au film est **mauvaise.**
   Ich finde das Buch gut, aber die Verfilmung ist schlecht.

Stage pour les amoureux du vin

M. Morin participe à un stage à Cordeillan-Bages dont l'objectif est de faire découvrir les grands vins de Bordeaux. Il y apprend beaucoup sur le vin: géographie viticole, principes de la vinification, technique et vocabulaire de la dégustation et l'accord des mets et des vins.

«La morale est comme les régimes: elle interdit tout ce qui est bon.»

F. Vanderen

Seminar für Weinliebhaber

Herr Morin nimmt an einem Seminar in Cordeillan-Bages teil, dessen Ziel es ist, die großen Bordeauxweine vorzustellen. Er lernt dort viel über den Wein: Geographische Lage des Weinbaus, Grundsätze der Weinbereitung, Technik und Sprache der Kostprobe sowie die Abstimmung von Gerichten und Weinen.

Man kann in vielen Weinanbaugebieten in Frankreich an „Weinseminaren" teilnehmen. Oft sind sie mit kulinarischen Seminaren verbunden. Man lernt Land, Leute und die Mentalität kennen. A votre Santé! (Zum Wohle!)

le stage [staːʒ]	Seminar
viticole *adj.* [vitiˈkɔl]	Wein-
la vinification [vinifikɑˈsjɔ̃]	Weinbereitung
la dégustation [degystɑˈsjɔ̃]	Probe/Kostprobe
l'accord *m* [aˈkɔːr]	Abstimmung
le mets [mɛ]	Gericht/Speise

„Die Moral ist wie die Diäten: Sie verbietet alles, was gut ist. — F. Vanderen, flämischer Autor

---

GRAMMATIK

Das Adverb

Adverbien, die von Adjektiven mit der Endung ant abgeleitet werden, haben die Endung amment.
Beispiel:
brillant – brillamment (glänzend)
Adverbien, die von Adjektiven mit der Endung ent abgeleitet werden, haben die Endung emment.
Beispiel:
différent – différemment (verschieden)
Beide Adverb-Endungen (amment und emment) werden [amɑ̃] gesprochen.

La note de télephone

M. Martin: *La note de notre branchement particulier est à peine moins élevée que celle de l'entreprise.*

Céline: *Il y avait ce concours sur minitel, j'y ai participé, j'aurais pu gagner un abonnement au téléphone gratuit pour un an!*

La queue devant la Manufacture des Gobelins

Silke: *Il y a du monde aujourd'hui.*

Céline: *C'est encore les vacances de la Toussaint et par ce mauvais temps les gens se rappellent qu'il y a des musées, où on peut passer son temps.*

Herr Martin: Die Telefonrechnung für unseren Privatanschluß ist kaum niedriger als die für den Firmenanschluß.

Céline: Auf Minitel war doch dieses Gewinnspiel, ich habe mitgemacht, ich hätte einen Telefonanschluß gewinnen können, gebührenfrei für ein Jahr!

la note [nɔt]	Rechnung
le branchement [brɑ̃ʃ'mɑ̃]	Anschluß
particulier *(adj.)* [partiky'lje]	privat
à peine *(adj.)* [a pɛ:n]	kaum
le concours [kɔ̃'ku:r]	Preisausschreiben/ Gewinnspiel
minitel [mini'tɛl]	entspricht etwa dem Btx-System
l'abonnement au téléphone [abɔn'mɑ̃ o telefɔn]	Telefonanschluß
gratuit *(adj.)* [gra'tɥi]	*hier:* gebührenfrei; *sonst:* kostenlos

Schlange stehen vor der „Manufacture des Gobelins"

Silke: Heute sind viele Leute hier.

Céline: Es sind noch Allerheiligenferien, und bei dem schlechten Wetter erinnern sich die Leute daran, daß es Museen gibt, wo man sich die Zeit vertreiben kann.

Die Manufacture nationale des Gobelins ist eine ehemalige königliche Manufaktur, die 1662 von Colbert im Hôtel des Gobelins in Paris eingerichtet wurde.

la queue [kø]	(Menschen-)Schlange
il y a du monde [il ja dy mɔ̃:d]	es sind viele Leute

Des marrons chauds

Sylvie: *Il fait bien froid, un cornet de marrons chauds ferait double effet, et d'une il réchaufferait mes doigts glacés, et de deux, je m'en régalerais.*

Didier: *Tu m'as per-suadé, je vais te payer tes mar-rons chauds.*

EXERCICE

Traduisez les phrases suivantes:

1. Ich möchte ein Eis essen.
2. Können Sie mir sagen, wo der Bahnhof ist?
3. Ich würde nicht ohne Mantel ausgehen.
4. Der Fußballspieler soll sich verletzt haben.
5. Möchtest du lieber ins Kino gehen?

Geröstete Kastanien

Sylvie: Es ist sehr kalt, eine Tüte geröstete Kastanien hätte doppelte Wirkung: Zum einen würden meine eiskalten Finger gewärmt, zum anderen würde ich sie genießen.

Didier: Du hast mich überredet, ich bezahle dir deine Röstkastanien.

le marron [maˈrɔ̃]	Edelkastanie
faire double effet [fɛːr ˈdublə eˈfɛ]	doppelte Wirkung haben
glacé *adj.* [glaˈse]	Eis-/eisig
et d'une … et de deux [e dyn e də dø]	(umgspr.) zum einen… zum anderen
persuader [pɛrsɥaˈde]	überreden/überzeugen

Übersetzen Sie folgende Sätze:

1. J'aimerais manger une glace.
2. Pourriez-vous me dire où est la gare?
3. Je ne sortirais pas sans manteau.
4. Le joueur de football se serait blessé.
5. Aimerais-tu plutôt aller au cinéma?

--- *DIE EXPERTENECKE* ---

Avoir une dent contre quelqu'un bedeutet:
Rachegefühle gegen jemanden haben.
(Wörtlich: Einen Zahn gegen jemanden haben.)

Au Restau-rapide

Didier: *Deux croque-monsieur et un Coca s'il vous plaît!*

Serveur: *Je n'ai plus de jambon, puis je proposer deux croque-madame?*

Didier: *D'accord, je prends deux croque-madame.*

Marie-Antoinette

Marie-Antoinette (1755 – 1793) était reine de France et femme de Louis XVI. C'était la fille de l'empereur François Ier et de Marie-Thérèse d'Autriche. A quinze ans elle a épousé le dauphin Louis qui devient roi en 1774. Son influence sur le roi était grande – elle l'a poussé à résister à la Révolution. Elle a été exécutée le 16 octobre 1793.

Im Schnellimbiß

Didier: Zwei „croque-monsieur" (Toast mit Schinken und Käse) und eine Cola, bitte!

Bedienung: Ich habe keinen Schinken mehr, darf ich Ihnen zwei „croque-madame" (Toast mit Hähnchen und Käse) bringen?

Didier: Einverstanden, ich nehme zwei „croque-madame".

le restau-rapide (néologisme) [rɛstɔraˈpid]	Schnellimbiß (Neubildung)
le croque-monsieur *(unveränderl.)* [krɔkməsˈjø]	Toast mit Schinken und Käse
le Coca [kɔˈka]	die Cola
le croque-madame *(unveränderl.)* [krɔkmaˈdam]	Toast mit Hähnchen und Käse

Marie-Antoinette

Marie-Antoinette (1755 – 1793) war Königin von Frankreich und Frau Ludwigs des XVI. Sie war Tochter des Kaisers Franz I. und Maria-Theresias von Österreich. Mit fünfzehn Jahren heiratete sie den Kronprinzen Ludwig, der 1774 König wird. Ihr Einfluß auf den König war groß – sie drängte ihn, der Revolution Widerstand zu leisten. Am 16. Oktober 1793 wurde sie hingerichtet.

*«La liberté
d'être ce que nous sommes
ne nous suffit pas;
nous voulons encore celle
d'être ce que nous
ne sommes pas.»*

Jean Grenier

Chez le dentiste

Dentiste: *Très bien, madame, je vais vous arranger votre dentier. Il n'y a aucune raison pour qu'il ne s'adapte pas à votre bouche.*

Patiente: *Je n'ai pas de problème dans la bouche, c'est dans le verre qu'il ne va pas.*

„Die Freiheit, das zu sein, was wir sind, genügt uns nicht; wir wollen darüber hinaus die, das zu sein, was wir nicht sind." — Jean Grenier (1898 – 1971), französischer Schriftsteller

--------------------- GRAMMATIK ---------------------

Wendungen mit dem Verb „mettre"

mettre un vêtement	— (ein Kleidungsstück) anziehen
mettre en marche	— in Bewegung, in Gang bringen
mettre le couvert	— den Tisch decken
mettre le réveil	— den Wecker stellen
mettre l'accent sur qc.	— etwas betonen, hervorheben
se mettre à table	— sich an den Tisch setzen

Beim Zahnarzt

Zahnarzt: Sehr gut, ich werde Ihr Gebiß herrichten. Es gibt keinen Grund, daß es sich nicht Ihrem Mund anpaßt.

Patientin: Im Mund habe ich keine Probleme, es paßt nicht in das Glas.

arranger [arɑ̃'ʒe]	herrichten
le dentier [dɑ̃'tje]	Gebiß
la bouche [buʃ]	Mund

EXERCICE

Le féminin des adjectifs

Complétez les phrases en mettant les adjectifs au féminin:

1. Jacqueline est une fille _____ (sérieux)
2. M. Morin n'est pas encore rentré, sa femme
   est _____ (inquiet)
3. Au bureau il ne porte que des chemises
   _____ (blanc)
4. Ma voiture n'est pas _____ (vieux)
5. On m'a donné une information _____
   (faux)

962

Le panier garni

Petra veut offrir à son père un panier garni avec différentes spécialités bien françaises. Elle demande à
Sylvie de l'aider.

Sylvie: *Tu peux y mettre
          du foie gras
          d'oie, du confit
          de canard, un
          saucisson de
          Lyon, des Pru-
          neaux d'Agen et
          une bouteille de
          bon champagne.*

969

Die Femininumform der Adjektive

Ergänzen Sie die Sätze mit der Femininumform der Adjektive:

1. Jacqueline est une fille **sérieuse.**
   Jacqueline ist ein ordentliches Mädchen.
2. M. Morin n'est pas encore rentré, sa femme est **inquiète.**
   Herr Morin ist noch nicht nach Hause gekommen, seine Frau ist beunruhigt.
3. Au bureau, il ne porte que des chemises **blanches.**
   Im Büro trägt er nur weiße Hemden.
4. Ma voiture n'est pas **vieille.**
   Mein Auto ist nicht alt.
5. On m'a donné une information **fausse.**
   Man hat mir eine falsche Information gegeben.

Der Präsentkorb

Petra möchte ihrem Vater einen Präsentkorb mit verschiedenen typisch französischen Spezialitäten schenken. Sie bittet Sylvie, ihr zu helfen.

Sylvie: Du kannst Gänseleberpastete, Confit de canard (in Fett eingelegtes Entenfleisch), Saucisson de Lyon (eine Wurstspezialität von Lyon), Pruneaux d'Agen (in Armagnac eingelegte Dörrpflaumen) und eine Flasche guten Champagner hineinlegen.

le panier [pa'nje]	Korb
le pruneau [pry'no]	Dörrpflaume
la prune [pry:n]	Pflaume

Dans le rayon des jouets

Sylvie flâne avec sa cousine Julie dans le rayon des jouets parce qu'elle veut sonder ce qui ferait plaisir à la petite.

Sylvie: *Regarde cette jolie poupée avec ses beaux cheveux blonds, elle te plaît?*

Julie: *Je préfère jouer avec un ordinateur qui fait de la musique!*

Le rénovateur de la civilisation romaine

Allemands et Français voient en lui leur ancêtre, en France son souvenir est resté plus vif qu'en Allemagne. Dans la littérature de l'ancienne France il joue le rôle d'un héros national; l'Eglise l'honore comme un saint, l'Université le considère encore aujourd'hui comme son patron protecteur. En Allemagne sa personnalité n'a jamais atteint la même popularité qu'en France. La capitale de son empire était Aix-la-Chapelle.

Qui est-ce?

In der Spielwarenabteilung

Sylvie schlendert mit ihrer Kusine Julie durch die Spielwaren-
abteilung, weil sie herausfinden möchte, was der Kleinen
Freude bereiten würde.

Sylvie: Sieh mal, diese hübsche Puppe mit den schönen
          blonden Haaren, gefällt sie dir?
Julie: Ich spiele lieber mit einem Computer, der Musik
          macht!

le rayon [rɛˈjɔ̃]	Abteilung (im Kaufhaus)
sonder [sɔ̃ˈde]	herausfinden/heraushören
le jouet [ʒwe]	Spielzeug
la poupée [puˈpe]	Puppe

Der Erneuerer der römischen Kultur

Deutsche und Franzosen sehen in ihm ihren Vorfahren, in
Frankreich ist sein Andenken lebendiger geblieben als in
Deutschland. In der alten Literatur Frankreichs spielt er die
Rolle eines Nationalhelden; die Kirche ehrt ihn als Heiligen,
die Universitäten betrachten ihn noch heute als ihren Schutz-
patron. In Deutschland hat seine Person nie die Popularität
erreicht wie in Frankreich. Die Hauptstadt seines Reiches war
Aachen. Wer ist es?

Charlemagne / Karl der Große

A la maternité

Céline: *Mon amie, Nadine Leroy, a accouché hier, pouvez-vous me dire dans quelle chambre elle est?*

Infirmière: *C'est au 3ᵉ étage, service de maternité, chambre 303. Vous devez attendre, les mamans allaitent maintenant.*

Une tempête violente

M. Martin doit appeler le couvreur parce que la nuit dernière, la tempête a arraché plusieurs tuiles, l'antenne et une partie de la gouttière. Le couvreur lui propose une réparation provisoire, car la toiture est assez vieille. Il dit à M. Martin: «Une nouvelle toiture résistera mieux aux prochaines tempêtes!»

Auf der Entbindungsstation

Céline: Meine Freundin, Nadine Leroy, hat gestern ent-
bunden, können Sie mir sagen, in welchem Zimmer sie ist?

Kranken- Das ist in der 3. Etage, Entbindungsstation, Zim-
schwester: mer 303. Sie müssen warten, die Mütter stillen
gerade.

la maternité [maternite]	Entbindungsklinik/-station
accoucher [aku'ʃe]	entbinden
allaiter [alɛ'te]	stillen
l'infirmière (f) [ɛ̃fir'mjɛːr]	Krankenschwester

Ein heftiger Sturm

Herr Martin muß den Dachdecker rufen, weil in der letzten
Nacht der Sturm einige Dachziegel, die Antenne und einen Teil
der Dachrinne heruntergerissen hat. Der Dachdecker schlägt
ihm eine provisorische Reparatur vor, denn das Dach ist ziemlich alt. Er sagt zu Herrn Martin: „Ein neues Dach würde dem
nächsten Sturm besser standhalten."

violent (adj.) [vjɔ'lɑ̃]	heftig
le couvreur [ku'vrœːr]	Dachdecker
arracher [ara'ʃe]	aus-/ab-/herunterreißen
la tuile [tɥil]	Dachziegel
la gouttière [gu'tjɛːr]	Dachrinne
la réparation [repara'sjɔ̃]	Reparatur
la toiture ou le toit [twa'tyːr] [twa]	Dach
résister [rezis'te]	standhalten,widerstehen

EXERCICE

Quiz sur la France

	VRAI	FAUX
1. La Seine est le fleuve le plus long de France.	☐	☐
2. Le Mont Blanc est la montagne la plus haute de France.	☐	☐
3. La Seine se jette dans l'océan atlantique.	☐	☐
4. Le siège du Conseil de l'Europe se trouve à Strasbourg.	☐	☐
5. Une tribu celtique a construit premiers les murs de Paris sur une île de la Seine.	☐	☐

968

Allô docteur!

Médecin: *Ça fait mal où au juste?*

Marc: *A la gorge et aux oreilles. Je ne peux rien avaler.*

Médecin: *Je vais vous prescrire des cachets et des suppositoires, vous garderez le lit durant le week-end et puis ça ira mieux.*

Quiz über Frankreich

	RICHTIG	FALSCH
1. Die Seine ist der längste Fluß Frankreichs. (Es ist die Loire.)		X
2. Der Mont Blanc ist der höchste Berg Frankreichs. (4.807 m)	X	
3. Die Seine mündet in den Atlantik. (Sie mündet in den Ärmelkanal.)		X
4. Der Sitz des Europarates ist in Straßburg.	X	
5. Ein keltischer Stamm hat die ersten Mauern von Paris auf einer Seineinsel errichtet.	X	

DIE EXPERTENECKE

Prendre la clé des champs wörtlich: Den Schlüssel der Felder nehmen, bedeutet: Das Weite suchen.

Hallo, Herr Doktor!

Arzt: Wo genau tut es weh?
Marc: Im Hals und in den Ohren. Ich kann nichts schlucken.
Arzt: Ich werde Ihnen Tabletten und Zäpfchen verschreiben. Sie hüten das Bett übers Wochenende und danach wird es besser gehen.

le médecin [med'sɛ̃]	Arzt
où au juste [u o ʒyst]	wo genau
la gorge [gɔrʒ]	Hals
les oreilles (f) [ɔ'rej]	Ohren
prescrire [pres'kri:r]	verschreiben
le cachet [ka'ʃɛ]	Tablette
le suppositoire [sypozi'twa:r]	Zäpfchen
garder le lit [gar'de lə li]	das Bett hüten
durant [dy'rɑ̃]	während
avaler [ava'le]	schlucken

L'homme le plus applaudi du 17ᵉ siècle

Jean-Baptiste Poquelin, né à Paris en 1622 a eu très tôt la passion du théâtre. Ses premières pièces font d'abord rire tout le monde. Plus tard il devra demander au roi Louis XIV l'autorisation de jouer son fameux "Tartuffe", celui-ci refuse. En 1643 il prend un pseudonyme sous lequel il nous est connu. Il investit toute l'avance sur son héritage dans la fondation de l'Illustre-Théâtre, cette entreprise échoue. Mais il n'abandonne pas sa passion, il écrit beaucoup de pièces de théâtre, il joue lui-même des rôles, il est mort sur scène.

Qui est-ce?

Au contrôle technique

Inspecteur: *Le profil de vos pneus n'est plus suffisant, il vous faut quatre nouveaux pneus, Monsieur.*

M. Martin: *Cela représente une grosse dépense imprévue.*

Inspecteur: *Il vaut mieux aller chez un vendeur qui évacue les pneus usés, sinon vous devez vous en charger.*

Der Mann, der im 17. Jahrhundert den meisten Applaus erhielt

Jean-Baptiste Poquelin, 1622 in Paris geboren, hat sehr früh die Leidenschaft für das Theater entdeckt. Seine ersten Stücke bringen zunächst jedermann zum Lachen. Später muß er König Louis XIV. um Erlaubnis bitten, sein berühmtes Stück "Tartuffe" spielen zu dürfen, dieser lehnt ab. 1643 nimmt er ein Pseudonym an, unter dem er uns bekannt ist. Er investiert den gesamten Vorschuß auf sein Erbe in die Gründung des Illustre-Théâtre, dieses Unternehmen scheitert. Aber er gibt seine Leidenschaft nicht auf, er schreibt viele Stücke, er spielt selbst Rollen, er ist auf der Bühne gestorben. Wer ist es?

Molière

L'Illustre-Théâtre war eine kleine Theatertruppe.

Beim TÜV

Prüfer: Das Profil Ihrer Reifen ist nicht mehr ausreichend, Sie brauchen vier neue Reifen.
Herr Martin: Das ist eine große, unvorhergesehene Ausgabe!
Prüfer: Es ist besser, zu einem Händler zu gehen, der die gebrauchten Reifen entsorgt, sonst müssen Sie sich selbst darum kümmern.

le contrôle technique [kɔ̃'trɔːl tɛk'nik]	*technische Kontrolle, entspricht dem TÜV*
le pneu [pnø]	Reifen
la dépense [de'pɑ̃ːs]	Ausgabe
imprévu *(adj.)* [ɛ̃pre'vy]	unvorhergesehen
évacuer [eva'kɥe]	*hier:* entsorgen; *sonst:* wegschaffen
usé *(adj.)* [y'ze]	gebraucht/verbraucht/alt
se charger de qc [sə ʃar'ʒe də]	sich um etwas kümmern

Le vieux manteau à la mode

Céline: *Maman, j'ai été fouiller dans l'armoire au grenier. J'y ai découvert un manteau trois-quarts, il est super! Est-ce que tu me le cèdes?*

Mme Martin: *Tu veux porter ce vieux manteau?*

Céline: *La coupe est à la mode cet hiver!*

--- EXERCICE ---

Répétons le futur

Mettez le verbe au futur:

Je	voir
Tu	aller
Il	savoir
Nous	être
Vous	courir
Ils	envoyer

Der alte Mantel ist modern

Céline: Mama, ich habe in dem Schrank auf dem Boden gestöbert. Ich habe da einen Mantel in Dreiviertellänge entdeckt, er ist super! Trittst du ihn mir ab?
Frau Martin: Du willst diesen alten Mantel tragen?
Céline: Der Schnitt ist in diesem Winter Mode!

à la mode [a la mɔd]	in Mode/modisch
fouiller [fu'je]	stöbern/schnüffeln
le grenier [grə'nje]	(Dach-) boden
trois-quarts [trwa ka:r]	dreiviertel
céder [se'de]	überlassen/abtreten
la coupe [kup]	Schnitt

Wiederholen wir das Futur

Setzen Sie das Verb ins Futur:

Je **verrai** – ich werde sehen
Tu **iras** – du wirst gehen
Il **saura** – er wird wissen
Nous **serons** – wir werden sein
Vous **courrez** – ihr werdet laufen
Ils **enverront** – sie werden schicken

--- DIE EXPERTENECKE ---

Andere Länder, andere Farben

Sich schwarz ärgern heißt auf Französisch: se fâcher tout rouge (sich ganz rot ärgern). Der schwarze Peter wird zum nain jaune (gelben Wicht). Das blaue Auge wird zum œil au beurre noir (Auge in schwarzer Butter).

La mésaventure de Jean

M. Martin a des invités. Il demande à Jean de faire le service. Jean s'habille pour la circonstance, et met même ses chaussures noires à lacets. Et justement ces lacets lui seront fatals, car l'un se défait, Jean trébuche et renverse les boissons sur la robe d'une dame.

La francophonie

Hors de France, le français n'est pas seulement parlé dans une partie de la Belgique et de la Suisse. Dans le Val d'Aôste le français est répandu de même qu'au Canada. Le Québec et l'Acadie revendiquent avec force leur identité francophone. Le français est la langue commerciale dans la plupart des pays africains. De nombreux îlots francophones subsistent encore dans le monde, au Liban, en Europe orientale, dans la péninsule indochinoise, en Louisiane. Dans les départements et les territoires d'outre-mer le français est la langue officielle.

Dans combien de pays le français est-il parlé?
Plus de 10? Plus de 30? Plus de 40?

Jeans Mißgeschick

Herr Martin hat Gäste. Er bittet Jean, die Bedienung zu übernehmen. Jean kleidet sich dem Anlaß entsprechend und zieht sogar seine schwarzen Schnürschuhe an. Eben die Schnürsenkel werden ihm zum Verhängnis, denn einer löst sich, Jean stolpert und verschüttet die Getränke auf das Kleid einer Dame.

la mésaventure [mezavã'ty:r]	Mißgeschick
faire le service [fɛr lə sɛr'vis]	bedienen/servieren
pour la circonstance [pu:r la sirkɔ̃'stɑ̃:s]	dem Anlaß entsprechend
le lacet [la'sɛ]	Schnürsenkel
fatal [fa'tal]	verhängnisvoll/zum Verhängnis werden
se défaire [de'fɛ:r]	sich lösen
renverser [rɑ̃vɛr'se]	verschütten/umwerfen
trébucher [treby'ʃe]	stolpern

Die Frankophonie

Das Französische wird außerhalb Frankreichs nicht nur in einem Teil Belgiens und der Schweiz gesprochen. Im Aosta-Tal ist Französisch verbreitet, ebenso wie in Kanada. Quebec und Akadien fordern mit aller Kraft ihre frankophone Identität. Französisch ist Handelssprache in den meisten afrikanischen Ländern. Zahlreiche frankophone Inseln existieren noch in der Welt, im Libanon, in Osteuropa, auf der indonesischen Halbinsel, in Louisiana. In den Departements und Territorien in Übersee ist Französisch die offizielle Sprache. In wievielen Ländern wird Französisch gesprochen? Mehr als 10? Mehr als 30? Mehr als 40?

In mehr als 40 Ländern

Un concert de bienfaisance

Marc: *Mes parents étant membres du comité de bien-faisance, me chargent de la vente de billets pour le concert.*

Jean: *C'est quand ce concert?*

Marc: *Samedi.*

Jean: *Ça tombe bien, j'en fais cadeau à ma mère pour sa fête.*

«L'Allemagne est faite pour y voyager,
l'Italie pour y séjourner,
l'Angleterre pour y penser,
la France pour y vivre.»

Jean Le Rond D'Alembert

Ein Benefizkonzert

Marc: Meine Eltern sind Mitglied im Wohltätigkeitskomitee und beauftragen mich, Karten für das Konzert zu verkaufen.
Jean: Wann findet dieses Konzert statt?
Marc: Am Samstag.
Jean: Das trifft sich gut, ich schenke meiner Mutter Karten zum Namenstag.

le concert de bienfaisance [kɔ̃'sɛːr də bjɛ̃fɛ'zɑ̃ːs]	Benefizkonzert
le membre ['mɑ̃ːbrə]	Mitglied
le comité de bienfaisance [kɔmi'te də bjɛ̃fɛ'zɑ̃ːs]	Wohltätigkeitskomitee
ça tombe bien [sa tɔ̃ːb bjɛ̃]	das trifft sich gut
la fête [fɛːt]	*hier:* Namenstag; *sonst:* Fest

„Deutschland eignet sich zum Reisen, Italien zum Verweilen, England zum Denken, Frankreich zum Leben." – Jean Le Rond D'Alembert (1717 – 1783), französischer Schriftsteller, Mathematiker und Philosoph

──────────── GRAMMATIK ────────────

Berufs- und Personenbezeichnungen

Folgende Berufs- und Personenbezeichnungen haben nur eine Form für Maskulinum und Femininum.

un/une artiste	– Künstler/in
un/une journaliste	– Journalist/in
un/une dentiste	– Zahnarzt/ärztin
un/une pianiste	– Pianist/in
un/une secrétaire	– Sekretär/in
un/une millionnaire	– Millionär/in
un/une partenaire	– Partner/in
un/une adversaire	– Gegner/in
un/une propriétaire	– Besitzer/in

A la librairie

Silke: *Je cherche un dictionnaire allemand/français, français/allemand. Que me conseillez-vous?*

Libraire: *Ce dictionnaire-ci en deux tomes tient compte du langage économique, commercial et financier.*

Le paquet est trop lourd

Employé à la poste: *Désolé Mademoiselle, nous n'acheminons pas de paquets-poste dépassant 2 kg à l'étranger. Pour la France, le poids limite est 5 kg. Vous devez vous adresser à un service de messageries.*

Céline: *Je vais faire deux paquets de moins de 2 kg.*

In der Buchhandlung

Silke: Ich suche ein Wörterbuch Deutsch/Französisch, Französisch/Deutsch. Was empfehlen Sie mir?

Buchhändler: Dieses Wörterbuch hier in zwei Bänden berücksichtigt die Wirtschafts-, Handels- und Finanzsprache.

la librairie [librɛ'ri]	Buchhandlung
le tome [tɔm]	Band
tenir compte [t(ə)'ni:r kɔ̃:t]	berücksichtigen
le langage [lɑ̃'ga:ʒ]	Sprache
économique *(adj.)* [ekɔnɔ'mik]	Wirtschafts-
commercial *(adj.)* [kɔmɛr'sjal]	Handels-
financier *(adj.)* [finɑ̃:'sje]	Finanz-

Das Paket ist zu schwer

Angestellter auf
dem Postamt: Es tut mir leid Fräulein, wir befördern keine Pakete von mehr als 2 kg ins Ausland. Für Frankreich ist das Höchstgewicht 5 kg. Sie müssen sich an einen Paketdienst wenden.

Céline: Ich werde zwei Pakete mit weniger als 2 kg machen.

le paquet [pa'kɛ]	Paket
lourd *(adj.)* [lu:r]	schwer
acheminer [aʃmi'ne]	befördern
le poids [pwa]	Gewicht
le service de messageries [sɛr'vis də mesaʒ'ri]	Paketdienst

Les promotions de fin d'année

Décembre est le «mois des promotions» dans tous les rayons des magasins. Dans l'alimentation, tout est en promotion! «Cadeaux à nos clients». Dans la parfumerie, encore offre spéciale, prime. Les distributeurs s'efforcent vraiment de faire plaisir à leurs clients! Qu'en pensez-vous?

Etre hébergé à Paris

L'A.J.F. (Accueil des Jeunes en France) dispose de quatre bureaux d'accueil qui garantissent l'hébergement temporaire (quatre ou cinq nuits) pour des jeunes. Les jeunes sont hébergés en Maison de Jeunes ou en hôtel pour un prix équivalent au tiers de celui d'une chambre d'hôtel de catégorie moyenne. Voilà les bureaux de l'A.J.F. à Paris:

A.J.F., dans la gare du Nord, tél. 42.85.86.19
A.J.F., 16 rue du Pont Louis-Philippe, tél. 42.98.04.82
A.J.F., 119 rue Saint-Martin, tél. 42.77.87.80
A.J.F., 139 boulevard Saint-Michel, tel. 43.54.95.86

Dans quelle gare de Paris arrivent les trains venant d'Allemagne?

Sonderangebote zum Jahresende

Der Dezember ist der „Monat der Sonderangebote" in allen Abteilungen der Geschäfte. In der Lebensmittelabteilung ist alles im Sonderangebot! „Geschenke an unsere Kunden". In der Parfümerie ebenfalls Sonderangebote, Werbegeschenke. Der Handel bemüht sich wirklich, seinen Kunden Freude zu bereiten! Wie denken Sie darüber?

la promotion [promo'sjɔ̃]	*hier:* Sonderangebot; *sonst:* Förderung, Beförderung
la prime [prim]	*hier:* Werbegeschenk; *sonst:* Prämie
le distributeur [distriby'tœ:r]	Händler
s'efforcer [sefɔr'se]	sich bemühen

In Paris übernachten

Die Organisation A.J.F. (Accueil des Jeunes en France, Empfang Jugendlicher in Frankreich) verfügt über vier Empfangsbüros, die eine zeitlich begrenzte Unterbringung (vier bis fünf Nächte) für junge Leute sicherstellen. Die jungen Leute werden in Jugendunterkünften oder in Hotels zu einem Drittel des Preises für ein Zimmer in einem Hotel mittlerer Kategorie untergebracht. Hier die Pariser Büros des A.J.F.:
A.J.F., im gare du Nord, Tel. 42 85 86 19
A.J.F., 16 rue du Pont Louis-Philippe, Tel. 42 98 04 82
A.J.F., 119 rue Saint-Martin, Tel. 42 77 87 80
A.J.F., 139 boulevard Saint-Michel, Tel. 43 54 95 86.
In welchem Bahnhof von Paris kommen die Züge aus Deutschland an?

Gare du Nord

Les dix-huit ans de Luc

Luc fête ses dix-huit ans et sa grand-mère lui demande qu'est-ce qui change pour lui maintenant.
Luc réfléchit, puis répond:
«J'ai le droit de rester à la
discothèque après minuit.»
La grand-mère, étonnée,
ne sait que répondre: «Ah,
bon, ce sont là tous les
avantages de la majorité!»

A la parfumerie

Vendeuse: *Je suis désolée Monsieur, ce parfum ne se
fait plus. Dites-moi de quel type est votre
femme, et je vous conseillerai autre chose.*
M. Morin: *Quel type?*
Vendeuse: *Printemps, été, automne ou hiver?*
M. Morin: *Je n'ai
jamais
étudié
ma
femme
sous cet
angle.*

Lucs achtzehnter Geburtstag

Luc feiert seinen achtzehnten Geburtstag, und seine Großmutter fragt ihn, was sich jetzt für ihn ändert. Luc denkt nach und antwortet: „Ich kann bis nach Mitternacht in der Disco bleiben." Die erstaunte Großmutter kann nur antworten: „Ach so, das sind also alle Vorteile der Volljährigkeit!"

fêter [fɛ'te]	feiern
réfléchir [refle'ʃiːr]	nachdenken
avoir le droit de faire qc	etwas dürfen/können
[a'vwaːr lə drwa də fɛːr]	
la majorité [maʒɔri'te]	Volljährigkeit

In der Parfümerie

Verkäuferin: Es tut mir leid, dieses Parfüm wird nicht mehr hergestellt. Sagen Sie mir, zu welchem Typ Ihre Frau gehört, dann kann ich Ihnen etwas anderes empfehlen.

Herr Morin: Welcher Typ?

Verkäuferin: Frühling, Sommer, Herbst oder Winter?

Herr Morin: Unter diesem Gesichtspunkt habe ich meine Frau noch nicht studiert.

conseiller [kɔ̃sɛ'je]	empfehlen,raten
sous cet angle [su sɛt 'ɑ̃:glə]	unter diesem Gesichtspunkt

«Depuis six mille ans la guerre
Plaît aux peuples querelleurs,
Et Dieu perd son temps à faire
Les étoiles et les fleurs.»

Victor Hugo

La première bosse

L'agent de police: *Qu'est-ce qui s'est passé?*
Mme Lebrun: *J'avais la priorité et la voiture*
rouge est arrivée sur moi.
L'agent de police: *Comment ça?*
Mme Lebrun: *Eh bien, le mon-*
sieur dans
la voi-
ture ne
m'a
pas vu.

„Seit sechstausend Jahren gefällt der Krieg/Den streitsüchtigen Völkern,/Und Gott vergeudet seine Zeit/Die Sterne und die Blumen zu schaffen." — Victor Hugo (1802 – 1885), französischer Dichter und Schriftsteller

---

GRAMMATIK

Die Anwendung des Artikels

Stoff- und Materialnamen werden im Französischen mit Artikel genannt.

Beispiel:

> L'or, la laine, le coton, le bois etc.
> Gold, Wolle, Baumwolle, Holz usw.

Die Monate werden ohne Artikel genannt.

Beispiel:

> Janvier est le premier mois de l'année.
> Der Januar ist der erste Monat des Jahres.

Die erste Beule

Polizist: Was ist geschehen?
Frau Lebrun: Ich hatte Vorfahrt, und das rote Auto ist auf mich aufgefahren.
Polizist: Wie kam das?
Frau Lebrun: Der Herr in dem Auto hat mich wohl nicht gesehen.

la bosse [bɔs]	Beule
l'agent de police [a'ʒɑ̃ də pɔ'lis]	Polizist
avoir la priorité [a'vwaːr la priɔri'te]	Vorfahrt haben
tourner à droite [tur'ne a drwat]	nach rechts abbiegen

Des prépositions de lieu

Ce train va **à** Lyon.
Je suis **chez** des amis à Paris.
Sa voiture est **derrière** la maison.
Il y a beaucoup de gens **devant** le magasin.
Jean reste **dans** sa chambre.
Le chien se cache **sous** la table.
Le journal est **sur** la table.
La gare se trouve **hors de** la ville.

986

On l'a nommé le chef de l'école naturaliste

Il est né en 1840 à Paris. Sa mère était bourguignonne, son père italien. En 1862, il commence à travailler dans la librairie Hachette. D'abord il y fait des paquets, puis il passe au premier étage, où il devient chef de publicité. Ce n'était pas ce qu'il avait espéré, quand il a déposé sur le bureau de son patron le manuscrit d'un poème. Tout en vantant les mérites des romans des écrivains de l'époque pour promouvoir leur vente, il travaille à son premier livre, *«Contes à Nina»*, publié en 1864.

Qui est-ce?

---------------------------- GRAMMATIK ----------------------------

Präpositionen des Ortes

Dieser Zug fährt **nach** Lyon.
Ich bin **bei** Freunden in Paris.
Sein Auto steht **hinter** dem Haus.
Vor dem Laden sind viele Leute.
Jean bleibt **in** seinem Zimmer.
Der Hund versteckt sich **unter** dem Tisch.
Die Zeitung liegt **auf** dem Tisch.
Der Bahnhof befindet sich **außerhalb** der Stadt.

Man hat ihn den Kopf der Schule der Naturalisten genannt

Er wurde 1840 in Paris geboren. Seine Mutter stammte aus der Bourgogne, sein Vater war Italiener. 1862 fing er an, in der Buchhandlung Hachette zu arbeiten. Zunächst packt er Bücher, dann kommt er in die erste Etage, wo er Chef der Werbeabteilung wird. Es war nicht das, was er sich erhofft hatte, als er seinem Chef das Manuskript von einem Gedicht auf den Schreibtisch legte. Während er die Qualitäten der Romane der Schriftsteller dieser Epoche rühmt, um deren Verkauf zu fördern, arbeitet er an seinem ersten Buch, „Contes à Nina", das 1864 veröffentlicht wird. Wer ist es?

Emile Zola (1848 – 1902)

„Les quatres évangiles", „J'accuse" sind zwei seiner berühmten Werke.

Les vœux de fin d'année

Dans la plus grande partie de la France il est de
coutume d'écrire des cartes de vœux pour la nouvelle
année. Cela ne se fait
pas nécessairement avec
des cartes spécialement
conçues à cette fin, on se
sert de la carte de visite,
d'un format équivalent
au format DIN A7.

EXERCICE

Conjugaison

Conjuguez les verbes aux temps indiqués:

1. présent: *Ils* _____ *(prendre) l'apéritif
   chez les Dubois.*

2. passé composé: *Je* _____ *(boire) un kir royal.*

3. imparfait: *Il* _____ *(manger) de la
   mousse au chocolat à chaque dessert.*

4. présent: *Tu* _____ *(remercier) tes parents.*

5. futur: *Nous* _____ *(revenir) l'année
   prochaine.*

Gute Wünsche zu den Festtagen

In weiten Teilen Frankreichs ist es Brauch, gute Wünsche zum Neuen Jahr zu verschicken. Dazu benutzt man nicht unbedingt hierfür vorgesehene Karten, man bedient sich der Visitenkarte im Format DIN A7.

le vœu [vø]	Wunsch
la coutume [ku'tym]	Brauch
conçu [kɔ̃'sy]	*hier:* gestaltet;
(participe passé de *concevoir*)	*sonst:* erdenken, schöpfen
équivaloir [ekiva'lwa:r]	entsprechen
équivalant [ekiva'lɑ̃]	entsprechend
(participe présent de *équivaloir*)	

Konjugation

Konjugieren Sie die Verben in der angegebenen Zeit:

1. Ils **prennent** l'apéritif chez les Dubois.
   Sie nehmen den Aperitif bei den Dubois.
2. J'**ai bu** un kir royal.
   Ich habe einen Kir Royal getrunken.
3. Il **mangeait** la mousse au chocolat à chaque dessert.
   Er aß immer Mousse au chocolat zum Nachtisch.
4. Tu **remercies** tes parents.
   Du bedankst dich bei deinen Eltern.
5. Nous **reviendrons** l'année prochaine.
   Wir werden nächstes Jahr wiederkommen.

--- DIE EXPERTENECKE ---

Ce n'est pas la mer à boire = Das ist halb so schlimm.
(Wörtlich: Das heißt nicht, daß man das ganze Meer austrinken muß.)

Le matin

Mme Lebrun:	*Vite, les enfants, réveillez-vous! Il faut se lever. Nous nous sommes réveillés trop tard. Dépêchez-vous!*
Jean:	*Déjà? J'ai encore tellement sommeil. Je veux rester encore un peu au lit.*
Mme Lebrun:	*Non, allez, lève-toi, Jean! Il est déjà sept heures et demie et tu as cours à huit heures.*

Le menu inspiré de coutumes européennes

Céline propose l'entrée française: des huîtres, puis une soupe aux amandes à l'anglaise; le plat principal allemand: l'oie aux pommes et raisins secs avec du chou rouge, la cloche de Noël traditionnelle en Italie comme dessert.
Mme Martin dit: «Ah, non! Ce sera la bûche de Noël française.»

Der Morgen

Frau Lebrun: Schnell, Kinder, wacht auf! Ihr müßt aufstehen.
Wir haben verschlafen. Beeilt euch!

Jean: Schon? Ich bin noch so müde. Ich möchte noch
ein bißchen im Bett bleiben.

Frau Lebrun: Nein, los, steh auf, Jean! Es ist schon halb acht,
und du hast um acht Uhr Unterricht.

vite [vit]	schnell
se réveiller [sə revɛ'je]	aufwachen
se dépêcher [sə depɛ'ʃe]	sich beeilen
tellement [tɛl'mɑ̃]	so, so sehr
trop tard [tro: ta:r]	zu spät
le sommeil [sɔ'mɛj]	Schlaf, Schläfrigkeit

Das Menü, inspiriert von europäischen Bräuchen

Céline schlägt eine französische Vorspeise vor: Austern, dann
eine Mandelsuppe nach englischer Art; das Hauptgericht
deutsch: Gans mit Äpfeln und Rosinen gefüllt, dazu Rotkohl, die
traditionelle Weihnachtsglocke aus Italien als Nachtisch.
Frau Martin sagt: „Oh, nein! Das wird die französische Bûche de
Noël sein."

l'entrée (f) [ɑ̃'tre]	*hier:* Vorspeise; *sonst:* Eingang
l'huître (f) ['ɥi:trə]	Auster
l'amande (f) [a'mɑ̃:d]	Mandel
l'oie (f) [wa]	Gans
le raisin sec [rɛ'zɛ̃ sɛk]	Rosine
la bûche de Noël [byʃ də nɔ'ɛl]	*Biskuitrolle als Baumstamm geformt und dekoriert*

GRAMMAIRE

La Conjugaison

acheter	**appeler**	**jeter**
j'achète	j'appelle	je jette
tu achètes	tu appelles	tu jettes
il achète	il appelle	il jette
elle achète	elle appelle	elle jette
nous achetons	nous appelons	nous jetons
vous achetez	vous appelez	vous jetez
ils achètent	ils appellent	ils jettent
elles achètent	elles appellent	elles jettent

EXERCICE

L'article

Mettez l'article convenable si nécessaire:

1. _____ or est plus précieux que _____ argent.

2. _____ coton est une fibre naturelle.

3. _____ soie est une étoffe précieuse.

4. _____ juillet et août sont les mois les plus chauds de l'été.

5. Quel mois préférez-vous pour vos vacances? _____ mai ou _____ septembre?

GRAMMATIK

Stamm- und endungsbetonte Verben

kaufen	**rufen**	**werfen**
ich kaufe	ich rufe	ich werfe
du kaufst	du rufst	du wirfst
er kauft	er ruft	er wirft
sie kauft	sie ruft	sie wirft
wir kaufen	wir rufen	wir werfen
ihr kauft	ihr ruft	ihr werft
sie kaufen	sie rufen	sie werfen

Ähnlich: payer (bezahlen):
je paie, tu paies, il/elle paie, nous payons, vous payez, ils/elles payent.

Der Artikel
Setzen Sie den richtigen Artikel ein, wenn nötig:

1. L'or est plus précieux que l'argent.
2. Le coton est une fibre naturelle.
3. La soie est une étoffe précieuse.
4. Juillet et août sont les mois les plus chauds de l'été.
5. Quel mois préférez-vous pour vos vacances?
   Mai ou septembre?

1. Gold ist kostbarer als Silber.
2. Baumwolle ist eine natürliche Faser.
3. Seide ist ein kostbarer Stoff.
4. Juli und August sind die wärmsten Monate des Jahres.
5. Welchen Monat bevorzugen Sie für Ihre Ferien?
   Den Mai oder den September?

DIE EXPERTENECKE

Nous ne nous chauffons pas du même bois ist kein Hinweis auf eine andere „Heizquelle", sondern bedeutet: Unsere Meinungen gehen auseinander. Wörtlich: Wir heizen nicht mit demselben Holz.

La crèche

C'est à Rome que se développa vers la fin du XIIIe siècle un art religieux visant à illustrer la vie du Christ. L'art des crèches s'épanouit en Italie, en Allemagne, puis, dès le XVIIIe siècle, en Provence. Des figures folkloriques viennent s'ajouter aux personnages bibliques: la poissonnière, le rémouleur, le meunier, l'Arlésienne . . . Ces «santons de Provence» aux costumes bariolés sont réalisés en argile et peints avec quantité de jolis détails. L'Arlésienne est l'héroïne d'un opéra français;

lequel?

La fête des orphelins

M. et Mme Lenoir reviennent d'une fête de bienfaisance organisée en faveur de l'orphelinat. Il y avait un sapin de Noël gigantesque; Mme Lenoir avait apporté des pâtisseries et elle a également participé à la distribution des cadeaux. Elle est fort émue par la joie et la gratitude des enfants.

993

Die Krippe

Ende des 13. Jahrhunderts entwickelte sich in Rom eine religiöse Kunst, die das Leben Christi veranschaulichen sollte. Die Krippenkunst blüht in Italien, Deutschland und, seit dem 18. Jahrhundert, in der Provence. Volkstümliche Figuren gesellen sich zu den biblischen Personen: die Fischhändlerin, der Scherenschleifer, der Müller, die Arlésienne … Diese provenzalischen Krippenfiguren mit ihren bunten Trachten sind aus Ton hergestellt und mit etlichen hübschen Details bemalt. Die Arlésienne ist die Heldin einer französischen Oper; welcher?

„L'Arlésienne" von Georges Bizet (1872)

Mit der Oper „L'Arlésienne" gelingt dem Komponisten Bizet (1838–1875) der Durchbruch. Die Oper handelt von dem jungen Bauernsohn Frédéri, der sich unglücklich in eine Frau aus Arles, l'Arlésienne, verliebt und sich schließlich aus Kummer in den Tod stürzt.

994

Das Fest der Waisen

Herr und Frau Lenoir kommen von einem Wohltätigkeitsfest zurück, das zugunsten des Waisenhauses veranstaltet wurde. Es gab einen riesigen Weihnachtsbaum; Frau Lenoir hatte Gebäck mitgebracht, außerdem hat sie bei der Bescherung mitgemacht. Sie ist von der Freude und der Dankbarkeit der Kinder ganz gerührt.

un orphelin [ɔrfəˈlɛ̃]	Waise
la bienfaisance [bjɛ̃fəˈzɑ̃:s]	Wohltätigkeit
en faveur de [ɑ̃ faˈvœːr]	zugunsten von
un orphelinat [ɔrfəliˈna]	Waisenhaus
également [egalˈmɑ̃]	ebenfalls
ému/e [eˈmy]	gerührt
la gratitude [gratiˈtyd]	Dankbarkeit

«*La Chrétienté
enseigne aux hommes
que l'amour vaut plus
que l'intelligence.*»

Jacques Maritain

EXERCICE

Faire

Traduisez:

1. Die Straßen sind vereist, weil es sehr kalt ist.
2. Willst du mir weismachen, daß du den Weihnachtsmann gesehen hast?
3. Wo warst du? Seit drei Stunden warte ich auf dich!
4. Dieser Mann erinnert mich an meinen Großvater.
5. Mit vollem Mund reden gehört sich nicht.
6. Sie hat sich ein Abendkleid machen lassen.
7. Das Radio hat die Ergebnisse mitgeteilt.

„Das Christentum lehrt die Menschen, daß die Liebe mehr wert ist als die Intelligenz." — Jacques Maritain (1882 – 1973), französischer Philosoph

---
GRAMMATIK

Mehr Ausdrücke mit „faire"

Cela fait combien?	Wieviel kostet das?
Ne t'en fais pas.	Mach dir nichts draus.
Il n'y a rien à faire.	Da ist nichts zu machen.
Comment ça se fait?	Wie kommt das?
Cela ne se fait pas.	Das gehört sich nicht.
Cela fait un mois que...	Seit einem Monat...
Il fait la tête.	Er schmollt.
Faites comme chez vous.	Fühlen Sie sich wie zu Hause.
Il faut le faire!	Das soll erstmal einer nachmachen!

Faire

Übersetzen Sie:

1. Les rues sont verglacées parce qu'il fait très froid.
2. Tu veux me faire croire que tu as vu le père Noël?
3. Où étais-tu? Cela fait trois heures que je t'attends!
4. Cet homme me fait penser à mon grand-père.
5. Parler avec la bouche pleine, ça ne se fait pas!
6. Elle s'est fait faire une robe de soirée.
7. La radio a fait connaître les résultats.

DIE EXPERTENECKE

Deux compliments

«J'irais te décrocher la lune...»	— „Für dich würde ich die Sterne vom Himmel holen..."
«C'est la fée du logis.»	— „Sie ist die Seele des Hauses."

EXERCICE

Participe ou adjectif?

1. fatiguer

a. La promenade était _____ .

b. La promenade _____ les touristes était longue.

2. négliger

a. La femme _____ ses enfants ne s'occupait que de sa toilette.

b. Cet homme a un comportement _____ .

998

Jean prépare un vin chaud épicé

Il fait chauffer de l'eau avec de la cannelle et des clous de girofle. Ensuite il y ajoute beaucoup de vin, un peu de sirop d'orange et de citron. Il fait cuire le mélange. Il sert le vin chaud dans des verres résistant à la chaleur et les décore d'une rondelle d'orange.

Partizip oder Adjektiv?

1. fatiguer
a. La promenade était **fatigante.**
b. La promenade **fatiguant** les touristes était longue.
2. négliger
a. La femme **négligeant** ses enfants ne s'occupait que de sa toilette.
b. Cet homme a un comportement **négligent.**

1. ermüden
a. Der Spaziergang war beschwerlich.
b. Der die Touristen ermüdende Spaziergang war lang.
2. vernachlässigen
a. Die ihre Kinder vernachlässigende Frau kümmerte sich nur um ihr Aussehen.
b. Dieser Mann hat ein nachlässiges Verhalten.

Jean bereitet Glühwein zu

Er erhitzt Wasser mit Zimt und Gewürznelken. Dann fügt er viel Wein sowie ein wenig Orangen- und Zitronensirup hinzu und bringt das Ganze zum Kochen. Er serviert den Glühwein in hitzebeständigen Gläsern und dekoriert sie mit einer Orangenscheibe.

le vin chaud épicé [vɛ̃ ʃo epi'se]	Glühwein
la cannelle [ka'nɛl]	Zimt
le clou de girofle [klu də ʒi'rɔflə]	Gewürznelke
le sirop [si'ro]	Sirup
la rondelle [rɔ̃'dɛl]	Scheibe

Le concierge est en vacances

M. Martin: *Jean, ne voulais-tu pas te faire un peu d'argent de poche supplémentaire?*

Jean: *Si, si, les cadeaux de Noël vident les réserves.*

M. Martin: *Eh bien, tu peux remplacer le concierge. Et pense à débarrasser la neige autour de l'immeuble de la société!*

─── **EXERCICE** ───

Trouvez l'infinitif juste

Quel est l'infinitif correspondant au participe?

1. pu	2. dû	3. bu	4. eu
5. mis	6. dit	7. pris	8. su
9. ouvert	10. offert	11. reçu	12. vécu

999

Der Hausmeister ist in Urlaub

Herr Martin: Jean, wolltest du nicht etwas zusätzliches Taschengeld verdienen?
Jean: Doch, doch, die Weihnachtsgeschenke brauchen alle Reserven auf.
Herr Martin: Nun gut, du kannst den Hausmeister vertreten. Und denk daran, den Schnee um das Firmengebäude herum wegzuräumen!

le concierge [kɔ̃'sjɛrʒ]	Hausmeister
l'argent de poche (m) [ar'ʒɑ̃ də pɔʃ]	Taschengeld
remplacer [rɑ̃pla'se]	vertreten/ersetzen
débarrasser [debara'se]	weg-/aufräumen
la neige [nɛːʒ]	Schnee
autour [o'tuːr]	um/herum

1000

Finden Sie den richtigen Infinitiv

Wie ist der Infinitiv zu dem jeweiligen Partizip?

1. pouvoir, 2. devoir, 3. boire, 4. avoir, 5. mettre, 6. dire, 7. prendre, 8. savoir, 9. ouvrir, 10. offrir, 11. recevoir, 12. vivre

1. gekonnt – können, 2. gemußt – müssen, 3. getrunken – trinken, 4. gehabt – haben, 5. gelegt – legen/gestellt – stellen, 6. gesagt – sagen, 7. genommen – nehmen, 8. gewußt – wissen, 9. geöffnet – öffnen, 10. geschenkt – schenken, 11. erhalten – erhalten, 12. gelebt – leben

DIE EXPERTENECKE

Wenn man auf Französisch sagt: Il cire les bottes à quelqu'un, dann meint man: Er schmiert jemandem Honig um den Bart. Wörtlich: Er putzt jemandem die Stiefel.

Erläuterung der Lautschrift

Die phonetische Umschrift wird nach den Grundsätzen der International Phonetic Association (IPA) angegeben.

Vokale

[a]	**da**me [dam] wie in *Watte*
	cou**ra**ge [ku'raːʒ] wie in *Straße*
[ɑ]	**ba**s [bɑ] wie in *Mantel*
	vase [vɑːz] wie in *Qual*
[ɑ̃]	**sa**ng [sɑ̃] kurzes, nasaliertes a
	danse [dɑ̃ːs] langes, nasaliertes a
[e]	**é**té [e'te] wie in *See*
[ɛ]	a**prè**s [a'prɛ] wie in *jäh*
	mère [mɛːr] wie in *Gähnen*
[ɛ̃]	ma**ti**n [ma'tɛ̃] kurzes, nasaliertes ä
	prince [prɛ̃ːs] langes, nasaliertes ä
[ə]	**le** [lə] wie in *Frage*
[i]	**i**ci [i'si] wie in *vielleicht*
	dire [diːr] wie in *Dieb*
[o]	**chau**d [ʃo] wie in *Advokat*
	autre ['oːtrə] wie in *Kohle*
[ɔ]	**do**nner [dɔ'ne] wie in *Hort*
	fort [fɔːr] wie in *morgen*
[ɔ̃]	**so**n [sɔ̃] kurzes, nasaliertes o
	montre ['mɔ̃ːtrə] langes, nasaliertes o
[ø]	**feu** [fø] kurzes, geschlossenes ö
	chan**teu**se [ʃɑ̃'tøːz] langes, geschlossenes ö wie in *schön*
[œ]	**jeu**ne [ʒœn] kurzes, offenes ö wie in *öfter*
	fleur [flœːr] langes, offenes ö
[œ̃]	**lu**ndi [lœ̃'di] nasaliertes ö
[u]	**goû**t [gu] wie in *Mut*
	tour [tuːr] wie in *Uhr*
[y]	**su**r [syr] wie in *amüsieren*
	dur [dyːr] wie in *Mühle*

Halbvokale

[j]	**y**eux [jø], lieu [ljø], panier [pa'nje] ähnlich wie deutsches j
[ɥ]	l**u**i [lɥi] kurzer Reibelaut, Aussprache ähnlich wie deutsches ü
[w]	o**u**i [wi] kurzer Reibelaut, mit beiden Lippen gebildet, zwischen deutschem w und langem u

Konsonanten

[p]   **p**artir [par'ti:r] wie in *platt*
[t]   **t**able ['tablə] wie in *Torf*
[k]   **qu**atre ['katrə] wie in *Karte*
[b]   wie deutsches b
[d]   wie deutsches d
[g]   wie deutsches g
[f]   wie deutsches f
[v]   **v**in [vɛ̃] wie in *Winter*
[s]   **s**a [sa] wie in *Muße*
[z]   dé**s**irer [dezi're] wie in *sausen*
[ʃ]   **ch**at [ʃa] wie in *lauschen*
[ʒ]   **j**ournal [ʒur'nal] wie in *Genie*
[l]   wie deutsches l
[r]   Kehlkopf-r
[m]   wie deutsches m
[n]   wie deutsches n
[ɲ]   Allema**gn**e [al'maɲ] ähnlich wie in *Champagner,* jedoch zarter
[ŋ]   buildi**ng** [bil'diŋ] wie in *Ring, er sang*

Sonderzeichen

[:]   Der Doppelpunkt hinter einem Vokal bedeutet, daß dieser etwas länger gesprochen wird.
[']   Das Betonungszeichen steht vor der betonten Silbe.

Bindung

Sinneinheiten werden im Französischen zu einer lautlichen Einheit gebunden, indem der Endkonsonant eines Wortes mit dem Anfangsvokal des folgenden verschmolzen wird. Dabei werden auch stumme Endkonsonanten wieder hörbar. In diesem Kalender ist die Lautschrift der leichteren Zuordnung wegen Wort für Wort angegeben, ohne Berücksichtigung der Bindung.

Register

Die folgenden zentralen Themenbereiche der französischen Grammatik werden in den angegebenen Lektionen behandelt:

1000

Lektionen
Englisch

Harenberg Verlag

1000 Lektionen Englisch
1012 Seiten, durchgehend zweifarbig
mit zahlreichen Abbildungen
ISBN 3-611-00440-5

1000

Lektionen

Italienisch

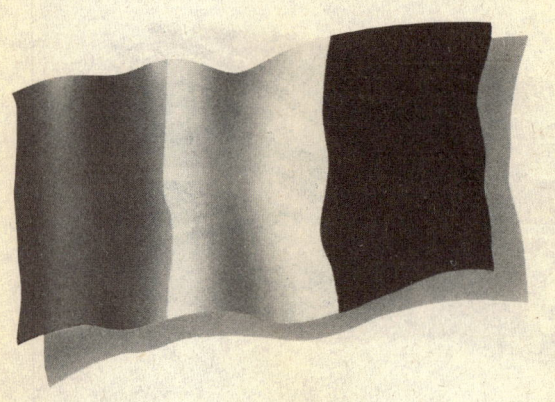

Harenberg Verlag

1000 Lektionen Italienisch
1012 Seiten, durchgehend zweifarbig
mit zahlreichen Abbildungen
ISBN 3-611-00442-1

1000
Lektionen
Spanisch

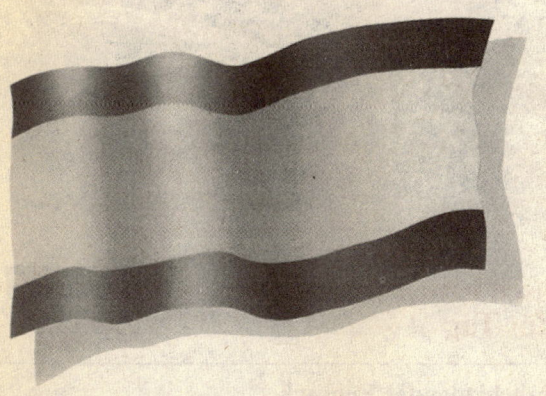

Harenberg Verlag

1000 Lektionen Spanisch
1012 Seiten, durchgehend zweifarbig
mit zahlreichen Abbildungen
ISBN 3-611-00443-X

BERLITZ

Sprachkalender '95
ENGLISCH

**Englisch lernen
Tag für Tag**

Harenberg
Kalender ®

Berlitz Sprachkalender Englisch
321 praxisnahe Sprachlektionen für jeden Tag
zweifarbig gedruckt, illustriert von Edward Lutczyn
jährlich neu im August
ISBN 3-611-00352-2

BERLITZ

Sprachkalender '95
WIRTSCHAFTSENGLISCH '95

**Englisch lernen
Tag für Tag**

Harenberg
Kalender ®

Berlitz Sprachkalender Wirtschaftsenglisch
321 praxisnahe Sprachlektionen für jeden Tag
zweifarbig gedruckt, illustriert von Edward Lutczyn
jährlich neu im August
ISBN 3-611-00353-0

BERLITZ

Sprachkalender '95
FRANZÖSISCH

**Französisch lernen
Tag für Tag**

Harenberg
Kalender ®

Berlitz Sprachkalender Französisch
321 praxisnahe Sprachlektionen für jeden Tag
zweifarbig gedruckt, illustriert von Edward Lutczyn
jährlich neu im August
ISBN 3-611-00354-9

BERLITZ

Sprachkalender '95
ITALIENISCH

Italienisch lernen
Tag für Tag

Harenberg
Kalender ®

Berlitz Sprachkalender Italienisch
321 praxisnahe Sprachlektionen für jeden Tag
zweifarbig gedruckt, illustriert von Edward Lutczyn
jährlich neu im August
ISBN 3-611-00356-5

BERLITZ

Sprachkalender '95
SPANISCH

**Spanisch lernen
Tag für Tag**

Harenberg
Kalender ®

Berlitz Sprachkalender Spanisch
321 praxisnahe Sprachlektionen für jeden Tag
zweifarbig gedruckt, illustriert von Edward Lutczyn
jährlich neu im August
ISBN 3-611-00355-7

BERLITZ

Sprachkalender '95
RUSSISCH

**Russisch lernen
Tag für Tag**

Harenberg
Kalender ®

Berlitz Sprachkalender Russisch
321 praxisnahe Sprachlektionen für jeden Tag
zweifarbig gedruckt, illustriert von Edward Lutczyn
jährlich neu im August
ISBN 3-611-00357-3

Harenberg **Reise** Tageskalender **'95**

Ghardaia
Algerien

Tag für Tag ein   **Viel sehen,**   **Eine Augenreise**
schönes Erlebnis   **viel erfahren**   **um die Welt**

Harenberg Reise-Tageskalender
Auf den Vorderseiten brillante Fotos
von Reisezielen aus aller Welt
Auf der Rückseite informative Texte
324 Blatt, 314 Farbabbildungen
ISBN 3-611-00349-2

Ein Bildgeschenk für jeden Tag
mit Kalendarium und klarer Typografie